中国石油勘探史诗

華八井

20世纪50年代华北石油勘探纪实

常贵宁◎著

中国石化出版社
·北京·

图书在版编目（CIP）数据

华八井：20世纪50年代华北石油勘探纪实 / 常贵宁著. -- 北京：中国石化出版社，2024. 7. -- ISBN 978-7-5114-7558-9

Ⅰ. F426. 22

中国国家版本馆CIP数据核字第20244QZ168号

中国石化出版社出版发行

地址：北京市东城区安定门外大街58号

邮编：100011　电话：(010)57512500

发行部电话：(010)57512575

http://www.sinopec-press.com

E-mail：press@sinopec.com

北京富泰印刷有限责任公司印刷

全国各地新华书店经销

*

710毫米×1000毫米 16开本 30.25印张 460千字

2024年7月第1版　2024年7月第1次印刷

定价：89.00元

自序

为什么要写这样一本书？

这个问题我难以回答。“你不是搞宣传的，也不是油田子弟，你又不是史志办的。”曾有人这样问我。但是，我是听着他们的故事长大的。

在我老家一直流传着一个故事，一个寻找石油的故事。故事发生在我家西边七公里远的河北省南宫市明化镇。说是1957年，苏联专家帮中国人在这儿打井，打出油来了，为了不让中国人得到石油，就往井里堵棉花种、砖头、杂草等乱七八糟的东西，把井堵死了。1990年我大学毕业分配到胜利油田工作后，才知道明化镇那口井是华1井，当时钻遇了地下大溶洞发生罕见的井漏，这是胜利油田的起点，明化镇可以说是胜利油田的发祥地。

作为一名理工科毕业生，虽然我有看文史书的爱好，但是参加工作后很长一段时间，对油田历史并没有关注。真正开始对胜利油田的历史产生兴趣并开始探究，是2016年10月读到闫敦实的回忆录《大国石油梦》，里面写到华8井井位是他参与设计的，这与我的印象不符，就上网搜索，查到一段对胜利油田前总地质师帅德福的采访，说东营第一口探井是东1井，就在华8井旁边100米，地质部打的，打了1000米，没打到油。我就开始查找相关资料。我又仔细阅读了《胜利油田史话》《脊梁》等书，通过熟人介绍到胜利油田史志办查找资料，这才发现胜利油田竟然没有史志，只得到一本《胜利油田大事记》，一个单位五年的历史只浓缩成了四页纸。从孔夫子旧书网上买到一本《山东省志·石油工业志》，记载也很简单，一直找不到当时关于华北石油钻探大队和华北石油勘探处组织机构、机构负责人、职工队伍的记载。

胜利油田各二级单位都有史志，但基本都是从1964年华北石油勘探会战开始的，对华北石油钻探大队和华北石油勘探处的记载只是寥寥数语，甚至只字不提。如《胜利油田地质调查指挥部志》，开篇第一句话是："自1963年大庆入关以来……"只有胜利油田测井公司的史志，从1956年开始，较完整地记载了测井队伍从明化镇建立、发展的历史。

对这样一支克服重重困难、从华1井打到华8井、最终发现了华北地区第一口出油井的功臣队伍来说，历史记载极其疏漏，不仅组织机构不明，绝大多数人连名字都没留下。况且，历史不能只有简明的史志及大事记，还应该有更为具体琐碎的生活，有七情六欲、有血有肉、活生生的人。六十多年过去了，这支队伍中的亲历者已然大都去世，即使在世的也大都超过80岁，年龄最大的李玉芳已经99岁高龄，我陡然产生了时不我待的紧迫感、责任感和使命感。

每一代人的历史都值得记录，每一个故事都应该记取。作为胜利油田的发现者、创业者，他们劳苦功高，有功劳、有苦劳，尤其是经过了1960年前后困难时期的苦难岁月，经历了缺少设备、人拉肩扛的艰难条件，承受了多次政治运动的干扰摧残，很多人受到了莫须有的不白之冤，甚至劳教、判刑，但是他们锲而不舍、永不言弃，终于在渤海湾畔黄河入海口发现了大油田，诞生了我国第二大石油基地——胜利油田，建成了黄河三角洲上的一颗明珠——东营市。

吃水不忘挖井人，我们后人应该记住他们。

人都有一种本能的需求，那就是知道自己从哪里来，中国人尤其如此。我们有一种深深地对祖先的崇拜，有一种寻根文化。作为山西大槐树移民的后代，我多么希望能够知道祖先们当时是怎么集合、出发的，怎么来到河北枣强的，真的是被骗来的吗？真的是背手捆着押来乃至因此留下"解手"的口头语吗？对于这些问题，我们没有找到个人具体的回忆，只留下众多传说和谱牒里简单的一句话"自洪武二年……"

我不希望多年以后，再给后人们留下新的遗憾。

目　录

引　子

华8井是原石油工业部在华北地区的第8口深探井。

它位于黄河三角洲。这片神奇的土地上有一块风水宝地，那一年黄河泛滥冲出来一块土台子，传说这里落下过凤凰。从此，当地人把这里叫“凤台”，就在这里打出了华8井。

如今，凤台之上矗立着一座高大的纪念碑。纪念碑的正面，有国务院原副总理、石油工业部部长康世恩的题词：华北油区第一口发现井。但是它没有像大庆油田发现井“松基3井”一样刻有发现者的名字。纪念碑西边不远处就是华8井井场，装有一台油田常见的磕头式抽油机。

华8井是胜利油田的发现井，是东营市的根。

华8井是渤海湾地区一系列油田发现的起点，继胜利油田之后，陆续发现了大港油田、辽河油田、渤海油田、华北油田、中原油田、冀东油田等油田，成为我国石油工业的半壁江山，其石油储量和产量都超过了大庆油田。2023年，渤海油田原油产量超过3400万吨，成为我国最大的原油生产基地，并向着年产4000万吨迈进。

华8井是山东省石油石化工业的开端。《中国石化报》在中国石化成立35年成长回眸中写道：华8井出油，揭开了中国石化在山东的华丽篇章。仅中国石化就在山东建成了齐鲁石化、济南炼化、青岛大炼油、青岛石化等石化企业，已经成为山东经济版图中的重要一极，并且带动形成了石油机械、石油化工等国有、民营企业构成的石油石化产业链。除了中国石化以外，还有中国石油、中海石油、中国中化以及庞大的地方民营炼油化工企业，石油工业已经成为经济大省山东的重要支柱产业。

2018年3月，胜利原油成为上海期货交易所国内唯一的交割油种。

今天，“因油而建、因油而兴”的东营市已然成为黄河三角洲的中心城市、渤海湾畔一颗璀璨的明珠，拥有人口210万，2023年GDP达到3870亿元，在全国百强城市排行榜中居52位，是唯一纳入山东半岛蓝色经济区和黄色黄河三角洲高效生态经济区两大国家级战略的城市，是全国最大的石油装备产业基地。东营市“黄河入海、石油之城”的盛名已经传遍四海，誉满天下。

水有源，树有根，人有娘。

那么，

胜利油田是谁发现的？

是怎么发现的呢？

第一章
华北找油知何处

公元1956年，中国共产党建立的新中国成立第7个年头，是新中国历史上不寻常的年头。1月15日，北京市市长彭真宣布“我们的首都已经进入社会主义了！”随后几天，天津、上海等118个大中城市纷纷宣布资本主义工商业公私合营全部完成。此前，农村合作化运动也已进入高潮。新中国敲锣打鼓地进入社会主义新阶段。

这年3月，北京六铺炕，石油工业部。

“现在周总理和李四光部长要求在祖国东部找油，华北平原1955年地质部已经开始工作，我们还没有动，部里任命你为华北综合研究队队长，队号可采用西调处115队，主要任务是收集、整理、分析、汇编华北平原的地质资料，定出有利含油区域的基准井。”一位个子中等、身体结实的壮年人底气十足地对一个面容清秀、高个子的年轻人说道。

说话的人名叫陈贲，眼睛近视，但通常不戴眼镜，一双大眼睛直瞪瞪的，让人感觉似乎很凶。陈贲1914年出生于长沙，祖籍福建。1934年，他考入清华大学地学系，参加过“一二·九”运动，1939年毕业于西南联大，后考入中央地质调查所工作，曾于1944年赴美实习，新中国成立后任石油工业部勘探司副总地质师，由于总地质师空缺，他在实际工作中主持石油工业部地质勘探的技术管理工作，在石油行业具有很高的威望。

听陈贲讲话的是位年轻人，名叫陈良鹤，来自石油工业部西安地质调查处，接到石油工业部的命令来部勘探司陈贲办公室接受任务。陈良鹤高挑清秀、聪明活泼，1930年3月出生于浙江镇海一个钟表之家，在上海长大，十几岁时曾被绑架过，被家人赎回。父亲陈云卿在上海南京东路上有名的亨得利钟表店工作。1937年日军侵入上海后，父亲带着一家人颠沛流离，一路辗转两个多月到达成都，在春熙路上跟人合伙儿创办了及时钟表公司并担任经理一职。陈良鹤排行老四,六个姊妹中出了三个大学生。1950年10月，陈良鹤考入重庆大学地质系石油地质勘探专业，该专业是受国家燃料工业部石油管理总局的委托，为解决我国石油严重匮乏局面而开办的。因国家急需人才，陈良鹤于1953年9月提前一年毕业。1954年8月到12月，石油管理总局地质局派陈良鹤、杨惠民等人组成全国油苗调查二队，对东北地区的油苗进行调查，证实了油苗和沥青所在地有五处，分别是辽宁省阜新油苗、河北省承德油苗、辽宁省义县沥青、内蒙古自治区满洲里扎赉诺尔沥青、吉林省安图县沥青。这些油气显示的发现，为在东北地区进一步开展石油勘探工作的决策提供了重要依据。

此时，这两位正在中国石油工业最高殿堂筹划华北地区石油勘探的开拓者一定不会想到，在经历了这段人生中最为意气风发的短暂时光后，都将被跌入石油工业的最基层，走上崎岖多难的人生道路。

接到任务之后，陈良鹤思考了一宿，他后来在一篇自述中这样写道："华北这样大，西起太行山，东到山东半岛，北到燕山山脉，南到大别山，面积40多万平方公里，包括河北、河南、山东、安徽等地区，还有江苏，千里平原，一望无际，感觉真是大海捞针。我只是一个刚毕业两三年的学生，资历浅、经验少，老虎吃天，从哪里下嘴呢？到何处去找含油有利地区呢？"第二天，他就硬着头皮去找陈贲，推辞的理由是：才浅能低，无法完成这项任务，别耽误石油勘探大局。陈贲的回话是：要服从组织分配，先收集资料再说，有不懂的可以随时来找他。第三天，陈良鹤又遇到我国石油物探专业的一代宗师，物探的“老祖宗”翁文波，他是帝国理工学院（Imperial College London）的博士，在很多人的印象中，他是中等个儿，浓眉大眼，满面笑容，对人和气，说话不紧不慢，很有绅士派头。翁文波时任勘探司主管石油物探的总工程师，他也鼓励陈良鹤先收集资料干起来，物探方面有什么不懂的，可以去问他。老前辈们一再给壮胆儿，陈良鹤战战兢兢地就算是把任务接了下来。

石油工业部在北京百万庄大街地质部石油地质局（现址为中国地质科学研究院）给陈良鹤的115队找了一间办公室。那时的百万庄一带还是郊区，办公楼不远处就是农田。陈良鹤和绘图员胡文增，外加北京石油学院要他辅导做毕业论文的几个大学生，立即开始着手资料收集工作。胡文增是河北邢台人，父亲胡丰年当时是西安地质调查处托儿所党支部书记，他们家过去在西安住的房子，紧挨着和平门杨虎城大老婆的房子。2018 年，我拜访到胡文增爱人曲春花，她说老胡是个老实人，性格内向，一辈子与世无争，人家说啥就是啥，他常说的一句话就是：“好，好。”

1956 年 4 月 1 日，陈良鹤带领115 队来到济南，继续开展资料收集整理工作。石油部华北石油勘探工作以此为开端，渐入正轨。

在我小时候20世纪六七十年代的农村，石油还一直被叫作“洋油”，家里用来点灯。可石油到底是从哪里来的？当时主流的石油地质理论认为，石油是由自然界中古代海洋和湖泊中的有机生物沉积并经过漫长的地质年代演化而来的，这就是石油的有机成因说。这个问题直到今天仍有争议，尚无定论。如今，火成岩不再是石油勘探的禁区，发现了很多油田，在新疆准噶尔盆地火成岩油藏地质储量已经超过1亿吨，胜利油田已经在这里建成了春风油田，这是胜利油田勘探史上的第77个油田。无机成因说日益成为石油形成的主流学说。石油勘探还有点像盲人摸象，地球上的石油到底从哪里来、到底有多少，至今仍是一个谜。今天，胜利油田勘探开发研究院新建气派宏大的办公楼前有两块巨大的石头，上面分别镌刻着两句话：勘探无禁区，开发无止境。

1949年10月新中国成立时，中共领袖毛泽东最主导的思维就是工业化。他曾在天安门城楼上说，将来从这里望去，要看到一片烟囱。工业化的血液就是石油。但是新中国成立初年，石油年产量仅12万吨，其中人造油（即采用油页岩炼油）7万吨，天然油才5万吨，发现的石油地质储量仅2900万吨，仅有延长、玉门两个小油田，石油行业职工总数只有1.1万人，其中一半在玉门油矿——当时中国最大的油田。当时在国民经济建设中，石油工业是最薄弱的环节，1952年石油产品大体只能满足需要的1/4，进口油品所花外汇居进口产品第一位，新中国陷于能源危机和石油短缺之中。东部地区，除了抚顺制油厂、桦甸页岩油厂、锦州煤气合成厂等几家人造油厂外，没有油田。已经建成的玉门、克拉玛依等几个规模不大的油田，都偏居西北一隅。到1957年，全国原油产量也只有145万吨，大部分原油要从苏联等国进口。而当时美苏两国的石油年产量都已超过3亿吨。像中国这样的大国，要搞现代化，所需石油必须在1亿吨以上。

华北地区的石油区域地质工作从1955年已经开始，也是我国东部正式开展油气勘查最早的地区。1954年12月，国务院决定，从翌年起，除由燃料工业部石油管理总局继续加强石油细测和钻探外，责成地质部、中国科学院分别承担石油普查和科学研究任务，以加强石油勘探工作。1955年1月，石油管理总局在北京召开了第六次全国石油勘探会议，确定以酒泉、四川、柴达木盆地为勘探重点，并在华北平原进行地球物理勘探。地质部则将普查固体矿产为主的普查委员会改为专门领导石油普查的机构——石油普查委员会，并迅速筹划，于春节前后（1月20日至2月11日，春节只休会3天）紧锣密鼓地在北京召开了第一次石油普查工作会议，出席会议的正式代表200人，列席代表116人，除地质部直属单位负责人外，石油管理总局、国家计委也派代表参加，准备参加石油普查工作的主要干部及技术人员130人也参加了会议。部长李四光致开幕词，副部长许杰作了题为《关于1955年石油天然气普查工作与任务》的报告，随后参会人员对在哪些地区开展石油普查工作进行了讨论。会议决定把华北平原作为优先开展石油普查的地区之一，并分别成立631队、632队、633队、519队和226队五个石油普查大队，分赴新疆准噶尔和吐鲁番盆地、青海柴达木盆地、鄂尔多斯盆地、四川盆地和华北平原，开展油气普查工作。

这次会议召开的地点意义非凡——北京兵马司胡同9号，是成立于1913年的中央地质调查所旧址。中央地质调查所曾被西方学者称为“民国最出色的科学研究机构”，是中国现代第一个科学机构，是中国现代科学的发轫地，著名的“仰韶文化”“周口店北京人头盖骨”等考古发现都跟它有关，现在它又荣幸地成为华北地区石油勘探的开端。我在2021年12月曾前来寻访，现在门牌号是15号院，已经成为居民大杂院。院子里有三幢二层小楼，楼前晾着被子，楼外墙边种着菜。

据参加过这次会议的贾润胥回忆说：“226队在北京组建的时候就5个人，都参加了这次会议，两位领导分别是队长陈树森、主任工程师孙万铨，除了我，另外两个人是陈德维、姚琴（女）。我是温州瑞安人，南京大学地质系学金属地质的，1954年毕业，分到了地质部岩矿鉴定室，先在福建实习，北京报到后人家说不缺人，正好新成立的226队缺人我就来了。陈德维也是温州人，我们同乡，淮南煤专毕业。”孙万铨是南京人，据说毕业于国立中央大学，曾作为翻译参加过中国远征军，毕业后就职于谢家荣领导的中华民国资源委员会所属矿产测勘处。1946年，在四川蓬溪县（今大英县）蓬莱镇与杨博泉共同命名蓬莱镇砂岩系为侏罗系上统蓬莱镇组，1947年，测绘了四川海塘铺构造，曾在玉门油田工作。

在这次会议之前，为了开拓华北石油物探工作，地质部物探处首先组成了华北物探队技术领导小组，负责筹划组队。组长黄绪德，副组长郭锡同，成员有：任玉明、何之棣、戴荣锜、孙武城、施鹏飞、余卓森等。黄绪德是江苏溧阳人，父亲开有当地有名的黄义兴大药房，1952年毕业于东吴大学物理系。

1955年3月，地质部从直属的地质、物探队伍和华北地质局中调出大量骨干，迅速组建了华北地区第一支石油普查专业队伍226队，隶属华北地质局，陈树森任第一副队长，贺光任党支部书记。陈树森是河北文安人，1945年2月参加革命，至1948年先后任过文安县小区粮秣股会计、镇小学教员、区治安员、土改工作队队员等，1948—1954年先后在开封中共中央中原局社会部、中南军政委员会公安部工作，1954年调到地质部303队任队长。多年后任地质部华北石油局党委书记的毕占海是226队成立的见证人，他回忆说："我是河北邢台人，本来在邢台专区供销合作社供销学校干财务，1954年11月，调到地质部华北地质局，当时在张家口，曾是原察哈尔省省会和内蒙古首府。队长陈树森，副队长隗和有，政治协理员是李金生，技术负责人孙万铨。孙万铨是四等八级工程师，黄绪德是物探技术员，五级。我开始在计划科，科长是何秉仁。1955年下半年到办公室当秘书，办公室主任是冯玉琪。"何秉仁是山西沁县人，1941年当了民兵抗日，1944年找到当八路军的父亲在太岳军区三分区参军，后在供给处从事商业工作，做过出纳、会计、营业员。何秉仁说他本来是山西省林业厅人事科副科长，1954年，地质部委托山西省为华北地质局配备两个地质队科级以上干部，他被派去做计划科科长，他既不懂技术，也不会管理，刚去就闹了笑话，开会听人讲要给地质队配备管材，他心想不知道地质队一年要死多少人，还要给配"棺材"。

由于华北平原普遍被第四纪沉积物所覆盖，一些较早的岩层露头在地面上不容易看到，地表地质工作困难，地质部采用了苏联物探专家歇尔斯尼尧夫的建议，要求物探工作做在地质工作之前，开展综合地球物理调查（1∶100万的重力、航空磁测工作进行全区面积性测量，直流电测深和地震工作则以大剖面的方式进行），以查明平原下的深部构造。歇尔斯尼尧夫是苏联中央物探托拉斯的总工程师，苏联卫国战争期间是坦克团团长，攻克柏林时就是他那个坦克团率先攻入的。

1955年3月，地质部物探处华北物探队和华北地质局226队合组为地质部华北石油普查大队（亦称226队）。8月，地质部成立物探局，何善远任局长，顾功叙任副局长兼总工程师。226队由物探局和华北地质局双重领导。这一年内226队队部四次搬家。组队时在北京百万庄，4月15日至7月底驻河北省沧县当铺胡同，8月1日搬到石家庄市柏林庄，12月，大队人马又集中到北京冬训。

226队组建时职工主要来自三个方面：一是从地质部和河北省地质局抽调少量技术骨干和党政干部及操作过其他矿种钻井技术的工人等为建队骨干；二是大批转业军人和少量新中国培养的第一代大中专毕业生，以及来自上海等城市1954—1956年的高中生，经过短期专业培训；三是招自农村的农民和社会青年学徒工。他们三类人员的思想素质和专业技术差异很大，面对石油地质普查工作内心反应纷繁复杂，既有从未经历过的新鲜而陌生的求知欲，又有野外地质工作的艰苦不安感，思想和行动上出现或多或少、这样那样的波动，多数来自战火纷飞的转业军人和怀着朴素阶级感情的翻身农民则是满腔热情投入火热的野外作业，那种为国找油光荣奉献的精神成为石油普查队伍的主流思想。因此，地质部党组从对整体行业稳定和提高上作出重大决策，要求在全天候坚持职工思想政治教育的同时，根据北方冬季天寒地冻、不宜野外作业的特点，实施整体冬训、集中学习提高的制度，总结一年生产中遇到的问题，有针对性地进行思想和业务培训。

到1955年底，226队已发展成为当时国内规模最大的物探队伍，下设13个分队：重力一、二、三队，磁法一、二队，电法一、二、三队，地震一、二、三队，物性队，化探队等，另有油苗检查、地质填图、剖面检查、钻探地质、电测井等五个组，并有三部钻机，组成了一个包括地质测量、钻探、物探、化探等多方法的综合性石油普查大队，在编人员共计568人，其中属于物探局经费开支的461人、属于华北地质局开支的107人。

1955年9月，原来的普委会撤销，改组为石油地质局，局长白耀明，副局长李奔，总工程师黄汲清。9月8日，地质部和石油工业部在北京联合召开“关于华北平原基准井问题”的座谈会。出席人员有：康世恩、谢家荣、沈晨、翁文波及苏联专家伊万诺夫、戈鲁斯等。最后，康世恩说：“就这样决定，资料、设计由你们地质部在今年年底提供，打井在明年初由我们负责。”12月，226队提交了华北平原第一套石油地质、石油物探报告，报告在总结了一年来的工作成果后指出：华北平原是良好的含油远景区，有多套生油、储油、盖油的层系，并建议在平原中迅速钻基准井，以明确目的层。

1956年2月，226队更名为华北石油普查大队，归属石油地质局领导。贺光任书记兼队长，陈树森、隗和有任副队长，王世荣任副书记，技术负责人孙万铨，物探科科长郭锡同。贺光从华北地质局调来，他是河北省丰南县（今唐山市丰南区）人，曾任中共满洲里和乌兰浩特市委副书记；王世荣是东北人，调自开滦煤矿。1957年，山东省委派六名做政治工作的干部，他们是党委书记孙良鹏、副书记宋俊德、副书记冯展相以及郭振西等人，宋俊德曾任滕县县委副书记，郭振西是山东临邑人，来前为山东省委国营工业部办公室秘书，安排做了地震二队政治指导员。郭锡同是江苏滨海人，1950年毕业于上海交通大学物理学系，在226队任生产技术组组长。

地质部华北石油普查大队机关人员合影（何秉仁提供）

此时，全大队职工总数达到1142名，其中物探人员660名。华北石油普查大队开始驻地在山东省济南市洪家楼教堂。1957年春天，华北石油普查大队搬进青岛路（今历山路）刚盖好的三层红砖办公楼，同时还盖了两栋两层的红砖楼，一栋是给苏联专家盖的专家楼，共8套单元住房，但是最后只来了一名搞岩矿鉴定的苏联专家，住在山东宾馆，这栋专家楼就给领导做家属住宅；另一栋筒子楼做职工宿舍。

1956年，电法一分队和地震一分队都是中苏合作队，8月，有沙姆什科夫、切尔卡斯基、科玛洛夫斯卡娅、杨科、培肖、卡达乌林六位物探专业的苏联专家来工作过一段时间。地震二、三分队在野外工作期间，曾邀请北京地质学院苏联地震专家顾尔维奇现场指导工作。驻地质部的物探专家歇尔斯尼尧夫、石油地质专家潘捷列耶夫也曾对华北地区的石油普查提出了多方面的指导意见。由于当时我国还没有开展大规模石油地质工作的经验，在区域普查方法及其有关具体技术方面，苏联专家曾起到了重要的指导和示范作用。

华北地区，跨越京津冀、辽宁、山东、河南等省市，是我国人口稠密、经济发达的地区。华北平原绝大部分地区被黄土所覆盖，除河南内黄、河北隆尧和河北山东交界处的大山、小山有古老变质岩、寒武—奥陶纪灰岩和玄武岩零星出露外，此时尚未发现油气苗显示，仅在边缘地区如唐山赵各庄采石场中奥陶系上部青灰色厚层石灰岩含液体油、范各庄煤矿坑中上石炭系石灰岩有黑色液体具油臭，山东嘉祥虎山中奥陶系底部灰岩节理中有固体沥青碎片、黑色液体原油，凤凰山等奥陶系白云质灰岩晶洞见有油苗和油味儿，平阴西南8千米的琅磨山下奥陶系白云岩有油味，河北隆尧西6千米的尧山下奥陶系白云岩也有油味儿。但是，平原下盆地的结构究竟如何、分布有哪些地层、有无油气生成条件、找油的主要领域是海相地层还是陆相地层，这一系列都还是未解之谜。

20世纪50年代，悲观的气氛一直弥漫着中国石油地质界：“石油之储藏不丰，似可断言也。”1937年春，顾少川等人组建中国煤油公司探勘公司筹备处，聘请美孚石油公司地质专家Dr. J. M. Weller、F. A. Sutton两人来华，与中国地质专家孙健初等人共同组成西北地质矿产试探队，在甘肃永登、永昌、玉门、敦煌、青海柴达木盆地进行石油地质勘探，仅在老君庙发现干油泉露头，未发现背斜构造。他们认为，在中国西北找到油田的希望不大。1941年，美国德士古石油公司石油地质学家罗格斯（Rogers）来华调查地质后说：亚洲腹地及中国几无石油蕴藏可能。而如今名声显赫的“中国陆相生油理论”于当时还没有成形，只是少数地质学家的初步想法。如潘钟祥教授1941年发表在AAPG杂志上的文章说道：陕北、四川白垩系中的石油来自陆相生油层。但是其在结论中两次强调，从这里石油的陆相成因来看，可能没有工业价值。这些看法给新中国的石油地质勘探造成巨大的消极影响，“中国贫油论”流传开来。我们经常把“中国贫油论”作为西方国家对中国的蔑视，其实不过是一种弱国心态。所谓“有油无油”都不过是一种技术观点，没有必要过度解读。

但是偌大的中国真的就没有石油吗？地质部部长李四光明确提出了不同的看法。

李四光，湖北黄冈人，蒙古族，15岁留学日本，后又留学英国伯明翰大学。1939年，他在英国出版的《中国地质学》一书中写道：“在新华夏系的沉积带内，如用地震方法在华北平原进行勘探，可以揭露出有重要价值的沉积物。”1953年12月下旬，新中国第一个五年计划之初，李四光应毛泽东主席邀请去中南海菊香书屋，刘少奇副主席、周恩来总理、朱德总司令等中共中央领导也在场，征询李四光对中国石油资源的看法。李四光深信中国石油资源的蕴藏量是丰富的，提出关键是要抓紧做好石油地质勘探工作，应当打开偏居西北一隅找油的局面，要在全国范围内开展石油普查工作。1954年3月1日，李四光应邀到燃料工业部石油管理总局作了题为《从大地构造看我国石油勘探的远景》的报告。石油管理总局的负责人和八位苏联专家出席了报告会。李四光明确指出，根据我国的地质条件，油气资源是很有远景的，中国石油勘探远景最大的地区有三个：一是青、康、滇、缅大地槽；二是阿拉善—陕北盆地；三是东北平原—华北平原。他强调从东北平原通过渤海湾、华北平原往南到两湖地区是有重要意义的地区，应组织力量进行摸底。

李四光报告结束后，石油管理总局苏联专家组组长莫谢依夫发言，表示赞成李四光的见解。

谢家荣，是最早明确地把找油目标指向华北平原的人。他是上海人，15岁就考入北洋政府农商部和北京大学合办的地质研究所招收的地质班，毕业后被公派到美国威斯康星大学攻读硕士学位。1945年，谢家荣在野外地质考察中，在唐山奥陶纪石灰岩和石炭纪煤系地层中发现油苗，他当时兴奋不已，回去就写了《唐山油苗》一文，并提出了在华北古生界找石油的意见。1952年地质部成立，谢家荣担任总工程师，他再次赴唐山煤矿井下考察油苗，更明确地阐明了华北下古生界地层有蕴藏石油的可能性。在《石油地质》上发表了论文《中国的产油区和可能的产油区》，对石油前景作出了更加肯定的回答："中国肯定是有油的，并且其储量一定是相当丰富的"，具体点到了："从大地构造推断……包括桂滇黔地台区、华北平原、松辽平原等8个区域。"在1957年冬之前，没有任何一位地质学家，像谢家荣这样首先指出，然后又反复强调，要纠正"油在西北"之说的偏向，同样要注意西北以外的许多油区，也没有任何一位地质学家对在中国东部找油有如此多的重要论述，对在中国东部找油又如此充满信心。

从瑞士浓霞台大学获得理学博士学位归来的黄汲清是继李四光、谢家荣之后我国地质学界的另一位权威，出生于四川省仁寿县书香之家，1924年考入北京大学地质系。1950年10月，调入中央刚成立的地质工作计划指导委员会（地质部前身）任委员，并被聘为燃料工业部石油管理总局顾问。1954年1月，地质部设立全国矿产普查委员会，主任委员由李四光部长兼任，刘毅为党委书记，谢家荣、黄汲清两人任常务委员，负责技术领导。黄汲清有一篇论文《大隆起和大坳陷的特征及其含油气远景的关系》，其中说道"华北新坳陷属于中、新生界的坳陷，华北新坳陷的一些二级坳陷中埋藏有中生界含油岩系的可能性甚大，靠海滨可以寻找中、新生界海相含油岩系"。1954年，黄汲清与谢家荣、翁文波一起编制了中国第一幅"中国含油远景图"。黄汲清和翁文波关系很好，除了有共同的事业追求外，还有一层特殊关系：黄汲清的恩师之一翁文灏就是翁文波的堂兄，而翁文波在1936年从清华大学物理系毕业时，得到时任中央地质调查所代所长黄汲清的建议，到英国伦敦学习地球物理探矿。值得一提的是，黄汲清对谢家荣极为推崇，在1978年、1979年两次上书邓小平，提出大庆油田的发现跟李四光的地质力学理论没有关系，而谢家荣功不可没。据说李四光跟谢家荣的关系，一直不冷不热。他跟李四光早年共事过，在20世纪30年代先后担任北京大学地质系主任。谢家荣认为，李四光的理论当理论可以，用来找矿不行。新中国成立后，李四光回到祖国并受重用。1950年9月，政务院成立全国地质工作指导委员会，主任是李四光，谢家荣为副主任，但是谢家荣却不去北京上班，把他副主任的牌子钉在南京矿测处办公室的门上，后来西北的习仲勋邀他去西安，他竟极为动心。说到底，他不想在李四光手下工作。这是否成为他在地质部的位置每况愈下乃至打成右派的原因不得而知，他在“文化大革命”中被批斗，最后服安眠药自杀。黄汲清本来已被内定为右派，是副部长何长工出面说话才使他躲过一劫。据黄汲清回忆：“李四光部长虽然兼任普委会主任委员，但对具体的工作部署和人员调配似乎很少过问，在我的记忆中李四光部长没有一天和我们在一起办公，也没有与我和谢家荣先生讨论过石油地质问题。”

20世纪50年代，中国大陆的油田主要在西北，如延长油矿、玉门油矿、克拉玛依油矿、青海油田，这些油田的发现都跟先在地面发现油苗有关，当时流传着几句顺口溜：探油苗、找鸡蛋（背斜构造），发现构造就上钻。这也是众多石油地质工作者从亲身实践中总结的经验。如玉门老君庙油田1938年在石油沟的发现、青海柴达木盆地冷湖油田在油砂山的发现、克拉玛依油矿在黑油山的发现。

1955年，226队完成了华北平原北部及中部范围内1：100万的重力、地磁面积概查；配合重力和地磁工作，在山东省境内做了9条电测深大剖面。1956年地质部建立的航空磁测队首先对松辽和华北平原进行了1：100万大面积的航空磁测。1956—1957年，又在华北平原南部的周口及开封坳陷和北部冀中、临清坳陷进行了1：20万重力面积测量，在开封和周口坳陷又进行了1：20万的地磁和1：100万的航磁面积测量工作，并在河北、河南等地做了14条电测深大剖面。地震工作除在高唐、齐河、涿县—临淄、定县—交河做了3条大剖面外，还选择在沧县兴济镇、南宫明化镇、山东省馆陶地区进行地震面积普查工作。通过上述地球物理勘探工作，明确了华北平原内重力、磁力异常的分布状况，即东部地区为区域性重力、磁力异常高带（包括沧县隆起和聊城—兰考大断层以东地区）、西部地区为区域性重力、磁力异常低带（包括冀中、临清、开封等地区）。

据在黄汲清身边工作长达40年之久的任纪舜回忆："1956年时我陪黄先生到华北孙万铨那边，当时孙万铨那个队对华北平原的构造基本上搞清楚了，沧县隆起、冀中坳陷、黄骅坳陷、济阳坳陷全都出来了。我记得很清楚，黄先生叮咛孙万铨要注意中新生代，这是第一点；第二，要注意黄骅坳陷和济阳坳陷。"

1955年4月，燃料工业部石油管理总局决定撤销地质局、钻探局，成立了新疆、玉门、青海、四川四个区域性石油勘探局，并在原陕北勘探大队和潮水勘探大队的基础上成立西安地质调查处，这是面向全国的石油地质机构。6月，西安地质调查处正式成立，地址在西安东仓门公字1号。职若愚任党组书记兼处长，韩尽臣任党委副书记兼副处长，赵仁寿、刘若愚、宋世宽任副处长，主任地质师张传淦。西调处下设吴忠钻探大队（大队部在宁夏吴忠）、内蒙古勘探大队（大队驻内蒙古东胜）。西调处的勘探区域实际上是除玉门、新疆、青海、四川四个局所管辖勘探区域外的全国其余地区，有人戏称它是"不管处"，各局不管的区域都管。职处长是河南温县人，生于1918年2月，1938年2月参加革命，1949年9月，跟刘南、詹时、杨文彬、雪凡、焦万海、张志华、任志恒等人作为军事代表，随同军事总代表康世恩、军事副代表张俊等人接管了玉门油矿。当时在处卫生所的王祥说："职处长高个子，稍胖，人很稳，脾气好。"时任野外地质队队长的裴宗诚说："职处长跟我们技术人员很亲，我们跟他爱人任志刚都很熟悉，过年都去拜年，他去世我们都去了。”赵仁寿是1950年新中国在江苏成立的第一个地震队队长。张传淦是山东泰安人，1945年毕业于中央大学地质系，跟石油行业鼎鼎大名的李德生、田在艺是同班同学。

西调处里有个人很特殊，他就是周宗浚。1956年招工到实验室的任丽君说：“处里那几个副处长都很厉害，经常骂人，职处长不骂人，但也不管事。宋处长老婆是小脚，一看就是农村妇女。听说周宗浚对革命有功，抗战时给周总理提供过地图，他的房子最好，在尚勤路，大门能进汽车，院子很大，还有个亭子，四周是玻璃的。比宋处长的还好，宋处长住在三道巷，才三间房子，做饭都得在院子里。”任丽君是河北保定人，因为日本鬼子打过来，一家人先后逃到郑州、西安，父亲挑担子做小买卖。她在河北冀校上的小学，河北同乡会在西安办的，只收河北人，上学不要钱，初中上了汇文中学。周宗浚是山东胶县（今山东省胶州市）人，1933年毕业于北京大学地质系，1947年，作为我国第一批地质人员进入柴达木盆地勘探石油并发现、命名了油砂山，在石油测绘界为大佬级人物，此时在西调处任测绘总工程师。如今西柏坡革命纪念馆毛泽东办公室里就挂着曾世英、方俊、周宗浚以《申报地图》为基础编制的《中华民国地形挂图》。

1955年5月3日，周恩来总理在中南海做报告时说：“石油发展很落后，首先是勘探情况不明，地质部部长很乐观，对我们说地下的储藏量很大，很有希望，我们很拥护他的意见，现在需要去做工作，所以要有一个单独的石油工业部。”1955年7月，为了推动石油工业的发展，中央成立了石油工业部。原解放军总后勤学院院长李聚奎被任命为第一任部长，康世恩任副部长。1955年9月10日，以康世恩为团长的中国石油代表团前往苏联学习。1956年1月，石油工业部在北京召开第一届全国石油勘探会议。还在苏联考察的康世恩给大会寄来一份题为《在中国如何寻找石油》的长信。信中写道：根据苏联的经验，小盆地和构造复杂地区不易找到大油田，应集中精力在大盆地和地台上展开区域勘探，把勘探重点从山前坳陷和山间小盆地移向大盆地，采取打区域大剖面和基准井的勘探方法，进行全面系统的区域勘探。我觉得在我们已有勘探工作的基础上，正确地学会采用苏联先进的勘探工作方法，在两三年内，找到几个储量大的油田是可能的。文中还提到华北平原，苏联石油部总地质师同意地质部对华北的勘探工作计划，唯基准井只打两口嫌少，应于今年工作一个时期以后，再定一口井位。今后要大规模展开这一地区的勘探工作，建议地质部成立华北石油勘探处，石油工业部配备基准井队。

华北平原沃野千里、一马平川，但是就在这平原的中部却突兀竖立着一座小山包，人们称为“大山”，位于山东省无棣县北部大山镇（今已改名为碣石山镇），虽称“大山”，其实方圆仅0.39平方千米，海拔高度仅63.4米，却是鲁北平原上唯一一座山峰。据说秦始皇、汉武帝、魏武帝曹操都曾登临此山。曹操在这里写下他那首著名的诗《观沧海》：东临碣石，以观沧海。水何澹澹，山岛竦峙……水从何来？当时的黄河正是从这里入海。从大山往东北20多千米还有一片“小山”，位于河北省海兴县，这片小山呈马蹄形，方圆近20平方千米，高约36米。

地质工作者研究认为，大山、小山都是火山口，形成于200万年前的早更新世到2万年前全新世早期之间，是国内罕见的第四纪火山中最年轻的山体。山包虽小，但是在石油地质工作者心中却十分沉重。在地质学上，岩石一般分成三大类：沉积岩、变质岩、火成岩。当时石油都是从沉积岩中开采的，而火成岩则被认为是不能生油也不能储油的岩石，被认为是油气勘探的禁区。开始这片地区被评价为无棣火山活动带，位于盐山、海兴、无棣以及黄骅海滨一带。在山东半岛上昌乐也有一片火山群，属新生代第三纪，距今1800万年。

经过一年的初步地质勘察工作，当时的地质专家认为，华北平原没有中生代和新生代的海相沉积，且又多处分布有火成岩和变质岩，根据当时的有机成油理论，这里有石油的前景并不乐观。

第二章
八方云集明化镇

1956年2月4日，李四光就如何总结过去的普查结果对石油远景作出评价，致函陈云副总理，函中除了对远景评价外，还对1956年内柴达木盆地、西藏黑河地区、华北平原、新疆地区、四川盆地和鄂尔多斯及六盘山区域，如何部署物探和钻探工作，提出了具体意见。其中关于华北平原：在过去物探和化探的基础上，应对临清和南宫县明化镇两地进行物探细测的工作即化探工作。同时在这两个地点准备立即进行钻探，据初步估计，在临清县城钻进的深度应达3000米以上，在明化镇钻进的深度大致也应该达到3000米左右。

1956年3月28日，石油工业部下文批准西安地质调查处成立华北石油钻探大队。从此，在华北平原上，石油工业部所属华北石油钻探大队和地质部所属华北石油普查大队两支队伍就像一对夫妻，亲密无间，并肩战斗，在华北平原上先后进行了航空重力测量、磁力的区域普查工作和部分地区的电法、地震大剖面和地震面积详查，对局部构造开展重点钻探，目的只有一个，就是早日抱上“金娃娃”——发现油田。

华北地区第一口深探井——华1井井位就是在地质部所做物探资料的基

础上，以地质地貌研究为依据，将华北平原及周边山地视为华北地区一大型盆地构造而确定的。根据重力、磁力测量结果，发现若干重力、磁力高带和低带，其中最引人注目的是盆地中的沧县明化镇重磁力高带，在地台上存在如此之大的重磁力高带，地质人员大胆地将其视为华北地台上的大型长垣背斜构造。经测算，这个重磁力高带埋藏较浅，推测长垣构造地层较新，为第三纪，又东邻渤海湾海域，可能为海相，合起来最后就设想为“沧县第三纪海相长垣大背斜构造”。这种长垣构造对油气聚集有利，在勘探中应予优先钻探，终于确定了位于沧县隆起南端明化镇的华1基准井和沧县隆起北端的沧县兴济镇的华2井两口基准井井位。通过地球物理勘探和地质资料研究，地质家们认为华1井大有希望。

据孙万铨回忆：“最初我们定在临清，因为临清有化探异常、物探异常（当时解释为盐丘），得到李四光部长、黄汲清、谢家荣总工程师同意，石油工业部康部长、刘放、严局长及苏联专家同意，我们已经为基准井打了预备井，石油工业部已在临清建苏联钻探人员宿舍。但地质部物探局苏联专家歇尔斯尼尧夫、石油工业部翁文波、陈贲等主张一箭双雕，既探地层，也探构造（当时明化镇有地震隆起），他们都坚持将基准井设在明化镇。李四光、黄汲清、谢家荣也说先打一口再说。”1955年7月到11月，地质部226队在临清县（今临清市）赵庄、五区指挥墓（现属临西县）等地钻进了临1井、临2井、临3井、临4井、临5井、临6井、临9井共7口150米左右的浅井，了解浅层地质情况。

1956年3月29日，石油工业部派出工作组到明化镇开展前期工作。西安地质调查处派出卫生科科长孟长寿、会计毛俊银、管理员王钧等人先期到达明化镇，过来号房子，安排人员办公食宿。孟科长是一位老红军，陕西蒲城人，生于1917年，1932年2月参加共产党游击队，两个月后就加入中国共产党，后编入西北野战军四军，1949年9月进军甘肃，参加了解放兰州战役，10月，奉命调往临洮执行剿匪任务，曾任军区医院政委，后在四军军部任协理员，营级干部。他先后育有6个男孩、2个女孩。孟科长曾给二儿子孟平安讲过一个故事，一次说起喝酒，他说酒能误事，但是利用好了，也能成事。他在甘肃部队时，他当书记，跟另一个人搭班子，当时已经怀疑那个人是叛徒，请他去喝酒，喝的是烈酒，一点能点着的那种，就想把他灌醉，套他的话，岗哨怎么安排什么的，他就装醉，等别人把他架着送回家，家人看到了还跟他吵架，等人一走，他说他没醉，这家伙有阴谋，赶紧布置防止敌人来偷袭，结果把敌人消灭了。王祥说："孟长寿生活朴素，平易近人，待人和气，对上对下关系都很好。"

王祥是第二批到达明化镇的筹备组人员，他说："这一批有十来个人，有宋世宽、钟辉生、钱兆祯、王鑫庆、张葆芳、张美娉、曹博、王体仁……我们从西安坐火车到邢台下车。在邢台火车站，正好碰到了从北京赶来的胡达年，我们在邢台住了一晚，第二天一行人又坐一辆卡车到达明化镇。"王祥1935年出生于河南新乡，先上的姜庄私立静泉小学，他记得家里把房顶上的鸽子楼里多年积攒的鸽子粪卖了才交的学费，都是野鸽子；日本投降前又上了两年日本人办的扶轮小学，上学不要钱。他说他家的四合院里住过四家日本人，在军队的那个人还好，回到家就喝酒，不出来，想家；有姊妹俩很坏，坐洋车不给钱，还上去泼人家一盆子水。1947年他来到西安，父亲在西安案板街德丰酱园当经理，是给人家代管，生产的河南香醋在西安很有名气。1952年从西安东南中学初中毕业后分配到西北医学院药科学校，1954年毕业后分到石油管理总局地质局卫生所管理药剂。王体仁做护士，他是甘肃平凉人，1955年从西北军区的第五陆军医院转业到西安地质调查处卫生所。

宋世宽、胡达年都是老红军。宋世宽来自陕北红军，1915年生于陕西省延长县宋家山村，1935年3月参加刘志丹领导的陕北红军，1952年到西北党校学习，后被分配到西北石油管理局四郎庙钻探大队任副大队长，后任西安地质调查处副处长，兼任华北钻探大队大队长。王祥说他身材魁梧，四方大脸，实在稳重。胡达年则来自红二方面军，他是云南省沾益县人，生于1920年3月，1936年2月红军长征经过他的家乡胡家屯，村里人围着看一个十三四岁的小红军写标语："打倒蒋介石！打土豪、分田地！"小红军问他：

"你敢当红军吗？"他说："当就当，有啥不敢的？"就这样，不满16岁的他参加了红军。1952年6月转业到新疆石油企业，历任中苏石油股份公司建筑托拉斯人事科副科长，新疆石油公司住宅科副科长、科长，1955年8月在西安石油干校学习，他是借调来到西安地质调查处华北钻探大队，任干部科科长，不久就让他负责大队部房屋筹建工作，1957年2月调回新疆石油管理局任克拉玛依矿务局行政服务处副处长。张葆芳对胡达年印象不好，说他上班不在办公室坐着，还像原来打游击一样到处乱转，找人拉呱儿，百分率非念成百分"shuài"，说他他还强词夺理不改。大队的人见面不叫胡科长，叫他焦科长，"煳"焦了都。

这批到达人员中，钱兆祯、张美娉在人事科，钱兆祯任劳动工资员，张美娉管教育培训。钱兆祯是江苏省常州市人，生于1921年，出身菱溪白家桥名门望族钱氏家族，但不幸的是刚刚1岁时父亲就去世了，由在上海的堂叔上海名医钱方琦抚养长大，从上海利明中学高中毕业后由其堂哥钱建初爱人的侄子、在开滦煤矿任总工的邹尚英介绍到开滦煤矿工作，新中国成立后钱兆祯被推荐到燃料工业部干部学校学习3年，然后分配到位于兰州的西北石油管理局人事处工作，后在钻探局人事处。张葆芳在计划科做统计员，他和张美娉是夫妻，都是山西孝义人，老家就离着五里地，张葆芳的父亲曾当过张美娉的老师，他们俩是青梅竹马。曹博做计划员，山东青州人，1954年毕业于中国人民大学经济专业。

4月15日，西安地质调查处华北石油钻探大队在明化镇正式成立。

根据1956年5月7日大队给西安处的报告《报告我队筹备情况及请示问题》，这是西地华钻字第一号文件：至4月29日，已到明化镇35人，其中科级以上干部5人。租到民房60间，全系小间土屋，经过与南宫县土木生产合作社洽商，拟建平房40间，其中20间做单人宿舍，20间做办公室，每平方米造价29元。专家招待所800平方米，单位造价54元。饭棚一座200平方米，单位造价25元。5月底可建成一部分。报告中说：目前迫切需要解决的问题是基准井井位问题，否则材料、修筑工地、房屋都无从着手，希望速与地质部联系确定。报告还提出了粮油供应问题，在西安市每人每月供应食油干部1斤、家属9两，明化镇每人每月供应食油干部6.66两、家属4两。粮食家属吃杂粮，且系原粮。这就降低了工人生活水平，与农民等量齐观。野外津贴问题，明化镇物价指数高于西安，而工资分值却低于西安，西安为0.276元，按河北省统一分值为0.2357元，就几种主要物品来说，面粉（上等粉）西安每袋9元、明化镇每袋9.6元（八五粉），大米西安每斤0.11元、明化镇每斤0.168元，明化镇生活艰苦并不低于甘肃陕北地区，希望照发野外津贴（地质部明化镇工作组就照发野外津贴）。

大队在当地招聘的第一个工人是穆登顺，给大队做饭。他是西街的，生于1916年，解放前在献县父亲开的点心铺里打点心。他大儿子穆胜利说他会炒菜，会蒸馒头，能双手同时各揉一个馒头。

招聘的第二个工人是李继秀。李继秀回忆道："1956年，大队的人才到几天，大约4月中旬，就把我招去跑腿。他们刚来，人生地不熟，乡里把我推荐来的，我村里的李奎慎在乡里当秘书，可能是他推荐的，我在明化镇上过小学，跟后来也招工的孔祥明、唐庆朝、贺宝君都是同学，跟贺宝君还拜了干弟兄。主要任务是骑自行车往县里送信，到县委、县政府，信封都封好了，写上'机密'；第二个任务是联系当地的事情。算是行政科的通讯员，组长是张秀芳，组里还有唐庆朝、贺宝君、职春花，李玉芳经常打发我送材料。"李继秀就是这时候学会了骑自行车，甚至会双手大撒把，看得电测队还不会骑车的王士孝非常羡慕。

计划科科长是钟辉生，他来自著名的"石油师"，即1952年在陕西汉中集体转业的解放军19军57师。他跟随后来到明化镇的财务科科长李应时、财务科出纳林桂英两口子还是老乡，都是山西晋城人。1938年，日本鬼子打到家乡后，钟辉生跟李长发也就是后来的李应时等一伙儿十三四岁的半大小子一块儿参加了正在晋城招收小孩的杨虎城部38军17师49旅，钟辉生是父亲同意去的，而李长发是偷跑去的，他爹追出去五十里地也没追上这个独子，这帮孩子组成了怒吼剧团。李长发生于1924年阴历八月，父亲和大伯在晋城开一个小手工银饰店，7岁被父母送到私塾，他记得母亲再三叮嘱他“听先生的话，好好念书”，11岁被送到东关大街公立崇实学校上学。直到1945年日本投降以后，七八年音信皆无的他才回到家乡，却找不到家了，原来父亲在日军的轰炸下含冤去世，母亲改嫁。正在他举目无亲的时候，有个人喊他，正是他小时候所定娃娃亲的大姐。当年她四叔在街上摆摊卖豆腐脑，李长发爹娘常去吃，就这样定了娃娃亲，如今小女孩儿已经长大，出落得十分漂亮，远近有名的能干，在村里担任妇女队长、民兵队长，带领百姓斗地主、分田地、减租减息。在大姐的张罗下，向卖肉的邻居家借了件衣裳，李应时带着随身的军被，借了一间房子，就一个土炕，连一张桌子都没有，李应时和这个没有大名就叫“丫头”的姑娘结了婚。1947年1月，丫头跟随丈夫参军，1948年在河南鲁山行军路上火线入党，比丈夫入党还早一年。丫头现在叫林桂英，人送外号“穆桂英”。钟辉生家里很穷，父亲有病，母亲在他12岁时去世，有三个哥哥、三个弟弟，三个弟弟养不了都送了人，他离家后不久父亲去世，他也跟哥哥、弟弟再也没有了联系。钟辉生的媳妇周秀芳是汉中勉县人，性格直爽，快人快语：“我们1952年8月结婚，老公比我大11岁，当时是政府组织的，给村里有任务，给我们做工作，说他们为人民出生入死，你们就委屈一点吧，见面半个月就结婚了。”

先任大队党总支委员、党委委员后任工会副主席的任英俊也来自石油师，王祥说，任英俊有“人民功臣”纪念章，老实本分，从来不占别人便宜。爱人赵国云是卫生所助产护士，性格开朗，谈笑不羁。任英俊1937年跟大姑父出来参加了国民党38军做电话员。有趣的是，任英俊老家是河南温县东招贤村，这里是司马懿的故里，赵国云生在诸葛亮去世葬在的勉县。这一对魏蜀老对手的后人通过共产党牵线联姻，终于相逢一笑泯恩仇，成了一家人。华北钻探大队有句俗话：赵国云的嘴、张秀芳的腿、孟科长的裤腰带、梁流芳的口水，意思是说赵国云的嘴厉害，什么话都敢说，口无遮拦，特别会说风流话，一套一套的；张秀芳是常吉元的老婆，爱打抱不平，管着几个通讯员东跑西颠；孟科长很瘦，裤腰带老掉；梁流芳有个毛病就是好流口水。

财务科陆续调来贾炳章、贾默君、罗象华、凌寿仁、孙琳、唐成才等人。贾炳章是财务科会计师，跟贾默君是夫妻，解放前就参加工作的银行职员，后来历次政治运动都牵扯到他，他人很老实，也没什么事儿。罗象华是四川资中人，一米八的个儿。凌寿仁从鄂尔多斯大队调来，小个子，一米五高，也是四川人，人挺好，也很聪明。王祥说罗象华和凌寿仁一高一矮，经常在一块儿开玩笑。张兆林、何子范、邹思明、穆泉英、李福元五人都是1956年刚从双城计划经济学校会计专业毕业分来的，张兆林、邹思明、穆泉英分在财务科，何子范分到钻井队当会计。何子范家就在衡水专区的深县，他上学前就结婚了，媳妇还是小脚，那时已经有了儿子。张兆林是山东聊城人，李福元是黑龙江穆棱人，他们几个7月就报到了，而邹思明9月6日才到明化镇报到，她是黑龙江省五常县（今五常市）人，父亲是乡供销社的采购员，她本来是留校的，但是留校得先培训一年，没有工资，当时她想早点出来挣钱，就要求分配工作。

5月10日，西安地质调查处派来第一位钻井技术人员李维钧工程师；6月7日，由四川调来的泥浆技术员李新铸，档案显示他1949年12月参加工作，1953年毕业。

5月18日，从玉门油矿调的第一支钻井队到达明化镇，队号32104，队长刘希尧，共64人。内行一看到32打头，就知道钻井队的钻机能打3200米深的井，后面的“104”则表示该队在石油工业部的统一编号。该队开始住在明化镇东街的民房里。

刘希尧，小个子，大脑门，性格正直实干。他是河南滑县人，却在山西省浮山县参加革命，他小时候跟着母亲逃荒到山西浮山，父亲早就被国民党抓壮丁后杳无音信，1942年8月参加了浮山县游击大队，后参加了解放军太岳纵队二十四旅（注：张文彬时任该旅72团政治委员），转入后来著名的石油师的前身——19军57师，在工兵连当连长。他作战勇敢，得到过多枚奖章，其中最重要的一枚是镀金的“人民功臣”奖章。刘希尧经历过枪林弹雨，立过多次战功，有一次甚至把棉裤裆都打烂了就像绵羊尾巴一样在后边当啷着，却极为幸运地毫发无伤。他于5月27日回家探亲，这时媳妇就快生他们的第一个孩子了，他还给大队带来一个好消息，在老家时听说离他家黄庄村不远的白道口北小寨村打水井打到十余丈深时，井内突然冒出油气，老乡吸烟引起着火，用土把火压灭后，将人吊下去继续干活，又发生火灾烧死一个人。大队立即将此事上报了西安地质调查处，并希望让近日将从西安到南宫的武守诚路过时去现场调查了解情况，取样分析。这可以算是华北钻探大队的好兆头，此事甚至还上报了石油工业部。

王忠学是该队的柴油机司机，他回忆道："我们这个队是第一支到明化镇的钻井队，1956年4月28日在玉门成立，是从四个队里抽人组成的，我跟李宗斌是小罗马二队，刘晋元来自贝乌五队，也就是王进喜那个队，李作霖是贝乌二队。当时玉门有三个大钻井队，用乌德钻机，是赵文善队、姚福林队、王登学队，还有10个小罗马钻机队、10个贝乌钻机队，都是打1200米的苏联钻机。我是1955年阴历七月十八从甘肃金塔县招工到玉门油矿的，家中姊妹九个，我是老三，离家时穿着鞋都没后跟，裤子上打着两个补丁，背着块老羊皮，阴历九月九这天转成学徒，师傅是刘洪明。这个队工人里跟我一批从金塔招工的还有：李伯华、魏开武、车进祯、罗应江、王永贵、蔺永禄，第二个钻井队（李春秀队）里有四个：王上选、白加成、许汉成、刘金德。5月4日，我们队离开玉门，8日到了西安地质调查处，住在东羊市招待所，搞了三四天培训，学习见苏联专家的礼仪知识。5月17日，到达河北明化镇华北石油钻探大队，吃的第一顿饭是大米饭、香椿芽炒鸡蛋，五毛钱一份，河南人觉得很好吃，我们甘肃人觉得可难吃了，勉强下咽。到明化镇第二天就是沙尘暴，天都黑了。"队里"四大金刚"即四个司钻是李宗斌、王清学、李新智、李作霖，四个副司钻分别是陈建兴、郑德义、段祥顺、卢作银。司机长胡福元，汉中人，也来自石油师。钻井技术员李自强，北京人，生于1934年9月，1950年考入清华大学采矿系钻井专业，最后一年转到新成立的北京石油学院，1954年毕业后分配到玉门油矿。

职工中还有一个回民，柴油机司机宋忠，北京人，他要求一切家具都是新的。刘大队长在会上安排：回民要的东西，案板可给新的，其余的洗一下给予解决。

32104队党支书薛悦常，是山东省广饶县薛家（今东营区郝家镇）人，这是华北钻探大队里面唯一一个老家东营的。他在1945年渤海军区“正月大参军”中参军，1956年从28军正连级指导员转业来到明化镇。当时的他绝对想不到油田原来就在他的家乡。

5月29日，西安地质调查处回复了石油工业部关于华北钻探大队筹备情况的批复：

> ……（三）在衡水站修建临时料棚一座，实属必要。（四）井位具体意见：南宫井位，已请地质部普委会转知该部华北地质队派员前往拟定，高阳基准井位因修路工程浩大，而且七八月间有洪水，估计路基有遭水淹没可能，已决定改在无极县东关，沧县基准井位因需等待地震工作结果，地质部七月间才能提出。（五）架设电讯线路一事，今年三月卅日我部视察组在明化镇时，据镇长告知，明化镇准备在今年三季与去县城干线接通，长度约十八华里，并不直接通往县城，希就近洽商，如有必要，以临时工程款补助一部分。

6月15日，大队召开第一次队务会议，会议主席：宋队长（宋世宽），参加人还有：任书记（任英俊）、胡（胡达年）、李工程师（李维钧）、钟科长（钟辉生）、李科长（李应时）、李小队长（李春秀）、刘小队长（刘希尧）、孟科长（孟长寿）。会上李春秀汇报沧县情况：到华北后很愉快，小队一个班七个人，搞五型钻机生疏，思想上有些顾虑。出发到西安走了六七天，处里赵处长把情况介绍了一下，讲了勘探意义，开始准备住上一个多月，处里派技术员上了些课，有七八个同志请假回家结婚，均按期到队。别的没啥，只是感到生活费用较大，在西安每天吃两顿饭就要0.57元，一些学徒只有90分、100分，每月20多元，生活有顾虑。到沧县后，思想情况主要是：三级工在老君庙80多元，到这里只有40多元，吃用后剩钱不多。会上决定该队副司钻、司机、助手以上人员除留两人照管井场外，即调往明化镇参加华1井安装工作。

1956年7月，从石油工业部西安供应办事处咸阳器材库调来材料员任益华、谈文正两人。谈文正说："我1931年阴历八月初五生于河南郑州广武农村，在村里上了两年小学，认点儿字。1948年，跟堂兄谈平安到西安讨生活，就跟要饭差不多。1950年3月28日，被中国石油有限公司西安办事处招做装卸工，每月8块现大洋，1年内升了3次工资，12块、16块，那时一块大洋能买一袋50斤面粉，很高兴。1953年，张库长给我说：小谈，干得不错，由工人提为干部，当工人每月40元，干部多9块，挣49元。这时成立华北钻探大队，我可以选择是继续留在咸阳库，还是到华北。别人给我说，年轻人还是去新地方锻炼，我就选择去了河北省明化镇。还是管人事的尉松耀开的调令，当时调得很急，尉松耀让我回家半天就走，我说也太急啦！不能回家立正、稍息就走吧，尉松耀笑笑说，一天吧。来到明化镇就让我到衡水建转运站，在衡水火车站招了五六个临时工，最后就李虎臣一个人招了工。"李虎臣是衡水城关的，父亲在街上做买卖，他本来在衡水火车站货场当临时工，1956年5月把他招工了。谈文正说："大概是七八月，大队需要人，允许一个人介绍两个直系亲属招工，我想到了我家老三谈文体和谈文礼两个，我是老大，谈文礼不是我亲弟弟，出了五服，是一个村，在老家跟我家房子挨着。当时谈文礼在西安拉煤，来河北前我在街上碰到过他，跟他告别。我写了两封信，谈文礼不到一星期就到明化镇了，可是我弟弟谈文体呢，父母叫他念完初中拿文凭再来，到年底毕业，还没过年人就来了，可是机会已错过，还干了一两个月，就是招不了工，只好回家了。就为这事，父母一直埋怨我，把账记在我头上。"

不久，尉松耀和原华一块儿从西安来到明化镇。8月18日，尉松耀提为人事科副科长。尉松耀是甘肃甘谷人，生于1926年，初中毕业后在兰州电厂当电表抄报员，1950年分到西北石油管理局人事处先后做考勤员、调配员，此时，处长是职若愚，开始人们都喊他“若处长”，因为都以为他姓“若”，后来才知道他姓“职”，干部科科长是杨华甫，即康世恩的第二任夫人。西北石油管理局撤销后，尉松耀先后在石油地质局和西安地质调查处人事处干部科工作，1954年加入中国共产党。原华是上海人，1950年在上海大中华机械厂工作，后调到玉门油矿，在32104队做机械工长。他下饭馆吃饭，不让人家饭馆里的人做，自个儿动手，受到领导批评，说他“群众反映极坏”。

石油工业部西安供应办事处咸阳器材库第一副库长篮玉玺于1956年8月中旬调到华北钻探大队，任供应科副科长。篮玉玺是河北省清苑县冉庄乡北马庄人，生于1919年，参加过八路军，后转业到石油管理总局咸阳器材库。

李春秀队是从玉门调来的第二支钻井队，整建制调来的，共42人，7月到达沧县兴济镇，配备一台新乌德钻机，准备打第二口基准井。队长李春秀，党支书崔永恭，地质技术员谭昌民，钻井技术员杨文炎。四个司钻分别是张玉蜀、周学舜、芦东保、费成友，副司钻有李振朴、罗国彦、曲长海、张丁印。崔永恭的弟弟崔永法说：“我家是山西运城夏县埝掌公社崔家河村的，我跟哥哥是同父异母。我生于1939年2月，哥哥崔永恭比我大20岁。哥哥是被国民党抓夫当了兵，后整编到王震在新疆的部队，1954年转业到石油行业，在西安地质调查处人事科，大概1956年4月，把我介绍到西安地质调查处工作，学油印，不到一个月，又调到刚成立的华北石油钻探大队，在办公室跟徐经磐对桌，她打字，哥哥还提醒我注意她有肺结核病。1956年7月，哥哥让我去学开车，当时大队缺司机，我就到沧州兴济镇钻井队，与王佐信一块儿学开车，师傅是华家敬。学了7个月车，一检查身体，视力不行，就改成了柴油机司机。”谭昌民，1930年12月生于湖南安仁一个农民家庭，父亲以杀猪种地为生，1954年考入西北大学地质专业，1956年6月毕业。他在入党申请书中说，在大学两年中，费用是国家负担，家里没再给过我一分钱。

11月，从玉门油矿调来第三支钻井队，共59人，该队住到明化镇西边有二里地的曹寨。队长李仲田，钻井技术员尚毅。李仲田是河南安阳人，外号“李老歪”，因为在玉门得过面瘫。尚毅是四川省璧山县（今重庆市璧山区）人，1955年5月毕业于西安石油学校（今西安石油大学）钻井科。队上四个司钻分别是万兴邦、董文彬、闫吉美、杨志全。万兴邦在玉门就很有名，据说是玉门“八大司钻”之首（“八大司钻”据说是1955年玉门油矿由苏联专家亲自考试选出来的，有万兴邦、赵文善、李俊海、王华兰、王登学、吴金玉、李积寿、陈登孝）。他是甘肃省高台县人，生于1923年，1949年在玉门油矿参加工作。董文彬是陕西大荔人，1933年生人，父亲是中医，他虽然15岁就离家参军，但耳濡目染也学了点儿针灸正骨，按摩推拿，还能开药方。他当过侦察兵，从石油师转业。闫吉美和副司钻孙从才后来成了“一肩挑”。闫吉美是滕县（今滕州）人，家里很穷，父亲直到50多岁才娶了一个寡妇，54岁时有了他，他上过私塾，解放前就在乡政府当文书，淮海战役的时候，他带人支前，推着小车给解放军送粮食，入了党，1953年，他有个在玉门油矿上班的叔家哥叫他去当工人，说你在家恁累，一个月才挣100斤小米，工人一天上8小时班。但是乡里不放他，不给他开信转党员关系，他说了句气话：党员不当吃、不当喝，我不要了，就和二叔家的孩子一块儿去了玉门，没有路费，一路靠卖豆芽走到玉门，1954年4月招工。他很灵光，学技术很快，离开三门时已经是五级工。孙从才是山东巨野人，家属孔秀兰是老乡，19岁在陕北四郎庙嫁给他，跟着他上玉门，现在又来到河北。孔秀兰说他老伴：“他太老实，好人，凡事忍让，不愿意跟别人红脸吵架。他舍不得吃红烧肉，跟别人说他吃红烧肉拉肚子。”队里的柴油机司机助手白德安说，他生于1932年正月十五，家在北京西城区西直门内。1955年1月，玉门油矿何矿长来北京招人，自愿报名，经过体检、审查等程序，从北京招了100多人，有初中、高中、大学，各种文化程度的都有，他是初中生，他们后来到华北的有：李自强、郭锦涛、杨三宝、王汉杰、王海民。他分在小罗马二队，队长张云清，指导员马德仁，他做柴油机司机，师傅是李占发，石油师的，河南人。杨志全是四川渠县人，1947年参加了国民党军队，一年半后加入解放军，1953年转业到玉门油矿。

9月7日，从玉门调来工程师王启庚和赵文善。赵文善是大个子，将近一米八，身强力壮；而王启庚是瘦高个儿，文质彬彬。王启庚任大队主任工程师兼工程师办公室主任，他的背景等材料不详，仅知道他政治面貌是群众，生于1928年，大专文化，1948年7月参加工作，爱人杨秀珍跟他一起调来，在计划科。赵文善任大队钻井技师，他是青海乐都人，生于1921年，1941年1月在玉门油矿参加工作，也是玉门赫赫有名的“八大司钻”之一。他的老三赵玉华说他爸“性格倔强，说一不二，他认准的事儿十头牛也拉不回来，不爱交际，就喜欢钻研技术，说起技术没完，小时候我很不喜欢他，我想要个铁环玩儿，他随便叫人用钢筋就能做，但就是不给我做”。

华北钻探大队的主力钻井队石油师有30多人。三个钻井队的队长刘希尧、李仲田、李春秀都是石油师的，且老家都是河南。钻井队的骨干司钻和司机长如李宗斌、董文彬、李新智、刘炳成、卢作银、邓祖维、费成友、罗国彦、胡福元、陈福兴、周贵元、陈建兴等人也来自石油师，其中，李宗斌是河南济源人，曾在57师170团三营九连任排长；李新智是河南许昌人；罗国彦是师长张复振的通讯员，人长得十分英俊，河南扶沟县人，1949年12月参军。

从玉门调来5名井架安装工，班长姜万兴，还有吴大良、周辰才、李修方等。姜万兴、吴大良也是石油师的，都是四川人。在明化镇新招安装工17名，其中的李明善说：“1956年8月，华北石油钻探大队招工，我父亲李润峰当时任南宫县政府办公室副主任，经常跟钻探大队打交道，招工时给大队推荐了六七个人，除了我，还有家在南宫城里的包德寿和任茂勤、赵茹全等人。”李维钧工程师编印了《井架安装安全操作规程》，并进行全面细致讲解培训。

梁流芳身形瘦高，他回忆说：“我老家河南卢氏县，生在西安市郊区三桥镇。1956年5月从青海55师转业到青海石油管理局地质处保卫科，在西宁只一个月又调到西安地质调查处。7月分到了明化镇，我带着徐经磐、崔永法、丁熙平爱人一块儿来的，在华北石油钻探大队秘书科，当时没科长，负责人是汲瑞林，主任科员，科里还有：石振祥（机要员）、李玉芳（文书）、徐经磐（打字员）、常吉元（油印）、职春娥（通讯员，打扫卫生），我管档案，职春娥管职若愚叫叔叔，长得很漂亮，1958年初就从明化镇回西安了。电台是我从河北省省会保定接来的，省邮政局专门派两人收发报，两个男的，姓高的，姓李的，李传叶开北京吉普到邢台接的我们。徐经磐长得很漂亮，身材苗条，瓜子脸，很白净，会唱京剧。王祥脾气好，爱唱歌，他们俩谈对象。”但是，尽管张景顺这时候已经有两个孩子，但看到来自大城市、水灵得像一朵花一样的徐经磐，也想插上一腿。石振祥是河北大城人，1953年参加过政务院秘书厅组织的干训班。常吉元是甘肃酒泉人，生于1928年，怕被抓壮丁，17岁就到玉门油矿当工人，后来干油印，他抽烟很厉害。1950年8月，西北石油管理局成立，组建时包括徐经磐在内共有7人，局长康世恩、秘书处副处长刘南、行政处处长职若愚，住在兰州西城一个资本家的二层楼房。1952年，燃料工业部成立了石油管理总局，西北石油局搬到西安。石油师转业后，西北石油管理局分成两摊：钻探局和地质局，她在地质局。石油工业部成立后，地质局大部分人到青海，成立青海石油勘探局，她分在西安地质调查处。1956年，被评为“石油工业部先进工作者”，6月还到北京石油工业部开会领奖，我没有查到她的事迹，但是能以一个打字员身份获得部级先进，自然不一般。她的经历简直就是一部石油工业发展史，是“老华北”里在石油工业时间最长的一个人。王祥说：“徐经磐是湖南人，长在北京，本来姓杨，过继给她婶，她管徐特立叫叔公。她口才好，多才多艺，琴棋书画样样都行。她姐姐杨彬在西调处人事处，把她招工的。”徐经磐患有肺结核。在当时，肺结核还是像今天癌症一样让人谈虎色变，虽然已经有了特效药链霉素、异烟肼，但是打链霉素容易把耳朵打聋，年轻人得了病一般也不打针吃药。王祥说他在学校实习的时候也感染过肺结核，没当回事儿，都没吃药自己就好了。李玉芳生于1924年，小时候生活很苦，10岁时没了父亲，1937年，她小学快毕业的时候日本鬼子打过来，把她家都烧了，无奈借居邻居家，她妈会绣花，带着她们姊妹俩靠给人纳鞋底、钉扣子、糊火柴盒、叠烧纸用的银元宝等零工艰难度日，1944年在天津国民饭店与家在同一个巷子也是小学同学的钱兆祯举行了婚礼。李玉芳爱看报纸、爱学习，哪里有夜校就要上。1953年自己在兰州考上了西北石油管理局石油运销公司做文书。

李玉芳和儿子在明化镇（钱立群提供）

汲瑞林祖籍河北武邑，父亲汲绍岚是张作霖的东北军炮兵六团团长，东北讲武堂第六期（1926—1927年）炮兵科毕业。汲瑞林1928年2月生于北京，1950年7月毕业于西北大学企管专业，分配到西北石油管理局保卫处。多年后，他四女儿汲勤跟我同在胜利油田油气集输公司工作，汲勤回忆她父亲时说："父亲方脸庞、大眼睛、急脾气，共姊妹五个，他是老大，极其聪明，脑子好使，过目不忘，他学习根本不用功，临考前看看书就能考一百，打麻将，手一摸就知道是什么牌，眼一扫就知道别人摸到的好牌坏牌。"她还给我讲了一个故事，单位派两辆车出去拉西瓜，他拉回一车基本没坏的，别人拉回一车坏了好多。别人问他为什么，他说你给司机一麻袋西瓜，他保证给你开得稳稳地。汲勤说他爷爷就很聪明，当年西安事变发生后，一看到张学良被扣押，立马就辞职回家，在北京东城开厂子，在北京有一百多间房子。母亲王家兰跟父亲从5岁就认识，算是青梅竹马，她爸是爷爷的部下，1952年毕业于中国人民大学，热爱文学，写过小说。

大队安装了电话总机，南宫县邮电局从十千米外的垂杨镇邮电局拉来的电话线。电话员有赵兰芳、孙雅琴、苗秀清，三个人倒班。赵兰芳是机电车间任敬文的媳妇，孙雅琴是李仲田队地质采集工褚占江的媳妇，苗秀清是32104队钻工张玉贤的媳妇。任敬文是河南太康人，1942年参加革命，在石油师里当侦察兵，曾担任班长，1953年转业后到培黎技工学校学习，但因谈恋爱被学校开除，后到永坪钻探大队学习柴油机司机，1956年7月，调到大队机电车间做大班司机。据说工人里面数他最有钱，光转业金就发了一千多元。任敬文好摆老资格，自由散漫。赵兰芳是兰州人，曾是纺纱女工。

1956年8月，明化镇正发大水的时候，卫生所又调来五个人，李萍、姚补维、刘文怀、曲俊杰、郎兴第，都是转业军人。李萍是上尉，任卫生所所长，姚补维是中尉，任医师，其他人是少尉。李萍是河北东光人，原名李成元，从小娘就不在了，跟着奶奶长大，1938年8月来了八路军，一帮孩子跟部队走，别人都回来了，就他不回来，大爷撵上也拉不回来，就这样参加了八路军，当电话员、卫生员。参加抗美援朝时，因为老喊“打倒李承晚”而改名。王祥说李萍的字写得可漂亮了，写材料不打稿，脾气很倔。任英俊的老四“三毛子”任明杰说，“听父母说李萍脾气大，好生气，谁也瞧不起”。姚补维是山西省忻州静乐人，生于1925年，1942年参加了八路军做卫生员，他跟家乡是辽宁建昌的郎兴第都是从四野炮兵62师转业来的。刘文怀是河北满城人，十几岁就参加了八路军，参加过抗日战争、解放战争和抗美援朝。李萍和刘文怀是外科，郎兴第和王祥做调剂员。王祥说：“是我从冀县把他们接到明化镇的，当时从衡水到冀县一片汪洋，他们从衡水下火车，再坐船沿着只露出一小截的电线杆到达冀县。”卫生所还有大夫袁思庆，来自延长油矿，1928年生于河北省邢台县龙门村，就是电影《鸡毛信》那个地方，读过三年私塾，1946年参加解放军，也是石油师的，他跟材料科李兆林是老乡，两家离着就十几里地，他俩还是亲戚，他媳妇跟李兆林的媳妇还没出五服。

化验员金健是辽宁省锦州市古塔区人，父亲是资本家，家里开着一家从国民党军官手里买的纺织厂，雇有100多人。1952年，金健进入石油六厂技术学校卫生专业学习，两年毕业后分到四平石油八厂卫生所。1954年9月，被派到西安石油干部学校学习，先学了一年统计专业，又改到卫生专业。1956年9月学校被精简掉，他被分配到大队卫生所。

卫生所在北街上坡的一个十字路口，租的老百姓的房子，房东姓杨，有个孙子在北京。王祥和金健、郎兴第管药房，在正房西屋；外科大夫刘文怀在东屋；李萍、姚补维、袁思庆在东厢房做门诊，房东住西厢房。1957年夏天晚上12点，王祥想开西屋电灯，当时装的电灯没开关，用灯泡拧。他手摸上灯口了，“啊”地大叫了一声，倒在地上，刘文怀在东屋听见了，一把把电线拽断了，房东点上煤油灯，刘文怀给他做人工呼吸，抢救过来了，手上打的都是水泡，差点儿没死。卫生所唯一称得上医疗设备的就是一台德国蔡司显微镜，大队共有两台，另一台在地质化验室。大夫能够处理的也就是头疼脑热的小病和简单的外伤。职工看病不要钱，家属拿药交一半钱，一般就几分钱，不用交现钱，卫生所记账，交给财务科从职工工资里扣。

9月，从广州来到明化镇四个人：赵文善、钟庆、张德辉、叶木秋。赵文善是河南省南乐县人，1933年生于一个贫穷的家庭，爹娘带着弟弟妹妹逃荒到山西，从小跟着姥爷长大，14岁就参军二野一纵，随刘邓大军进军大别山，16岁就入了党，曾随部队打到柳州、南宁，后安排到中山大学附属中学工农速成班学习3年，本来准备到苏联留学的，结果没去成解散了，他们四个都是这个班的。钟庆、张德辉、叶木秋都是广东人，其中钟庆是三水人。赵文善分在保卫科，张德辉和叶木秋在团委当干事，钟庆在材料科做劳保管理员。

当地中共邢台专委给大队配备了六名党政干部：高文会、张景顺、炳金荣、李平安、李同昇、王伯锐。高文会被任命为大队党委副书记，他是邢台专区沙河县（今邢台市沙河市）人，之前任中共南和县委组织部部长。张景顺任团委书记，炳金荣任工会干事，张景顺、炳金荣是一对夫妻，张景顺原为隆尧县团委书记，炳金荣在隆尧县妇联工作。张景顺1925年生于隆尧县，上过三年初小，继母虐待他，父亲也不喜爱他，日本鬼子又把他家的房给烧了，所以于1943年2月参加了尧山县抗日游击大队，1944年入党，1945年6月与日敌作战时子弹打穿脚部负伤，三等甲级残废，后转入地方工作，1949年任南宫县三区团委书记。炳金荣是南宫县开河镇南屯的，毕业于南宫师范学校，后在南宫县委办公室工作，张景顺率土改工作组在她村蹲点时相识结婚。他们最小的儿子张占峰评价说，他爸人很聪明，就是很轴，认死理，比较正统，不像他妈活泛，对子女管教很严，教育他们要听党的话，六个孩子安排工作他都不管。李同昇本来准备任工会主席，但在工会选举中没选上，不久调回邢台专区。李平安任大队党委干事，他是河北内丘人，生于1929年，在沙河县章村煤矿当教师，父亲邵星当时任邢台专署第一副专员，看到这支石油队伍声势很大，需要人，就把儿子调来了。他父亲为什么不姓李呢？李平安在回忆录里说起过这一段来历。他父亲原名李风林，1937年上过延安抗大，后分到南宫的129师骑兵团政治部任教育干事，因病转到地方在老家从事抗日工作，是邱东区的开辟者。一天晚上和本街老憨在尧山一带活动，走到邵家屯附近时，从树林里窜出几个土匪，拿着手枪大喊："站住，举起手来！"这时，老憨认出土匪头子谭全良，就说："这不是谭大队长吗？我是老田（中共内邱县委书记田统禹）的警卫员！"这时土匪又问父亲：你是哪里人？父亲说邵家屯人，叫什么名字？父亲看到天上星星，说叫邵星。因父亲公开抗日，也需要改名，从此改名邵星。后来才知道邵家屯根本就没姓邵的。从南宫县调来的王伯锐任党委干事。

1956年9月，从湖南省军区转业来十来名干部，老家大部分是河北或山西，他们是李福喜、刘金海、王佩英、张富山、张云、周英才等人。25日，李福喜带着媳妇崔俊妮及一双儿女来到明化镇。李福喜是山西昔阳人，生于1921年2月，从小没上过学，1944年4月参加革命，在担负保卫八路军总部的太行军区朱德警卫团四连当战士，在部队上过两个月的轮训班，认识点儿字，1954年8月任湖南省武冈县兵役局组织动员科科长，副营级。刘金海是黑龙江省双城人，生于1924年，来前在邵阳军分区涟源县武装部工作。王佩英是山西省右玉县人，“1945年8月参军，1949年10月6日入党，从小穷光蛋”，我在他们家桌子上看到他亲笔写的一张纸条上这样写着。妻子张应桃也跟他一块儿来到明化镇，她是湖南省芷江县人，在乡里当妇女主任，认识了在这里剿匪的丈夫王佩英，这里也就是电视剧《乌龙山剿匪记》发生的地方，村子有围墙，但是土匪来了，得赶紧开门，开慢了都不行，后来干脆不关了。张富山1927年生于河北赵县，安排在保卫科做工作员。张云是黑龙江双城县人，生于1911年，1946年参军，1954年4月任湘南军区永明县（现江永县）武装部副部长、兵役局副政委。周英才，河北人，具体是保定人还是灵寿人，虽几经努力也没搞清。据李玉芳说，周英才人很好，老婆是家属，他们夫妻没孩子，想要她家老二，但是李玉芳婆婆不干，说我们就是要饭也不送人。还有两家，夫妻都是职工。张昇带着爱人魏支青和两岁的女儿张大红，跟曾九锡、李江崇一家坐一节火车车厢北上。张昇是河北赤城人，参加过抗日战争、解放战争和抗美援朝，在湖南岳阳与湘阴人魏支青结婚。他们唯一的女儿张大红说：“我爸是大老粗，没文化，人很老实，有点倔；妈妈脾气火爆，无火都能着，1922年生人，上过长沙女子师范，父母1953年结婚，次年生下我。当时妈妈在岳阳县法院当书记员，有一次审犯人不顺利，她一拍桌子，对法官说：‘你起来，我来！’母亲疾恶如仇，坚持原则，眼里揉不得沙子，跟领导也敢拍桌子，见不得挖社会主义墙脚的事，说共产党领导下不能搞破坏，但是她一直入不了党，因为前夫是国民党军官。”曾九锡则是河北省兴隆县人，1937年参加革命，随四野部队打到湖南后留在醴陵，转业前在湖南省醴陵县兵役局任局长，媳妇李江崇在县妇联工作，“是组织分配的”，女儿曾长华告诉我。他们两家以前并不认识，是组织一起谈话转业时才碰面，结伴来到明化镇。

1956年11月，经西调处批准，周英才任生产技术科副科长，李福喜任计划科副科长，孟庆昌、张云任保卫科副科长，张昇任财务科副科长，郭念荣任秘书科副科长，曾九锡任行政科副科长。李福喜由于文化水平低，领导计划工作有困难，12月改任汽车队队长。

当时的科级干部都是佩手枪的，部队转业回来的副职也能带回枪来。周秀芳说：“我跟着丈夫到了明化镇，住在杨良玉家，跟孟长寿住一个院子。在明化镇老钟有手枪，十几发子弹，我偷着给邮电局的那个胖子两颗子弹，老钟知道了，逼着我给人家要回来，说‘那可不行，会出人命的’。大队组织舞会，老钟很封建，人家来喊我去跳舞，他不叫去。老钟这个人老实，不想当官，不巴结人，不请客，不送礼。”钻井队队长、党支书也配有枪，指导员王友田有手枪，32104队有四杆99式步枪。

随着各路人马而来的是汽车，吉普车、卡车、吊车一辆接着一辆，甚至有当地人从没见过的十轮大卡车，前后总共有二三十辆。大队的第一辆汽车是从西安带来的一部美帝吉普，这辆车曾经是西安石油地质局局长张俊的座驾，司机是李传叶。1956年4月，西调处从安徽招工一批实习司机，分到华北的有李传叶、汪新才、孙志福、代昌曙、张良清、孙学武、吴茂芳、王文龙、沈维振、张敦义、罗会荣等人。李传叶是亳州人，沈维振是宿县（今宿州市）人，罗会荣是安徽颍上人，他们都参加过抗美援朝。

汽车队队长是李福喜。强积民做车辆调度员，他是河北静海（今天津市静海区）人，1935年先后在国民政府上海保安处、兰州师管区等处当驾驶员，1952年10月到西北石油管理局工作，1956年调到华北钻探大队。有一名修车工孙志福。

1955年，西安地质调查处从南京一共招工15名司机。到华北大队的有程崑岩、高明礼、蔡国祥、张福根、王文治等人。程崑岩是济南人，1948年解放济南时从国民党部队起义过来的，跟爱人张昆明都参加过抗美援朝，他是汽车司机教员，张昆明做卫生员。王祥说程崑岩的技术很好，车一过就能知道有什么毛病。高明礼是江苏宝应人，他小时候很苦，6岁就没了母亲，15岁就到镇上当学徒打烧饼，学不好就要挨打，烤煳了也要挨打，1944年被抓壮丁当了国民党兵，1946年参加了解放军，开炮兵车，参加过孟良崮战役、淮海战役和济南战役。蔡国祥是苏州人，从海军复员。张福根是江苏省无锡县新渎区人，1955年从解放军复员。

1957年7月，林锡光跟张岳斌一块儿从西调处吴忠大队调到华北石油钻探大队汽车队，林锡光给师傅孙学武做助手，学开吉斯150，张岳斌跟师傅杨友林开吊车。林锡光是广东台山人，跟电测队的区金焕是台山一中的同班同学，张岳斌是广东开平人，都是1956年4月招工到西调处，当时从台山、开平招了大约110人，都是刚毕业的初中生，林锡光分配到延长油矿机电车间做钳工。

吊车司机是杨友林和崔德年。杨友林36岁，江西丰城人，高中毕业，1943年曾加入国民党陆军机械化学校和驻印战车训练班学习，毕业后任国民党某坦克连连长，新中国成立后做过药材生意，1956年4月被西调处招工，随后分配到华北大队。崔德年是沈阳人，原在铁岭运输公司任司机，后参加抗美援朝，1956年4月转业到西安地质调查处，调到华北钻探大队。

水泥车有两个实习司机肖大浪、龚正坤，肖大浪是1957年1月从玉门调来的。

1957年8月中旬，从敦煌运输公司调来9部美国大道基汽油车，能拉5吨。来了8个司机、8个助手。分别是：司机任希富（助手张树昌）、刘金海（助手张晓瑙）、朱振山（助手陈德年）、孙禄堂（助手庞玉景）、侯封玉（助手胡国正）、张德民（助手周永贵）、李志财等人，其中一个在武威结婚，钱花完了，请求领导借100元。庞玉景说人跟汽车都是坐火车来的，从邯郸下火车，供应科一个姓张的大个子去接的他们。但是档案记载“这些车机件破烂，来了就送到天津大修，利用率极低，甚至有的车一次也没跑过”，大队很有意见。

任希富、刘金海、朱振山、孙禄堂都是河北人，都是参加过抗美援朝的老战友。任希富是临漳人，1925年阴历十一月生于一个农民家庭，没上过学，1947年7月参加县大队做通讯员，后在华北野战军126团侦察排，1950年11月参加抗美援朝，在华东三野高炮十八团辎重连做司机，1956年4月转业到石油工业部敦煌运输公司做分队长。刘金海是威县人，他算是回到老家了，他家所在的七级镇，说是威县，却在威县北头儿，距南宫县城仅9千米。朱振山是定县（今定州市）人。孙禄堂是邢台人，我没查到他的具体地方，任希富的爱人姚凤珍告诉我孙禄堂老家离刘金海家有五十华里。庞玉景是河北老沧州北关人，生于1935年，1952年10月参军，当兵28天就到了安东（1965年以后改名丹东），在安东吃了一顿红烧肉，第二天就坐火车过了鸭绿江，到了朝鲜战场，在汽车团当通信兵。直到1956年6月回国，转业到石油工业部敦煌运输公司。侯封玉是沈阳人，也参加过抗美援朝。

1957年11月，司机张福根被南宫县人民检察院逮捕。处理材料上写道：“此人工作态度玩忽，一贯不负责任，驾驶十吨太拖拉多次发生车辆损坏事故，造成停车200天，仅计算停运损失就达两万六千元，另外修车费用达两万七千零五十元，利用修车、买油等各种手段骗取钱财。”王祥对张福根记得很清楚：“他开太拖拉，坑了我100多块钱，我们去石家庄出差，他说借钱买配件，别人知道怎么回事不借给他，我借给他了，回来索要也不还。我一个月才挣57块钱。”

到1958年7月底，大队有3台捷克产太拖拉载重车、1台吉斯车、1台五吨车、1台四吨车、2台两吨车，还有1台水泥车、2部吊车，1台四吨的解放吊车，1台是太拖拉车上改装的小吊车。太拖拉有10个轮子，车厢是内外两套轮胎，空车的时候只有外边轮胎着地，装满货物后内侧轮胎才落地，前后驱动，能拉10吨，烧柴油。

1956年10月，朱鹏飞从部队转业来到大队，任机电车间主任，副主任是丁熙平。朱鹏飞1937年10月参加革命，参加过抗美援朝。丁熙平是黑龙江穆棱县人，1947年参军，历任战士、文书、班长、飞行员、航校学员、机械员等职。

机电车间的主力是“八兄弟”，即欧昌剑、蔡金如、沈善农、贺孝本、李文刚、吴永强、张春生、张顺福。欧昌剑是“八兄弟”的“头儿”，当时就他自己是党员，1953年入党。张顺福有技术，心眼多，是“狗头军师”。一年后才调来的张昌平说：这八兄弟很厉害的，是1955年从上海到西安支援国家重点建设的。他们不是一个厂的，从各个厂挑的，报名要求条件很高，政治上要好，四级工以上，上海市还有关于待遇等的合同，当时说的是3年，还可以回去。贺孝本烟酒茶都很厉害。钳工陈振华，下象棋厉害得很，下棋不用看棋盘，能跟十个人下盲棋，在开封、济南都没有能下过他的。李文刚说自己是跟孙连哥两人一块儿于1956年8月从玉门油矿调到西安地质调查处华北钻探大队，坐火车到衡水的。那年，衡水发大水，衡水、冀县一片汪洋，租了个船才到达明化镇。到明化镇机电车间钱少了很多，在玉门一个月拿到100块钱，在明化镇拿54块钱加12块钱野外津贴。有一天下雨，李文刚看见顾心怿光着脚，一个人扛着钻杆接头过来修，哪有这样干活的，看着让人心疼，苏联专家上井都坐小车。

张昌平是跟欧昌剑对调来到这里的，他跟欧昌剑是表兄弟，也是师兄弟。张昌平回忆说："我是浙江宁波人，16岁到上海聚昌协机器厂（后来是上海市印染机械厂）学徒，生活很艰苦，没有星期日和节日休息，只过年放假三天，因公腿部受伤，老板也不给他钱看病。到22岁，我车钳锻刨铣样样拿得起，在徐汇区就比较有名了。1954年4月加入新民主主义青年团，1955年10月入党，还送我到上海团校脱产学习三个月。1955年我就是六级工，上海是半月发一次工资，每次发50多块钱。欧昌剑比我大1岁，属马的，我属羊，他结婚早，上有老人，下有小女儿，他老婆要跟他闹离婚，再就是他跟张云关系不好，他干刨床，有个零件他说不好刨，张云整他，跟同事关系也不好，有点儿瞧不起他。他写信给我，他老婆跟我舅妈也哭哭啼啼地找我，想让我换他回来。当时领导不愿意放我，我是徐汇区先进生产者，还是厂里团支部书记兼工会副主席，但是前几年我腿部受伤时他关心帮助过我，我要报恩，就这样对调来的。我笔记本上记着，1957年10月12日中午12时30分离开上海，14日上午11时到达河北省明化镇，住在老乡家里，跟蔡金如、陈林生、贺孝本、陈振华住在一个大炕上。他们四个晚上没事要么打扑克，要么出去转，我自己拿块铁板在上边看书，我带了一箱子书来，有四大名著、《三十六计》《金陵春梦》等，我喜欢看历史、地理方面的书。当时，华北石油钻探大队1台刨床，5个刨工，2台车床，但车工力量薄弱，虽然有孙连哥、王德元、白怀艺、李铭基，但是没有高级别的车工。我来了一看，做的产品在上海要扔垃圾堆的，毛刺儿都不锉一下。过了不到一个月，井队反映产品质量提高了，党支部书记张云对他们说，上海来了一个高级车工，要不产品质量那么好。我当时受到车间领导表扬，感到很荣幸。”

机电车间级别最高的是赵玉堂，七级锻工。车间除了上海来的，还有东北来的一帮，主要是电工。高忠贤说：“我是辽宁锦州人，生于1937年阴历六月十四。1953年春天，到锦州石油六厂技工学校学电工，当时共招了4个班，200人，钳工、管工、电工和仪表工。学了一年多点，钳工、管工、电工3个班整体分到了兰州炼油厂，仪表班学1年半，还没有毕业，没来。当时，兰州炼油厂是苏联援建的156个项目之一，正在建设中。到1956年，苏联专家撤走，缩减规模，机构精简。1956年10月，我们一块儿5个同学有龙云鹏、杨荫宣、阎海昇、苏金华和我，调到了西安地质调查处华北石油钻探大队，来到明化镇，都分在了机电车间。有一天，杨荫宣上四点班，我接他的班，他检查发电机，不小心被发电机风扇叶片把右手手指头切掉了4个，就剩下小拇指。”档案里记载的是：电工杨荫宣在1957年2月3日晚9时多，把4个手指头压断了，因和戚德贤谈级别问题、工作问题、恋爱问题，思想不集中发生的事故，同时发电机没上防护罩。宋大队长说：“主要问题是没上防护罩，这是个关键问题，个人不小心，还不能负主要责任，领导上对安全教育不够。”电工还有史家林、刘占林。史家林是辽宁省辽阳县人，曾在长春参加国民党新七军61师谍报队任队长，从石油工业部安装工程公司调来的。刘占林是六级电工，吉林省吉林市人，1956年6月5日由东北石油九厂安装公司调到钻探大队。

大队建立了发电房，发电能力达到176kW，供大队生产和照明。杨善守做大班司机，发电工有邢国启、孙树发、韩承庆、李新宽、程远香、张耐金、陈占宣、戚德贤。邢国启是河南济源人，1952年招工到延长油矿，1956年跟杨善守、孙树发一块儿调到明化镇。孙树发是延安人，曾在延安纺织厂织绷带。张耐金是上海人，1956年从上海招工到西调处。戚德贤的经历最为复杂，他是安徽宿县人，1943年参加新四军做通讯员，1946年在徐州被俘，当走到一座桥上时，敌人说，不带俘虏，都拉出去枪毙。他趁敌人不备，跳下河逃回家，又被国民党抓壮丁到辽宁，后又跑到解放军辽宁独立三师，参加过辽沈战役、平津战役及抗美援朝，回国后到解放军第一坦克学校做坦克练习团炮长，1955年复员。

地质部226队跟石油工业部华北石油钻探大队共同论证了华1井的钻井方案，由孙万铨、葛榕具体设计，设计任务书经石油工业部批准后，由32104队进行钻探。

葛榕性格开朗，说话风趣，工作积极，政治上要求进步。他是安徽滁州人，家里开有油坊。1949年，在军统电信部门工作还是国民党员的大哥曾带着一家人及17岁的他想去台湾，但是因没有入台证无法上岸。从1949年2月开始对私人赴台实施限制，须凭借相关证明填写“入台旅客登记表”后才能购买船票，审查极为严格，但是鼓励军人、国大代表等入台，他们辗转来到贵阳。葛榕参加了后来曾任副总理的田纪云领导的土改武装工作队，进行剿匪反霸，发动群众开斗争大会，他在大会上做动员报告。有次同事擦枪走火，子弹从他胳膊穿到胸部，幸亏子弹只擦破皮没有生命危险。由于他表现坚强勇敢，1950年加入共青团。1952年被推荐进入贵州大学干部学生预备班，之后作为调干生进入重庆大学地质系，1954年毕业后，分配在石油管理总局地质局陕北大队实习，后在西安地质调查处吴忠大队任地质技术员，1956年调到明化镇，在32104队任地质技术员、团委书记，也是大队团委委员。这时，除了几件工衣以外，视为珍贵之物的就是一张勘探队员《把青春献给祖国》的宣传画和一本《钢铁是怎样炼成的》小说。他最爱读这本当时的流行小说，里面有一句话：“人，最宝贵的是生命；它，给予我们只有一次。人的一生，应当这样度过：当他回首往事时，不因虚度年华而悔恨，也不因碌碌无为而羞愧。这样在他临死的时候，他就能够说：我已经把我的整个生命和全部精力，都献给了这个世界上最壮丽的事业——为了人类的解放而斗争。”成为他的座右铭。这句话曾经是一代人的座右铭，激励过千千万万的中国人。

大队从当地招了一些工作人员。明化镇政府的文书陈玉柱也被招到大队做行政科管理员，他家是石家状村的。张怀福回忆说：“我是明化镇马军寨的，生于1939年，开始是在地质部华北石油普查大队226队干临时工，他们住在明化镇西街，住在我亲戚家，石油工业部华北石油钻探大队在北街，这样介绍过去的，我干活儿不惜力气，给队长的印象很好，1956年他们撤往济南，黄队长给我开了张介绍信，推荐到华北石油钻探大队，人事科就留下了，开始安排到材料科库房，科长是财务科科长李应时兼着，后来篮玉玺来了当科长。”乔全顺是内丘县双碑乡东张村人，西张村的李平安是他姑表哥，本来是小学老师，招工到32104队当了地质工。

大队从邢台招了26名经济民警，还有为苏联专家服务的人员，后面再说。

根据1956年11月16日上报的华北钻探大队《筹备阶段工作总结》:

> 自大队4月15日成立，到10月25日开钻以来，共六个月又十天的时间，筹建工作基本就绪，大队机构逐步健全，两支钻井队和苏联专家组成的钻井队都已到位，华1井开钻。共租借民房256间，建筑了办公室和工人宿舍等144间，基本解决了职工办公和住宿问题。在器材的运输供应方面，到9月底，共供应器材752.33吨，基本保证了安装工作的进行。在生产方面，开展了修公路、平井场、打水井、注洋灰基墩等工作，井架安装自7月28日开始，至9月11日完成，共45天。钻机安装是在苏联专家亲自指导和动手下进行的，在9月20日~10月20日一个月时间内，完成了安装钻机、油罐，改装泥浆筛，安装泥浆搅拌器，接油水管线、泥浆管线等主要工作。机电车间对安装工作进行了有力的配合，安装了发电房至井场动力线、电话线和照明设备，安装了水罐，焊接了扒杆脚踏板、空气包，改制了单轮滑车，配制了法兰盘、绳卡、绳环等多种零

星配件。大队还密切注意先解决职工的物质和文化生活，进行了改造环境卫生、发放劳保用品、组织业余文化学校、组织鲜肉食油等副食品供应、开辟菜园等工作，改善了职工生活。随着全国范围内的工资改革，职工工资有普遍提高，平均工资增长了38.95%。

在筹备阶段，得到了上级领导机关和当地党政机关及群众的指导和帮助。石油工业部曾派钻井处主任工程师姜辅志来队进行指导，天津供应办事处派崔科长等同志几次来队解决材料问题，西安地质调查处职处长两次亲自到队检查工作，并派李维钧工程师、钻井科胡科长、材料科刘方珍科长、劳资科孙历末科长到队进行指导和帮助，解决了不少问题。当地的党政机关群众的协助与关怀更为密切和热情，南宫县县长亲自到队了解情况协助工作，粮食公司、邮电局、银行等部门的负责同志都曾到队联系工作，区委书记亲自领导打水井，衡水车站协助我们解决了料场、办公房屋、起重设备，使转运工作大为顺利。特别是防洪期间，南宫、明化镇、衡水、冀县等都曾给我们很多援助。

总结了一些经验教训：一是进行钻井筹备工作，必须有上级地质部门批准的地质设计。华1井在进行筹备工作之前，不仅没有地质设计，甚至井位亦未确定，给筹备工作造成不少困难，如钻井器材无法按工程所需的数量、规格进行准备，不知运到什么地方适宜，财务计划无法制定，甚至房屋建筑、井场选择都无法考虑，必然造成盲目施工或胡乱开支。二是筹备一个新摊子，必须有充分的时间和周密的计划。根据这口井不完备的筹备过程，进行一口基准井的筹备，需要半年左右的时间，筹备工作是多种多样的，特别是各项工作均无基础，一切都必须从头做起。盖房子、运材料、催要人员、拟定制度、进行安装等，均需同时进行。因此，不仅要求有足够的筹备工作时间，还要求筹备工作有详细具体的计划，必须考虑到人力、物力，也要考虑到周围的客观环境和有关部门的配合，既要考虑必需，也要考虑到是否可能，使计划在稳妥可靠、切实可行的基础上按部就班地开展。否则，心中无数，遇见一个问题解决一个问题，就会形成人力不足、缺东少西、事情推人、工作忙乱的情况。我们开钻的时间一拖再拖，主要是由于事前缺乏全面细致的考虑，结果是时间短、人员少、材料不足，结果必定是另定计划、重做布置。

大队成立以后干部很不齐备，特别是缺乏钻井技术人员，致使队钻井筹备工作缺乏全面细微的筹划安排。在房屋建筑上，本应先盖好机修房、发电房和井场值班房、工具房，但因无人指导，其他队干部又缺乏这方面的常识和经验，致使这些房屋在办公室和宿舍快盖好后才动工。

1957年1月初，西安地质调查处办公室主任兼机要科科长刘长沛被任命为副大队长。他是陕西省神木县刘家坡人，生于1919年，1934年加入了共青团，1940年任晋绥边区公安分局秘书，后任榆林公安处科长、横山县县长，1955年调入燃料工业部西安石油地质局任监察室主任，此时他哥哥刘长亮任玉门市委书记兼玉门油矿党委书记。宋世宽在明化镇的时间较少，主要由刘长沛主持工作。刘长沛的媳妇柴春芳也从西安石油仪器厂调来，她是中师毕业，管理档案，这是他第二任老婆。王忠学说："刘大队长跟放电影的老鞠下象棋，他小媳妇过来拧了他肩膀一下，他就回家了。老鞠让我去看看他回去干啥，我从门缝里一瞅，大队长正蹲在院子里用搓板在大盆里洗衣裳。我看到后心想：找媳妇可不能找岁数小的，也不能找职工，还得伺候她。"王忠学在老家有媳妇，会做饭，长得也漂亮，跟他一个村的，比他小两岁，丈人原来给他家打活儿，他11岁时用两斗麦子、两匹粗布定了亲，1953年宣传婚姻法，提倡婚姻自主，原来订的亲不算了，开大会的时候，他俩都说"我乐意"。

大队里还有一位老红军陈恩福，都喊他"陈红军"，他跟孟科长一样都挺能生孩子，此时已有五个孩子，五个都是女孩，跟孟科长家正相反。大姐带着一溜四个女孩走在街上，成为回头率极高的明化镇一景。好多人说他给朱德牵过马。老二陈爱英说："父亲是四川仪陇人，生于1910年腊月二十七，属狗，但是父亲自打老家出来就再也没有回去过，因为家里困难，买票不容易，就跟老家失去了联系，光知道叫什么‘保卫山’的。他1933年参军，1934年入党，是红四方面军张国焘的部队，李达的部下，在特务连，过过两次草地，身上中过好几颗子弹。1950年，部队打阎锡山往西北转移途中，母亲坐的马车翻车，轧在腿上把腿压断了，就留在延长油矿了。1956年调到明化镇，开始做管理员，孩子多，不够花的，给朱德写信，他不会写信，村干部张子敬帮他写：朱三老爷，我现在南宫县……”朱德给他寄来300块钱，大队让他改做木工，当干部不如工人工资高，跟明化镇招的木工孔祥阁一块儿干活儿，一个月74块5毛6，工会每月再给他补助50块钱。

就这样，红二方面军胡达年、红四方面军陈恩福和陕北红军宋世宽、孟长寿，四位老红军在长征胜利二十年后再次会师明化镇。

一时间，明化镇南腔北调云集，北京腔、上海调、陕西口音、甘肃方言、河南话、河北音……飘荡在平原大地上，吵吵闹闹，煞是热闹。1958年在一次职工会上，靳大队长戏说过一句：“我们这里有‘邢台派’‘西安派’‘玉门派’，确实大体符合队伍的来源。可以说，西安派的天，邢台派的地，玉门派顶天立地，五湖四海是空气。”根据一份华北钻探大队的花名册，到1957年底，大队职工总数超过400人。

第三章

千年古镇要成市

就这样，华北平原上一座普通的小镇成为当时我国石油勘探的焦点。明化镇属河北省邢台专区南宫县（今邢台市南宫市）所辖，位于南宫县城东南18千米，地处南宫、冀县（今冀州市）、枣强三县交界，东西向的邢德公路擦镇北而过，东距德州50千米，北距衡水50千米，交通便利，自古为当地商业重镇。据南宫市地名办公室记载：在唐代，明化镇原名潘家坑，以潘姓和地势得名，村民为避强盗曾栖身索泸河西岸芦苇中，故又名芦花村，后改名芦花镇，亦名泸河镇。从明代成为县四大“堡子城”之一，设有二城墙、壕及四门，城墙有五六米高，外边是城墙壕。日本鬼子称这里是“迷糊镇”，把炮楼设在了曹寨，小学都迁到了曹寨。明化镇东边有一条河，大名叫索泸河，当地人都称大沙河。这条河上游起自邢台市威县，一路向北经南宫、枣强、冀县、衡水进入沧州泊头汇入黑龙港河，经南排河入海。大沙河两岸堆着很多沙土岗子，我就是穿着这里的沙土装的口袋长大的。当地的小孩儿生下来都会装进一个沙土口袋里，只把头露出来，拉尿都在里边，冬天就先用在灶火里焐热的犁铧把沙土暖热。

20世纪50年代，明化镇有七八百户人家，3000多人。镇上有三条大街，分别是西街、北街、南街，呈丁字形，以西街最为热闹。街上有供销社，有粮站；有个私人照相馆，张立柱一家开的，他父亲原来是抗日村长；有两位中医大夫，一位是来自中药之乡安国的何汉三，另一位曾经是傅作义的军医孔繁东；一个卖油条的，镇上最大的饭店是供销社饭店，还有一个马车店卖烙饼、焖饼、饼卷肉；丁字街西北角有个茶馆，老板叫“七拐子”，一分钱一壶开水；正冲西街的丁字街口开有馍馍房。北街上有个烤地瓜的，是南乡来的，都叫他“傻喜”，傻喜不傻，买卖红火，烤地瓜在“烤地瓜，烤得热乎”的吆喝声中颇受欢迎。

这里是革命老区。1938年2月8日，八路军129师东进纵队在司令员陈再道、政委李菁玉的带领下进驻南宫县城，后来成为石油工业部第一任部长的李聚奎也来到这里，时任129师386旅参谋长兼青年抗日纵队政委。国民党任命石友三为冀察战区副司令长官，率3万多人的部队从鲁西调驻南宫县乔村，在我家西南3千米处。当地流传过一句俗话：石友三石友三，来到冀南不抗战，敛了小米换白面。1939年1月16日和25日，邓小平曾骑马两赴乔村与石友三会面，商谈合作抗日大计，明化镇、乔村都处于从南宫东行往武城的干道上，邓小平应该至少曾四次经过明化镇。1940年1月，共产党决定开展反摩擦斗争，攻打石友三部，由于冀南军区力量不足，从冀中军区借来4个支队，其中就有第二任石油工业部部长余秋里为政委、贺炳炎为支队长的三支队，把石友三的几万人一直向南赶到黄河边，12月被高树勋活埋在河南省濮阳县柳下屯（今濮阳市柳屯，中原油田所属井下作业处、输油处、天然气产销总厂、石油化工总厂等众多单位所在地）。这些未来石油行业的领导人在当年戎马倥偬、出生入死之时不会想到，十几年以后他们将会再次指挥大军在这里寻找石油，更不会想到把石友三赶到了油田之上做其葬身之地。

1956年阴历三月二十八，是明化镇每年一度的天齐庙庙会，会期7天，周围几十里地的老百姓都会来过会。会上人山人海，卖东西的、卖零食的、说书的、唱戏的、拉洋片的、变戏法的，五花八门，应有尽有，十分热闹。

今年，镇上来了一帮有钱人，庙会更是热闹非凡。此时，刚招工到大队的李继秀还没领过工资，家里想去过会没钱，就找他要钱，他找了孟科长签字，到财务科借了十几块钱。

明化镇为北方平原小镇，老百姓的房屋都是土坯房，贫穷落后，但是民风淳朴，给大队的人们留下了很好的印象。大队的职工家属开始都住在老乡家里，建立了深厚的感情。李福喜的老二李湘兵1954年生于湖南武冈，跟房东就是开馍馍房的孔繁禄家老五孔祥武拜了干弟兄，关系一直保持到现在，经常互相走动。

张应桃回忆说："我们住在老乡的房子里，房东大娘可好了，帮我做小孩儿棉鞋，我是南方人，不会做小孩儿棉鞋。"钱兆祯一家7口人住在明化镇西街上一套独门独院，三间正房，他们的四个儿子和李玉芳的婆婆，这是李萍丈母娘的房子，李萍夫妻就住在对门。租住老乡这些房子都是大队统一付账，按月按间给钱，老乡到时间就到李玉芳那里领钱。

大队食堂招的当地人做饭，有孔庆娥、樊福杰、石清波、谷凤琴、王铸钊，其中王铸钊岁数最大，已经37岁，他是南宫高村公社孙村的，跟李明善一个村，年轻时就在南宫县城南街姑父开的饭馆做学徒。炒菜主要是王铸钊、谷凤琴，石清波做面食，孔庆娥不会做饭，主要是烧火、收拾盘子碗筷。有的工人买了红烧肉吃不完，孔庆娥舍不得扔就吃了。那时候，职工吃饭不用自个儿带碗筷。工人也发了饭盒，主要是上夜班带饭。食堂做得又好又便宜，职工基本上都在食堂吃饭，极少有上街吃饭的。食堂经常卖大米饭，天津小站大米，很好吃，就是太贵了，两毛五一斤，南方人可高兴了，但北方人吃不惯。这时候还没有粮票、饭票的说法。食堂还卖过天鹅肉，做得像烧鸡一样，王祥说肉很粗，还不如烧鸡好吃。开始卖两毛钱一份，卖了好长时间卖不完，最后五分钱一份，从冬天一直吃到第二年春天才卖完。王士孝说他为了省钱，老买天鹅肉吃，尽管不喜欢吃，还是比素菜强。王忠学记得，过年在食堂会餐，一个班一桌，饭菜十分丰盛，还有酒，也不用交菜票。

招工到行政科做通讯员的孔祥明，他父亲孔繁维在粮站工作。他弟弟孔祥京还记得孟长寿枪法好，还跟邮电所的张七比试，孟长寿“砰！砰！”两枪打断了电线，张七没打上。他说：“宋世宽是大个子，后来从大庆油田调到华北油田任副局长，说在有生之年一定要回明化镇看看，那里老乡可好哩！1956年闹大水，职工都搬到南宫，等回来，没一个丢东西的。发大水时，大沙河河西挡了大埝，当时叫挡西不挡东，淹了河东，不能淹河西，保护石油。”

王祥对明化镇的印象也很好。他说：“在明化镇，卫生所事不多，生活不错，跟当地老百姓关系很好，还跟老乡一块儿唱戏，唱《二进宫》，徐经磐演主角，还演过话剧。张昌平也爱好文艺，喜欢唱歌、唱戏，越剧《梁山伯与祝英台》一台戏都能背下来，黄梅戏《天仙配》都会唱，一个人能模仿男女声，还会唱评剧《刘巧儿》。大队团支部跟南宫中学搞联欢，一块儿出去郊游，还合了影，就是照片太小了，人根本看不清。还帮着老乡拔麦子，麦子很矮，土很松，用不着镰刀割。我跟化验室的郑怀胤、机要秘书石振祥三个人关系最好，不是一般的好，郑怀胤写诗写得好，石振祥写小品。下了班我们经常去大沙河玩儿，河水很浅、很清凉，我先洗衣服，洗了衣服晾在草上就下去游泳、洗澡，玩够了上来衣服就干了。”郑怀胤是河南人，后来调来的任丽君说他们叫他“郑怀孕”。王祥会杀狗，别人抓了条野狗，他用绳子把狗套住脖子吊在门框上，往狗嘴里灌上一口水就呛死了，然后剥皮，但是他不吃狗肉。

从小在福州市长大的陈淑珠对明化镇的印象自然不同，她说：“明化镇小村庄，职工都住农民的土坯房，生活条件之差是现代年轻人难以想象的。我们住的南屋更苦，冬天，北风刺骨，做饭烧小火炉，晚上不敢烧火取暖，喝的井水，要自己去打水拎回家。我是第一次学会的，洗衣服要到小水坑里用水。我还学会拉风箱生火，这一切艰苦的生活条件，我们都感到很有乐趣。”李应时在回忆自己来到明化镇前后时写道：“钻探局撤销后，我因病暂留西安，参加‘结束组’办理财务资产移交工作。1955年9月移交结束后，组织照顾我到西安地质调查处工作。从此，我脱离了十多年的军旅生活，离开了部队的老领导、老同志，我像失群的大雁一样深感孤独。国庆节后我到地质调查处报到，处处感到关系陌生。未曾想我到这里工作没几个月，又要奉调华北，来到了荒芜的河北省南宫县明化镇，这里风沙弥漫、地瘠民贫，环境十分艰苦。心里暗暗发愁，既然命运驱使我来到这里，为了在祖国东部地区尽快找到石油，我只有继续发扬解放军优良传统艰苦奋斗。”在大队的《筹备工作简报》中写道：“明化镇春季风沙很大，夏季雨水较多，居住处所非常潮湿，死水坑、粪坑、脏土堆到处都是，苍蝇、蚊子、跳蚤、白蛉子等害虫很多，职工及眷属被昆虫咬伤的占半数以上，其中被咬成水泡、化脓溃烂较严重者25人，患沙眼者占全体职工的30%。”

当时大队还举办了业余学校，有小学班、初中班、高中班、俄文班。王士孝参加了初中班，他记得是每周六、周日两天晚上上课，语文老师好像是秘书科的秘书，上课在大队会议室，他还得过奖品，是一个搪瓷茶缸。他重点学习了数学、物理，以后还真用上了。他1954年完小毕业，在村里农民业余学校当老师，被评为“扫盲模范老师”，这给后面招工打下了基础。1956年7月，西安地质调查处到安徽省肥东县招工，把名额分到各村的学校，学校校长首先想起他来，到他家里说是勘探队招工，本来是16岁，报名时写成18岁，村里还有两个人，但那俩没通过审查。

俄文班组织技术人员和与专家联系较多的职工学习俄语，争取在短时间内学习简单的会话和技术术语，为更好地向专家学习创造条件。聘请了队长别洛格依尼柯夫的夫人别洛格依尼柯娃当俄文教师，据王祥说她是苏联莫斯科大学毕业的大学生，李振彦就参加了俄文班，每天晚上上两节课，地点就在专家宿舍旁边的一个房间，俄文教材是班里统一到新华书店买的，大概两块钱，个人掏钱。

大队在华1井正南、邢德公路南侧、明化镇东北约1里地的地方陆续建设了办公用房和宿舍，最北边是三排办公室，然后是苏联专家宿舍、卫生所和图书室，再往东南是职工食堂，食堂南侧则是职工宿舍、机修车间、仓库和发电房。这些房都是土坯平房，明化镇的土是沙土，不结实，专门到大沙河河东路家营、卜吉屯、焦村一带用黏土脱的土坯，大队用大卡车拉回来。

大队图书室只是业余时间开，管理人员都是兼职，王祥、徐经磬、王士孝都管理过。王士孝借过一本《钢铁是怎样炼成的》，这是他读过的第一本小说，通宵达旦地看完，非常激动。他还借过一本《红楼梦》，还没看完就随队拿到房儿寨去了。

大队的入驻给贫穷落后的平原小镇带来了巨大影响，一时间热闹非凡，当地都传说明化镇要成“市”了，供销社扩充了人员，甚至远在三十多千米以外的故城县都来到明化镇开店。我在拜访32104队钻工谭永寿时，他的军功本里夹带着一张发票“故城县郑口杂货公私合营统一发票”，发票抬头：明化镇采油厂，上面盖着“郑口公私合营百货商店销货专章”。他在明化镇商店买了一个“大英格”手表，瑞士表，151块钱，时间是1957年8月3日，他当时每月工资是60块。郑口是京杭大运河边的一个码头，从郑口到明化镇中间还隔着我老家枣强县，我不由得感慨还是郑口人有经济头脑，更令人惊奇的是，他们竟然以为这里是采油厂。谭永寿老家是四川省丰都县（今属重庆市），生于1930年阴历九月十八，1950年参加了抗美援朝，参加过上甘岭战役。

大队在工作总结中写道：“华1井的安装工作中，南宫县的各铁工厂也给我们制造了不少的零件，如高压闸门、法兰、套管短接、生铁圈等，数次帮助大队突击工作，衡水铁工厂制造了沉砂池等数十件零件，南宫县委大队挖水井派出大量临时工，供给大队房屋宿舍等，为我们完成钻井任务给予不少有利条件。”在1957年初春节前，大队对地方政府进行了走访。

大队一些职工的孩子就在明化镇小学上学，孟长寿的大儿子孟林安，李应时的两个儿子李进军、李建军，赵文善的女儿赵玉珍等，李建军跟大队长靳耀华的女儿靳震萍还是同桌。当然，绝大部分职工是年轻人，正处于“男大当婚、女大当嫁”的年龄，很多人在明化镇结婚。1956年11月27日，葛榕和226队刚从西北大学毕业的实习生陈淑珠结婚了，他们是5月在济南认识的，经陈淑珠的老同学、西安地质调查处的吴守成介绍成为恋人。陈淑珠家在福州市新安桥头开有一家酒坊，家境富裕。这天晚上，他们就在大队食堂举办了简朴而热闹的婚礼，大队党委书记高文会做主婚人，团委书记张景顺做证婚人，他们没穿新衣新鞋，就是穿着工作服，买了两床绸被面，一条床单一对枕头，把两个人做学生时用的铺盖合到一起。大家起哄让他们介绍恋爱经验，葛榕很干脆，大方地说："就是七个字——猛打猛攻猛撤退，看准了就猛进攻，不行就猛撤退。"引得大家一场欢笑。有人提出要他们接吻三分钟，结果接吻还不到三秒，看热闹的年轻姑娘们就给吓跑了。大家满意喝彩。

钻井队里就两个女的，除了陈淑瑸，还有章秀珍，1956年从上海招工到西安地质调查处，在队里做地质采集工，她嫁给了队上钻井技术员尚毅。1957年7月1日，在华北石油钻探大队食堂里，尚毅和章秀珍举办了婚礼。主持人是队长李仲田，新房也在明化镇老乡家里。苏联专家还给送了一对枕套、一对毛巾和一条领带。

1957年3月1日，正月三十，这天大队有三个结婚的，其中有闫吉美和他班里的李朝永。孙从才的媳妇孔秀云把堂妹孔素灵介绍给了闫吉美，她父亲有兄弟六个，她父亲是老三，孔素灵父亲是老六，他哥俩关系好，合伙买了一架马车跑运输。孔素灵这一年18岁，1957年正月十六哥哥陪着离开家，两天后来到明化镇，这才见到对象，之前只见过相片，两人见面十来天就结婚了。孔素灵回忆说："就在他宿舍里结婚，他买了点糖和花生，晚上班里的人来热闹了一下就完了。结婚后，我们就到村里租了孔祥尧家南屋住，一个月八毛钱，自己做饭吃。他家里负担重，一个月工资69块钱，给他爹娘二十块钱，弟弟十块钱。冬天，公公来到明化镇，很高兴地说：'人家说三十不立子、一辈子活累死，我五十多立子还得了济！'"

生在明化镇的孩子也不少，有钟辉生的老二钟汉明、刘希尧老二刘洪章、袁思庆大儿子袁宫明、庞玉景的大儿子庞振明、赵文善的三儿子赵玉华、丁原发的儿子丁兆华、李新智的儿子李明义、罗炳文的儿子罗昀华、李宗斌的儿子李成武、蔡国祥大儿子蔡志良、谈文正的大儿子谈志斌等人。

在明化镇的时光对大队绝大部分人来说是满意的，很多人的小孩都带上了“明”或“华”，蔡国祥大儿子的小名就叫“明华”。

大队职工还从当地找了三十多个媳妇。大队这些工人戴手表、穿皮鞋，挣工资，吃商品粮，经济条件好，很受当地人的青睐，是农家姑娘离开农村、改变社会地位的最好途径。好多工人在明化镇找的媳妇，“明化镇一枝花”杨淑芳做了柴油机司机刘洪明的媳妇，前刘家邱村的刘秀雯也很漂亮，做了行政科材料员夏根才的媳妇。刘洪明是陕西南郑人，1951年参军，他这人一上班儿就好装病，肚子疼、腰疼，请着病假去跳舞。夏根才是陕西富县人，参加过淮海战役、渡江战役和抗美援朝。钻工杨承忠找了媳妇叫邹秀利，她说：“我们是1956年腊月二十六结的婚，我是大屯乡邹屯的，是表姨给介绍的。还有芦喜善媳妇是卢家营的，很漂亮；李信春媳妇孙家庄的；邓崇军媳妇石家状村的；胡治彬媳妇曹寨的；王海玉媳妇垂杨宫家洼的，后来离婚了；于万凤媳妇南宫的。”杨承忠是贵州省贵阳市人，有一弟一妹，1948年秋天，当时16岁的他正在一家修理厂当钣金工学徒，一天晚上他跟五六个街上的小伙伴去市郊的花溪玩，晚了住在旅馆里，这一伙儿都被国民党军队以查户口为名抓了壮丁，先到成都训练3个月，然后到98军开往陕西安康岚皋，又回到成都就起义了，参加了解放军，后参加了抗美援朝。钻工寇克兴找了王道寨的鲍红英，当时她19岁。鲍红英快人快语，对我说：“那时候，我想自己又懒又笨，不会纺棉花，不会伺候人，可不能找家里兄弟姊妹多的。邻居华哥去明化镇镶牙，给介绍了寇克兴，家里很满意，他是甘肃高台人，3岁就没了娘，光老父亲和一个妹妹。他这个人实在，傻乎乎的，叫他干嘛就去干嘛，连头都不会扭一下。1957年4月，我们见面19天就结婚了，住在明化镇老乡家里，赁一间房子，我没事给他包了饺子送到井上去，苏联专家也不洗手，抓起来就吃，我给他比画得用筷子，他也不理会。一天，老寇给我说要带一个人来吃饺子，我就包好饺子等他们下班，还是韭菜猪肉馅，我喜欢吃韭菜的，来的一个小伙子个儿不高，挺瘦，叫顾心怿。”腊月二十三，他们有了一个儿子，当教师的姥爷起名叫“寇冀龙”，“冀”代表河北，“龙”则来自甘肃的简称“陇”。结婚最简单的要数梁流芳，媳妇炳焕春是炳金荣给介绍的，炳金荣是炳焕春的姑姑，一个村的。炳焕春说：“我结婚的时候21周岁，在队里都叫我老姑娘，同岁的都结婚了，我不想在农村，种地太苦了，也瞧不起妇女，我还上了小学，一般女的都没上过学，男的才上学，我姐就没上过学，我不想嫁给农民，给我介绍我不要，女的还没继承权，我非要继承继承不行。结婚那天，他骑车到我家吃了午饭，下午自己就骑车子走了，我自个儿走路走到明化镇，三十里地呢，他这不是爱，晚上在侄女家吃了饭，就算成婚了。既没有彩礼，也没有仪式，只有娘给了块红头巾。”

李继秀说：“大队也有意促成好事。工会主席朱鹏飞还特意叫村里大姑娘来给擦玻璃，中午管饭。工人看上了就给介绍，结婚的时候大队出车接亲，他自己也在这里找的媳妇。那时候结婚很简单，就是给大伙儿发点儿喜糖，没见过喝酒的，也没随份子的。”李信春的媳妇张秀菊说他们是1956年秋天结的婚，老头儿是她表哥的战友，湖北郧西人，他有文化，上过私塾和简易师范，参加过抗美援朝，结婚时给了她家200块钱，用一辆木头轱辘的马车从当地的孙家庄拉到他们住的曹寨。她还给丈夫的老乡陈洪升去大潘庄迎过亲，用的是一辆牛车。李信春是钻工，陈洪升是柴油机司机助手。王忠学说陈洪升外号是“干棒”，看起来很瘦巴，但是很有劲儿，他会摔跤，摔跤时一蹲，专门挑人家裤裆，他掰手腕儿一绝，左手抠住屁股，右手一起劲儿，胳膊上肉一鼓，没人能掰过他。柴油机工胡诗炳在曹寨找了个媳妇李秀芬，他是四川南充人，生于1934年，14岁的时候偷着参加了解放军，参加过抗美援朝，腿上、嘴巴子都受过伤，1956年11月结婚，当时新娘才18岁。

李萍也在明化镇找的媳妇，是西街的妇女队长，非常能干，名叫张换子，李萍给改成张秀英。他本来在抗美援朝时有个笔友，苏州姑娘，开始是给志愿军写慰问信，人家看他名字，字也很秀气，还以为是个女的，后来才知道他是男的，给他寄来照片。姚补维劝他，那么远，也不知道人怎么样，万一是个瘸子怎么办，就算了。

工人找媳妇找的当地人都有了意见，甚至提到了南宫县财委在1957年春节前对接大队供应问题的会议上，刘大队长说有一句话：（介绍对象）是否统一经秘书科联系。王忠学说："五四青年节开联欢会，南宫县的一个人写了一首顺口溜：有女有男送学堂，十年八年文化强，祖国需要我保送，叫他当个勘探郎，有女嫁个勘探郎，穿衣吃饭不着忙。"

有些岁数大还没媳妇的年轻人由李新铸、曹博、孙琳等人张罗了个"光棍委员会"，这是"老华北"的第一届"光棍委员会"，就是一群寂寞无聊的年轻人自寻乐趣。这些"会员"不会想到，等"光棍委员会"发展到第三届，将会给他们带来很大的麻烦。

来到明化镇的除了这些南腔北调的中国人，还来了一拨蓝眼睛、大鼻子的外国人。

第四章

众星捧月迎专家

石油工业部为华北钻探大队聘请了苏联专家，因为这是在华北地区打的第一口基准井，使用的又是新型的5д钻机，新组建的钻井队技术水平较差，特别是都习惯于在西北地区施工，对于在黄土覆盖层极厚的华北平原上钻井缺乏经验。

钻机型号是 y 2-4-5 в，规定动力1500马力，用1/4吋钻杆可钻深度3200米，这是当时我国钻井能力最深的钻机，由位于叶卡捷琳堡的乌拉尔重型机械厂生产。蒋经国在苏联留学时于1933年底曾在该厂工作，开始时做钳工、突击队队长，然后成为车间主任、责任秘书并认识了未来的夫人——当时做车工的法因娜·瓦赫列娃（中文名字：蒋方良）。1950年2月，在与斯大林会面结束后回国途中，毛泽东、周恩来专程来到乌拉尔重机厂参观，毛泽东感慨，有朝一日中国也要建立自己的“乌拉尔”重型机械厂，苏联援助在新中国齐齐哈尔建设的第一家重型机械厂——富拉尔基重型机器厂，后来更名为中国第一重型机械集团公司，也就是响当当的“中国一重”，其设计及布局即源于此。

苏联专家先后共有11人，钻井工程师别洛格依尼柯夫任队长，机械工程师库茨，司钻那伐杰耶夫、奥格列夫、巴耶夫、巴纳修克，柴油机司机符拉辛格夫、哥夫金、洛其诺夫、夫拉基米尔·依里奇·乌里杨诺夫。巴耶夫岁数最大，参加过二战。那伐杰耶夫是车臣人，跟队长关系很差，经常吵架，中途被调回国，换成拉德斯，拉德斯会说中国话。别洛格依尼柯夫和库茨两位工程师是刚毕业的大学生，比较年轻，其他司钻和柴油机司机都是七级或八级的老工人，经验丰富。他们于1956年9月15日、11月10日分两批到达明化镇，还带来家属9名。据当时华北钻探大队所写的《苏联专家工作总结》，专家很热情地投入了工作，往往亲自下手操作，甚至加班加点，对当时华北第一口深井的安装工作起到了促进作用。

为了更好地为专家服务，专门成立了专家工作办公室，梁尊华任副主任，无正主任，石油工业部给配备俄语翻译6人，有魏恕、顾心怿、朱企贤、张之裕、洪百荣、宋竟阳，魏恕任翻译组组长。梁尊华是甘肃甘谷人，生于1924年，高中文化，1949年8月，本县解放后到公安局工作，同年10月到西北局党校学习俄语，与后任胜利油田指挥的朱文科是同学，1953年1月调至石油部门，先后在西北石油管理局、北京石油管理总局、石油地质局、西安地质调查处工作。魏恕是陕西周至县甘河乡（今属西安市鄠邑区甘河镇）人，1953年毕业于燃料工业部干部学校第一届俄语班，与后任中华全国总工会副主席的张丁华是同学，他俩也是西北大学俄语班的同班同学，这个班是从西北大学、兰州大学俄文专业的40名在校学生中抽调而成的，毕业后分配在石油管理总局苏联专家办公室，1956年跟苏联专家一起来到明化镇。顾心怿、朱企贤、张之裕和洪百荣四人都是从燃料工业部干部学校俄语专修科毕业的同学，此时燃干校地点在北京定福庄，就是现在的中国传媒大学所在地，学习三年，大专。其中顾心怿、朱企贤、张之裕三个人从上海就是中华职业学校石油机械科的同学，朱企贤在甲班，顾心怿在乙班，这个班是为燃料工业部石油管理总局培养的，上学不要学费，还有助学金。1956年7月，顾心怿和洪百荣分配到玉门油矿实习，朱企贤、张之裕分在北京，11月，四人又都调到明化镇。宋竟阳是无锡人，上海俄专毕业的。

当时大队对有关专家的工作给予极大的重视，如在解决专家的住房、设备、文娱、车辆、食品供应以及解决一些为专家服务的专业人才等方面煞费苦心，配备了3辆小轿车和福特吉普车，有电冰箱、电风扇。西调处专门调配了一名西餐厨师和一名招待员。西餐厨师是李荣宝，上海人。专家招待员林银桃是浙江瑞安人，当时十六七岁，个头瘦小。他说：“我招工后被派到西安人民大厦培训三个月，要求见到专家不能跟木头一样，要说话。我至今还会说几句简单的俄语：你好！再见，早餐、晚餐，等等。9月，我跟孙铨洪两人一块儿来到明化镇，孙铨洪是广东人，地下党，曾给英国人做过饭，在大队他做管理员，餐厅里有个面向专家的小卖部，卖烟酒等，由他管着，没见专家掏过钱。我在专家办公室负责餐厅服务，给专家端饭端菜，也偶尔到井上给专家送过暖瓶。专家生活很好，早餐是面包、蛋糕、奶油、西红柿、黄瓜、牛奶，有咖啡，配白色方糖。中午晚上吃饭，有菜单，一般一家点上两三个菜，有的还喝酒，他们爱喝白兰地、威士忌，不多，也就一两杯，还有啤酒，都没见过拿饭菜票。有一次，巴纳修克喝多了，还跟刘大队长吵起来了，受到批评。梁尊华是专家办公室主任，对人很好，没脾气，对孩子要求很严，记得他有个八九岁的儿子来到明化镇，到餐厅里转，梁主任训他：‘你进来干什么？！’我跟管理员、厨师们一块儿吃饭，住在专家宿舍旁边。”厨师还有李广卓，他是老党员，石家状村的，曾在天津学徒做饭，在镇供销社食堂做饭，还从南宫县招聘了一名炊事员赵谦禄，赵谦禄说：“我是巨鹿人，在南宫县供销社食堂做炊事员，这是南宫县城里最好的饭店，县里招待苏联专家吃饭，都是我们给做饭，送到县委。开始选的还不是我，但是一调查祖宗三代，那人家庭成分不好，是富农，我是三代贫农，还是团员，就把我招去了。”聘请了两名来自著名的“三把刀”之乡——扬州的理发师孙国祯、吕登亭（孙国祯是吕登亭的姐夫），服务人员还有韩益国，专门给专家打水送饭。樊安玉负责打扫卫生，她是材料科材料计划员樊安仁的妹妹。李文刚说：“苏联专家的待遇可好了，吃小灶，土豆炖牛肉，光要牛肉汤，炖鸡肉喝汤，肉都卖给我们吃了，人家喝汤，我们吃肉。”

大队专门给专家盖了34间大瓦房，共560平方米，分宿舍、娱乐室、厨房、饭厅和盥洗室。房间在南北两侧，中间是走廊。每户住一个套间，装有电灯，室内铺有木地板，配备有沙发、写字台、台灯、衣柜、钢丝床，床上还有席梦思，被面都是绸缎的，外边还套有被套。冬天有管道暖气，而职工都是烧煤炉取暖。

苏联人爱抽烟，来的专家都抽。大队供应他们抽大前门、中华，那时候大前门四毛钱一盒，中华五毛，但是他们嫌好烟抽起来没劲儿，拿好烟换我们职工的孬烟——两毛钱的黄金叶。

保卫科合影

专家的安全保卫问题成为保卫科的中心工作。1956年7月，组建了26人的民警中队，是由南宫县公安局从当地南宫县和清河县招收的退伍军人和青壮男性。白广彬说："我是南宫县城西北杜村人，生于1936年腊月初九，1956年六月初八结婚，结婚第二天就离家参加工作了，招工主要看成分，我家是贫农。队长韩玉的比我大6岁，副政治指导员尚建斌比我大3岁，他俩都是南和县人。"尚建斌是从邢台公安队直属队班长任上调来的。按照白广彬的说法推算，应该是阳历7月16日报到。他们都算是经济警察，穿警服，冬天是蓝色的，夏天是黄色的，配枪，警卫是九九式步枪，这是抗日战争时期日本鬼子常用的枪械，上刺刀，荷枪实弹，三个班长是康长生、胡明耀、王恒锡，配手枪，队长、指导员拿手枪。大队部大门口和井场上都有岗哨。给专家配备了3名保卫员，孙满堂、谢兴琴、杨义禄，归专家办公室管理，着便服，配手枪，跟着专家行动。王祥跟他们仨关系很好，见他们经常拿手枪拆了装、装了拆。

大队领导还经常听取专家的意见，以求改进工作。专家反映：菜的名称很多，但味道一样；顿顿吃肉，吃不到素菜；早晚都是萝卜；菜缺乏苏联味道；小卖部的糖果酒类种类不多；寂寞无聊，看不到电影；等等。

在文化娱乐生活方面，去年就征求专家的意见，订了好多报纸杂志，因此，在一季度能不断地看到自己喜欢的读物，经常注意专家室内设置的收音机，一有毛病立即修理。专家特别感兴趣的台球也安置好了，还在俱乐部增添了跳棋、军棋、手摇足球等，有电唱机，并购置了苏联的新唱片。还组织中国同志经常与他们接触、娱乐，同时也给专家小孩儿增添了木马、三轮车等玩具。给专家设置了浴室，使他们能够经常洗澡，还组织专家到北戴河等地疗养、游览，南宫卫生院还派出大夫给专家检查身体。

苏联人爱跳舞，他们来了以后，大队每周六晚上都组织舞会，七点到九点，地点在大队食堂。大队还有规定，只要专家邀请你跳，你就得上，不会跳也得上去蹦跶。王忠学回忆道：“周六傍晚，我跟刘晋元、火善功就买上一瓶酒到哥夫金宿舍里喝酒，衡水老白干八九毛钱一瓶。苏联人有个习惯，一瓶酒打开，几个人平分，倒进高脚杯里，一口闷，一瓶白酒干了，再喝两瓶青岛啤酒，喝完酒，吃几片面包、红烧肉就去跳舞。哥夫金老婆带两个孩子光看不跳。拉德斯老婆爱跳舞，胖墩墩的。大队男的里头数刘洪明爱跳，跳得也好。女的里头数苗秀清爱跳舞。就是跳三步、四步。”王士孝说他就去过一次，他是农村来的，看不惯男的女的搂在一块儿，跳舞的主要是机关的、城市来的，林蓬辉会跳，一到礼拜六就很高兴。赵国云也爱跳舞，都怀孕大肚子了还去跳。

苏联专家的到来还带来了布拉吉。钻工丁原发刚娶的媳妇第一次烫了发、穿上一件布拉吉照了相。丁原发是32104队钻工，山东五莲人。多年后，丁兆华在回忆父亲的文章中写道：“全家人过着牛马不如的生活，吃不饱，穿不暖，在饥寒交迫的情形下，父亲13岁时就背井离乡，外出流浪乞讨，1947年参加了中国人民解放军，参加过淮海战役、渡江战役和抗美援朝，1956年，父亲转业到玉门油矿。”布拉吉是一种用大花布制成的连衣裙，是当时最时髦的服装。1941年，苏联女英雄卓娅穿着布拉吉英勇就义，使得这款服装成为革命和进步的象征。直到20世纪50年代中期，人们的生活有了一定的提高，中央号召“人人穿花衣”，以便体现社会主义的欣欣向荣。上海的《青年报》曾经多次呼吁，姑娘们大胆地穿起花衣服吧，别老是穿得灰溜溜的，一时间布拉吉风靡全国。做一件布拉吉要四五块钱，可谓价格不菲。

1957年3月，石油工业国家监察局西安监察室对大队进行了“关于增产节约及精简机构执行情况的监察”，报告中这样写道：

> 能节省下来的钱没有节省。专家招待所房屋基本上可以住开，10位专家，一家三四口人，每家两间，比较小的只有专家食堂和专家娱乐室。1956年12月，接到报批扩建专家房屋的扩建费3.8万元，上级已指示防止突击花钱，当时只考虑到“钱已经批下了，如果不修就得上交，明年再修时还得另报另修”，于是在12月15日动工，在专家招待所后边再扩建砖木结构平房329平方米，因出现冰冻天气，在当地政府催促之下，于当月30日停工，1957年2月15日继续施工，共用1万4千元。又如，1956年12月，花费2万2千余元购买两台捷克座式电影机，因烧碳精棒的自己不会安装，特请保定电影机械修理站的技工，在春节时安装试用，又花费228元，只试映了一次到现在仍不能使用。为了调剂专家生活，购买电影机是可以的，但一部即可，其次应该购买流动式，可以给井队放映。对专家费用控制过宽，从专家经费看，1956年计划14.2万元，实

际开支5.85万元；专家房屋修建费计划7.6万元，实际开支4.3万元，说明计划过大。现在群众中造成这种看法：打上专家名义钱就好批。

大队配备了一名专职电影放映员鞠灵华，河北广宗人，生于1930年，曾参加过抗美援朝，为三等甲级伤残军人，大高个子，性格活泼、爱开玩笑。这是穆登顺的儿子穆胜利第一次看电影，他说："电影一会儿断了，一会儿模糊了。"

当地政府对苏联专家也很重视，南宫县委多次招待他们吃饭。南宫中学是省立中学，办学时间长、规模大，在当地闻名遐迩。为使学生关心国家建设情况，学校把苏联专家请过去讲课：国家建设中工业的血液——石油的开采及应用。据当年正上初中的学生顾自忠回忆："尽管那时，同学们刚刚接触外国人，被苏联老大哥那高鼻梁、深眼窝、金发、蓝眼睛的外貌所吸引，但不围观，听报告时，鸦雀无声，静听着翻译人员的转述，即便提问，也是经准许才发问，显示出不卑不亢、彬彬有礼的中国学子风度。"

总体来说，对待专家可以说是无微不至了，以至于当1957年8月，突然宣布苏联专家撤离的通知时，据当时机修车间车工李文刚说："临走的头一天晚上，专家们不睡觉，男女都哭得哇哇的。"

大队的专家工作总结对苏联专家大加赞扬：

对于苏联专家的工作条件注意得不够，绘图时缺纸、缺笔，上班后一个多月没有工作服，领导布置几次，文具方面几个部门推诿，结果苏联专家自己去镇里买了一套圆规、尺子等，两天就坏了。这些是极不应该发生的事。对以往工程进度、生产力量也没有很好地介绍，很多安装工作没有给专家介绍，以至于做了以后专家才知道，才提建议造成返工，如泥浆池提高了又放低、柴油机机油管线接好又不够长拆掉等，有一些人觉得返工太多，没意识到是自己做得不对却埋怨专家提意见。个别干部对专家建议表现抵触情绪，怕麻烦，强调材料困难，对专家建议有拖拉敷衍的态度。

专家的工作精神值得我们很好学习，特别是对工作认真负责的态度令人十分佩服，苏联钻井工程师、机械工程师都亲自检查一遍，每晚吃饭后总是到井场去看一遍，星期日早上也要去一次，钻井安装，不仅专家亲自指导，亲自操作，往往我们的人做不了或危险性较大的地方，专家都亲自去做。如卸套管时，吊卡扣不上，专家亲自爬到大钩上挂吊钳，又如泥浆皮带翻得很厉害，专家亲自校正。井口试泵，专家亲自操作。管线试压，专家亲自挂车。下套管时，钻井工程师在井场待了两天两夜没有休息，每个司钻也连续上16个小时的班直到下完套管，打洋灰时，全部专家到场，各个角落都有专家亲自指导。

对于安全方面，他们一再表现了认真严肃的态度，在许多重要、危险的地方都是苏联专家亲自操作，比如起出套管竖起来的时候，专家司钻亲自上井架绑绳子等。我们很多安装不合格，如井场装坏的灯头使钻工寇克兴触电受重伤，幸有苏联专家急救避免了牺牲。

专家的帮助和贡献是很多的，如在安装中提出了自动装坩子土、并联泥浆池、空气包加固、加装泥浆泵启动凡尔、排气总管等很多合理化建议，使得华1井的安装质量很好。建议将高悬毛头钩改为25mm钢管双钩，既可满足工作要求，又使用轻便。根据专家建议的图表和布置安装泥浆管线，既实用，又简单。再如建议安装柴油机并车油门拉杆，由司钻操作，可适时开大油门，提高起下钻效率。在安全措施方面，专家特别注意，天车台及二层平台加挡板，钻台、泵房及泥浆搅拌器的台子周围加木栏，以及做立管平台走廊，井架使用8根绷绳等，对防止事故及机器损坏具有重要的作用。截至1957年8月，苏联专家共提出建议104条。

在钻进过程中又教会了我们很多操作方法，特别是如何又细心、又大胆地处理各种设备情况。在井上遇到事故以后，又教会了我们很多处理事故的方法。尤其是最后我们根据专家的建议，采用“有进无出”的清水钻进方法强行钻进，终于使这口漏失程度极为罕见的井打到了要求的目的层，为华北钻探工作的开展培养了人才、打开了局面。

职工跟苏联专家建立了良好的关系。顾心怿回忆说：“我主要给符拉辛格夫翻译，他有四十多岁，人非常好，有耐心，他参加过卫国战争，开坦克，从士兵一直晋升到大尉，他给我说打仗太惨了，死了好多人，他对柴油机B2-300熟得不得了，他开的苏联主力坦克T34用的就是这种柴油机机型，把马力加大了，500马力，速度加快了，但是寿命缩短了几倍，这没关系，打仗到时候能冲上去就行了，不需要长寿命。他看到农民往马车上装麦子，也上去帮着干活儿，他说他年轻的时候当过农民。库茨也很好，性子比符拉辛格夫急一点儿。有一次，宋竟阳给专家翻译，他不懂专业，说话还有点儿结巴，专家急了，一把把我拽过去给他翻译，其实他俄语水平还可以，我还问过他问题。我跟专家学到了很多知识，如果不谦虚地说，对这套设备我是了解最多的。”原华说他学了几句俄语，专家问他“保宁”？是你明白了吗？开始还用翻译，后来一打手势就明白。专家很认真，也很友好，教我们怎么计算。库茨是刚毕业的大学生，有一套图纸，我一看就明白，他说上海人比西北人聪明。我画好图给他看，他看过再拿去加工。王忠学说带他们的苏联专家是哥夫金，翻译是洪百荣，他学东西快，哥夫金很喜欢他，经常叫他上家里玩儿，哥夫金带了老婆，一儿一女，男孩儿七八岁，女孩儿三四岁。王忠学学会了几句俄语，跟专家见面就说“哈拉少”；不知道是什么东西，就指着说“什到”；扳手叫“格鲁奇”；开水叫“瓦达”；柴油叫“梭拉干”；机油叫“玛斯乐”。柴油机司机白德安说他在3班，能流利地说出班里的苏联专家叫“夫拉基米尔·依旦奇·乌里杨诺夫”，他当时四十多岁，人很憨厚，没有架子，跟他们同甘共苦，干活儿抢着干。他们关系很好，临走的时候，还送给他一块苏联手表。

当然，生活中除了风和日丽，不可能没有风吹雨打。凡是有人的地方就有矛盾，不可避免。苏联专家也不例外。据1960年《苏联专家工作总结》：

过了一个阶段以后，由于相处的时间长了，相互了解深了，专家的一些缺点也被发现了，如专家爱喝酒，经常批评人，较少注意方式方法等，开始有些同志幼稚地认为苏联专家是十全十美的人，但看到专家一些缺点，一下子不能正确地认识，在个别人中间产生了“失望”的情绪，有些人，包括专家中的一些司钻和柴油机司机也认为专家工程师理论虽有，但实际经验很差。井上发生自然事故井漏后，在堵漏过程中专家提出了很多有效的建议，如注胶质水泥、清水钻进等，但有个别的工程技术人员在专家面前表现傲慢，不认真研究和贯彻专家指示，认为专家也没有什么了不起，和专家争“到底应该由谁负责”等，给相互关系和工作带来不利的影响。魏恕“对专家态度很不好，愿翻就翻，不愿翻就不翻，专家临走还不愿去送行，和专家顶嘴，专家在离别时还说魏恕的行为是不友好的”。梁尊华对专家的态度也有不对的地方，曾说：“专家办公室主任不管专家管什么？”因而在专家面前摆首长架子。

魏恕给专家队长做翻译，他说队长比他大不了几岁，技术水平并不高，也没修养，骂中国工人脏。

李平安的大儿子李金堂当时六七岁，这天跟一帮小孩儿到苏联专家的垃圾桶里捡罐头盒，苏联小孩儿还不让捡，两边打了起来，等回到家，他爹给揍了一顿。他不服气，第二天早晨，他手拿一个小树枝蹲在路边，等工人骑着自行车一过，他把小树枝插进车圈里，把人家辐条又给弄断了几根，回到家他爹又揍了一顿，就让他娘把他和妹妹都带回老家了。

穆胜利说大队部周围围着铁丝网，他们就围在外头看，男人黄头发、蓝眼珠，都比较瘦。苏联女人都是大胖子，冬天也穿着裙子，露着腿。小孩儿有五六岁，坐在底部弧形的木马上晃悠，越晃角度越大，突然就翻了，小孩也不在乎，爬起来接着晃。大人也到街上来玩，见人就说“得拉斯基”（你好）。

苏联专家于1957年8月突然撤离，具体的原因尚不得而知，原计划是待两年的，都制定了向专家学习的两年规划。根据我的分析，应该是跟度过蜜月期的中苏关系开始出现裂痕有关，或许也和经济负担过重有关。自从赫鲁晓夫在1956年2月苏共二十大上作了题为《关于个人崇拜及其后果》的报告，毛泽东和赫鲁晓夫两位领导人由于在意识形态等方面出现分歧而渐行渐远，貌合神离。自1957年起，苏联对华出口都要支付现金，1957年11月中苏签订了《新技术协定》，但是事实上从此苏联再没有提供一笔新的贷款。截至1957年1月，苏联专家费用已达24万元，我没有查到苏联专家工资的数额，有人说每月高达500元，再加上其家属接待、食宿、差旅、旅游、服务管理等费用，对新成立的石油工业部来说也是一笔沉重的负担，压缩一部分经费是合理的。

华北钻探大队机关人员送别苏联专家合影

对于华北钻探大队的人和苏联专家来说，大家都没有撤离的思想准备，华1井还在处理堵漏施工的紧张工作之中。据现在发现的两张老照片，一张是跟32104队职工合影，一张是在大队驻地跟大队机关领导干部合影，时间都是1957年8月12日。这次专家撤离行动还不是光华北钻探大队一家，我在《中国石油钻井》一书中发现四川石油勘探局苏联专家临别合影，竟然也是同一天所照，应该是石油工业部的统一安排。照片上从苏联专家及其家属到大队干部职工都是神情严肃，一副很不高兴的样子。

王启庚以技术室的名义到石家庄买了些东西送给苏联专家，在会上给专家送了被面，专家给他送了收音机。刘长沛给他说，这礼物不要收，太贵重了。王启庚说这是送给大队的。这件事后来在“拔白旗、插红旗”运动中使其受到批判。

朱企贤说：“苏联专家撤离后，我送他们去的北京，又送他们到北戴河避暑，那里有翻译，我就回来了。回来后领导还问：‘这么快就回来了？没在那里玩几天？那可不是一般人能去的地方，都是中央首长才能进。’原来还保存着苏联专家的地址，跟库茨还通过信，‘文化大革命’的时候，怕说成里通外国，都处理掉了。”王忠学说苏联专家走了以后还有联系，经常写信，由洪百荣翻译，帮着传信。

苏联专家撤离以后，大队处理了一些专家用品，有10台“东方红”牌收音机，每台卖200元。王祥买了一桶咖啡，李福喜、池开清各买了一个席梦思。李湘兵说这床太软，一躺上去就跟床一样平了。池开清是四川人，大学生，党员，供应科樊安仁的爱人，写得一手好字和好文章。王春祥八折买了一件洋毛毯，后来送给女儿王栾。王栾说：“这是我唯一的嫁妆，毛毯现在还铺在床底下，毛都洗没了，原来好长的。”她还掀开给我看了看，看上去还很新，花纹清晰漂亮。张大红说：“苏联专家送给她妈一个美女石膏坐像，金色烫发，粉红色的泡泡纱衣服，果绿色的裙子，非常漂亮，从明化镇到济南、龙桑寺最后到东营，一直带在身边，‘文化大革命’的时候我害怕就给砸了，还把妈妈压在箱底的旗袍给剪了。”

王祥说李萍买了一台苏联专家的“东方红”牌收音机，不知谁家带来的，个头儿很大，得两个人抬，撤走的时候不想带走了，他帮着抬回去的，后来转给郎兴第了。郎兴第爱人许继红回忆说：“那台收音机比家里后来的十四吋‘日立’牌彩电个头儿还大，声音特别好！六几年我在地调一大队开大会、收听广播就用这台收音机，还拿它跟麦克风连接，当扩音器使用，甚至被仪器组用于查经纬度，可是给单位立功了。”苏联专家还留下一只小黑狗，公的，这只狗得了盲肠炎，李萍和刘文怀还给狗动了手术。

但是，尽管有苏联专家的倾力帮助，华1井的钻进还是遭遇了大麻烦。

第五章

出师不利华一井

华1井是由三支钻井队合打的，因为李春秀队、李仲田队的钻井任务一直没有下达。华1井设计书指出，1000米左右为高电阻层，最大可能为奥陶系及其以前石灰岩。如遇奥陶系，可钻穿奥陶系再钻，如为新生代灰岩（汤阴第三系有泥灰岩），可继续钻至3000米。

乌德钻机跟以前所用钻机不同的是采用气动控制，有三个高大的空气包，里边是电动压风机形成的高压空气。一部乌德钻机高41.4米，这是从转盘面算起，再加上两三米高的钻台底座，一般高达44米左右，相当于十多层高的大楼，是千里平原上的制高点，威风凛凛，刺入青天。井架由841块形状各异的各种配件用1774套大小不同的螺栓连接而成，学名叫“角钢塔式井架”。一部钻机可分成八大件：2台泥浆泵、5台B2-300柴油机、天车、水龙头、转盘、猫头轴、刹车鼓、压风机，发电机使用K-153柴油机带动，还有3台80立方米水罐，1座高架罐，1座地面罐备用，安装量超过4吨的部件有9件，最重的是钻机、20.5吨，其次是泥浆泵、19.8吨。这样一台钻机投资不菲，约70万元，还不算配套水泵、水龙头等附件。各种设备五颜六色，井架是银灰色的，天车、游动滑车、水龙头是朱红色的，泥浆泵是灰色的，柴油机主体是铝合金的，机头盖是铸铁的，缸盖、缸体是枣红色的，三个水罐是蓝色的，柴油高架罐是黄色的。机房和泥浆泵都在木方搭起来的房子里。井场上还有男女厕所。井场四周拉上了铁丝网，大门有民警荷枪实弹24小时把守。

高大的井架、新奇的设备、来来往往的汽车、南腔北调的工人，在当地轰动一时。井场四周看热闹的人山人海，把周围的庄稼地都踩平了。其中有一个12岁的少年叫常旺起，也跟几个小伙伴一块儿跑来看热闹，他当时做梦也不会想到若干年以后自己的大儿子会写作本书。

为了保证井场和职工用水，雇用当地人在井场打了一口水井，6月4日开始，用时12天，井深三丈六尺，井口直径五尺，水量每天约36吨，二丈时是苦水，下面是甜水，还取水样送西安化验，打井费用1052.3元。

为了做钻井基础和到井场的路需要石头，当地是平原，石头很少，就从周围村里收购石碑等砸碎了用。1957年6月，张玉贤被南宫县人民检察院以贪污罪逮捕，8月被法院判处有期徒刑一年六个月，随后被大队开除。他是河南新郑人，1956年5月由玉门油矿调到大队。他到南宫县琉璃庙村一带收购石头时，采用私刻公章、伪造单据、支少报多等手段贪污公款128元，如1956年7月，琉璃庙村社员韩益泽实售石头5角，因卖主不识字，张乘机开了一张27元5角的单据，盖上了卖主的图章，贪污27元。他雇用马河沟村三人碎石头76立方米，每方工资2元，连同外加工资2元及移动石头运费10元，共计164元，而他拿8张单据报销213元，贪污49元等。这是大队在明化镇被逮捕判刑的第一人。逮捕他的头一天晚上，他老婆苗秀清都没让回家，甚至怕保卫科孟科长说梦话走漏消息，也在办公室里睡觉。

正当整体待钻之时，偏偏老天无情，连降暴雨，仅8月3日一次大雨达300多毫米，邢台专区淹了威县、隆尧等六个县，方圆百里变为一片水乡泽国，从衡水到冀县都得坐船，好在明化镇地势较高，还没有进水，但是靠近沙河，直接受到洪水威胁。8月8日，大队根据县防汛指挥部的通知积极进行防洪准备，召开会议，干部职工都投入抗洪抢险中，围坝筑堤，奋力保护井场和钻机。8月12日，水情更为严重，洪水已进入南宫边界。大队立即采取紧急措施，召开全体职工大会，宣布全部工作暂停，组织转移器材和家属，洋灰、棕绳、烧碱转移到明化镇地势较高的小学内，部分国外进口的配件转移到南宫，家属及有病的职工转移到南宫第一中学。井队将配件搬上钻台，将井场上的笨重器材用麻绳捆绑结实，以免被洪水冲走，大件机器涂抹黄油，以防水浸。车间将发电房、修机房门口用土封闭，防止水浸。警卫班及科室积极协助转运器材，共转移南宫贵重器材约25吨，转移明化镇村内约20吨，并扎了3只木排以备急用。其间借了建筑社18块木板最后给弄丢了。王鑫庆因无证开车运送材料时不慎发生了撞伤人的事故，还受到了警告处分。

李自强的媳妇李桂荣说："夏天，我从北京出发去探望正在谈的对象，赶上衡水发大水，大队开始搬家，搬家头天晚上，安排了搬家事项，说还有一件喜事，宣布8个人结婚，我本来没想结婚，也没跟家里大人说，那人就说，现在保命要紧，照顾不过来，我们就这样稀里糊涂地结婚了。后来，大队人事科张美嫭安排我当教师，白天给家属上课，晚上给职工上课，记得是教初中语文，就这样教了一年多。"

钻井既是一种十分沉重的劳动，又是技术性要求很高的工作，集体力劳动和脑力劳动于一身，有句俗话就是形容钻工工作的："张飞绣花——粗中有细。"粗的时候要用18磅榔头拼命砸，细的时候半毫米也不能差。这项工作地处野外，条件艰苦、环境脏乱、工作劳累、面临危险，要求技术、责任重大，是能人的事业。

一套钻井设备需要钻工、泥浆泵工、柴油机司机、发电工、锅炉工、泥浆工、地质采集工等多个工种密切配合，再加上维修制造、材料供应、生活后勤等辅助人员，俨然一座中型工厂。

钻工也是一个统称，还可以细分成场地工、外钳工、内钳工、井架工、副司钻、司钻，级别依次升高。场地工是井场上地位最低的，干杂活儿，清理场地，摆放材料等；内外钳工起下钻时打大钳，内钳工更要技术，外钳工更轻松一点；井架工起下钻的时候要登上三十来米高的二层平台上扣吊卡、摆钻杆；副司钻看泥浆泵；司钻就是班长，手扶刹把，根据振动感受地层的变化和钻具在井下的磨损情况，低头看转盘，仰头看天车，眼看指重表，耳听钻机声，及时判断故障及其位置，真要全神贯注，眼观六路，耳听八方，是井场上的核心和老大。正常钻进的时候，就司钻一个人在钻台上扶刹把。起下钻时候用的人最多，大家上钻台各就各位，各司其职。一卸开钻杆丝扣，泥浆“哗”地喷出来，经常弄得泥浆喷头，都得穿上雨衣、雨鞋。打大钳可以说是最累的活儿，吊钳有三百斤重，分为内钳、外钳两种，打起来更有一套程序，哈下腰，前腿弓，后腿绷，两人配合，左右翻飞。钻台上最有技巧性也是最危险的活儿，当属拉猫头。钻机要靠拉猫头拧紧钻杆和套管，这就要靠人工拉动在井口一边的如猫头一样的轮子，这上边绕着绳子，要用人拉那猫头绳，让轮子快速地旋转，把钻杆拧紧。猫头轮被称作“铁老虎”，伤人很多，一般井架工以上才能干这活儿。

9月12日立好井架，21日将柴油机金属底座运到大队，22日开始安装，安装中材料很缺乏，很多是自己制造的，如导管、管线高压弯头、坡道、提升短节，同时使用一些代用料解决缺料问题。

9月22日，专家队长给北京发去电报：“石油工业部专家组长诺维柯夫同志：钻井设备已运到，井架、绞车、泥浆泵已装好，现在等着柴油机司机。住所合适，路已修好，家属将于10月2日到此。”9月26日，接到北京电报：“宋大队长，在京现有你队专家1人、家属9人，请派人到节后来京接。”

10月26日，空气包120个大气压试压3次，在75个大气压停留15分钟，降至65个大气压没有再试。认为一切合格，当天14时35分开钻，经过7个月的紧张筹备，几经推迟，华北地区第一口基准井终于开钻。为了庆祝这一历史性事件，华北钻探大队举行了开钻典礼。食堂还杀了一头猪，晚上办了舞会。地质部226队的孙万铨跟贾润胥也专门到明化镇参加了开钻典礼。在返回济南的时候，他们特意转到山东无棣去看了大山。地质部在华北地区的第一口探井——固1井也于11月26日开钻。

10月31日钻至515.23米，见砂质黏土地层，较硬，钻井进尺减少，即电测，但电测遇阻，经几次冲洗井眼后方电测成功。11月2日开始下16吋套管，8日注水泥固井，17日，二次开钻。孔祥京说下第一根套管的时候，他们小学生都去现场开庆祝会去了。华1井顺利钻至1063米就钻遇了预料中的石灰岩，第一次钻入下古生界奥陶系石灰岩层，$8^{5}/_{8}$吋技术套管下至井深1074.33米，封住了上部砂泥岩井段，为继续向深层钻进，打下了有利的基础。固井过程中，由于对井壁间隙量计算不够准确，导致水泥从井口溢出，浪费水泥100多袋，损失1万多元。

正当人们为顺利钻进而高兴的时候，1957年1月2日5时28分，钻至井深1138.73米时，钻速突增，钻压加不上，18分钟就钻进3.07米，而以前最快的时候是45分钟1米，这时泥浆失去循环，只进不出，人们判断钻遇了特大缝洞，发生了严重漏失，从此开始了耗费巨大的堵漏工作。

堵漏工作是在苏联专家指导下进行的。1月29日的堵漏工作总结中写道：华1井经过三个阶段的堵塞工作，上部漏失情况大有好转。第一阶段是1月2日至6日，在这一阶段主要是高黏度纤维质泥浆，也就是泥浆经过水泥和石灰处理后提高黏度至流不动后，在其中加入锯末、马粪、棉籽等纤维质，然后注入井中，过程中也曾投入坩子土和白棕绳节等。堵塞结果：泥浆仍然返不出，并在套管鞋附近遇阻。材料共用去：泥浆280立方米（其中高黏度纤维泥浆85立方米）、马粪5吨、锯末一车（5吨）、水泥28袋、石灰5吨、棉籽150公斤、白棕绳节200公斤、坩子土7.5吨。第二阶段是1月7日至17日，这一阶段开始投入红砖、碎砖、泥球（泥球中混有棉籽、麦草、芦苇、洋灰纸袋等），并继续注入高黏度纤维质泥浆。在堵塞前，为了查明是上部漏失还是下部漏失，找出漏失层位，决定在井深304米处注一洋灰塞，水泥量为100袋，并加入30%纯碱作促凝剂，因此次所注水泥系已受潮之布袋水泥，块子甚多，配成的水泥浆相对密度低，平均相对密度为1.46（最高1.6，最低1.38），因此只注入43袋便停止，将水泥筛后重注。1月9日，第二次重注水泥塞，这次是在水泥车水箱内将水泥浆配好后才注入的，注入量为100袋，其中加入3%纯碱催凝。第三阶段从1月17日至月底，主要注入水泥，总共注水泥7次，用去水泥598袋（29.9吨）、纯碱960公斤。

开始时，堵漏非常坚决。在1月14日的碰头会上，王启庚说："华1井要打就打完，没接部命令前，照原计划打，把奥陶系打穿再说。从现在岩芯来看，究竟是上奥陶系还是下奥陶系还弄不清楚。唐山打的煤矿中奥陶系有油。"但是随着堵漏工作的巨大消耗，开始出现不同的声音。在4月20日队务会议上，段金钟说："工人干部对大队节约有些反映，认为大队只抓芝麻，忘了西瓜，井漏问题损失很多投资，华1井没有继续钻进的必要，应立即确定明化镇井的深度，不然就可能造成很大浪费。"王启庚也说："这口井继续钻进将造成很大浪费。这一点是否我们不提，让上级考虑。白云岩很硬，可能会浪费很多钻头。特别是这口井得今年年底才能打完，夜长梦多，可能发生很多问题。少出事故、少浪费材料是节约中的主要问题。"宋大队长说："井的问题大家没有不同意见就向处提出最好不打，如必须打就得下12吋套管，寒武纪的问题不一定靠这口井来解决。"高书记说："我们对这口井的意见应负责地向上级提出。在节约问题上应大小一起抓。"

堵漏过程中，中苏技术人员采取了各种堵漏方法：注稠化泥浆和胶质水泥，投纤维球和固体材料等。使用的堵漏材料数量简直达到了惊人的程度：坩子土845.2吨、水泥194.2吨、沙子175立方米、纯碱2440公斤、烧碱1964公斤、水玻璃2280公斤、红砖3000块、碎砖20吨、锯末150立方米、石灰20吨、马粪5吨、棉籽378.5公斤、树枝592公斤、草绳85公斤、麦草127公斤、木渣5立方米、苇子785公斤、棉絮475.6公斤、白棕绳节200公斤等，总体积达到4万多立方米，财产损失45万余元。多年后，李仲田回忆这段历史时说："现在说起来，苏联专家也就那么回事。当时可不敢提意见，谁提意见谁就是反对苏联专家，反对苏联专家就是右派分子。现在想起来，咱中国人那时对专家太迷信了。苏联专家就让往井里填黄豆，把白面同泥浆掺和在一起往井里填。我们中国人再着急也得听苏联专家的。我们往井里填黄豆、棉籽30多吨，马粪十几汽车，建筑用的小石头100多立方米，从德州附近拉了200多立方米红土和更硬一些的泥块。每天谁上班谁就往井里丢，丢一块下去就会听到井里传出‘咚’一声响。我们还把红荆条儿扎成直径十多厘米粗的小捆子，竖着往井里丢。连续几十天，我们干得都心烦，心疼那些白面和黄豆。1957年苏联专家撤走，说心里话，我们很蔑视他们，他们的钻井技术还不如咱，所谓的苏联专家没有什么了不起。”王仲芝说：“旁边有一条小狗，刘希尧顺手扯过来给扔进去了。”

但是这些固体材料入井后却如石沉大海，井口不见任何东西返出。方法使绝了，材料用完了，人们面面相觑，束手无策。第一次下套管没下到设计深度，下部井漏又引起上部地层坍塌，发生新的渗透性漏失。4月26日下入8吋套管，封闭上部松软地层。

多年后葛榕在一篇回忆华1井堵漏的文章中是这样记录的：

> 苏联专家于1957年8月奉命撤离井场回国，华1井面临夭折的严峻考验。经过一番讨论之后，根据苏联专家建议，一场新的堵漏战斗打响了。这次堵漏既不用水泥和坩子土，也不用马粪、锯末和砖头，唯一的材料就是源源不断的清水。具体方法可归结为六个字——“有进无出”强钻，只要泵压正常，就连续钻进，让清水带着岩屑，不停地封堵漏层，不停地钻进。井场的井水不够用，等几个小时才能上来水，就决定用大沙河的水，车间安了两台水泵，发动工人三天接水管线，把水送到井上。就这样强行钻进，几十米、上百米，井口由点滴不返，到出现涓涓细流，进而滔滔不绝，从井深1138.7米，一直安全顺利地钻至1936.7米，进尺达798米。罕见的大漏层终于被制服了，地质目的达到了，人们脸上露出胜利的喜悦。

1957年11月30日，华1井完钻，井深1936.7米，堵漏事故共处理213天。为了节约成本，大队决定拔出套管，原华设计了套管割刀，没有成功，又用了爆破筒，放响了两截，效果也不大，爆炸后井队立即拔套管未拔出。

华1井终孔地层为下古生界寒武系，钻穿地层0~1063米为第四系和第三系，1063~1936.7米为下古生界奥陶—寒武系，证明了下部有火成岩侵入体。华1井钻探明确并证实了沧县隆起的存在，证明物探所圈定的石灰岩构造系由奥陶系所组成，并非海相第三系。整个钻井过程中未见任何油气显示。

但是直到现在，明化镇的老百姓还认为明化镇地下有油。孔祥京说："钻探大队里有个高级工程师是台湾潜伏的特务，井里打出黑水，有油，苏联专家说的话嘟噜嘟噜的中国人也听不懂，特务故意说成'一水淹三县'，能把周围三个县淹了，报告上级赶紧填上。特务大功告成后给台湾发电报，结果被发现了，给抓起来送到邢台了。"

而我老家的传说也是打出石油来了，但说法又不同。我家就在邢台到德州公路边上，西距明化镇7千米。在我小时候同龄的孩子都把明化镇叫"迷糊镇"，小孩子之间斗嘴经常说："送你到迷糊镇去"，不仅是因为谐音，主要是因为明化镇有个精神病院。只是当时不知道，明化镇精神病院的房子就是曾经的华北石油钻探大队机关驻地。当年大队拉运物资的汽车都是经过我们村北的公路到大营，再向北经过枣强到衡水火车站。我从小就听说"苏联人很坏，打出油来了故意给堵住"，这个故事家喻户晓，加上1960年前后"三年困难时期"，说苏联人逼债，我们村被饿死三百多口子，我老爷爷、姥爷都是那时候饿死的，更增添了当地老百姓对苏联人的仇恨。

经过约半年时间添置生产设备和调集相关人员，至1956年10月正式建立起了华北第一支电测队。电测队的最初组成人员为16名，负责人：黄文明，成员有：王占峰、南桂兰、王海金、杨文德、王士孝、李从金、陈业华、许家荣、王庆堂、区金焕、李振彦、李兆醒、李德昌、蔡国祥、王文治等，组成人员中包括了行政人员（财务、器材、生活管理等）、技术人员、工人和汽车驾驶员。电测队归地质科管，负责人黄文明是陕西洋县人，外号"黄老邪"，1949年参军，曾给石油师陈宾当过通讯员，石油师排级干部。这次是从四川石油沟调来准备当队长的，但是他性格有点狂，天不怕地不怕，仗着老资格，不听领导招呼，因为测井仪器有放射性，他要求发放射性津贴，不给不干活儿，开上两台测井车到大队部前头找领导谈，还找领导要求给每人发雨衣，领导很生气，只让他当负责人。据说他把五一型苏联测井仪器的说明书都拿回家，不让王占峰、杨文德看。王占峰是技术员，河南人，他跟杨文德是从西安仪器制造厂调来的。杨文德是陕西人，参加过枣园训练班。当时队上的职工都感觉杨文德人很老实，王占峰圆滑。南桂兰1956年毕业于北京石油地质学校矿场地球物理专业5302班，后与同校地质专业5305班的李世明结婚。王海金是从西安地质调查处吴忠大队电测队调来的，汉中人，上过高中但没毕业，1949年从国民党汉中保四旅投诚到57师170团做了文化教员。

王士孝、李从金、陈业华、许家荣、王庆堂五人都来自安徽肥东县，1956年6月西安地质调查处到肥东县招工，全县招了100多人，先到西安培训，过了国庆节坐火车出发，10月6日来到明化镇。1956年一块儿招工来到华北的还有4个泥浆工，都是肥东人，他们是许凡隆、梁庆炎、张国涛、李成维。区金焕、李振彦、李德昌都是广东台山招的那一批学徒工，分在西安仪器制造厂学习仪器修理的他们三个另加从上海招工原籍也是广东的李兆醒大概12月来到明化镇。区金焕人长得黑黢黢的，很丑，但是人品很好，脑子聪明，干活儿利索。王文治开一部绞车，蔡国祥开一部仪器车。

王士孝说：“在明化镇开始住老乡家里，冬天住进一个毡房，方的，里面是羊毛毡，外边是帆布，住进去七八个人，住了一个冬天。每人发一个活动床、一个帆布包，装被子衣服。开始半年学徒期间挣28块钱，老家当乡长一个月才18块钱，所以感觉心满意足，半年后转正拿到39.78元，给家里寄10块钱。”

1957年1月，南京大学地质学系董尚师老师也来到明化镇，是教《普通地质学》的教师，人虽瘦骨嶙峋但中气十足，带有浓重的乡音。他在写给钻探大队的信中写道：华1井的钻探具有很大的意义，提供了一个深的柱状剖面，取出了地下千余米深的岩芯，可是不幸得很，在今年元月竟然出了事故，泥浆漏失严重，漏失的原因可能是井下有溶洞，或流沙层，漏失的地点也很难查明，因为表层套管以下的井壁已经垮落了。华1井是否还要继续钻进，是一个值得讨论的问题。他还随信附了一首诗：

我穿越辽阔的华北平原

我们祖国的华北平原
经过风、雨、雪的滋养
和不断地垦殖
她像我那一度瘫痪的亲娘
现在非但病体痊愈
并且容光焕发、喜气洋溢
活像一位年轻有力的姑娘

我穿越辽阔的华北平原
在人类没有诞生以前
这儿还是丘陵、岛屿和海洋
现在人烟稠密
肥沃的耕地一望无际

我穿越辽阔的华北平原
过去这儿常遭水淹
现在西边山中正在拦河筑坝
平原上一条条灌溉渠也修起来了
潺潺的流水诉说着幸福的明天

我穿越辽阔的华北平原
看不尽的城市、乡村和拖拉机站

从前，这儿还不是黄河古道?
今天，已经绿荫成行

我穿越辽阔的华北平原
几次经过开封的龙亭登高远眺
封建的龙亭已回到人民的怀抱
黄河的流水也灌溉着开封的市郊

我穿越辽阔的华北平原
老看到一座座玲珑的宝塔
现在比宝塔高大的钻探机轰隆隆地响
这响声宣告
我们不仅要使平原上的农产丰收
还要使地下的宝藏早日为祖国的建设服务

写于1957.2.10

电测队组成后，开始没有测井任务，主要是学习文化和技术。1956年11月初，首次完成了华1井钻进中途的电测井作业任务。1958年2月13日至3月1日，华1井进行了9次井壁取芯试验（包括正式取芯），5次放响（10颗弹筒进水，2颗未响，6颗钢丝绳拉断），但是仅取出0.5厘米厚的岩芯。

1957年4月，电测队分来第一个大学生林蓬辉，也是北京石油学院测井专业的第一批毕业生，他是湖南安化人，生于1935年阴历六月。1958年5月，大队任命梁尊华为华北石油电测队队长。5月，配备一套AKC51型测井仪，电测队分为两个测井组，分别驻到钻井队的工作所在地上，日常行政和生活各方面由钻井队兼管。电测一组跟随32104钻井队，由杨文德负责；电测二组被安排到32120钻井队，由王占锋负责。

1957年春天，地质部提出了3个基准井位：明化镇、高阳、沧县（还有临清等处），井位提出后变动很大，高阳井位改到无极，无极又改到固安，这口井最后没通过石油工业部批准而罢休。沧县井位已经搬上了大钻机，因为附近浅钻在775米处发现了奥陶系石灰岩而中途停止，但是已经准备了大量材料，完成了4个水泥基墩，无极井位也运去了部分材料，造成钻机停工、材料积压的浪费。

1957年8月13日，石油工业部下发《有关于华北B3钻的井位问题的批复》，下达三口B3型轻便钻井位：第一口井在华1井西北沿地震剖面距1~2千米处，目的是了解明化镇隆起北翼地质情况（后定在曹寨北约1千米处）；第二口井在衡水以西（沧县隆起于高阳坳陷接界附近，后定在衡水西贡家台支家村），目的是了解高阳坳陷南部边缘基岩埋藏深度及构造地层情况，并帮物探成果解释工作；第三口井在博野以南、安平以西地带（后定在安平），目的是了解高阳坳陷内地层沉积情况，并为第二口假定的基准井预备资料。8月15日，大队成立了三支浅井井队：1463队（王友田队）、1464队（李春秀队）、1465队（刘希尧队）。1463队在衡水支家村钻一口浅井，1464队在安平，1465队在曹寨，计划进尺各1200米，钻井工程费64.3万元。三支井队配备的是B3型1200米钻机，为瑞典克雷利士公司生产。

华浅一井由1463队施工，档案中记载，该井于9月7日开始安装、29日开钻。为了节约，安装井绷绳利用了附近的树根。10月2日10时，1463队发生了一起严重的人身事故，造成学徒工唐庆朝腰部严重受伤。当时，开钻仅仅三天，方钻杆已经卸完，李集贤提起方钻杆后，唐庆朝和梁胜增分别在钻具上打上管钳和链钳准备卸扣。因丝扣卸不开，副司钻张进才和学徒工梁胜增将一棕绳套上管钳尾部，打算用猫头来拉管钳。此时，李集贤发现卡瓦打得太低，就招呼去吊钳子，准备上提一些，李不待管钳去掉，链钳已去掉，即匆忙挂上离合器，往上提钻具，殊不知与此同时，轴头也转动起来，管钳尾部顿时弯曲，棕绳崩脱，管钳猛烈转动，击中唐庆朝的腰部，唐高叫一声即昏迷而倒，立即送往衡水人民医院，发现腰部被击三孔，其中最大的约有1英寸，造成肠穿孔，后转至石家庄人民医院治疗。司钻李集贤受到降级处分（六级降成四级）。10月8日，钻至426.26米发生卡钻，经用千斤顶、打泥浆冲击、倒扣等方法处理无效，11月20日钻斜眼，至11月底钻至470米，完钻井深691.3米。

1463队队长王友田是河北省平谷县（今北京市平谷区）人，大个子，瘦巴，公鸭嗓，秃顶，常年戴着帽子。1942年在日伪时期任本村剿共自卫团团长，实际上为共产党工作，并于1943年加入中国共产党，1947年参军，参加过抗美援朝，1956年9月转业到大队。王忠学说："王友田当过连指导员，会写东西，讲话能力强。据说他抗美援朝时打下过飞机，立过战功。他老家有四个女儿，跟老婆离了婚，但是离婚不离家，在天津的时候又找了一个小媳妇，叫丁淑芳，比他小20岁，又生了四个姑娘、一个儿子。这个小媳妇大眼睛、双眼皮，很漂亮，藏在家里，不让别人见。他很信任我，家里有事都是喊'小王'去。"

2021年10月，我来到支家村寻访，遇到了支奎兴大叔。他是1950年生人，清楚地记得这口井。他带我来到打井的地方，本来在村子水库东南角，坑边原来有一口水井，但是现在除了大坑还在，别的都了无痕迹。地方已经垫起来，旁边盖了房子。支大叔说这里留下一个水泥墩子，上边还刻了字。他还记得钻井队给村里放电影，支国安家的南屋是俱乐部，有乒乓球桌子，有一个工人娶了村里的支秀君，婚礼就是晚上在南屋办的，两个人戴着大红花，还在院子里撒糖，他们一帮孩子乱抢，有的抓上了鸡粑粑。但是支秀君自从走了以后再也没跟村里人联系。

1464队钻进华浅二井，于9月11日开始安装，钻至649.8米处发生卡钻，完钻井深688米。在1958年元月初召开的1957年钻井工作总结会上，李春秀汇报："去年9月到安平，在赵技师领导下，很快就安装起来，大家情绪都很高涨，修公路、平井场大家提意见包出去，经过把道理讲清，在大家积极参与下很快就将筹备工作做完。10月2日开钻，到10月底打到630米，距计划660米差30米，当时大家情绪很高，各班开展了劳动竞赛。检查起来，领导当时只顾进尺，忽略了教育工作和提出必要的技术和安全措施，到

11月7日0时至8时费成友班因赶进尺没按照操作规程办事，提放无效造成严重卡钻。检查起来主要是对泥浆性能不够重视，处理事故在时间上也未抓紧，流沙层坍塌把钻具卡紧。处理事故49天，倒扣515米，断在井中12根钻杆、5杆钻铤，损失53700元。到12月底，钻至688米。”

1465队钻华浅三井，于9月7日开始安装、23日开钻，11月底钻至1014.1米，但也发生了钻杆断裂卡钻事故，时间是12月15日6时，正值董文彬班钻进取芯，突然钻压表显示压力急剧降低，并由井内传来异常响声，正在操作的副司钻郭福海立即向董文彬汇报并判断钻具已断，而董上钻台后将钻具上提下放后认为钻具正常，响声是由滚筒轴内传来，就将刹把交给郭继续钻进。到下班李宗斌班起钻后发现钻杆已断，由于钻杆折断后又继续盲钻，钻具进入井壁，造成卡钻事故。事后，董文彬被给予降级处分，由六级降为五级。该井最后完钻井深1098.2米。

10月24日，两位瑞典公司的司钻来到大队，对钻机的使用提出了意见和建议，如要求重视泥浆性能，特别重视泥浆的失水量，说泥浆不好一定会卡钻；主管线要安压力表，使司钻能够看得见；做一个泥浆防喷盒，免得泥浆喷溅等19项建议。大队也提出了钻机机械设备等方面的缺陷25项。在顾心怿所写的《瑞典专家在我队工作情况的报告》中记有：“对专家我们介绍了情况，并做好了专家生活上的招待，专家比较满意，因此工作起来比较热心，有时中午休息时也上井，而且常常亲自动手。”顾心怿回忆说：“B3钻机的泥浆泵经常出问题，柴油机和钻机不好对正，厂家来了两位专家，北京进出口公司来了一个做翻译，待了一个多礼拜，给他们看坏了的连杆，他们承认设备有问题。”

在1958年4月大队一季度生产大会上，靳大队长批评三个浅井队都没有完成任务，事故多，要求队领导抓关键。他说：“苏联专家都是去看泥浆和钻机，安平、衡水两队干部整天与大家一起劳动，不去抓关键。”

1958年1月，根据精简机构的精神，靳大队长召集有关人员研究井队人员定额问题，商定一个基准井队定额65人，队长1人、支书1人（兼副队长）、钻井技术员1人、地质技术员1人、行政管理员1人、材料员2人、会计2人、医生1人、机械工长1人、正副司钻8人、钻工20人、柴油机工10人、泥浆工1人、司炉工4人、警卫4人、炊事员3人、采集工4人。一个班10个人：司钻1人、副司钻1人、钻工4人、柴油机司机3人、采集工1人。全队共四个班，实行四班三倒，即一天时间分成三个班：零点班从零点到早晨八点，白班从八点到下午四点，四点班从下午四点到晚上十二点，上了零点班的班次，下次上四点班，就这样像驴拉磨一样周而复始、循环往复。这样的倒班方式直到1990年我大学毕业后第一年实习跟班劳动时还是如此。

在1958年，华北石油勘探处呈报给山东省地质生产指挥部《以钢铁的赶紧力争提前一月完成全年计划总结》中写道：全处职工经过了“整风反右、反坏、双反双跃进、技术革命”等政治运动的锻炼和考验……轻便钻井及三部瑞典B3钻机均于四月初奉调内蒙古，华浅一、二、三井分别于1958年3月、4月、5月完钻，总进尺为737.68米，岩芯收获率为32.4%。

在钻井出师不利的情况下，职工队伍也因为一项全国性的工资改革工作掀起巨大波澜。

第六章
工资改革起风云

1956年4月3日，李富春在全国工资会议上做报告指出：工资改革的对象就是针对旧的工资制度，使我们通过改革初步建立起社会主义的工资制度，这次工资改革就是进一步改革旧社会遗留下的政策和制度的残余，建立比较统一、比较合理的工资制度。例如，工资分制度不统一、不合理，全国搞了300多个工资分区。最后要求平衡方案定了之后，一方面劳动部和各产业继续研究；另一方面，各省市也要将方案带回去继续研究，提出意见，4月底以前报劳动部再综合。无论方案什么时候决定，什么时候进行工资改革，一律自4月起补发工资。国务院拿出12亿元，来提高国家工作人员和企业职工的工资。

工资分制度是从1950年政务院提出《工资条例草案》开始实行的，工资分随级别而定，不以当时尚不稳定的货币为结算单位，而以实物为基础进行折算，按粮、布、油、盐、煤五种实物的价格进行折合。这次改革的动因，一是国民经济发展的需要，二是当时全国各地分配制度不统一，工资标准混乱，工人调动频繁的情况造成同工不同酬，影响了工人之间的团结。

1956年5月29日，大队上报了《为请示我队工资分牌价应如何执行的报告》(撰稿人：钱兆祯，核稿人：尉松耀)：

我队在河北省南宫县明化镇成立以后，所有的干部和工人绝大部分来自高工分值地区，在货币收入上一般均为降低，尤以玉门矿务局钻井工人调来我队以后，以六级司钻收入来计算，其货币要降低35%多，其标准工资分为282分，加上23%的地区津贴(65分)，合计347分，玉门的工资分牌价为0.3240元，月支货币112.43元。在南宫明化镇，曾采用河北省统一工资分牌价0.2357元，再增加8%的物价津贴发给，每分为0.2546元，经执行后，一个六级司钻每月仅支标准工资282分，折合货币为71.8元，在货币收入上要降低40.63元。因而在发放工资以后，职工反映很多，少数人员甚至影响生活竟拒领工资，并有人要求仍返玉门工作，情绪极不稳定。同时我队目前尚无地区津贴，但在同一地区地质部实行野外津贴，工人每月增加50个工资分，干部有每天4分、3分、2分半的津贴不等，对我队职工影响很大。

为此我队曾请示河北省人民委员会将河北省统一工资分含量函告我队，省会办公厅曾于5月23日批复称：除张家口、唐山两地外，本月分值均为0.2357元，工资分含量包括：面粉0.32市斤，小米0.48市斤，白布0.2市尺，花生油0.05市斤，阳泉中砟1市斤，阳泉混砟1市斤，盐0.02市斤，分值计算方法每月由贸易公司向劳动局报送物价行情4次(上月24日，本月5日、10日、20日)，将各次物价平均计算即得。

根据省会的指示，经我队与当地贸易公司所得物价行情计算得出如下的分值：面粉按0.1914元每市斤、小米0.1010元每市斤、白布0.29元每市尺、花生油0.51元每市斤、阳泉中砟0.02639元每市斤，阳泉混砟0.018215元每市斤、盐0.1240元每市斤，计算得出0.2646元。

为了稳定职工生活起见，经研究后在明化镇拟采用0.2646元的工资分牌价，地区津贴请部致审。

1956年6月，国务院发布《关于工资改革的决定》，取消了工资分制度，实行货币工资制。这次劳动工资制度改革影响深远，在此后长达近30年中基本没有大的变动，党政机关实行职务等级工资制，把干部分为30个行政级；企业工人分为8个（个别工种为7个）技术等级，还划分了11类工资区。如玉门是八类地区，明化镇是四类地区。工资改革对华北石油钻探大队也产生了重要影响，不仅关系到大家的经济收入，一些人的命运也由此发生转变。

大队在1956年的年终总结中还写道：这一年，影响面广且为大家所关心的是工资问题，大队职工绝大部分来自西北，原工作地区工资分值较高，到明化镇后，一方面生活必需品并不比原地区低，甚至某些物品比原地区高，在客观上形成了收入减少、支出增加的情况，因此，绝大部分同志思想上对工资有意见，对于这一问题，已有专文呈报。王忠学说："我是二级工，在玉门每月拿60元，到明化镇拿48元，刘晋元、火善功都是三级工，在玉门拿70元，到明化镇拿58元。"

8月20日，西安地质调查处制定了《工资改革工作计划》，要求各单位作为第三季度的中心工作之一，各级领导必须亲自动手，发动群众，只许改好，不许改坏。

9月29日，西安地质调查处下发的《关于工资改革方面几个问题的指示》指出：关于工资改革工作，目前已进入最后阶段。工资改革补发规定已由西地劳字2579号通知颁发，各单位接到补发规定后，从速给予季节工与临时工补发工资，不得漏发。

10月15日，大队向西调处上报《工资改革方案》：我队工资改革工作业已进行完毕，除大队长宋世宽的工资请处审批外，其余人员均由职处长在我队出差时已审核批准。我队已按照新工资标准公布实行，并即按规定予以补发4~9月之标准工资差额部分。党员干部因工资标准尚未下达，拟即与邢台地委联系后评定报处。

1957年2月26日，突然接到西安地质调查处电报《转石油工业和非工业的升级一律停止的通知》，通知中说：接石油工业部通知，由于1956年工资改革工作尚未总结，升级工作中的一些问题尚未研究，而1956年平均工资又有翘尾现象，1957年是否还有升级指标尚有问题，因此国务院决定全国的事业、企业单位和国家机关的升级工作一律暂时停止。至于这一限制何时取消，需要等全国工资改革总结会议对1957年工资增长指标的使用做出通盘安排和对升级的原则制度做出新的规定之后才能决定。学徒工、实习生和试用人员于学习、实习和试用期满后转为正式工人和职员对他们重新评定工资待遇可不以升级论。

王忠学说：“大队工资改革，机关、后勤的都调完了，提高了工资收入。他们钻井队说是先学习、练技术，考试后再调工资，也报上去了，突然停止升级了。今年10月刚招来的学徒工像李朝永都成了二级工，我们去年招工的没动，也拿这些钱，都是41.93元。李仲田队是改革以后调来的。当时当兵的那帮闹得厉害，像张福来、于作富。万兴邦最后被打成‘反社会主义分子’。”在一次会上，钟辉生说：“闹工资不只是一般群众，有些党员领导也在闹工资（如胡科长），有些领导干部也在闹，如张秀芳工资40元，安平一个炊事员一天挑好多水，才拿33元钱。科室一些干部最少也是五六十元，但工作时有时睡觉。这些都不能令人满意。”他继续说道：“知识分子工农化是必要的，但工农干部也应努力学习文化，我们大队有些干部不愿学习。任书记不遵守签到制度，任书记过去曾说大学生、中学生都是扯淡，我说你要这样说那老干部也扯淡。”

根据油田档案馆保存的一份大队《花名册》中记录：大队工资最高的是王启庚，月工资165元。工人中万兴邦工资最高，七级工，每月96.31元。最低的是孔祥明、李继秀，每月27.5元。这份《花名册》中没有记载时间，根据其队伍构成来看，应该是在靳处长调来以后的1957年底左右，但其中靳处长的工资一项是空白。

这种工资改革对新成立的华北石油钻探大队影响极大，由于工作调动所引发的不适应和待遇降低所引发的各种不满，正好赶上发动整风运动，大鸣大放，号召、鼓励群众起来给干部提意见，帮助党整风，反对干部的官僚主义作风，造成了很多矛盾。尉松耀在其所写《回忆》中载：

从大字报中来看，群众对人事科的工作作风和执行制度方面也有不少意见，大队领导要求被提意见的部门和主要负责人对所提意见都要做大会检查或答复。群众对人事科所提的意见主要是对我的意见。我按照领导的要求，对我在思想作风和执行制度方面的问题都做了深入检查和自我批评，对有些具体问题同时也作了说明。然而仍不能放过，但又搁下来了。我认为当时的领导高文会、张景顺和靳耀华都对我深为不满。高文会和张景顺二人是同时从邢台地委调来的，在他俩调来的介绍信中写的是全国工资制度改革后的新工资标准，在大队工资改革即将结束、要给职工补发新旧工资标准的差额时，劳资员钱兆祯反映说："高、张书记的工资，不知新旧差额补了没有？"我说："你去问问他们，如果原单位没补，就由我们单位补。"钱回来说："我问过了，都说没补。"我说："既然没补，我们补，我不是已经说过了吗？"钱就造表补发了。过后，钱又向我提出："高、张书记来时的介绍信上明明写的是新工资标准，新旧差额原单位怎么不补呢？我们是不是向他们原单位问问呢？"我说："也好，是个依据。"以后，原单位复信来了，我拿去给副大队长刘长沛看，刘看后说："已经发过了，那就以后发工资时扣回来吧。"我回来给钱兆祯说了，他又同财务科联系。钱回来对我说："财务科升科长说了，'我就不扣，这是贪污工资，我要他自己退回来。'"我怕这个后果造成的影响不好，解释说："我们是企业单位，人家是从地方单位新调来的，对我们企业单位的情况不够了解，千万不要乱说。"岂料他们不择场合地乱作议论，把所谓"高、张书记贪污工资"的话张扬了出去，在群众中造成了很坏的影响。由此，高、张二人反以为是我对他们搞鬼而怀恨在心。靳耀华同志也是在他自己的工资问题上对我极为不满。靳是石油工业部直接派来的大队领导人，但部在介绍他来大队的信上并没有写明他的工资标准，我人事科一方面给部里写信问他的工资额，另一方面经副大队长刘长沛同意，在部里还未回信答复前，暂以150元给予借支，部来信明确后按部的指示执行，但部里迟迟没作答复。靳对此有意见而不直说。

靳震萍回忆说："我爸在新疆的工资是350元左右，到北京暂时定了150元，后来定15级，拿122元。石油工业部干部司的王副司长到华北来过，给几个人提了工资，有的提两级，有的提一级，单独给我爸提了三级，因第二天开钻要去现场就走了，结果不了了之。"

职工对劳保用品问题意见也很多，如井队反映的意见主要有：柴油机司机的衣和鞋使用年限比队长、技术员的还长，不合理；上级制度上规定的有肥皂、毛巾，为啥大队给变没了？柴油机司机的手套规定一个月一副，不够用；单工作衣要扣除冬季穿棉衣的时间，不恰当；规定皮衣使用年限太长，长短不适合需修改。车间发电工的意见有：井队柴油机司机规定有棉（皮）衣，我们也是柴油机司机，为啥没有？他们有泵房，我们有机房，他们有暖气，我们没有，所以他们有棉衣，我们没有不合理！车工需工作鞋；焊工需工作帽；规定的肥皂、毛巾不够用；等等。

1956年底的总结中写道，华北基准井钻探工作是不顺利的，井位变化很大，钻机不能施工，造成大量财产的浪费积压，投资百万元所得无几。虽然勘探工作开展得不是十分顺利，但是人们的心情还是轻松愉快的。这年9月召开的中共八大政治报告上提出了"百花齐放、百家争鸣"的方针政策，社会氛围更为轻松活跃。在这年岁尾年初的时候，王祥记得机关办公室外墙上有人贴出了小报，钢笔手写的，名叫"小辣椒"，讽刺一些不良现象，石振祥写过几篇文章。

1957年到来了，大家充满希望，只是他们想不到，无论是石油勘探，还是一些人的命运，都将受到前所未有的、沉重的打击。

第七章

整风反右卷狂飙

中共中央于1957年4月发出的《关于整风运动的指示》指出，为了适应我们的国家已经从革命的时期进入了社会主义建设时期的新形势，为了克服近几年来党内新滋长的脱离群众和脱离实际的官僚主义、宗派主义和主观主义以及特权思想，在全党进行一次普遍的、深入的反官僚主义、反宗派主义和反主观主义的整风运动。

新华社记者戴煌所作的《九死一生——我的右派历程》中记有：1957年5月，经毛主席和党中央的反复阐明提倡，苏洵说的“知无不言，言无不尽”，白居易从古人之语中提炼而成的“言者无罪，闻者足戒”这样的一些名言，日益深入人心，每天翻开各种报纸，几乎整版都是各界人士向党提出批评建议的报道。尽管有些批评十分尖锐且不尽妥善，但提倡大家畅所欲言并公诸报端这举动本身，就足以说明我们党的领导胸怀广阔、大度雍容，何况很多意见是中肯可行的，虽然乍听起来可能有点刺耳。

大队也开展了整风运动，干部群众被发动起来写大字报。在劳保用品方面工人意见最多，去年工资改革中的不满跟劳保用品发放问题交织在一起，由于升级工作突然停止，正好赶上大鸣大放，好比火上浇油，给人事科贴的大字报提意见200多条。作为32104队团委书记、积极分子的葛榕对妻子说，要爱护党，要提建设性意见，不能提攻击性意见。陈淑珠多年以后回忆道："这点对我影响很深远，让我受益一辈子。我们在历次政治运动中，从来没说过对党不满的话。所以，作为资本家出身、二哥在台湾的她顺利经过了以后历次的政治运动，只是葛榕却并没有这么幸运。"

1957年的《人事工作总结》中，特别提到了工资与劳保用品问题：

在整风运动中，由于领导思想上对思想政治工作有了高度的重视，有计划、有步骤地去教育工人，从而使劳保、工资问题顺利地得到了领导与工人群众都满意的解决，提高了一些同志的思想觉悟。如劳保用品问题，过去虽做过多次研究，但工人中意见仍很多，是自大队成立以来长期没有得到解决的一个问题。

去年工资改革时，大队对所属井队工人的工资改革，在当时的具体情况下，为了不出偏差，只能采取套级的办法。开钻两个月后，对工人进行了鉴定、考工、评级的工作，以补偿工资改革的不足，而这一工作进行到最后领导研究批准阶段时，突然上级命令"职工一律停止晋级"，在这种情况下感到问题很棘手，曾多次请求处、部解决，但最后仍未得到批准。而我们只在意见、牢骚之下，做了一般的情况说明和解释工作，在思想上安然认为：意见再多也没有办法，这又不是我们本身的问题。所以就没有结合国家的具体情况研究有效措施，对工人从思想上进行政治教育，从而令部分工人长期以来对组织上存在"不信任"的态度。

劳动防护用品问题：工人对劳动防护用品的意见，从去年一直提到今年的最近。他们强调，用品的规定使用期限太长、质量不好，或认为别人有，我为啥没有？别的单位如何如何，等等，批评领导不抓大的、只抓小的。我们过去根据工人的反映，也曾做过多次研究，还解决了一些问题，但是意见仍然很多。事实证明，以前主要是偏重于从物质上解决问题，而忽视了政治思想教育问题，在方法上只限于少数人（领导同志）研究而未接触工人群众。因此，问题就没有彻底解决。

而此次整风中，领导下了决心，根据“边整边改”的精神把这一问题，采取领导与群众相结合的办法，吸收老工人和青年工人座谈，共同研究提出初步意见，再在党团员内进行座谈研究，然后发动职工群众广泛展开讨论，因此，问题得到了顺利地解决，而且得到了令人满意的结果。过去认为使用期限长，这次大多数却认为还有些短，过去本不需要劳保用品的不合理部分，经群众讨论已取消。有的职工过去因劳保用品长期对领导有意见，甚至不满发牢骚，经群众讨论而不要了。有不少工人自动交出手套、衣服，据不完全统计，共交出棉大衣5件、单工作衣5套、皮鞋4双、棉皮鞋1双、皮棉衣1套、雨鞋2双、雨衣1套、帆布手套3副、棉手套18副、夹手套53副、线手套38副。特别是老工人王春祥把自己领到还未穿的新工衣主动交还仓库，还说：“我过去怕布票不够用，就领了一套新工衣，既然国家棉布供应困难就继续穿旧的，直到旧的不能穿时再领，把这件新的让给最迫切需要的同志去穿。”

王忠学说：“来到明化镇一年多没发工衣，就来了一批翻毛皮鞋，但是很瘦，穿上夹脚，我都没法儿穿，穿球鞋上班上了一年多，结果叫钉子扎了脚。后来号召交工衣，我也交了一套单工衣。”在刘晋元的先进事迹材料中写道：在整风运动中不少职工因劳保用品闹个不休，党号召节约棉布，工作服要新三年、旧三年、缝缝补补又三年。这时有人说：国家困难好办，个人困难无法解决。在这种情况下，刘晋元同志站在党的立场上指导大家进行个人与集体关系辩论，并带头把自己长期积存的十副手套、一条棉裤交出来，并提出1958年不领工作衣、工作鞋，在他的带动和影响下，全队同志不但不为劳保用品吵闹，而且还交出了价值800余元的劳保用品。

大队的工作服布料是蓝色劳动布，里面是棉花，没玉门油矿的好，玉门的冬季工服里面是羊皮。

开展整风运动的初衷本来是针对党内干部，愿望也是良好的，但是由于不恰当地采取了“大鸣、大放、大字报、大辩论”的运动手段，结果在整风运动中难免出现了一些尖刻的话语甚至个别的反党反社会主义言论，这原本也是正常现象，却被误以为社会上已经形成了一股强大的资产阶级右派，使刚刚开始的整风运动转向。6月8日，风云突变。《人民日报》发表了《这是为什么？》的社论，轰轰烈烈的整风运动立刻变成声威赫赫的“反右斗争”，政治形势急转直下。顷刻之间，那些被报纸以欢迎的姿态发表过言论的人们，如章乃器、章伯钧、罗隆基等党内外人士或青年学生，都变成了“反党反社会主义的资产阶级右派分子”，或被说成是封建官僚阶级的残渣余孽。

邢台专署给了钻探大队5个“右派分子”指标，大队也开展了“反右”运动，成立了“整风肃反”办公室，并抽调池开清、金健作为专职工作人员，检查档案，编写材料。卫生所化验员金健说：“我家庭成分不好，又不是党员，能够选入办公室秘书，感到非常光荣。‘反右运动’主要是高文会、张景顺和孟庆昌负责，领导要求材料要有人证、物证、时间、地点。当时查档案、看资料看得头疼，李新智的材料有五六厘米厚，他的经历太复杂了，是32104的司钻，被国民党抓壮丁，后来投诚到解放军，但他为人本分，家庭出身贫寒，入了党，没有查出问题。计划科的曹博材料最少，就两页纸，大学毕业，他这个人很清高，但是没有什么反党言论。”曹博的大儿子曹靖宇跟我说：“父亲性格耿直，做事认真，就是出身不好，爷爷在城里开有印刷厂，乡下还有地，不过解放后都捐了。”根据钟辉生的回忆：“曹博有右派言论，当时受到群众小会批判，最后没有给处分。可能与我提的意见有关，因为当时计划科有三个干事，一个女同志经常生病，一个男同志被打成右派，如再把曹打成右派就没人工作了。”据说反右主要是张景顺在后面操作，开会都是他先发言，本来盯上的还有贾炳章，他是解放前中央银行职员，他爱人贾默君曾当过国民党三青团团员，但是张景顺有把柄，贾默君长得很漂亮，据说被人看到他到她家里骚扰人家，因而没敢打。最后，大队抓出王鑫庆、钱兆祯、魏恕、张葆芳、汲瑞林五名“右派分子”。

王鑫庆，西安人，生于1918年阴历五月，大学毕业，行政科办事员。据说“王鑫庆最反动，旧职员，在学校里当教员，当过国民党区分部委员”。他的“罪状”是：“说共产党是一党制，搞独立王国；说组织科、人事科是阎王殿；说共产党说一套、做一套，叫大家勒着肚子还得说共产党好。”王祥记忆中有一条罪状跟团委书记张景顺有关，张景顺非说王鑫庆把“衷心”写成“哀心”，对党不满。王祥说王鑫庆是个才子，字写得很漂亮，说话文绉绉的，很幽默，勤杂工归王鑫庆管，要求很严，有时候还没起床，打扫卫生的就来了，弄得他都不好意思。李玉芳说他人很聪明，爱说俏皮话。尉松耀人很严肃，坐在办公室里一本正经、不苟言笑，王鑫庆就开玩笑说他是“阎王殿里的活阎王”，结果就成了一条罪状。

钱兆祯被划为右派的主要问题材料中写道：（1）坚持资本主义立场，宣扬资本主义制度，幻想旧社会复辟。如说：中国的人大固然是民主的，但西方国家的上下议院又何尝不是民主呢？上下议院的成员都是由人民自己选出来的，国家的大事先由下院研究，再提请上院研究通过，这样充分体现民主与集中。还说英国过去有一套先进制度，要向他们学习，我们企业制度过时了，不如英国管理制度好。（2）污骂丑化党员干部，骂民警队指导员尚建斌同志，你披着老虎皮（指警服）来吓唬谁？说党委、团委书记是土作风，不能领导企业，真是发企业财来了，外行不能领导内行，北京有一个党员每天检查一个非党员处长的皮包，这简直是特务，便衣警察；又说我队是清一色的党员领导，权力都掌握在科级干部手中，下边是一团黑。（3）攻击干部政策，说干部政策不是德才兼备，而是裙带风，现在的干部不是为人民服务，而是当官，华北大队人事科工作是失败的，分配的人不称职（指工农干部）。（4）支持和传播右派言论，右派分子储安平发表了党天下后，钱认为华北大队也是党天下；又说共产党有两种报纸，一种是见得人的，另一种是见不得人的；中国五年内建不成社会主义……李玉芳给我回忆说：“老钱是两个半天就打成了右派，1957年底过年前，当时每周三、周六下午政治学习，本来文书、人事在一个组学习，就不让她参加了。孟长寿到家里告诉她，还怕她婆婆听见，让她出来，说老钱犯了大错误，但是她至今也不知道丈夫到底犯的什么‘大错误’。”李玉芳说丈夫这个人性格内向，不爱说话，不会做家务，对政治不感兴趣，爱看书，喜欢学英语，回到家拿一本英文版《毛泽东选集》看，人很仔细，车一个螺丝要多长时间都计算。靳大队长劝他，这一关过不去了，好汉不吃眼前亏，就承认了吧。李玉芳说要是宋处长在就戴不上这个帽子。

魏恕，家庭出身是地主，大高个，细高挑，性格耿直，人有傲骨。据1961年12月《华东石油勘探局第一勘探大队关于摘掉原华北石油勘探处右派分子魏恕的右派帽子的通知》：

> 构成右派的主要原因：1.有意识地分裂苏联专家和中国同志之间的关系，并以恶劣的态度跟专家顶嘴谩骂。专家队长别洛格依尼柯夫看到中国小脚妇女时问魏，而魏拒绝分析并恶意地质问：你两番三次地问这是为什么？有的专家爱唱，魏说：这老家伙就爱叫喊。骂专家，他妈的，怀疑心真大。专家回国时身为翻译组长拒绝参加宴会和欢送专家。2.对党的政策不满。有意扩大我们工作中的缺点，说农村搞糟了，干部不劳动搞贪污，整天骑车子到妇女中乱窜，还说思想改造刺伤了知识分子的自尊心。“八大”文件照耀全国，就是没有照耀华北钻探大队。魏在给同学杨经安的信中说：我们的道路是光明的，但却不等于这条道路上没有绊脚石等反动言行。

金健说：“他对苏联专家有看法，说苏联人太苛刻，不是对苏联老大哥的态度，而像是主人对仆人。有一天，队长想去赶集，喊魏恕陪着，魏恕不想去，说这是休息时间，但还是勉强去了，还有他夫人噶加，副队长兼技术员巴耶夫的夫人多尼亚，两人都是莫斯科大学的讲师。到了集上，看见一位卖大葱的老太太，还是小脚，别洛格依尼柯夫就说：‘你看中国多落后。’魏恕就说：‘这是我们多少年来的风俗习惯，就像你们国家光着膀子、露着腿，就差光屁股了。’回来队长就报告主任了，本来梁尊华就跟魏恕不和，关系不好，就上报给大队领导，正好赶上反右。”顾心怿说魏恕有独立思想，有的苏联专家脾气暴躁，有一次我看见专家队长在骂人，说的话很粗，魏恕闭着嘴一言不发，不给翻译。魏恕说：“搞我右派跟梁尊华没关系，他管专家生活，我管翻译。我跟苏联专家关系不好，曾经跟石油工业部专家办公室写信要求调走，但是未成。我热爱共产党，要不是1956年调来，年底就入党了。1957年，我考上北京石油学院了，学钻井，但是不让走，我就知道坏了，还去石油工业部专家办公室找过五六次，领导叫我好好写个检讨，说也许就过去了。专家走了也没给我安排工作，我整天就是看《红楼梦》、学英语。到1958年1月，大字报就出来了，但是我不接受，态度不好，直到1958年10月，才给我定了右派。”多年后，朱企贤还为魏恕鸣不平：“那段时期里，只要有人看你不顺眼，欲加之罪，真是何患无辞。魏恕只是说了领导和苏联专家几句不中听的话，就被打成右派。那时谁敢为他说一句公道话？再说那时何处可有公道这一说。谁让他出身于地主家庭呢？！”

张葆芳，山西大学1952年毕业。档案里只找到他的一小段记载：华北钻探大队绝大多数领导是党员，只有一个非党科长，统购统销搞糟了，攻击肃反等，1958年3月20日被南宫县人民法院判处管制三年，剥夺政治权利，留机关使用监督执行。卫生所王体仁说，张葆芳的罪名是他说“共产党一统天下”，其实是《人民日报》上写的。反胡风的时候，他就隔离审查了，不让回家，老婆生孩子，他都不知道是男是女。金健说，他性格固执古怪，瞧不起人，怪话连篇，要不是他老婆拉他一把，也就送去劳教了。他在写的检查里说，他老婆向他哭诉，虽然共产党没有提拔你，但是你领着工资，大人孩子一家人都吃的是共产党的饭，他幡然醒悟，写检查说对不起共产党。

汲瑞林的材料未查到。梁流芳说：“汲瑞林很傲气，是个人才，我很佩服他，干啥都行，心算比别人打算盘还快，他不是党员，反右时说百家争鸣，他自己是一百零一家，他爱看书，看的书多了，写东西就很快，不用打草稿，画画好，画过一幅漫画《坐山观虎斗》，说共产党是清一色，他不是党员，所以当不上科长，还说过共产党是特殊材料制成的。打右派不够人数，他主动凑数凑上的。”划为右派后汲瑞林被安排到器材供应科劳动，

1960年到在山东省商河县龙桑寺新成立的第一大队管材料库。金健说，这个人有才，是秘书科负责人，不是科长，召集开会的时候，有科长来晚了，他也敢训。他爱显摆自己懂得多，说话随便。批判他的时候，问他：你有错误吗？有！思想反动，语言反动，但是没有行动。我说有人说他是凑数当上右派的，金健说不是。

本来上报的右派分子还有郎兴第，但是材料报到邢台地委三次，都被退了回来。他成分好，中农，几岁的时候父母就去世了，名字分别是“本邦之第”的四兄弟依靠两个叔叔艰难度日。1946年春，年仅15岁的他参加了八路军，18岁就入了党。金健说：“他是对调整工资不满意，给刘文怀涨工资了，没给他涨，他觉得他们在部队都是排级干部，不公平。我给高文会说，他这个人心直口快，没有心计，从小没有父母，他哪里会反对共产党，别人不敢公开说的话，通过他的嘴里说出来，是受人利用。高书记说，让他写份检查，承认错误。我晚上就给郎兴第做工作，他正在宿舍唉声叹气，他就连夜写了大字报，有二十多张，贴在机关墙上。第二天一上班，大家都看到了。高书记说：‘这个人本质是好的。’”王祥说他们俩都是医助，但刘文怀是大夫，他在药房。

对“右派分子”的处理，除党员、团员一律开除党籍、团籍外，其行政处理共分六类：（1）劳动教养；（2）监督劳动；（3）留用察看；（4）撤职；（5）降职降级；（6）免予行政处分。1958年5月，经邢台地委批准，王鑫庆被定成极右分子，送到隆尧县劳动教养三年。据后来跟他同时劳改的刘占林说，王鑫庆想家偷跑过，被抓回来，差点儿被另外几个坐牢的打死，因为搞连坐。钱兆祯被定为一般右派分子，工资由89元降为28元，下放到32120队当工人。汲瑞林被定为一般右派分子，工资由89元降为32元，下放到供应科看库房。档案中记载，魏恕定为一般右派后态度极不老实，给予了撤销职务，送井队监督劳动，生活费给25元。张葆芳给予机关管制两年。

2018年我拜访张葆芳时他已91岁高龄，有些驼背，还经常自己坐公交车到中心医院拿药、上街办事，一口山西口音有些难懂。他记忆力很好，一些人和事张口就来，时间能精确到日，甚至具体到几点，不愧是做过统计工作的，态度十分认真。对于人名，说要准确，不能错字。他说大脑就像计算机一样，东西储存进去了，就算今天想不起来，明天也能想起来。他说计划科除了科长钟辉生和他，还有杨秀珍、王家兰。王家兰是汲瑞林的老婆，她连百分比都不会算，爱打小报告，想入党。他回忆了自己被打成右派的事情：“1957年9月开始反右，1958年3月31日，下午快下班了，保卫科小赵（赵文善）过来喊我，说孟科长让我去一趟，孟科长对我宣布了，我处罚是很轻的，由于我那摊儿没人能干，我还是干原来的工作，在机关强制劳动，取消工资，发30块钱生活费。汲瑞林给23元，王鑫庆给26元。我在机关干活儿没多长时间，就要求到井队劳动，没法待，不把你当人看，开会不能参加，每天打扫臭厕所。”

他们还不是最悲惨的，还有人遭到比“右派分子”更大的罪名，他就是钱孟骕，又名钱启华，四川梁山（今重庆市梁平区）人，生于1929年，家庭出身是旧军官，据说父亲是国民党高级将领，随国民党逃往台湾。他个子很高，人很帅。1950年9月高职毕业后，被分配到玉门油矿工作，1956年10月，调到华北石油钻探大队生产技术科任二级固井员，工资每月89元。爱人苏家奇在财务科任办事员。他被定为“反革命分子”的罪状有：（1）偷听反动广播，进行反动宣传。反革命分子钱孟骕因想“听台湾与中国大陆之间的关系及一心想追求美国的生活方式”，于1953年11月购置收音机一台，至1955年肃反运动开始时止，先后共收听台湾广播及华语美国之音260余次。钱听广播后自称：“我希望与幻想蒋介石复辟，通过姨夫的关系，将来自己的工作一定比现在好，名利一定可以得到解决，生活可以过得很舒服。”“我虽然自己在这里工作，但只是一个肉体放在这里，思想老在台湾。感到新中国没有温暖。”钱对新社会自认是敌对相处的，与胡风所说“几乎恨一切人”没有区别。钱听了粮食、苹果出口的反动广播后，认为“在矿上受罪，吃小米，吃虫打了的苹果，而把大米、好苹果运出国给苏联人民献媚，叫高鼻子吃了”。并在公共场合造谣道：“哼！他妈的！今天又吃小米，把大米都叫高鼻子吃了。”听了出兵越南的反动广播后，对别人说：“越南打败了，中国已出兵。”听了“选人民代表不民主”的广播后，认为“领导上写了几个名字就叫大家通过，这叫啥民主！”在选郭孟和为代表时，钱认为“提一个合理的建议，就当上了人民代表”。钱对高饶事件的看法是：“毛主席坐了第一把椅子，他们不满意就互相钩心斗角、争权夺利。”听了“葡萄烂了的时候”的反动广播后，钱说：“合作社把收集起来的葡萄窝烂了，强迫卖给农民”等，极尽其造谣污蔑国家政策、社会制度之能事。（2）制造事故，进行破坏活动。1955年12月11日，在玉门M-19井故意少下14根油管，105米左右，直到翌日上午才发现井内油管长度与表上数字不符，造成返工，损失国家财产330元。1955年11月20日，在玉门N-310井故意制造卡套管事故，损失国家财产达11250元之巨。该井套管下至最后第五根时，因上下两根套管的公母扣相差很大，无法上扣，应当立即更换，钱明知丝扣无法上紧，仍令工人继续上扣，拖延时间，导致因套管在井内时间过长又未活动，造成卡套管事故。1955年7月17日，D-9井固井工程中，在井径的累加数上多算1立方米，损失水泥1.32吨。1955年7月20日，L-16井固井工程中，因钱错算井径，多返出水泥3吨，此两次事故共浪费水泥4.32吨，合950元。（3）欺骗组织，仇恨并污骂青年监督岗。1957年1月8日，爱人苏家奇探亲后，由北京返回南宫，打电话让钱去接。钱即玩弄欺骗伎俩，以“北京来人了”等语哄骗领导派车去南宫。这种恶劣行为不仅浪费国家财产，影响大队运输任务，且在群众中影响很坏。为此，大队青年监督岗于当月10日对钱提出批评。苏家奇读后在人事科大发牢骚，钱说：“你着急干啥？看他们给我更正不更正，这些土匪若不更正，我上告人民日报去！”钱欺骗领导的另一事实是：1957年12月20日，钱在职工登记表中写道：1955年8月肃反中因家庭成分以往未慎重填写而受到审查。企图蒙混，其实钱因上述一二项严重犯罪行为曾被列为肃反对象。（4）讽刺和不满苏联专家。1957年2月，大队王工程师和苏联钻井队队长别洛格依尼柯夫出差去北京期间，钻井工作由赵文善技师负责，生产技术科工作由钱负责。当时因电测资料反映出井斜颇大，于钻井工作不利，故赵主动和钱研究，如何防止井斜。但钱不仅不主动提出任何技术措施，反而幸灾乐祸地说道：真好！真伟大！随即便不吭不理。（5）同情并散布右派言论，1957年5月整风开始后，钱对右派分子储安平的“党天下”言论大加赞赏。钱将载有储文的报纸推到赵文善技师面前，说道：“你看，今天报纸很好！文章上说各单位都要以党员做头儿。”又说：“我们要是能像梁尊华那样当个主任，或者当个翻译、保卫员，死了也不冤枉！”当有人在旁说道：“你吃不开，你不是党员，还能当主任、翻译、保卫员？”钱即说道：“只有党员才能当主任、翻译、保卫员？”大队于1957年5月整风开始，每周二、周五下午规定为学习文件时间，但是钱对整风学习不满，公开提出缩短学习时间，如钱对赵技师说：你去请示党委会，把学习时间缩短为2小时。4小时太长，我受不了。（6）工作一贯消极被动，违反劳动纪律。1958年3月12日，被南宫县人民检察院批准，以现行反革命分子批捕，3月19日被大队开除。他被判刑20年，据说最后死于监狱。

在工人中还开展了“反坏”运动，就是抓出群众中的“坏分子”，具体由保卫科的赵文善负责，中央要求“五月底清理完毕，为下半年技术革命打下基础”。据他回忆：大队成立了“反坏”办公室，有五六个人，还有顾心怿、朱企贤等人，主要就是处理反对党和领导、调皮捣蛋、吊儿郎当、不好好干活的人。1957年，毛泽东在《关于正确处理人民内部的矛盾》的报告中说：对一切盗窃犯、诈骗犯、杀人放火犯、流氓集团和各种严重破坏社会秩序的坏分子，都必须实行专政。相对而言，坏分子多是间接破坏社会秩序，比直接反对共产党的“反革命分子”程度差一些。大队抓出坏分子12人，有华竹海、闫海昇、王德元、王庆堂、刘占林、丁熙平、万兴邦、黄文明、裴灏、杨善守、郑炳超、曹聚中。这些人，除了个别人确实品质恶劣，其实更多的是属于性格问题，多是那种性格耿直、好发议论、不喜欢看人脸色、讨厌溜须拍马、容易流露不满、爱发牢骚和爱说怪话的人，多数有些能力，也助长了这种个性。

华竹海是浙江鄞县人，1951年3月参军，1956年3月转业至玉门油矿，

1956年10月调大队当钻工，材料中记载："华一贯不安心工作，不尊重领导，不遵守劳动纪律，不执行国家粮食政策，不爱护并盗窃公共财产，流氓习气极为严重，在井场值班房墙上写'党的前途万丈光芒，我的前途黑暗无光'。1958年6月被定为坏分子开除。"张昌平说他疯疯癫癫的，但是在南宫找的媳妇很漂亮。

闫海昇给予开除留用察看两年处分，他是机电车间四级电工，辽宁省锦州市人，1956年12月，从兰州炼油厂调来，他跟高中贤是同乡、同学、同事，高中贤说他是大个子、脑子好使、字写得好、技术好、说话直率、反右时讲怪话，据说有一次对着车间党支部书记张云撒尿，还说共产党的书记有什么了不起，后来发到32104队干杂活儿，降成一级工。

万兴邦在"反坏"运动中被定为"反社会主义分子"，由七级钻工降为四级。其处分决定中，第一条：工作一贯不负责任，带头违反和破坏劳动纪律，骄傲自大，不遵守操作规程，目无组织。列举事实有：经常迟到早退，上夜班在值班房睡大觉。1957年10月，大队部卖煤，万兴邦正在上班，万竟唆使全体同志回去买煤，并带头擅自离开工作岗位，骑自行车前往大队部，后在井场出口处被技术员制止。1957年10月8日晚上，大队放电影，又正值万兴邦上班，万竟向队长提出停止工作看电影的无理要求，实际情况是当时华1井井漏，四点班正在等水，万向队长提出看电影，但队长不同意。领导多次强调不准用三挡车割芯，但万偏用三挡车，结果造成钻杆折断事故，事故发生后，刘大队长亲临现场了解情况，万不但不虚心检查原因，反而诬陷领导报复他，说刘大队长是外行，白脖子，不能领导他们。第二条：挑拨离间，无事生非，煽动工人闹事，制造工人与干部、领导与被领导之间的分裂。列举事实有：1957年5月，整风开始时，万到处宣扬，大队工会只救济干部不救济工人，又像煞有介事地说道："我家小孩、老婆有病，经济非常困难，大队不救济，逼得我没办法只好上中央去告，大队干部听到这消息后才召集会议救济我50元。"因此得出结论：大队干部是软的欺，硬的怕，企图以此煽动工人闹事。大队党委、团支书高、张因有重领工资的缺点，万即攻其一点，尽量夸大，不及其余，抓住这个问题大肆活动，到处收集材料，声称准备上告中央，并在工人中丑化高、张书记，破坏党的威信。万还以井队工会主席名义，企图和大队部右派分子钱兆祯上下呼应召开全体职工大会斗争高、张书记，以达到煽动工人闹事的目的。经甄别查对，高、张书记重领工资是事实，这时候已退回并在大队党委会上做了检讨。1957年4月，万赴西安开工会代表会，回队后万不但不正确传达贯彻执行会议精神，反而在工人中进行挑拨。万捏造说："大队工会主席朱鹏飞在西安大会上说，我们大队工人整天闹情绪、闹工资想罢工。"刘大队长说："我们学习队都是调皮捣蛋的工人"，企图使工人对领导不满，制造工人与领导干部之间的分裂。1957年10月，万在全体工人大会上造谣说："我们会费交西安，西安交全总工会，全总交给世界工会去支援民主国家的罢工运动。"当时有人提出反驳，万却坚持说："没有错。"第三条：一贯谩骂领导，说李仲田歪嘴不办好事，是在玉门吃不开的队长，来大队后因拍马屁才成了好队长。1958年初进行粮食问题大辩论时，万说："现在街上副食品、油条、饼干买不到，工人都吃不到肉，光吃些白米，肚子里的油都拉光了，所以粮食更不够吃了。"以达到歪曲、污蔑党的统购统销政策的可耻目的。第四条：制造事故，进行破坏活动，企图影响钻井任务的完成。列举事实之一：1958年4月底，在馆陶井安装时，万兴邦班装的泥浆泵少装两个连接螺丝，后被发现未酿成事故，因补装两个螺丝，返工8小时，影响提前开钻（经甄别查对，当时安装两个泵由副司钻和钻工分头去装，万没有检查，应负部分责任）。列举事实之二：在该井开钻前，井队技术员布置钢丝绳要花串，万极不满意，故万在某次卡钻时，当游动滑车快到指梁跟前，并且摇动很大，万特意不摘离合器，结果将指梁碰坏，当天拉坏指梁后万在继续下某立根时没等吊卡扣上就猛起钻杆至一米左右，结果钻杆落在钻台旁边几乎把张富山打伤，当万起最后五个立根时又把第二个候台拉坏，副司钻杨建平立即上井架检查，发现候台拉筋已断，杨建议万将候台换下，但万不理，后终因杨恐造成重大事故坚决不下井架，万才同意将候台换下……

1958年7月，黄文明以“有严重的封建思想，将亲生豁嘴女婴用草纸、毛巾闷死”罪名被馆陶县人民法院判刑三年。1956年12月29日，他老婆生了个女孩，豁嘴，当时已经有两个女孩，有人说他们不想要这个女孩，生下当天晚上就给捂死了。我询问过他老婆张清珍，她说生下来当天晚上天很冷，她给小孩从头到脚盖上衣服，谁知道怎么就死了，丈夫跟这事没关系，他晚上上班，根本没在家。黄文明这个人有点横，干啥事都不避讳人，弄死自己家刚生的婴儿在当时别人觉得很正常，自己也不当啥事儿。但是领导想整他，这就成了事儿，是许家荣举报的，许家荣老婆去帮忙生孩子了，动员家属还乡的时候，黄文明老婆都回家了，他老婆还不回去，黄文明批评他，他就怀恨在心。

处理最严重的是刘占林，他有文化，初中毕业，技术高，就是好发牢骚，说他早就应该当班长。1958年4月被送邢台劳动教养，6月19日被开除。电测工王庆堂先后盗窃李兆醒12元、骆4元、李成维一条裤子以及他人的枕巾、脸盆、菜盘等物，5月送农村监督劳动，6月被开除。裴灏，安徽宿县人，1951年参加解放军，1956年招工到西安地质调查处，9月调到华北钻探大队，任柴油机司机助手，曾盗窃大队桌子、椅子、钢卷尺、马蹄表、电线、灯头、开关、扁铲、保险销子等物，被定为坏分子开除。曹聚中是甘肃张掖人，1957年9月由玉门油矿调到1464队做钻井学徒，偷了到队上指导安装工作的赵文善技师一块手表，1958年2月13日被南宫县人民检察院逮捕，2月27日被大队开除。丁熙平后来在材料科任主任科员，常住天津，因“两次强奸保姆，被判刑10年”。王祥对他印象很好。1957年春天，他去天津购买药品和医疗器具，头几天，丁熙平和他各骑一辆自行车，带他在市内到处转，出去办事也带着他。有一天，给他喝一种饮料，还真挺好喝，这是他第一次喝啤酒。

在1958年4月4日的全体职工大会上，靳大队长说：“经过整风学习之后，都有显著提高。华1井经过大辩论之后解决了长期未能解决的问题。过去一些人领到劳保用品上班时不穿，平时当礼服，甚至有的把棉衣都放在箱子里，现在订出了‘不上班不穿工衣、工鞋’的公约，并提出了延长劳保用品的时间，有的同志提出室内工作的同志不拿野外津贴，大家都同意。除‘四害’方面，不少同志在晚上学习后还拿上自己的手电筒、扛上梯子捉麻雀、捕老鼠，民警队做得很好，有的到七八里外抓麻雀。万兴邦工作很好，提出换不完钢丝绳不吃饭……”

1958年的“大跃进”正式以除“四害”拉开序幕，当时，麻雀同老鼠、苍蝇、蚊子被列为“四害”。2月12日，中共中央发出了除“四害”的指示，3月14日至19日，全国“除四害大跃进协议大会”在北京举行，参加会议的全国26个省、自治区、直辖市和38个医学院的代表提出一份倡议，提出要全民动员，人人动手，让麻雀上天无路，老鼠入地无门，蚊蝇断子绝孙。民警队的张长锁回忆说，大队工会、团委组织职工、青年打麻雀，白天到野地里用土枪打，晚上用手电筒到磨屋、没人的房子里捉，能用麻雀腿换黑火药。

1958年上半年，根据上级要求，大队还开展了“家属还乡”活动，动员家属返回家乡，对于勘探单位既起到轻装上阵的作用，又能增加农业生产力，靳耀华任动员家属还乡办公室主任，尉松耀任副主任。靳大队长提出了“有婆家的回婆家，无婆家的回娘家”的口号，但是这项工作触动了很多人的实际利益，造成了很多矛盾，工作开展得很不顺利。万兴邦老婆是盲人，还有侄女给他在明化镇看孩子，都赶回老家高台，老婆1960年饿死了。

第八章

地质调查探龙宫

华北钻探大队的钻井力量较强，但是地质工作力量较弱。地质上仅有段金钟、葛榕和谭昌民几个人，业务上主要靠地质部226队承担。段金钟是河南民权人，毕业于东北地质学院（1958年改名为长春地质学院，2000年并入吉林大学）。

为了收集地质资料，石油工业部和地质部展开了石油地质大调查，他们需要完成1：20万和1：10万比例尺的地质填图，需要完成重力测量、磁法和航空测量，需要完成电法普查和野外地质剖面调查，在这些地质资料的基础上，来寻找可能含油的地质构造，确定钻探的井位。

1957年4月开始，地质部所属中苏航磁大队对华北平原进行了1：100万航空磁性测量。航测使用中国民航从苏联购进的里二型飞机，由机长马豫、领航员杨宏量等人组成机组，此后的十多年间多次执飞航空物探任务，累计飞行6000多小时。马豫出身名门，1941年在读西南联大化工系时投笔从戎进入空军，驾驶B-25轰炸机，承担着轰炸湖南、广东、广西等地日寇机场、仓库等目标的任务，多次与死神擦肩而过。

1957年8月，石油工业部指示，9月15日前组成四个地质详查队、1个地质资料研究队、1个地球物理资料研究队，在山西沁水盆地开展工作，由华北钻探大队领导。西安地质调查处研究决定，调安培树、裴宗诚、关中志、葛榕、查秉禄等同志于9月5日前返回西安处分配工作。此时，陈淑珠临产，葛榕把她送到德州医院就去西安了。等他接受任务回来接妻子时，她已经独自一人在医院坐月子18天。

1957年10月，从北京地质学院（今中国地质大学）分来十来个毕业生，极大地充实了华北石油钻探大队的地质力量。据其中的王仲芝回忆："我是山东泰安人，生于1933年，1957年毕业于北京地质学院石油系地质专业，石油系一共7个小班，分成两个大班，我是二班，那一年往西调处分了三四十人，到华北大队的同学有十来人，除了我还有：许景禄、王素民、陈铁梅、于钤、王作民、郭鸿铮、陈斯忠、陈基淑、姚传甲、余素玉、曹叔彬等。我在班里是班主席，那会儿学苏联，搞'三角组织'，班里有班主席、班长、团支部书记，班长管学习，团支部书记管思想，班主席管吃喝拉撒。"其中许景禄和王素民、陈斯忠和陈基淑成了两口子，他们四个跟郭鸿铮都是四班的同学。曹叔彬是山西浑源人，曾参加过新中国的开国大典游行。

1957年10月1日，根据西调处安排，安培树任华北钻探大队主任地质师，负责领导地面地质、钻井地质和地球物理勘探等工作，正式成立了5个野外地质队，队号是120、121、122、123、124，还有一个基准井研究队和306队。120队副队长关中志，121队副队长裴宗诚，122队副队长查秉禄，123队副队长葛榕，124队地质资料收集研究队副队长陈莉青，地球物理综合研究队306队副队长王承志、工程师张梦华，原西调处直属115队划归华北大队管理。其中，120队、121队、124队工作地区是山西沁水盆地（太行山西麓），122队、123队工作地区是大别山北麓。115队、306队驻济南，工作任务是研究地球物理资料，并追踪华北平原边缘地层，结合基准井资料，对华北平原地下地质情况及含油远景进行推断解释，对沁水盆地区域地质构造情况作一般了解，注意石炭二叠纪地层的分布及含油气的可能性。关中志毕业于东北地质学院，查秉禄1952年毕业于西北大学。

安培树奉命在西安组建这支队伍。安培树是陕西清涧人，生于1920年正月，不幸的是6岁时父亲就去世了，从13岁开始就离家到当时的陕北最高学府榆林省立第六中学上学，初中时跟写作《创业史》的作家柳青是同窗，大女儿安滨跟我学父亲说起柳青："刘蕴华嘛"，一口的陕北话里流露出瞧不大起的口气，刘蕴华考了三次才勉强考上试读生，安培树学习好，他自己说从没下过前三名，还是学生会负责人之一，1938年在参加高中学生集体军训时集体加入了国民党。他妹夫高振缨回忆他"身材不高，但长得结实，厚嘴唇，浓眉大眼，善言辞，会讲话，群众关系很好，走到哪里也能和群众打成一片，攀谈家常，扯龙门阵，民众都很喜欢他，20世纪30年代榆林中学学生能够考上北大、清华的很少，至少要复习一年才成功，他1939年一次考入西南联大地质系，真是名扬陕北，老师号召学生们向他学习"。他考上西南联大后，走到重庆就没钱了，走投无路之下，有人给他出了个主意，跑到国民政府教育部陈情，政府资助他80块大洋，并鼓励他要好好读书，将来是国家的栋梁之才。在西南联大，他跟后来留美哈佛大学博士、世界级数学家、逻辑学家王浩住上下铺，他俩都挺胖，王浩叫"大胖"，他是"小胖"。但是两年后因患肺结核被迫休学。他在老家绥德休养的时候，共产党边区干部动员他留在边区工作，他婉言谢绝，他说他要到北京上大学学地质，将来开采咱陕北的石油资源。1946年北京大学复学后续读，1949年毕业后分配到长春东北科学院地质研究所工作，1950年经燃料工业部煤矿管理总局地质处主任工程师王竹泉介绍进入石油行业，1956年加入民盟。王竹泉是安培树爱人的大哥白家驹在国民政府经济部中央地质调查所时的同事，白家驹1938年毕业于西南联大地质系，不幸于1951年参加西南地区土改运动时因病去世，年仅43岁，李四光主持追悼会，他被安葬在北京八宝山革命公墓。

安滨说："在西安，我家住在玄风桥18号，这是一个四合院，住着四家，上院是周宗浚家，我家是南房，房租一个月6块钱。我们孩子们最喜欢周宗浚，他出差回来孩子们就欢呼'周爷爷回来啦！'他就给我们发糖。调来华北前，单位让调出人员交出羊皮大衣，别人都不愿意交，他带头交出来了，以至于别人都埋怨他。他跟爱人说：‘一件羊皮袄嘛，让交就交嘛。’”

安培树在回忆文章《华北地区找油及第一口油井（华8井）的发现经过》中写有这样一段话：

> 华北地区周围山区的地质调查程度很高，中外不少的著名地质学家都曾涉足，有关的地质文献很多，对该地区地层层序的建立、大地构造的划分、构造运动发展史以及沉积发展史等都提供了不少宝贵的资料，但对石油的论述相对较少。1951年，李春昱发表过的《从地质构造看中国油田》明确提出过华北找油的远景。1955—1956年，地质部在平原地区共投入了6个重力队、3个磁力队、4个地震队，在边缘露头区做了地质概查，并在奥陶系不同层位发现了多处油苗。在区域勘探的基础上，对区域构造进行了初步划分，从北往南，发现了冀中坳陷、黄骅坳陷、济阳坳陷、临清坳陷、开封坳陷、周口坳陷及合肥坳陷。各坳陷之间以隆起带相向，通过航磁还发现了郯庐断裂带。

裴宗诚给我说：“我是河南省偃师县府店人，生于1933年腊月十八，1941年，日本鬼子打过来以后，跟母亲逃到甘肃天水，当时父亲在玉门油矿开拉油车，在天水开始读小学，1942年到四川广元继续读小学，13岁上初中，14岁在成都、重庆上学，16岁到19岁在贵阳读高中，此时父亲因为翻车已离开玉门油矿在川湘联运处开车。1952年考入西北大学地质系石油地质专业，帅德福、陈莉青、闫敦实是甲班，帅德福和闫敦实还住同一个宿舍，石国世是乙班，后来调到华北处的王淮溪是丙班，我是丁班。甲班、乙班一块儿上课，丙班、丁班一块儿上课。毕业后，我被分配到广东茂名石油地质大队调查油页岩，帅德福、石国世被分配到西北石油管理局甘肃武威潮水大队开展野外地质详查工作，邱中建在大队部任技术员，他是陈良鹤的大学同学。在西调处，帅德福与我在一个野外队，他是第一副队长，我是第二副队长，没有正队长，每人带一组在陕北吴起、定边、盐池一带工作。帅德福是重庆人，小矮个儿。”他们这一届本来招生是按大学四年制本科，但是由于国家急需人才，进校后改成两年制专修科。石国世是四川巴县人，后在西调处地质科工作，与周光启是同事。

王承志是801队第一任队长，上海人，生于1929年，1945年考入之江大学土木工程系，1948年因为参加革命活动被开除。之江大学是教会大学，校址在杭州钱塘江畔六和塔下的月轮山上，即今天的浙江大学之江校区。1950年10月考入燃料工业部石油管理总局举办的地球物理探矿训练班。这个班后来常被称作“高探一班”，是由翁文波倡导举办的新中国第一个地球物理训练班，在上海交通大学举办，历时近两年，共有26名学员，都是高中毕业生或在大学就读的大学生，素质高，被誉为新中国石油物探人才的摇篮，也成为江汉石油学院（今长江大学）的起点。张梦华也来自该班。分在801队的范惠英说：“我是上海人，父亲早年就去世了，母亲解放前在上海华美香烟厂做工，公私合营后到上海无线电厂，我有个亲哥哥，母亲改嫁后又生了两个妹妹。1955年底，我在上初三，国家号召报名支援西北建设，我跟林瑞玉、李萍、胡跟弟四个同学关系最好，都是单亲家庭，就一起报名了。当时上海找工作也不好找，资本家大的都跑了，家在农村的都回农村了，就剩下没地方去的还在上海，原来有工作的好多都失业了。1956年4月4日，我们四个一起离开上海坐火车到西安地质调查处，在东仓门，是一个大院，有一座三层楼，后面有个食堂，还有个大仓库，我们就住在仓库里，在地球物理探矿训练班学习一年多，同学中来到华北处的有胡跟弟、朱兰珍、蒋馥英、刘桂珍、谢连珠，老师有郭瑞，教物理，王从正教地质，班主任是赵洪远。郭瑞就是演过《庐山恋》的郭凯敏的爸爸，他妈也是她们这一批招工的上海人陈金娣。我从训练班结束以后分到了电法702队，先后在甘肃庆阳、环县，内蒙古东胜等地工作，1957年8月，在西安组建801队。好朋友李萍很活跃，带我看到了安地质师正给马在田布置工作，让他看资料，还看到了从北京调来的张梦华。又有一天，李萍说你们队长来了，我们去看，一个高个子，头发松松的，穿着件条绒上衣，就是后来的丈夫王承志。”

范惠英在西安地质调查处门口（范惠英提供）

野外地质队员被刘少奇称为“和平时期的游击队员”，地质队员随身带着“三件宝”，腰上别着钉锤，背包里背着罗盘、放大镜。黄汲清曾经创作过一首山歌：锤子在手囊在背，前行前行复前行。越大山，爬峻岭，打完了石头唱个歌儿听……就是对地质队员的真实写照。

分在121野外地质队的许景禄在回忆录《根在大地》中写道：

1957年我们从北京地质学院毕业，先留北京在地质部石油局参加全国油气苗资料的收集整理与分析研究工作，后又被正式分配到石油工业部西安地质调查处。当时，华北平原的地质调查工作刚开展不久，对地下情况知之甚少。为了通过对平原西部太行山区进行地面地质调查，推测平原下部的地层、构造等情况，在西安组建了三个地质调查队，晋东南野外地质调查队（121队）、晋北野外地质调查队，还有一个资料收集研究队。这三个队的成员除三名队长参加工作稍早外，其余都是我们北京地质学院刚毕业的同学。组队后，我们随即前往太原。

我们121地质队在太原山西煤管局借阅了几天资料后，便到工区北部洪洞县做出工前的最后准备。由于我们队的任务是对晋东南太行及沁水盆地进行区域路线地质调查，每天的工作都是在徒步中完成的，因而需要雇用“脚力”（两名赶脚随带两头骡子）为我们驮行李，还要雇用一名炊事员。通过当地民政部门的热心帮助，事情很快得以圆满解决，而且所需工钱比我们预想的少了很多。我们参考当时50元左右的人均工资（我们大学毕业后实习期间工资46元、转正后52.5元；中专毕业生不足40元），将雇用人员工资底线定为每人每月不超过35元，没想到他们的要价仅为20元。结果，我们最终给他们每人每月25元，协议双方皆大欢喜。可谓“你对我公道/我对你公道/公道真公道/彼此都知道”，这与京剧名段《苏三起解》（洪洞县内尚遗留有明洪武年间关押苏三的死囚牢狱）中牢卒崇公道上场时诙谐的道白（定场诗）：“你说你公道/我说我公道/公道不公道/只有天知道”大相径庭。

在洪洞县期间，我们还抽空慕名前往城北不远的“大槐树”一游。虽然，当年这一景点因疏于修缮显得有些破败，但大槐树苍老粗大的树干上还是发出繁茂枝叶，而有关大槐树的故事更是让人感慨。元末明初，战乱不止，黄河泛滥，天灾人祸，民不聊生。沿黄的鲁、豫、皖以及河北等省人口锐减，而与之相邻的山西省则物阜民丰，人丁兴旺，就不断向外移民填补。洪洞城郊古老的大槐树（相传为千年“汉槐”）下成为移民的集散地（现辟为古槐公园）。被官方逼迫外迁的乡民，渐行渐远，一步一回头，只能望大槐树顶的老鸹窝兴叹了。数百年来，在黄河中下游地区流传着一首令人潸然泪下的民谣：“问我祖先在何处/山西洪洞大槐树/祖先故里叫什么/大槐树上老鸹窝。”

我们队在做好出工的必要准备之后，即从洪洞出发，沿汾河南下，经临汾、襄汾至侯马，东进沁水、阳城，到山西东南端的晋城，然后北上高平、长治、潞城，再折向西穿越沁水盆地，最终抵达沁水河畔的安泽县城。我们沿着这条曲折的路线跋山涉水，每天早晨，收拾好行李交给工友运到指定地点。我们则一路踏勘，观察记录，采集标本，中午在外野餐，晚上到预定地点会合。

虽然我们是用军委测绘局印制的五万分之一的军用地形图，比较精确，但有时仍发生一些出人意料的情况。一次我们约定到F村落脚。傍晚，当我们赶往F村时，却不见工友们的身影，没想到此F村非彼F村。经多方打听，才知他们去的可能是离F村五六里地的F村。我们只得再往F村赶去，当我们走了不到一半的路程，夜幕降临时，人已疲惫不堪，肚子饿得咕咕作响，步子也沉重起来。就在这时，又是一个"没想到隐隐约约见到前方有两盏马灯在黑暗中闪烁，还有嗒嗒的蹄声由远而近传来。走近方知，是两位工友赶着两头骡子前来接迎我们……这无异于雪中送炭"，让我们喜出望外。到了住地，炊事员已准备好晚餐，酒足饭饱后，又端上热水，让我们泡脚。这顿饭虽与往日并无多大差别，却格外可口。这天夜里，照样睡在行军床上，却特别舒服，很快就进入梦乡，恍惚之间，在京剧锣鼓声中，苏三指着崇公道叫嚷："洪洞县内没好人!""不对!洪洞县里好人多!"争论之中，被炊事员从梦境中叫醒：快起来，吃早饭了！

还有一次，当我们到达预定的借宿地时，发现这个从地形图的图例上看，与其他村庄别无二致的"村"，其实只是一户两口之家。由于近处再无别的村庄，主人又十分热情，我们便挤在炕上过了一夜。从聊天中得知，他们是解放前夕从山东逃荒来的，还说别的村中也有山东人。原来，山东人不仅"闯关东"，还"闯山西"。在我们的行程中并不全是借宿小山村，也到调查路线经过的城市食宿。这不仅为了调剂生活，寻找洗澡、理发、看戏、看电影的机会，同时，也为通信创造条件。每到一个城市我们都要去邮局查看有没有亲友留交的信件。我们事先将所经过城市的日期告知亲友，以便他们将信件寄至邮局留交。当我们在异地他乡的途中，拆阅"留存信"时，格外高兴。

经过近百日上千公里的征程，就在我们的野外工作接近尾声时，遇到了不小的麻烦。本来，我们打算前往此次地质调查的最后一站——位于黄河主要支流之一的沁水河畔的安泽县城投宿，不料竟在离城不远的途中受阻，度过了一次类似“风雪山神庙”之夜。这天，我们已无踏勘任务，因而和三位工友同步前行，自然还跟随两头负重的骡子。雪日正值二十四节气中的冬至，按我国北方的习俗，中午在一个小镇吃了一顿饺子。上路不久，在过一条小溪上岸时，骡失前蹄，行李散落一地，花了很长时间才收拾停当。再上路时，但见乌云密布，北风乍起，飘起了鹅毛大雪，严重影响前行。勉强走了一段路后看到路旁高岗之上有座庙宇，我们便沿着小路上岗进庙，准备暂避风雪。推开虚掩的庙门，未见庙祝，庙内杂乱无章，神像东倒西歪，显然早已断绝香火。

风越刮越大，雪越下越紧。看来，只得在破庙里过夜了。问题是，如果风雪长久不停（有此迹象），入夜将面临饥寒交迫的困境。经再三商议，感到离中午逗留的乡镇并不太远，从地形图上看也就两三里地，只因过河耽误，加上辎重拖累，才走了较长时间。于是决定派两人轻装返回该镇采购食物。未等队长委派，两位赶脚的工友便顶风冒雪出了庙门。夜幕降临已久，正当大家焦急难耐之际，两个“雪人”冲进庙门。他俩果然不负众望，带回了足够的食品还有水酒和干柴。就这样，我们在北风呼号、雪花纷飞的破庙中（庙门、窗户大都破损，难以抵挡风雪）度过了难熬的一夜。

次日风停雪止，我们到了安泽县城，住进一家较好的旅店，备下丰盛的饭菜和草料向三位尽职尽责的洪洞好汉以及两个“沉默的伙伴”辞行。在安泽休整两天后我们便踏上了归程，先乘长途汽车到临汾，再乘火车北上太原、东经石家庄前往大队部所在地。

1957年底，结束山西的野外地质调查后，我们小队未回西安，而是直接到河北省南宫县明化镇附近的华北钻探大队编写地质总结报告。同时，家人也从西安来到明化镇，一家三口在石家庄合影留念。当时星儿幼小，我俩流动性大，为了工作，只得把他送回河北清苑老家，托叔婶照看。

整个大队部由20多幢洁白的活动房排成方阵，相互之间有走廊串联，内部装修精致，专家房更是豪华，内铺地毯。明华镇古朴、大队部时尚，华1井气派，三者相距不远，呈“品”字形，互为依托，相映成趣，引来四里八乡的百姓，除了看稀罕、凑热闹的之外，还有摆摊设点的小商贩前来推销农副产品，最受欢迎的当是烤地瓜了，几分钱一斤，又好吃，又便宜。

许景禄是四川峨眉人，1933年出生于雷场镇一个商人家庭，曾亲眼看见满载故宫博物院南迁文物的军车从家乡经过运往峨眉山，在大学就跟同学王素民谈上对象。王素民是河北清苑人，父亲曾任国民党上校军医处长，母亲是随军家属，因为连年战乱，她从小到大一直随父母迁徙，从河北、河南到陕西、湖北、贵州再到云南，形成了天不怕地不怕的性格，她高中上的昆明师范学院附中，而昆明师范学院前身就是著名的西南联大。同学郭鸿铮、姚传甲也在121队，郭鸿铮是天津人，姚传甲是西安人。

1957年10月，葛榕带领122队野外队队员挺进大别山。队员有于钤等人。于钤是天津人，上北京地质学院的时候，本来上了留苏预备班，专门学俄语一年，但是搞“忠诚老实”运动时，因为家庭有海外关系，爷爷辈有人曾任国民政府驻意大利大使，结果没去成苏联。

大别山横亘我国东部，盘踞于鄂、豫、皖三省交界处。西起桐柏，东至霍山，长达400余千米。大别山是我国南北方的天然分界线，山之南属华南，山之北属华北。葛榕在回忆文章中描述：

记得野外调查时，我们腰上别着钉锤，背着背包、罗盘、皮尺，夜以继日地翻山越岭，敲石采样，包里总背着沉甸甸的石头。山里人称我们是“要饭花子”，后来熟悉了，说我们是乍看像毛子（强盗），实际是傻子。不管别人怎么说，我们仍然日复一日地干，整整干了两年，足迹遍及大别山、太行山的条条沟、道道梁，采集了大量的标本资料，为指导钻探起到了积极作用。这期间，我父亲因病去世，我也没顾上回去看一眼，当时心里想的只有找油这一件事。

葛榕的女儿葛昕说："在大别山询问老百姓这里有什么宝贝时，老百姓拿出一块珍藏的亮闪闪的宝石，父亲一看原来是并不值钱的云母石。老乡还告诉他，这边山里有神仙，时不时地会闪一道白光。"

1957年的地质工作结果初步证明，大别山北部侏罗系大都变质，侏罗系及白垩系有很多火成岩侵入，对油田勘探说是不利的；同时证明谭锡畴原划分之五台系之一部，因已打到侏罗系标准化石，证明是侏罗系。山西沁水盆地证实有背斜存在，盆地中心地带多是二叠纪、三叠纪地层，在沁水盆地石炭、二叠纪地层内采样进行荧光分析，结果有广泛的油质沥青存在，盆地南部有气苗存在，从目前看是找油的有利地区。原来在无棣零星出露的第四纪玄武岩，正好跟强度很大且具相当规模的磁力正异常对应，在邻近还有多个这样的磁力正异常，这些均被推断为火山岩引起的，故名"火山活动带"。有关单位编制出区域构造图，并对油气远景做了评价。在这张区域构造图上，大致在环渤海地区中部赫然出现了一个令人谈虎色变的"滨县—无棣—埕子口火山活动带"，以致把整个环渤海地区的油气远景拖下了水，列为华北平原远景差的地区，而对周口盆地则给予很高的评价，苏联专家也赞同把周口坳陷列入工作重点区。

1957年，地质部226队集中力量在开封、临清、博野、济阳、黄骅等地开展工作，在区域普查上，完成了四条地震长测线（共长900千米）和十条电测深长测线（共长2400千米），同时还对临清和开封等坳陷用地震、电测深、重力和磁法进行了构造普查和详查。表明华北盆地至少有厚达6000米的沉积岩层，第四纪和新第三纪的厚度为1000~1500米，中生界、新生界厚度为3000~4000米，证实了坳陷中还有老第三纪、白垩纪、侏罗纪的砂页岩层，发现了一些局部构造。

1957年10月16日至30日，石油工业部苏联地球物理专家卡久及德里特米也夫在济南对华北平原地球物理资料进行了较为详细的研究，并召集了地质部顾功叙、关士聪工程师及226队有关技术人员、石油工业部谢剑鸣、陈效期及华北石油钻探大队在济南的有关技术人员安培树、陈良鹤、王承志、张梦华、马在田对基准井井位进行讨论，初步确认了将井位定在开封和博野，后经石油工业部确定先进行开封和馆陶，博野作为预备井位。

开封基准井暂定为华2井，位于开封东南10千米陈留重力高侧翼，重力、电法和地震均显示有隆起；标准层稳定且相当平缓；沉积岩较厚，距深反射层（奥陶系顶）3000~4000米。馆陶基准井暂定为华3井，重力、电法和地震均显示有隆起；据地震剖面反射层破碎，可能有断层存在，西北构造轮廓模糊，地震剖面可能没有穿过西北翼；沉积岩较厚，西北翼可能距反射层顶4000米左右，待对比折射法成果做出后再确定厚度。

通过对华北地区两三年的普查、勘探、研究，取得了大量的资料，对过去一无所知的华北平原覆盖层下的地质结构，有了轮廓的认识：一是初步划分了坳陷区和隆起区，勾出了盆地内的构造格局；二是初步建立了盆地内的地层层序，肯定了坳陷内有四五千米厚的沉积层；三是证实沧县隆起带是一个古生代灰岩潜山；四是以济阳坳陷北部、黄骅坳陷南部一带重磁力异常和在无棣发现第四系玄武岩出露为依据，划分了“济黄火山发育区”（或称“火山活动带”），否定了这个区域的找油前景。

由于华1井钻探没有达到预想的结果，导致战略上从“打隆起”转移到“打坳陷”的新阶段。地质人员研究得出的结论是：华北平原勘探油气田最有希望的地区是临清坳陷带、开封坳陷带北部、博野坳陷带和济阳坳陷带，其次是黄骅坳陷带和开封坳陷带南部。坳陷带中最有希望的生油层和储油层为第三纪、白垩纪、侏罗纪的砂页岩层。孙万铨设想：“既然平原下的白垩纪至下第三系为陆相沉积也可以生油、储油，那么它们可能是最有希望的含油岩系。”事实证明，上述对华北平原的地质结构认识和远景初步评价基本上是正确的，为今后的油气勘查奠定了良好的基础。

第九章

跃进之年大调整

1957年9月，周华调到明化镇，任副大队长，分管后勤。爱人李艳芳一同调来。现居上海的李艳芳说："我是辽宁海城人，参加了抗美援朝，在医院当广播员。周华是山东荣成人，在抗美援朝战场上负伤后因脑震荡住院，我们是这样认识的。周华转业到抚顺石油一厂研究所任副所长。"

1957年10月，宋世宽调回西安地质调查处。11月6日，西安地质调查处奉石油工业部（57）油人管字第43号命令，任命靳耀华为华北钻探大队大队长。

靳耀华出身于山西省汾阳县城一个贫民家庭，1912年1月（阴历1911年腊月初一）生人，8岁上学，10岁时父亲因病去世，他不得不辍学回家帮母亲干活，捡煤渣、砍柴、车站接送客人，当短工，稍大一点儿又到纺织厂当纺织工学徒，工厂倒闭后又到粮店打工，一直挣扎在饥寒交迫之中。他的大女儿靳震萍说，他同情穷人，在粮店里趁老板看不见，用手抹平量粮食的升的时候就会偷偷地往上一点儿，能给多量一点儿。

据《靳耀华自述》：

一九三六年十月在太原市南门外大营房参加了薄一波同志组织的教导一团抗日骨干队伍（培训政工干部）。因我文化水平低，转分配到教导二团（亦称军事二团，培养军事骨干）当学员，后任中士班长。一九三七年九月山西省大宁县新军教导团改编为决死四纵队，我被分到十一中队，任冲锋上士，十二月底任排长。一九三八年农历正月十八，日寇侵占汾阳后，母亲患半身不遂病，因身边无人护理，饿死在家中。

一九三八年二月中旬我团奉命在山西省隰县堵截日寇，经过十一个多小时的激战之后，我团奉命转移，命令我第一营担任掩护转移任务，我团转移后，我排又担任掩护我营的转移任务。在连续打退了敌人六七次反扑后，子弹、手榴弹都打光了，战士们就用石头砸。日军爬上了我排所在的山头阵地，同志们都非常清楚，摆在我们面前的只有拼死一条路了。人，一旦把生死置之度外，就会焕发出不可思议的勇气和力量。在党员带动下全排战士端着刺刀杀向敌人。一场寒光闪闪的白刃战开始了，几十个敌人成了全排战士的刀下之鬼。但是，高地下的日军又像乌龟一样一群群爬了上来，而我们的战士却一个个英勇地倒了下去。在这紧要关头，我们几个剩下的同志抱着誓死不当日军俘虏的决心，挺身跳下身后的陡坡。幸亏山腰的树木挡了一下，我才幸免于难。在山沟里（山崖下）躺了两天三夜，腰骨摔断、七窍出血、神志不清、无法移动，再加上天寒地冻、野狼出没，我已经绝望了。第三天，当地的民兵清理战场时发现了我，用门板把我抬到了黄村，安排我住在一位抗日烈军属大娘的家中。大娘是个很坚强的女人，中年丧夫，相依为命的儿子又牺牲在抗日战场上。大娘待我像亲生儿子一样，白天为我寻医抓药、喂水喂药、端屎端尿；晚上为我缝补衣衫。村里的民兵和乡亲有的为我找来民间郎中接断骨，有的将家中仅有的一点粮食送到我的炕头。在大娘无微不至地照顾下，在乡亲和民兵们关怀和保护下，我身体逐渐康复重新回到了部队。

从那以后，靳耀华一直带有腰伤，专门做了一个牛皮背夹穿在身上。1938年7月，在晋中交城县窑儿上村经王鼎新、杨万昭两位同志介绍，他加入中国共产党。而此时同在决死四纵队里的还有一个人，日后将成为新中国石油工业的领导人物，他就是康世恩，正在游击第6团任政治处组织股长、团党总支书记。1941年，靳耀华患上了严重的皮肤病牛皮癣，两条腿上有较重的脓包疥疮，行动极不方便，组织上安排他离开战场治病，他坚决不肯，最后让他担任晋绥军分区后勤工厂厂长，该厂配备武装力量，建在国民党统治区陕北葭县（现为佳县）木头峪，任务是生产被服、制造各种地雷和修理枪械等。他把各部队有技术特长的士兵抽调来，集中到山沟，开展大生产运动，为部队生产急需的枪支、子弹、手榴弹、地雷、衣服、被子、肥皂等。后随王震进军新疆，他三个子女名字中间的“震”字即来源于王震的名字。1953年7月，靳耀华转入石油战线，先后任中苏石油公司南疆石油勘探处党委副书记、新疆石油管理局独山子矿区行政服务处处长，1957年初，他到北京医治牛皮癣，带一家人来到北京，1957年底调到华北石油勘探处。靳处长的爱人雍进也是山西汾阳人，家在距离县城十里地的牧庄村，生于1922年10月，1939年参加革命，1953年跟靳耀华一同转业到中苏石油公司。

靳耀华一家合影（靳震萍提供）

靳耀华性格耿直，不爱坐办公室，喜欢说干就干，雷厉风行。在大队人事科帮忙的任丽君说她经常到总机玩儿，听到她们说，新来的靳处长跟别人不一样，都害怕他，训人厉害，每天早晨洗把脸，不吃饭就跑井。

靳震萍，就是照片中的小姑娘。她回忆说："这件上衣可是我爸这辈子唯一的一件好衣服，毛料的，再也没有第二件了，应该是在北京做的。他只有出门开会办事时才穿，到现在也是板板正正的。"

石油工业经历了20世纪50年代的起步发展后，形势依然严峻，1957年只完成了146万吨，天然石油和人造油产量平分秋色，而"一五"计划却是201万吨。在新中国第一个五年计划后，石油工业部成为唯一一个没有完成任务的部门。我国一年所需的500多万吨石油，绝大部分需要从苏联进口。党中央决定更换石油工业部部长，让李聚奎上将跟比他年轻十岁、还不满44岁的总后勤部政委余秋里中将对调。1958年2月11日，第一届全国人民代表大会第五次会议通过决定，任命余秋里为石油工业部部长。

当时的国际形势也使国家对石油的需求更为迫切。美国对新中国实行经济封锁，不仅派遣第七舰队游弋台湾海峡及福建、浙江沿海，实行军事包围，甚至动用了二战和朝鲜战争中都没有动用过的"响尾蛇"导弹，在浙江温州上空击落我方飞机一架。蒋介石提出"一年准备，二年进攻，三年扫荡，五年成功"。而苏联自苏共二十大以后，推行强权政治，1958年提出要建立联合舰队，并在中国沿海一带设立长波电台，中苏两国关系开始出现裂痕。

1958年2月9日，中共中央宣传工作会议上，确定了三条近期任务：一是对社会科学进行理论批判；二是所有知识分子都要分批下放；三是学校要搞勤工俭学。

1958年3月27日、28日，在北京中南海居仁堂，国务院会议室，邓小平利用两个下午听取了石油工业部汇报。新部长余秋里、老部长李聚奎、勘探司司长唐克和翟光明、王纲道两位年轻的工程师等人参加了会议。李聚奎首先介绍了石油工业总的形势和基本情况，然后唐克作详细的汇报。当唐克讲到石油勘探工作的规划部署时，邓小平说道，石油勘探工作，应当从战略方面来考虑问题，战略、战役、战术总是要三者相结合的。克拉玛依这个地方的缺点是在西北边疆的边上，离用油的地方太远。把真正有希望的地方，如东北、苏北和四川这三块搞出来，就很好。对这些地方，应该创造条件，在地质上创造一个打井的基础，可以三年搞成，也可以五年搞成，应该提出一个方案来。如果龙女寺钻出油来，四川石油工业就会跳到前面，东北搞出油来也会跳到前面。邓小平最后提出，石油勘探工作应当从战略方面考虑问题。第一个问题是要选择突击方向，不要“十个指头一般平”。全国是如此之大，二三十个地方总是有的，应该选择重要的地方先突击。华北地区还需要研究一下，钱究竟是如何花法。不要尽抓大鱼，小鱼也可以抓，抓一个泥鳅不也好吗？现在有人说，泥鳅含蛋白质是最高的，你们吃过泥鳅吗？就经济价值来说，华北和松辽是一样的，主要看哪个地方先搞出油来。石油勘探的战略方针，不能这里搞一下那里搞一下，总要有个轻重缓急。找油就和打仗一样，过分分散就不利。要把石油勘探的重点放到东部地区，在松辽、华北、华东、四川、鄂尔多斯这五个地区多花一些精力，研究考虑一番。对于松辽、苏北等地勘探，都可以热心一些，搞出一些初步结果。

此时的邓小平身兼中共中央书记处书记、国务院副总理，分管石油工业。中央书记处是党中央的日常事务办事机构，毛泽东说过书记处“什么事都要管，中央的事由你们做，发文用中央的名义”。1958年6月8日，毛泽东亲自起草了一个指示，《建国以来毛泽东文稿》第七册这样记载：大政方针在政治局，具体部署在书记处，具体执行和细节决策在政府机构及其党组。换言之，有时国务院尚在中央书记处之下。邓小平成为党中央的大管家。

邓小平对江苏给予了特别的重视：“江苏要是有一吨油，就可以说江苏有石油工业了。”“苏北要增加勘探力量，这个地方如果搞出油来，那对沿海一带很有好处。苏北交通很方便，那么美的地方，应该加速进行。”“苏北就是搞一个玉门油田，年产30万吨油，那也很好嘛。”“苏北如果找到油，年产100万吨，就值得大搞。”

就在这次会议以后，余秋里正式走马上任。他抓的第一件事就是坚决贯彻邓小平的指示精神，立即组织制定石油工业第二个五年计划（1958—1962年）期间的战略发展规划，要把石油地质储量扩大到20亿吨（当时只有1.7亿吨），年产油量扩大到800万~1000万吨。

1958年5月，中共八届二次会议上制定了“鼓足干劲、力争上游、多快好省地建设社会主义”的总路线。安培树曾对此提法发表过意见：多、快、好、省有矛盾，还举例说：“如华北的钻井，就是顾得了进尺，顾不了质量，顾得了质量，就顾不了进尺。”总路线提出后，“大跃进”和人民公社化运动步步升级。中央提出了社会主义建设时期的一整套方针、政策和办法，这就是总路线、“大跃进”和人民公社，习惯上称为“三面红旗”，以高指标、瞎指挥、浮夸风和“共产风”为主要标志的“左倾”错误严重泛滥开来，打乱了正常的经济建设秩序。“上天、入地、下海”的口号很快就成为1958年的实际行动，它代表了“大跃进”时期的科技工作。上天，就是制造人造地球卫星；入地，就是找矿找油；下海，是自行设计制造万吨远洋巨轮。地质部门广泛发动群众，掀起了群众找矿的热潮。根据群众的报矿：荣成海岸线时有油花在退潮时出现，潍坊白浪河发现有油花，渤海湾沾化县沿海有渔民发现黏稠如油状的东西……

现在我们回头来看，对于一年后发现大庆油田、三年后发现胜利油田、大港油田等，邓小平的推动作用厥功至伟。他当然不懂油田勘探，只是从经济角度出发，力图改变偏居西北一隅的不合理局面，希望在经济条件发达、交通条件优越的地方加大石油勘探力度，他特别对东北和苏北地区寄予厚望。

根据邓小平的指示，石油工业部迅速调整部署，组织力量。1958年4月，西安地质调查处成立了松辽石油勘探大队，宋世宽任大队长。5月14日，撤销西安地质调查处，这支职工总数4000余人的队伍一分为三，处长职若愚率领一部分人去宁夏银川，成立银川石油勘探处任处长；宋世宽率领另一部分人北上松辽，于5月27日成立了松辽石油勘探处，驻地长春；华北石油钻探大队更名为华北石油勘探大队，负责华北、苏北地区的地质勘探工作，三个单位均由石油工业部直接领导。至此，西安地质调查处完成了其历史使命，具有历史意义的石油工业战略东移正式拉开序幕。6月27日，石油工业部又下发文件：为了加强各地区的勘探领导工作，原设松辽、贵阳、银川等石油勘探处及华北石油勘探大队升格，成立松辽石油勘探局、贵阳石油局、陕甘宁石油勘探局、华东石油勘探局和华北石油勘探处，五家石油勘探单位只有华北是处级，其他都是局级。

就这样，松辽的石油勘探队伍在三个月内连升三级，从科级升到局级，李荆和任党委书记兼局长，宋世宽任松辽石油勘探局副局长。李荆和之前是石油工业部劳动工资司司长，这里再多说一句他跟东营的历史渊源，他是山东青州人，1940年4月至10月曾任中共广饶县委书记兼宣传部部长，1941年10月至1942年6月任中共山东清河区委党校校长，1942年5月至1945年8月任中共益寿临广四边县委书记，在黄河口地区开展抗日革命工作。松辽局先后组建了5个地质详查队、6个地质研究队、9个重磁力队、1个物探研究队、3个石油勘探大队，有2部3200米乌德钻机、1部BY-40型钻机、2部C-1000型钻机，到1959年4月，全局职工达到3005人，他们和地质部所属长春物探大队和松辽试油普查大队等勘探队伍密切合作，在东北三省展开了石油勘探工作。

8月11日，华东石油勘探局正式成立，负责上海、江苏、浙江、安徽、江西、福建等省市的石油勘探，局机关设在上海市江西中路131号一座三层楼里，前身是中国石油有限公司驻地，这是中国历史上第一个国家石油公司，1946年由刚辞去国民政府经济部长兼资源委员会主任委员的翁文灏（翁文波的堂兄）创立。华东石油勘探局书记黄国斌，副局长刘南（局长空缺）。以华北石油勘探处划拨的地质队、重磁力队、钻井队为班底，又从新疆局、四川局、青海局、玉门局等单位抽调人马，当年职工总数达到814人，以后陆续建立了苏北勘探大队、苏南区队、物探大队、地质研究大队、天然气试验队、上海机修厂、盐城技工学校等单位，共有钻机17台，其中3200米钻机两台：32105和3205。

黄国斌曾任石油师后勤部政委，是李应时的老领导。我业余时间做输油管道泄漏监测系统的研究推广，跟他的侄子廊坊蓝德采油技术开发有限公司总经理黄定军算是同行，他告诉我很多他大伯的故事：黄国斌是陕西三原人，1920年生于县城里一个富裕家庭，父亲除了做建筑工头儿，还开有磨坊，他先后上过三原工职学校和安吴青训班。他第一个老婆是童养媳，生有一女一儿后于1952年去世，在西安钻探局的时候找了一个大学生做老婆，逐渐走入挫折不幸的后半生。

1958年分到华东石油勘探局苏北大队的朱念宗说："我从北京石油学院毕业后工作的第一个单位是1280队，罗马钻机，碰到一位好领导，指导员曾九锡，小矮个儿，瘦瘦的，那地方转运钻机设备都是用船，有时候要下水拉纤，冬天水很凉，曾九锡第一个脱下棉裤下水，还用动员吗？我们都下去了，等回来腿都冻肿了，他张罗炊事员熬了姜汤红糖水，还亲自给我端到床上，我很感动。"

银川石油勘探局由职若愚任党委代理书记、副局长，张华诚任副书记，张传淦任总地质师，周宗浚任总工程师。到1959年底，职工总数发展到5274人，下辖吴忠勘探大队和内蒙古勘探大队。

1958年4月，华北勘探大队对机构进行了改组，计划科和财务科合并为计划经济科，李应时任科长，1463队、1464队、1465队三个浅井队改为大钻，计划由1463队接受苏北阜宁基准井任务（暂无队号），王友田任副队长；由1464队接受苏北东台基准井任务（队号改为32105队），钟辉生任队长，李春秀任副队长；由1465队（队号改为32120队）接受开封基准井任务，张云任队长，刘希尧任副队长，钻井技术员李自强，地质技术员陈淑瑛；由32104队接受馆陶基准井任务，李仲田任副队长，技术员尚毅，会计毛俊银。每队设一保养小组，配一台车床，还有电动砂轮机、电焊机、氧焊机、30匹发电机、离心水泵等器具。1958年7月15日，华北石油勘探处启用新公章，更换了牌子。胡文增设计了华北石油勘探处的标志，用在职工工作证封面上。

石油工业部在“大跃进”的形势下，在中共八大二次会议上提出了“石油赶钢铁，一吨钢铁一吨油”的战斗口号。1958年7月，为了实现石油工业的“大跃进”，石油工业部在玉门召开了全国石油勘探单位规模宏大的现场会议。靳处长带领党委副书记高文会、钻井工程师王启庚、地质技术员周光启以及地质、财务、计划、供应人员共10人参加了现场会，并得到了朱德委员长亲自授予的“先进单位”红旗。康世恩副部长在讲话中指出：“这次会议是一个战斗动员大会，会议的中心口号是：由小到大，由浅到深，土洋并举，挖尽每一滴石油资源，综合利用，多种经营，依靠群众，力求自力更生。”会议结束以后，其他人直接返回，靳耀华、王启庚两人又前往新疆继续调研。周光启是1958年从西调处地质科调来的，他是湖南汨罗人，1948年考入重庆大学地质系，本来应该上四年，由于国家急需人才提前一年毕业，1951年分到西北石油管理局工作。爱人李雪珊是四川巴县人，1948年考入在九龙坡的国立女子师范学院教育系，1950年暑假，重庆附近的学生集中在重庆大学学习，他们俩因都在学员膳委会而相识，并于1953年结婚。李雪珊在西调处任办公室秘书。1958年初秋调到华北，周光启在地质科任专责地质师，李雪珊任办公室秘书。他们的小儿子周湧涛评价父母：“父亲比较强势，就得听他的，老跟领导搞不好关系；母亲比较顺从。”

刘希尧代表32120队插下了标杆：一日打一千，一月打三千，成本降到九十元，标杆插在太行山。李仲田代表32104队也插了标杆：一日打一千，一月打三千，六二年一月打六千，让标杆插在泰山，谁要拔标杆，除非超六千。

1958年，除了生产上的“大跃进”，各种政治运动也是层出不穷。范惠英回忆说：“那时候一个运动接着一个运动，把我们整得服服帖帖的，上班老老实实干活儿，从来不谈家里的事、同事之间的事，也不谈国家大事，跟马队长好几年，也不知道他家什么情况。”尉松耀在其回忆录中说：

此时，虽然反右运动过去了，但是又开展了只是与反右运动提法不同却实际内容一样的所谓“整风补课教育”。从种种迹象认为，我是这次整风补课中受教育的对象。一次在华北处党委召开的“整风补课会”是在山东省地质厅党委吕书记的亲自参加下开始的。

1958年初，山东农村基本上实现了合作化。4月，山东省委根据中央关于小型农业社适当合并为大社的意见，在全省各地开展了并社工作，年中，大约有98%的农户加入了合作社。8月9日，中共中央主席毛泽东来到济南历城北园乡北园农业社视察，谭启龙曾向毛主席询问大社叫什么名字好，他说：“还是叫人民公社好，它可以把工农商学兵合在一起，便于领导。”从此，山东乃至全国开始进入轰轰烈烈的人民公社化时期。8月20日，济南成立了山东省第一个人民公社——北园人民公社，也是全国成立最早的人民公社之一。人民公社化甚至从农村发展到城市。1958年10月11日，华北处召开了“关于成立人民公社”的动员大会，高书记做了动员报告：

全市人民公社高潮即将到来，仅两个月时间即已基本实现人民公社化，郑州已公社化了，济南已有几个街道实现人民公社，本市四个区成立四个人民公社，我们参加哪一个人民公社还没有肯定（天桥或历下区）。人民公社是怎么发展起来的？有它的基础，生产发展了，人民觉悟大大地提高，思想提高了，今年粮食达7000亿斤以上，是解放前的2.5倍，基本上满足了全国人民的需要。山东省每人平均达1500斤，钢产量比去年翻一番，很快就要超过英国，我们有五千万大军为钢铁而战。

工农业发展进一步推动了人民思想解放，因而要求更多的劳动力进行大协作，实现组织军事化、行动战斗化、生活集体化（打破厂界），妇女要求摆脱家务琐碎事，组织公共食堂、托儿所，要求向文化、科学进军。人民公社是一种新的基层组织形式，是向共产主义过渡的基层组织形式，适合形势发展和群众要求。除地、富、反、坏、右分子外，凡年满16周岁的公民都可以参加公社，参加社员自觉自愿报名，经批准成为社员。地、富、反、坏、右分子组织起来监督劳动，表现好的经讨论批准可为候补成正式社员。国营企业的职工工资不变，在财务方面仍由企业管，但从中抽一部分为集体福利。实现共产主义社会已不再是遥远的未来，这是一件大喜事。

10月12日，济南市委书记李又邨在济南市广播大会上所作报告《又快又好地大办人民公社》中指出：

人民公社究竟有什么好处呢？首先，可以解放大量的劳动力，调动一切积极因素，加速社会主义建设。其次，可以迅速提高劳动效率，创造和节约大量的劳动财富。最后，对广大的家庭妇女来说，只有办好人民公社，才能彻底获得解放，让她们从烦琐的家务劳动中解放出来……

11月5日，李应时传达省地质局办好人民公社的意见：

人民公社应实行政治挂帅，人民公社的十大好处（略）。实行三化（注：组织军事化、行动战斗化、生活集体化），消灭三个差别：城市与农村、工人与农民、体力劳动与脑力劳动。办好托儿所、哺儿室，托儿所设在东关大街79号，小学生在解放路小学上学。托儿所由14人组成，抽优秀的干部，保育员费不由家长承担。建立公共食堂，现有食堂不变，不足者由家属中抽选，饭菜统一，分几种伙食，招待客人可换饭票，食堂设小卖部。成立缝纫洗染组，设制鞋组，社员可以投资。每个社员必须参加劳动，按劳取酬。

地质部所属1205钻井队在濮阳县谷家楼村西北250米打了濮1井，设计井深1000米，1957年5月28日开钻，1958年2月24日完钻，钻至井深1000.72米，没有发现油气显示。

1958年初，华北勘探大队与地质部226队合作，进行了山东地面地质路线调查。王素民回忆：“我们穿了三条线：新泰—莱芜，沂水—沂源，诸城—益都（今青州市）。工区位于山东中部，地层新老合，以老地层为主，出露较好，便于观察。构造以泰山为主轴的单面山，北陡南缓，攀爬不易。虽高差不大，但工作难度大。路线调查需每天带着行李搬家，早晨把路线定好，确定住宿地。我们外出工作，炊事员和工人推车，把炊具和行李搬到宿营地。这样就得风雨无阻，午饭自带干粮在野外吃。生活虽然艰苦，但是我们仍按计划进行，按时完成任务。”

白玉玺回忆道：“我是甘肃酒泉人，父亲是西北石油管理局修造厂的钳工，上初二的时候招工到内蒙古露头普查队。1956年，我跟着西安地质调查处106队队长刘兴材到陕西甘肃交界的环县跑野外；1957年，跟着周宝仓跑。1958年4月，调到华北钻探大队，让我带着二十多人来到明化镇，记得有容光荣、梅炳夫、梅魁柱，三个老广，梅炳夫叫大梅，梅魁柱叫小梅。大梅个子高，有一米七，五大三粗，眼珠子溜圆，活像猛张飞；小梅个子矮，也就一米六，老实。我被分在121队，队长是裴宗诚，裴宗诚带着郭鸿铮一个组，王仲芝带着我一个组，在山西沁水盆地搞详查，有测量队跟着，还有北京石油学院毕业实习的薄虎林，棒小伙子，郭鸿铮外号‘郭胡子’，满脸胡子。一天一个地方，雇毛驴带上铺盖，炊事员先去找下地方扎营，早上、中午就是吃馒头、啃咸菜、喝凉水，晚饭到地方吃得好点儿。”当时，太原还有122队。121队主要研究地面地质，晋东南沁水盆地；122队，队长是帅德福，主要研究地下地质，研究煤矿地质资料。1958年冬天，住在太原煤矿地质局招待所整理资料。1959年初，回到济南，帅德福当了综合研究队队长。裴宗诚说：“王仲芝个子高，我个子矮，他见着我一句一个队长，弄得我都不好意思，他太精明了，‘四清’的时候人家揭发他，他早上起来好到大门口扫地，领导一转过房角，他就把扫把扔了。”

第十章
进驻济南官扎营

在华1井找油失败以后，32120队开赴河南开封钻华2井，32104队搬到馆陶，32105队搬到江苏阜宁，一度热闹非常的明化镇冷清了下来，大队部搬迁的问题提上日程。1957年12月，就在内部会上提出了大队部的搬迁问题，明化镇交通不便，与各井队、地质队联系困难，且由于上述困难造成国家资金的大量浪费。但是大队部搬到哪里颇费踌躇，多次开会研究。

为了便于指挥生产，根据勘探任务考虑，开始想迁到石家庄，石家庄铁路四通八达，且有机械厂和汽车修理厂，一般器材可以就地采购和加工。后来又考虑搬到开封，因为这里要上华2井。1958年5月7日会上提出发电报到南京要大楼。5月10日会上又安排李应时到天津、济南看房子。5月15日会上，李应时汇报说："先去保定见了河北省委秘书长，（到天津）他们很欢迎，可以给地皮，现在省委正在往天津搬，还差四十几个单位的房子，明年可以搬，或者到保定可以解决。"蓝科长提出意见：还是郑州好。会上，靳耀华安排刘长沛到郑州、周华到济南找房子。在5月19日上午会上，周华汇报了济南的情况：四个方案，第一个是省三院，完整的，2000平方米；第二个院1500平方米；第三个是四层大楼，能容五六千人；第四个方案是官扎营前街138号，二层楼，120间，大小都有，有两个空地，离车站500米，楼上地板，楼下砖地，接七八米管有自来水。李应时说：“还是济南市好，是部指示范围以内的。”下午，大队又专题开会研究搬家问题。靳处长说：“大队决定搬至济南，掌握下面、请示上面方便，也符合部的意图，六月雨很多，应争取时间，五月底搬过去。华1井和曹寨的资料暂放在这里，房子不忙交，留个一年半年。李管理员（注：李肇林）打前站，带电工去。李科长、孟科长负责，一正一副，尉科长亦参加，整风、工作、搬家三不误，白天工作、搬家，晚上整风。”会上决定家属还留在村里。周华说：“房屋分配，楼上办公，东西（两边）是党工团、工程师室、地质室、办公室。”任英俊提出：“跟本地乡干部召开一个座谈会，与南宫、地委告别，请老乡看一场电影。”

5月24日，大队邀请乡干部召开了离别座谈会，有乡长、供销社王主任、农业社社长、党支书以及小学、邮电所、建设银行等单位的人，大队有周华、安培树、孟长寿、任英俊、张景顺、李萍、李福喜等人参加。

孟长寿主持会议，他说：“我大队在此住了两年多，我们有不少缺点，希望多提出批评。”任英俊说：“我们的工作区域比过去大了，横跨几个省，这两年来只这一口井，这口井已完成了任务，明化镇井主要是找石油，收集地质资料，1956年、1957年我们超额完成了任务。这与乡党政领导的支援是分不开的，修房子、公路和生活方面都给我们很大支持，教育、汽车站、供销社、粮站都给了很多方便，我代表华北大队全体职工感谢你们的友谊支援！两年多来，我们也出现了一些问题，言语态度表现不好，甚至自家小孩与农村小孩打架，有些同志吃西瓜不给钱。为了促进今后工作，希望对我们提出批评和意见。我们有的家属还走不了，希望在吃粮问题上多帮忙。”

李（栋阁）乡长：“两年来工农业进行了密切的联系，在开始时，宋大队长即提出不能用好地，很注意农业生产，大家很满意。本乡发生事故得到了帮助，未发生生命危险，在治病问题上也得到帮助，我们工农相互支援很好。在农业上未受影响，但经济收入很大，扩大了营业额，若大队不来，就没有这些房。在婚姻问题上存在一些问题，手续不合，如孙百有群众影响不好。青年妇女与工人结婚后不干活儿，大皮鞋一穿，手表一戴，政府也有官僚主义，村里有两个团员，原来生产很积极，现在不生产了。工人与农民吵嘴（个别的）。”这里所说的孙百有是卫生所护士，王祥说他是陕西人，部队卫生员转业，有次给苏联专家量体温，问他多少度，他说78度。1956年发大水，派他帮助老乡抗洪，没几天就跟明化镇东街上的董三翠好上了，后来他们结婚，不久调回西安。

王主任：“工农联盟还是搞得很好，农民帮助盖房，大队帮助我们收获。工农口角问题，两方面都有关系，在商业领导上也有些保守，总的来说，工业、农业、商业之间关系都很好。家属留下还是可以解决的，应鼓励他们职工安心生产。农民怕大家走，一方面是两年来的友谊，另一方面对工业关心，认为我们这儿又完了。有些群众说原来希望大，现在完了。”

祝支书：“在打井方面帮助了我们的砖、大梁，我们都很满意，我代表农民表示感谢！我们家属有些不爱卫生。”

教师：“大队对学校帮助很大，学生们懂礼貌，起带头作用。我们自己做得很差，与家长联系不够，对学生教育不够。大队演电影优待儿童，使学生扩大了眼界。希望大家对学校提一些意见。”

安培树：“科学并不神秘，地质也是科学，也不神秘。我们打的井是基准井，主要是地下情况搞不清，这个井花几百万元，打井后与地球物理资料比较，然后在有希望的地区打探井，第三步打生产井，这就是采油的井。”

李乡长：“打井的水都是不苦的，原来说井口用螺丝拧住，请再考虑，房子问题应与县联系。”

张景顺：“今天的会议既是大队领导与乡领导的谈心会，也是纪念会。从团组织来说，对团员教育不够，存在不少问题。留井问题党委研究过，还得与县联系。房子问题也可能暂时不交，也可能交，现在不能肯定。”

李应时：“今天的会议是一个离别会议，但我们充满着愉快的心情，因为我们都是为了建设社会主义。我们的水井无偿移交给明化镇，我们的地皮产权还不交。”

周华：“我来此地时间不久，没有见过面，大队一致反映大家对我们的支持很大。我们离开不是大队愿意的，而是国家任务所需。将来是否回来，还要看上级任务。乡长、主任对我们谦虚，实际是存在问题的。农民处处称我们老大哥，但我们是称不上的。房子问题石油工业部无指示，我们暂时留下，今后移交，再做研究。井封不封的问题，部指示不封，交到乡里，由乡处理。留下的家属由李所长、李队长负责，对我们的家属加强教育，多请示当地领导。”

李队长：“照办周大队长指示，三月到乡迁移户口，与李乡长争吵道歉。”

会议记录中最后写道：“李乡长说：大家对我们提的意见很少，希望以后多联系。”

6月，钻探大队将基地房产53间（其中包括原工人宿舍26间、材料库5间、车间8间、锅炉房2间、发电房2间、汽车库10间）转交给垂杨人民公社。

李肇林、张葆芳等人5月21日首先来到济南，22日接收房屋，开始做整理、刷白、装电灯等工作。从明化镇搬家到济南，王祥说他坐的是搬家最早的一趟车，拉的档案资料和药品，司机是王文龙，拉上他们三个人，保卫科赵文善、张之裕坐在车门里，他坐在车厢上边，走到半路，路过一个村庄，有一个竹竿扎的牌楼，打了他后脑勺一下，把他打晕了，幸亏车开得慢，不然就开瓢了。根据1958年上半年大队总结：“大家一起动手，不分白天黑夜地对所有办公用具和家具进行了包装、捆扎和上下车的装卸，在短短的八天内和没有雇一个临时工的情况下，完成了这项艰巨而又复杂的任务，很快开始了正式办公。”

大队搬走了，但是大队家属有些人永远留在了这里。

刘长沛的小舅子十五六岁，在南宫上中学，夏天跟当地小孩儿到沙河洗澡儿，给淹死了。王忠学等人赶紧下河去救人，王忠学在水下摸到他了，手还死死地抓着树根，他扎猛子扎到树根里了。他娘过来一看，当场就喘不上气了，好在王忠学在后面架着。孔祥京还记得她趴在孩子身上大哭：“我的柴义啊！”柴义埋在了城墙壕外西北角。死的还有三个小孩儿，分别是孟长寿、葛榕、黄文明的。孟长寿的老四孟西平，1954年生于西安，1956年不幸在明化镇因荨麻疹转肺炎死了。葛榕的孩子才四个多月，据陈淑珠回忆：“当时葛榕刚从大别山跑野外回来，我和孩子患流感发烧，他顾不上照顾，也没医疗条件抢救，于1958年1月严冬腊月孩子夭折了。”

1958年5月31日，副大队长周华在大队职工大会上说道：

我来到大队近两个月，第一次跟大家见面。第一是我来到大队两个月的工作情况。这两个月一半的时间在外，第一次任务是去阜宁看井位，桥梁道路、运输工具、联系井队食宿问题；第二次任务是去东台看井位，到南京、徐州联系大队基地；第三次任务是来济南找房子，也就是大家现在住的地方。以房子来说，南京的房子最堂皇。第二是搬家前后的情况及今后工作。为什么要搬家？大家都知道，各井队、小队均已完成了任务，出去接受了新任务，大队留在明化镇，已成了空架子，指挥生产不便。因而部命令我们搬家，开始是开封、徐州，后指示天津、济南，这些地方交通便利，便于指挥生产。这次搬家时间短、任务重、速度快，从找房子到正式办公基本上是半个月就完成了任务。刘午时累坏了，洪百荣脚扎了，梁队长腿碰破了，还是积极干。5月30日夜里三点钟下雨，正是熟睡的时候，当时张德辉、梁尊华先发现，许多同志听到叫“下雨”之后，都立即起床将家具搬到走廊和房子里，这种精神是很可贵的，起床的领导干部有：李应时、梁尊华、周光启、任英俊、王启庚；夫妻都起来的有：李应时、周光启、贾炳章；男同志有：张德辉、张之裕、赵文善、洪百荣、李世明、李肇林等，女同志有：马玉芬、李淑贞、贾默君、林桂英、王惠如、徐经磐、李雪珊、李艳芳。

周华还提到了房子问题："有些同志不满意，说还不如明化镇好。我们可以把经过的房子对比一下，这里是古老的砖木结构，开封是80间茅草房，又小又潮湿，我想同志们到那里住会产生更不满的情绪。我们是来工作的，不是来享受的，不应有这些思想萌芽。有的同志说房子质量不好，这是否比土坯房还差呢！还有的说：这房子能住吗？小孩摔死了，组织负责。这些同志应做思想检查。我们的办公用具是很好的，我们坐的是藤椅，事务管理局王处长坐的还是木板椅。"周华一口的胶东话，抽烟很厉害，在台上讲话也抽着烟。

官扎营前街138号，这是一座二层楼组成的四合院，内有一圈回廊。这座二层楼房四合院建于1916年，为民营的粮食交易所"粮业公所"，俗称"粮关"，协调管理粮食交易。解放后，房主改为山东省机关事务管理局，地皮属济南铁路局，1953年年中，省交通厅征用，供山东省交通干校使用，1957年秋天后其搬至无影山新建校区。王祥说："卫生所就我跟郎兴第两个人，在二楼南边靠街的一间小房子里，处长、书记在北边一排，地质科在东头，计划科在西边，一楼是伙房。印象中这地方很偏，门市很少，紧挨着火车站，整天火车声音嘈杂。有一天，我跟徐经磐逛街，她把我领进一间商店，让我买了一件列宁装，布票是她准备好的。"这是王祥离开西安以后买的第一件衣裳，他还想不到的是，他再一次买新衣服将会是6年以后跟另一个姑娘结婚之前。

如今的官扎营已经成为一片高楼林立的现代化居民区，随着2010年官扎营片区的拆迁改造，原来的历史建筑已荡然无存。2018年5月，我路过济南，到山东交通学院无影山校区找到了杜庆信老师，他已经91岁高龄，但是精神矍铄，记忆清晰。他说自己在交通干校成立前的干训班时就在官扎营，1954年跟教语文的同事结婚就住在里面，一间房子很窄巴，刚能放两张床，房子跟济南站就隔一条四五米宽的街道，那时都是蒸汽机车，还经常拉着汽笛，噪声很大，吵得人睡不着觉。他现在还经常过去转转，因为在那里住了三四年，有感情。庆幸的是，我看到了这座小楼的照片！在山东画报社第

116期《老照片》杂志上有一篇文章《我的求学之路》，作者邹巧珍，她在文章中写道："1960年9月，我考入山东地质学校，离开胶东农村去了省会济南，地址在天桥区官扎营前街138号。学校大院子里有个二层木质结构楼，共3个专业，4个班级，有水文班、地勘班和地球物理班，我分在了地球物理班，当时全班共有52个人。"文章附有一张照片，是当时全班同学的合影，背景就是那座魂牵梦萦的二层楼局部一角，这是我第一次看到它的真面目，石头基础顶着的柱子支撑着二楼的楼道和栏杆。我把照片给王祥老人看，他看出背景就是二层楼的北房正面，二层楼四合院是东西较长，南北较短。

这院坐落的位置就在现在还在建的火车站北广场上，离东边的路大概150米，朝南正冲着站台东头。希望胜利油田和东营市的人路过济南站的时候，不要忘记往北看一眼，这里曾经是华北石油勘探前辈们工作过的地方，是胜利油田的发源地。

大队在官扎营的时间不长，由于随后华北石油勘探处划归山东省地质局领导，又产生了是否搬到青岛路226队驻地的问题。10月17日召开了处务会议专题研究。李应时的意见是：不搬，理由是离车站远，出差不便，材料不便，在这里房子解决不了是一个困难，处里发展，增加人员并不多，还可以向政府提出在附近解决一些问题。尉松耀认为，从工作上看还是搬过去好，省委与地质局提出希望我们搬，单位多不应成为影响关系的因素，单人宿舍也不分散，成立实验室还需要好几个房，光考虑火车站近是不必要的，我们现在住的地方没有前途，同时冬天的火还可以省，应从现实出发。顾心怿说："我认为搬还是好一些，环境好，单位多还有好处。"靳处长拍板："还是搬了好，火车站远点儿问题不大。"在10月18日处职工大会上，副处长刘长沛宣布决定马上搬家，搬到青岛路（今为历山路）。

第十一章

一篇论文误终生

1957年7月1日，115队员又增加六人：张梦华、张麟祥、任靖、曹叔彬、孙秉伦、贾中惠。张梦华、张麟祥两人来自西调处野外队，张梦华是北京人，张麟祥是西安人，他俩负责收集物探资料。任靖是北京石油学院1956年地质专业毕业生。孙秉伦是唐山人，1957年6月从北京石油学院地质专业毕业，他很聪明，爱说爱笑，在学校就是个活跃分子，在乐队里敲鼓。贾中惠是河北任县人，1933年阴历三月生于北京，父亲贾泽生毕业于天津北洋大学，曾任原建设部第七工程局（兰州）总工程师、兰州市政协委员。1953年贾中惠考入清华大学石油地质专业，院校调整后转到新成立的北京石油学院。贾中惠跟孙秉伦是大学同学，一同分到华北，最终两个人的命运都很不幸。1957年年中，陈勤向陈贲汇报工作，陈勤就是原来的陈良鹤，他为什么改名？是否跟陈贲有关不得而知。陈贲就改过名，他原名陈国泽，因为听起来跟“国贼”音相似，上南开中学时自己改名“陈贲”，取其虎贲英武之意。

陈勤问：“资料收集工作即将结束，下一步怎么办？”陈贲说：“那就结合实际，写出总结，谈谈自己看法。”在这种情况下，陈勤写出了《华北平原及其边缘地区的大地构造分区和含油远景探讨》一文，文章得到了地质部黄汲清总地质师的鼓励，推荐发表在1958年第2期《地质学报》上。他不知道，这成了他坎坷崎岖一生的拐点，一场横祸悄悄来临。

许景禄对我说："本来《地质学报》已经向孙万铨约了稿，但是陈勤的论文先投稿了，编辑左右为难，也给登了。"陈铁梅说："1958年一开工，我在地质部华北普查大队工程师彭世福那里看到一份全面的华北地质资料，陈勤所写的论文主要是参考他的，论文发表以后还给队里每人发了一本杂志学习。"

地质部华北普查大队的蔡乾忠在《油踪纪程》一书中写道：

> 这位气盛好学的年轻人对华北盆地含油远景提出了自己的个人见解。文章是结合重磁、电测深和地震等勘查资料，以及针对华1井钻探情况而撰写的。在论述了华北大地构造分区后，重点对华北区域含油远景进行了初步评价。
>
> 论文中写道：根据华北平原及其边缘地区大地构造的分带，将含油区域分成含油无希望区、含油无太大希望区和含油有希望区。
>
> （1）含油无希望区：指平原边缘生根出露的地区，有以下几种情况。
>
> 第一种是前震旦纪结晶岩有着很大面积的出露，基底褶皱剧烈。即使有下古生界沉积也极薄，且分布零星。如山东西部地块、淮阴地盾和五台地盾。
>
> 第二种是有较大厚度的震旦系沉积，在中生代时侵入岩活动剧烈，区域内地层逆掩和倒推位移显著。如燕山准地槽。
>
> 第三种是所出露的主要为下古生代的寒武系和奥陶系。石炭系、二叠系即使有分布，也不过是在小型的向斜里。侏罗系和白垩系的沉积根本就未见。底层褶皱一般平缓，有着很多高角度断层的出现。如太行山陆背斜和河南西部指状褶皱带。归纳起来以上不是前震旦纪结晶岩分布的地区，就是古生代岩系广为暴露的地区。这些地区属于含油无希望区。
>
> （2）含油无太大希望区：指各构造单元在平原里下沉被埋带地区，

包括向斜里的隆起带地区。本区主要沉积岩为寒武系和奥陶系（西山和五台山下沉被埋带可能为震旦系），覆盖其上的直接为第四系的全新统、更新统和部分第三系上新统，总厚不超过1000米。本区一般具备和边缘构造带相同的特点。想象在中生代至新生代新第三纪时，本区无疑为一剥蚀区，剥蚀使石炭、二叠系仅保留在若干向斜里，剥蚀使中奥陶系有一个很大的侵蚀面。如太行山陆背斜下沉被埋带、西山和五台山下沉被埋带、山东地块下沉带和唐山至曲周的奥陶系陆架。当然，它们是不会有太大含油希望的。

（3）含油有希望区：所谓的高阳坳陷、临清坳陷和开封坳陷地区到底有什么沉积，目前虽属推断阶段，但肯定地说，它们是用地球物理勘探方法找到的三个面积较大被新生界掩盖的盆地。高阳坳陷，面积约两万平方千米（沉积深度在3000米的面积约4200平方千米），高电阻层（可能为奥陶系）的埋藏深度为2500~3300米。临清坳陷，面积约为1.2万平方千米（沉积深度在3000米以上的面积约10000平方千米），高电阻层（可能为奥陶系）的埋藏深度为2000~4000米。开封坳陷面积为1.3万平方千米以上，目前资料尚缺。上述坳陷虽也有被较新的新生界覆盖下的属于古生代盆地的可能，但目前它有这样深厚而尚未被确定的沉积层，应该说它们是含油有希望地区，必须进一步做工作，来肯定它们存在的价值。

蔡乾忠指出：客观地讲，陈勤的论述虽然是在勘查初期工作程度很低的条件下所作的评价结论，但经过后来勘探开发实践证明却是基本正确的。评价的“无含油希望区”指的是盆地边缘系裸露地区，如燕山准地槽、五台地盾等，而没有涉及盆地内部的老地层。在被确定的三个含油有希望区，后来在高阳坳陷（冀中坳陷）找到华北油田，开封坳陷找到中原油田。

从蔡乾忠的文中可以感受到其对陈勤的维护。蔡乾忠1954年毕业于南京大学，与贾润胥都是浙江温州人，还是高中和大学同学，曾任地质部华北普查大队与石油工业部华北钻探大队共同组成的华北综合研究联队队长，葛榕为副队长，对已经取得的资料进行系统的整理和研究。他结婚时，葛榕还是婚礼的主持人。

论文发表后，陈勤受到了地质部一些同行的责难，骂他是石油工业部派来的坐探，不再借给他第一手的勘探资料。此时，陈贲已经在1957年反右运动中被定为极右分子，开除党籍，降低工资，下放青海油田监督劳动改造。唐克司长是他的直接领导，陈勤向他汇报以上情况，领导决定下济南继续开展工作。115队被纳入华北处，改名为华北基准井研究队，陈勤任队长。张麟祥说："队长陈勤工作还可以，他写的那篇论文我看过草稿，说华北还没有找到中新生代地层，黄汲清就这么看。地质部很不满意，基本上是借人家的资料写的。"贾润胥说："陈勤对华北平原找油有点悲观，我们地质部的人认为下结论太早，被子这么厚，对地下深层的认识还不够。"

1958年，裴宗诚他们还是在沁水盆地进行地质调查工作，了解石炭、二叠纪含油远景，寻找构造。据大队《会议记录》记载，1958年3月15日，124队陈莉青汇报工作："今年的主要任务是收集资料，作1：20万地形地质图、柱状剖面图和沁水盆地地质程度图，共有3万8千多平方千米面积，地层从老到新缺侏罗白垩系，是以陆向斜……油气远景应把太原统作为勘探对象，石合子统可做储油层。"随后，职处长说："根据汇报含油远景不大。"裴宗诚说："山西沁水盆地可进行专题研究工作，黄汲清先生说沁水盆地无油，但奥陶纪是有希望的岩系。"陈莉青说："该盆地火成岩活动很厉害。"职处长最后说："今年可以把地质部钻井资料收集一些，做一下奥陶系。"裴宗诚记得这次汇报是在西安，当时已经有人反映他一些言论，他想给领导汇报一下思想。

1958年9月，李兆醒跟王海金两人到四川隆昌川南矿务局学习气测。10月，组建华北地区第一个气测组，配备一套苏式拖斗半自动气测仪，李兆醒任组长，测华2井。

第十二章

开封古城华二井

华2井本来定在沧州兴济镇，李春秀钻井队早在1956年11月就到位了，都打好了基础，租用了电台，不料当年10月10日，226队发来通知：“我队在沧县1200型钻在775~798米处见石灰岩，经初步观察对比，为奥陶纪石灰岩，请暂时停止基准钻施工，以免造成浪费。”大队于15日研究决定停止安装施工。

华1井钻探失利后，基于对济阳、黄骅地区存在“火山岩发育区”的认识，勘探目光主要聚集在华北中部的临清和开封两个坳陷内，确定基准井的原则是尽可能定在具有油气远景的地质坳陷中的隆起上。1957年，226队所属地震三队在开封、通许、阜阳一带进行地震勘探。三队队长刘存章，技术负责人朱振宇，测量班长是曹济民，他是河南偃师人，1957年毕业于地质部西安地质学校（今长安大学）测量专业，除了他，还有杨进堂等共11人分到华北石油普查大队。

根据物探资料，1958年初，在开封坳陷南坡布置了华2井，在临清坳陷馆陶构造上布置了华3井。

在华2井之前，地质部在河南省开封市土柏岗乡岗西大队南衶岗村西

300米处钻进一口浅井，1957年11月24日开孔，1958年4月28日终孔，井深1000米。

华2井位于南神岗村东48米处，设计井深3000米，由刚成立的32120队实施。指导员张云，队长刘希尧，工会主席李忠诚（柴油机司机），团支部书记刘洪明，钻井技术员李自强，地质技术员陈淑珠，司钻有李宗斌、董文彬、刘炳成、郑德义，大班司机任敬文。李忠诚是陕西人。

以前，钻井队也有政工干部，但是不叫指导员，叫党支部书记。余秋里任石油工业部部长以后把解放军的思想政治工作方式带进石油工业，他组织川中会战时在石油工业部南充会议上提出："加强井队的领导和管理，支部书记要改为政治指导员，指导员可以下命令，发挥工人阶级的组织性，消灭违法乱纪、歪风邪气。"这种设专职政治指导员的组织结构一直延续到现在。在地质部也是如此，但是地质部小队上还有个岗位叫技术负责人，1956年以前，队里有管技术的副队长，因为行政队长大都是部队转业的，不懂技术，跟管技术的副队长之间经常闹矛盾，为了解决这个问题，技术副队长改称"技术负责人"。

华2井井位开始定在高寨，但是到现场才发现到处都是水，车根本进不去，后确定在岗西大队南神岗村，地质构造上是一个小隆起。岗西大队由三个村组成，分别是岗西、南神岗和后楼，呈"品"字形，北边是后楼，东边是南神岗。大队把整个后楼村的人搬出来，腾给钻井队住，老百姓都搬到南神岗、岗西两个村里。从咸阳库拨来一套崭新的乌德钻机。现定居在中原油田的国庆荣当时做保卫，他回忆道："1958年1月15日，我跟李兰钦、桑金亭一块儿坐火车到开封，火车站南半个卸了一片钻井设备，我们三个人负责看守设备。当天晚上，开始待在火车道上的一个闷罐车里，谁知半夜12点，车要开走，我们没地方去，当时才下了大雪，雪很深，我们就在野地里待了半晚上，冻得不行。白天，我们在东边看见一个大土堆，是个半地下的防空洞，我们就两个人在里边休息，一个人在外边巡逻，发现不行，一旦外边有事，里面根本什么都听不见。我们就找了几领席，搭在设备中间，还点了个煤炉子，火小了，里面很冷，火大了，席子上面的雪就化了，滴在被子上。睡觉的人盖了两床被子，就这么对付着待了一个月，后来来了帐篷就好些了。”

华北处在开封的转运站，在东闸口铁路南沿，后来在禹王台公园，跟空军2721部队住一个院儿。禹王台公园来历不凡，内有相传为师旷奏乐的古吹台，一千多年前，李白、杜甫和高适曾偕游这里。杜甫写有：“气酣登吹台，怀古视平芜。”

在1958年上半年总结中写道：开封井在安装中，由于本身的运输车辆不够工程需要，向河南省委汇报后抽调了当地的车辆和空军的吊车和坦克等大力支援我们，并且他们不分白天黑夜，都是随叫随到。此外，在职工生活需要方面如房屋、床板等也都得到了当地党政领导的大力支援。开封井队（32120队）在“学馆陶、赶馆陶、超馆陶”的响亮口号下，将一部崭新的设备仅用了19天的时间就安装好了。该队采用了车进祯的建议，迅速安全地将高达10米的空气包竖起来。利用立井架扒杆上的钢丝绳，自井架后门外穿出，拴在空气包上，空气包用三根互成120° 的绷绳用人拉住，摇动手摇绞车就能立起。仅一小时就将三个空气包立好了。电测队的李振彦说：“张云指导员、刘希尧队长个子都比较矮，但讲话很有劲，工作很踏实，大家对他们很尊重。”

队上材料工李虎臣说：“从火车上卸钻机的时候，泥浆泵已经拆成两半，但还是太重，拖不动，刘西尧带着我到附近的一个空军部队，借来牵引车，像坦克一样。先在地上挖一个大坑，汽车倒进去，牵引车把泵拖上去，然后再把汽车一块儿拖出来。”5月12日，大队工作会上，刘长沛汇报了去开封现场的情况：“砖瓦已定下1万块，东方红社供给蔬菜没有问题，15日前马车运石子、沙子，空军吊车可以支援我们，运输已无问题。预计是：12~14日，平井场、修公路、搭活动房；14~18日，打地脚洋灰；19~23日，安泵房、井架；26~28日，安装柴油机；29~31日，安泥浆筛；31日~6月2日，泥浆池、沉沙池，检查机器，垫乒架木板，8~10日，试车；10~11日，钻鼠洞；12~13日，检查；14日，开钻。这些同志很消极，4天时间只挖了一个道坑，横装钻杆没有做，吃饭和人闹不好，调戏妇女，见妇女就问到门上。有人还说谁规定整风，对整风不积极，伙食每天6角，还要公家补助5角（杂话很多），还要野外津贴。工人们晚上12点才回来，整风学习不发言，总的看来，是干劲不大。李自强不够积极，罗炳文也不够积极，大队还得去人。”会上决定，衡水队抽20人支援开封并学习，带行军床，由人事科发电报。罗炳文是四川达县人，参加过抗美援朝，转业到玉门油矿，后调到华北钻探大队。

竖立四十多米高的井架，全是用人拽绳子往高空送角钢，嗨哟嗬！嗨哟嗬！号子喊得震天响。但是就在热火朝天的安装过程中却发生了天车坠落事故，原因是天车吊上了但没用卡子卡住。事故发生时间：1958年5月29日中午12点。据6月14日《上报天车坠落事故缘由》记载，华北石油勘探大队由刘长沛、孟邦儒、苏中文、朱企贤组成事故调查组。孟邦儒、苏中文都是1957年毕业于西安石油学校，孟邦儒是处安全技术员，苏中文是处机动技术员，孟邦儒跟路彦德还是钻井专业的同班同学，苏中文是矿场设备专业，朱企贤是处人事工作员。事故调查报告指出：天车未用卡子卡住和钢丝绳穿错，致其自由搁置于天车梁上，没有任何固定装置，就贸然吊升导致3吨多重的天车从天而降，要不是董文彬和肖庭喜躲闪及时，定会发生人身伤亡事故，副司钻郭福海是事故的主要责任人。事故对刘希尧、李自强给予行政记大过处分，副司钻郭福海、安装班班长姜万兴被给予行政警告，指导员张云被给予党内警告。

9月，50名刚从馆陶招来的学徒工来到队上。张凤昌说：“我们这一批没上明化镇学习，直接拉到了开封，还有赵庆喜、迟清海、赵昌友、李明禄、王廷海等，我们几个住在磨坊里，自己带的被子，床板用长凳子支着。到井队给发了工服工鞋，我做柴油机司机，发的翻毛皮鞋是系带的，钻工发的是高帮的。在家里穿的都是补丁衣裳，穿上新工服很高兴，到照相馆照了张相。王廷海开始也分配做司机，他爱摔跤，别人摔跤怕被搂住后腰，他反而先让别人搂住后腰，他腿别住人家腿，腰突然一使劲，就把人家摔地上了，领导一看他这么有劲，就将他改成钻工了，他还挺喜欢这项工作。到了队上有三个月没发钱，管饭，三个月后把我们拉到开封商店里，每人给发了12块钱，我买了件新棉衣。”这里离开封市很近，开封两年前还是河南省省会，十分热闹，工人们下班经常到市里玩儿。

学徒工张朝福说：“在后楼住土坯房子，顶是尖的，麦草编起来好厚。我开始做地质采集工，等刚招来的学徒工大批到来后，队上得有200来人，指导员张云就分成两个食堂，老师傅一个食堂，有70来人，他们挣钱多，管理员是夏根才。学徒工单独一个食堂，指导员张云让我当管理员，管理员就是管理食堂，负责卖饭票、买粮、买菜。钻井队的户口和粮食关系跟队走，在哪里打井就落在哪里，在开封南神岗和邸阁镇都落在开封市，一般都多写上十来个人名，好多买点粮食。职工买饭票按自己定量买，细粮（大米、白面）一毛八一斤，粗粮9分钱一斤，菜票用钱随便买。麻汁黄瓜2分，一般的菜一毛钱，肉菜两毛。一般一个月用八九块钱就够。”队上从当地招了两个临时工，厨师老刘和大老韩，老刘叫刘同玉，是北神岗的，曾在南神岗开饭店，因为这里就在开兰（开封—兰考）公路边上。大老韩是岗西村的“厨官儿”，就是给人家红白喜事做厨师的。王祥说：“这两个人可好，能干，老刘手很快，能随手做出几个菜应急，老刘还跟他说过夏天怎么保存肉，把盐炒煳了以后腌肉，不容易坏。”张朝福说：“老刘当时已经六十来岁了，做菜真好，做羊肉，先用油炸了，再一碗一碗地上笼蒸，我本来不吃羊肉，他让我尝尝，嘿！一点儿都不膻，两毛钱一碗。”

这时，32120队配备了机修组，有大小两台车床、一台钻床、一台砂轮机、一台电焊机、一套气焊。机修组组长是王德元，他是车工，钳工是王振和，电焊工是石岩，管工是薛殿仁，锻工是于庭栋，袁兴云、闫海昇是电工。袁兴云是安徽萧县人，通信兵转业，又给分来6个学徒工，姚长新、李洪军跟王德元学车工，梁洪海跟师傅石岩学电焊，仲崇伦、蔡宽令学电工，陈化祝学钳工。仲崇伦说师傅是袁兴云，实际上是闫海昇教他们，他技术很厉害，文化好，字写得很好。陈化祝跟仲崇伦都来自山东莱阳穴坊公社，仲崇伦是东教村的，陈化祝是西教村的，师傅是王振和，浙江宁波人，很实在。姚长新对师傅王德元很佩服，说他有本事，技术很棒，写材料好，字也很漂亮，此时的他还处于“开除察看两年”（自1958年5月1日起），每月工资才32块钱，因为“一贯违反劳动纪律、生活自由散漫；工作消极疲沓，不负责任；不服从组织领导等”。王德元是天津人，1954年在玉门油矿做车工，1959年9月调到华北大队。档案里记载机修组还帮助人民公社焊接维修拖拉机曲轴架。

1958年8月，在石油工业部沈阳供应办事处做库长的魏振家调到华北处，安排到32120队。他是山东省昌邑市龙池镇马渠村人。抗日战争初期，位于渤海莱州湾沿岸的昌邑县，是共产党领导的胶东抗日根据地通往鲁中南、转去陕甘宁边区的红色交通线“渤海走廊”的重要交通枢纽，而在这个重要的交通枢纽中有一个村庄称为枢纽中的枢纽，它就是马渠村。魏家是革命家庭，母亲陈志强是马渠村的第一任妇救会会长，作为昌邑北乡的女性，1939年她第一个加入中国共产党，并把自己年仅14岁的儿子魏振才送进了革命队伍，在潍县西横沟同敌人作战时身负重伤。魏振才后改名陈挺，曾任第三机械工业部机关党总支书记。老二魏振家生于1919年阴历九月，15岁闯关东，曾经给资本家当过童工，被日本人抓去当过劳工，一次为工友打抱不平，被日本人一棒子打昏过去。他跑了又被抓回来，被扔进狗群里，谁知他抓起一条狗的腿，抡起来，把狗都吓跑了，日本鬼子见他有力气，干活儿又行，又让他干活儿去了，最后终于成功逃出来。1945年参加了东北民主联军公安部队，经历了解放战争和抗美援朝，九死一生。王祥说他：“嗓子有点哑，很严肃，批评人很厉害，爱讲故事，曾讲过他在东北解放后遣返日本人的时候，有个日本人还拿刀想砍中国人，他上去就给枪毙了。”抗美援朝时，任营教导员，在一次战斗中，警卫员被炸死，他脚部受伤，评为三级残疾。档案中记载：“1956年5月27日，沈阳市和平区人委会任副科长时，曾在党内受过留党察看三年处分，其原因是对家属待遇上存在严重的个人主义情绪……并采取吃‘三臭片’自杀未成被救行为。”王祥给我说应该是三溴片，溴化钠、溴化钾、溴化铵，是镇静药，吃不死人。

上联：人压人不算压迫

下联：内外交流不算剥削

这是当时队上的材料员钱忠学结婚时洞房门上贴的对联。钱忠学回忆说，他是1958年阴历八月十五27岁生日那一天结的婚，媳妇叫孙仪秀，跟他是老乡，都是湖北省房县大木厂人，当时才17岁，洞房就在华2井旁边的帐篷里。"我们在帐篷结的婚，都没有门，挂上一个帘子，别人帮着找了1个苇席，挡在门里头，我一个人在家都害怕。"她说。跟他们一块儿结婚的还有队上的李虎臣，是钱忠学的徒弟，媳妇袁金花就是当地南神岗大队后楼村的。现在已经忘了是谁给他们贴了副对联，好像是驻队大夫刘文怀的点子。孙仪秀说，有一天，会计魏支青带着她去井场转，根本找不着丈夫，四处打听才找到，他浑身是泥，没鼻子没眼儿，还有一股油味儿，是在帮人家搅拌泥浆。

王祥记得孙竹书记和靳处长带着他曾到南神岗检查工作，曾在开封市里的饭馆吃过一次红烧黄河鲤鱼，非常好吃。王祥说："那时候出差靳处长经常带着我，我先到财务借钱，回去再用出差补助算账，有一次剩下钱了，就买成月饼分了。"

尽管此时"大跃进"的恶果已经出现，开始进入史称"三年困难时期"的第一年，但是当地政府对石油勘探工作非常支持，经常来慰问他们，买粮不要粮票，买布不要布票，处机关的有事没事就下来指导工作，顺便再买点儿布，以至于处里开始限制到开封出差。刘希尧在1959年2月18日上午会上给大队的汇报中说道："在生活方面，当地对我们的生活供应是很好的，当地经常支援我们，送给我们很多礼物，鱼60斤，花生100多斤，给我们放了电影，开封市对我们很关心，供应及时。"当地政府还给8个家属安排了工作，1958年10月左右，孙仪秀她们招工到开封棉纺织厂做纺纱工，厂子在土北街，一块儿的还有刘希尧队长的媳妇杨常兰、袁金花、张兰芬（材料工谢兴勤的媳妇）、王传英（钻工罗炳文的媳妇），她跟袁金花在一个班，杨常兰后来当了打经纱班班长。刘秀雯和杨淑芳都招工到开封南关机械厂做机模工。1959年2月，她们打经纱乙班超额完成生产任务，向党代会献了礼，车间主任孙友三跟她们合影留念。李自强的媳妇李桂荣是自己找的工作，她是北京通县人，生于1936年，初中毕业，钻井队搬到开封，她也跟着去了，开始在驻开封办事处，看到街上有贴广告招工的，先到百货大楼报名，人家同意了，说第一年站柜台，以后当干部，她不愿意站柜台，又看到开封市供电局招人，被录用，第一年到加工车间实习一年，第二年调到团委。

华2井于8月18日正式开钻，举行了开钻典礼。

32120队华2井开钻典礼 （张大红提供）

华2井开始钻进十分顺利，特别是书记高文会在参加玉门现场会议后亲赴井场挂帅，组织了快速钻进，虽然由于事前检查不够造成刮刀片落井的事故以及导管下沉、水龙带喷泥浆等主客观的影响延误了时间，没有实现日上千的计划，但也创造了月进501米的全处最高纪录，因此在克拉玛依现场会议上获得“上游”红旗，但是正值开封现场会议期间，裸眼钻至2108.44米，因钢丝绳问题中间停钻3天，于1958年11月17日发生卡钻事故。

档案记载：由于修理停工井下情况复杂，下钻划眼至2078.05米时，发生水龙头漏机油，转动不灵活，导致钢丝绳打扭水龙带到方钻杆上无法上提，钻具未活动，造成严重的卡钻事故。此后曾采用馆陶井处理事故的各种经验，用油（废机油）水、碱、硫酸（6%）均无效，后又召开了司钻以上干部会议，决定采用转盘倒转方法倒出钻具21根，立柱倒500米左右，后决定在2000米（实际下入1668米）处进行爆炸，但是未响，上起电缆时由于电缆打结导致电缆拉断，还是采用反扣钻杆倒扣的办法回收，最后丢弃钻具866.68米。于庭栋在参加处积极分子大会上发言：“华2井出了事故，领导上对我们说机修组任务很重，经大家热烈讨论，提出了‘以井场为家’的口号，要修造公锥，任务很紧，我们研究后，到开封学习经验一天，回来就自己试制，经过几次试验成功了，硬度达到了要求，完成了任务。”

来自莱阳的学徒工仲崇伦说，就在“拔白旗”的时候华2井卡钻了，打到奥陶系石灰岩上了，一个牙轮钻头只能打1米，坏的钻头摆了一大溜。当时万兴邦是七级司钻，犯错误降成四级，说你要能处理卡钻就给恢复，结果也没处理成功，无奈完钻。华2井没有油气发现。

1958年12月，司钻董文彬被提为32120队第二副队长。

第十三章

房儿寨上华三井

1957年，226队所属地震二队就在这一地区开展物探工作。郭振西在其回忆录《难忘岁月》中记有这一段工作：

当时，地震二队的驻地在鲁西馆陶。20世纪50年代的县城还很落后，破破烂烂，和农村差不多，只有十字街头有几家店铺，冷冷清清。我很快在南街找到了地震二队的队部，队长王培芝、技术负责人黄光荣出来迎接我，带我看了各作业组住的地方，都是老百姓的民房，每人一个行军床，集体就餐。下午，全体职工集合起来开大会，队长向大家做了介绍。当时开会就在队部的院子里，每人带一个小木凳当座位。我环视了会场一眼，100多人，穿得破烂不堪，工作服上泥一片油一片，这哪像个机关样子，拿这样的工作、这样的环境与省委机关一比，反差太大了，我心里凉了半截，但既然来了，只得硬着头皮干下去。

我到地震二队后，本着少说多干的原则，第二天就出了野外。我到了野外，就碰到司机班和爆破组在吵架，我成了中间调解人。在野外看了一天，我发现这个队组织涣散，思想面貌差，工作没有劲头。回来后，我用了几天时间在职工中了解情况，才知道这是全大队的落后队，头一年(1956年)野外地质资料70%是次品甚至废品，年初有90%的职工不愿在这个队，原因是这个队原政治指导员魏君是个饱食终日、无所用心、贪图安逸、追求享受的人。他很少出队，偶尔出去一次，也是带着室内组的几个女的到野外游玩。职工敢怒不敢言，干群关系特别紧张，所以年初出队时，大队党委把他留在机关做检查，这才把我调来。

对工作进行了深入调研后，我和队长王培芝商量，把工作停一个月进行整顿。表面上看，这可能使工作受到影响，但队伍整顿好了，职工有了干劲，完全能把耽误的时间赶出来。队长同意了我的建议，就把野外队生产停了下来。我向全队职工做了动员，提出整顿要求，先学习后讨论，发动职工摆问题、提意见、出主意、想办法。对好的表扬、不好的批评，最后制定整改措施。经过一个月的整顿，队伍面貌果真发生了很大变化，队员思想觉悟提高了，纪律加强了，工作认真负责了，干劲也大了。这时已进入8月，野外职工斗志昂扬，干劲十足，只用了不到半年时间，就超额完成全年生产任务。12月收队回济南冬训，并进行年终总结评比。地震二队被评为先进队，这一下子轰动了整个大队。为此，大队召开了庆功会，会上地震二队的职工异口同声地说："我们指导员年纪不大(26岁)，办法不少，和职工同吃同住同劳动，带领大家战天斗地，把落后的帽子摘掉了，不愧为省委来的干部。"

通过地震勘探，发现了临清坳陷中部南馆陶隆起，在这里定了华3井，位于山东省馆陶县房儿寨乡(今河北省馆陶县房寨镇)房寨北村东北方向，距离明化镇120千米。

房儿寨的村名历史悠久，来源于这里家喻户晓的杨家将。北宋时期，这里正是宋辽交战的古战场。相传，辽国出动了大批兵马南犯，这些兵马有多少呢？老百姓说共有"一斗谷"，即每个士兵拿一粒谷粒正好把"一斗谷子"拿完。在馆陶北部到处都是辽兵修建堡垒、安营扎寨、屯粮屯草的地方，所以很多村庄地名都同宋辽交战有关，房儿寨、孩儿寨、常儿寨就是传说中宋朝女将穆桂英放儿、藏儿而命名的村寨。当时穆桂英生下杨金花时，辽兵打听到穆桂英了，就趁着她身体虚弱，多次进犯，穆桂英因为带着孩子作战不方便，就把小孩寄养在营寨附近的村庄里一户农民家中，这个村庄便取名为放儿寨，后演变为房儿寨。馆陶在唐代曾称毛州。直到今天，在这一带人们常说“走过京（北京），串过卫（天津），赶过三年毛州会”，就是形容一个人闯荡过江湖，有见识。在抗日战争时期，这里是革命老区，房儿寨还是八路军冀南军区新八旅23团驻地，邓小平曾在房儿寨西北7里地的寿山寺村住过三天。馆陶还是后来曾经担任石油工业部部长的宋振明的故乡。

32104队在华3井合影（杨玉桂提供）

华3井由32104队施工。32104队支部书记薛悦常、队长李仲田、团支部书记刘晋元、技术员尚毅。当时给一套钻井设备搬家确实不是一件容易的事，要把41米高、上百吨重的设备搬走，需要克服巨大的困难。钻机20多吨，泥浆泵近20吨，40多米高的钢铁井架，吊装这些庞然大物没有足够大的吊车和运输车辆，必须全部拆散。钻机、设备、材料等物资总重达到1200余吨。

钻机拆成三大轴和绞车架，共四件；五根传动轴（共同轴、猫头轴、传动轴）；五台柴油机，除了四号柴油机是一个皮带轮，其他四台柴油机拆掉一个皮带轮。泥浆泵总重19.8吨，是搬迁战斗的重点，也是成败的关键。泥浆泵要拆成五件，即泵头、泵尾、泵盖、泵底座和传动轴带皮带轮，其中泵尾包括大齿轮、连杆和十字头等，还重达8吨，这是内脏，不敢再拆了，成为压在大家心头的一座"大山"。再就是超宽的巨型皮带轮，超长的四根大轴。

32104队在起重吊车吨位不足的情况下，积极主动发挥每一个职工的智慧，将重达19.8吨的泥浆泵、6吨多的绞车滚筒卸下安装好，其具体方法在档案中有记载：

A泵的动力端部分重达12吨，当泵运到井场，泵的底座、方木等事先安好，卸车时能利用的只有一架10吨的导链，将导链、三脚架置于泵的底座旁，车倒入三脚架中，用钢丝绳套与导链相连，将动力端部分吊起，汽车马上开走，于是徐徐松导链，使之放在已垫好的方木上，然后移动三脚架，使之更靠近泵基墩位置，如此泵只移动两三次就可以放在底座上，时间紧凑（此法应找老工人，以防事故，32104队由七级司钻万兴邦进行指导）。动力端安装好后，将液力端放在动力端衔接处，而后利用千斤顶加以校正。在超负荷起吊中，应有专人负责指挥以策安全。

B绞车滚筒重达6吨多，开始时该队曾利用绞车和4吨吊车并举，滚筒轴上钻台，但未成功。后领导将此重大任务交给万兴邦和闫吉美，经研究采用滑轮系统起吊滚筒的办法，终于获得成功。为了使滚筒能徐徐上升，而用一辆重车牵引，同时怕滚筒与钻台相碰，在井架大门前的大梁处斜铺木板，这样使起吊滚筒可沿斜面上升。此时，应该由有经验的人专人指挥，如井队长等，以策安全。

通过这种两脚架和滑轮组的吊装方法，替代了原来挖倒车坑，省工省力。

李继秀回忆："记得是技师赵文善提出来，他见过河上码头用人字架吊东西，咱们试试。用两根5吋钻杆，10米半长，钻杆很重，一米37公斤，先用油桶支起来，再加木头越支越高，用钢丝绳拉起来，顶上带上滑轮组，用绞车绞，能吊十二三吨。"

1958年4月5日开始从明化镇搬家，经过25天的奋战，完成拆卸、运输、安装任务。白德安说："那会儿我们搬家干啥的哪有休息时间，然后车来了装车，都是人工，吊车很少，装完了车你就在那躺着，然后一会儿来了再装，装完了跟着就到那边安装去。"

1958年5月9日，大队专门下发文件《32104队安装工作的总结》，将《馆陶井安装总结》发至机关科室和各井队，以资表扬和学习。总结中写：

> 当时大队虽有两台吊车，但一台已送天津修理，所以尽量想办法用人力完成装卸。为了装上3吨多重的柴油机，在柴油机旁边挖倒车坑，汽车倒入坑内后，使车盘跟柴油机高度差不多，再垫上钻杆，然后用人拉、撬杠撬，人们喊着号子，一点一点地挪动完成装车。井架跑道也用这个办法。每天的工作时间都在十四五个小时，"早上点灯起身，晚上点灯下班"，他们提出了"向五一献礼""做跃进中的先锋""勇往直前，干劲冲天""大胆破常规，坚决反保守""抓晴天、抢时间、争取一天当两天，电灯底下当白天"等生动、豪迈的口号。钻工杨秉录被钉扎破脚，但他忍痛坚持工作，没有休息。以王佩英同志为主，张德顺、张富山等都是表现很好的。

里面提到的杨秉录是银川市中宁县人，1956年4月招工到西安地质调查处吴忠大队101队，用手摇钻打100米以内浅井，队上有30匹骆驼，这个队的主要工作是勘察地形。1956年6月，他们队到灵武磁窑堡勘测，住在那里有1个月，搭上帐篷，一大群骆驼，当地好多人来看热闹，这其中就有一个女孩，看到人家都在打篮球，只一个人在帐篷里看书，他就是杨秉灵，这个姑娘叫纪嫦娥，就是他现在的老婆。姑娘的父母就在矿上上班。磁窑堡出产一种非常特殊的煤，质地酥软，能用手团成块，很容易点火，一大块煤烧完后，就剩一点点煤灰，白白的，烧起来不但不呛人，还有一股淡淡的香味儿，当地人都叫“香砟子”。他们就这样认识了，小伙子还到她家找她妈给他补袜子，后来他们就通信联系，一年后，他们就在磁窑堡民政局登记了。这是在“老华北”里面少有的自由恋爱结合的。1957年8月，上级调刘成武他们两个到西调处，本来让他们学开车，但是杨秉录晕车，他们俩又被派到华北钻探大队，在闫吉美班当钻工。

队部设在当地老百姓李培发家，因为这里临街，三间房都有门。从井场到队部一路装了路灯。每星期都会放一场电影。

此时正是办人民公社的时候，家里的牲口都要交到生产队里，社员们不愿意交公，干部听见谁家有鸡叫就去抓。有一天，一个工人到老乡家里想借锅用，老乡听成要买她家的小公驴，说“俺家的小公驴不卖。”王忠学说：“我的房东怕养的鸡入了社，卖给我们，杀好烫了毛，5毛钱一只，我买了两只，炖了白萝卜吃。大炼钢铁，把锅、门鼻子都收走炼钢，房东偷偷地把她家的锅、麦子藏到铺底下。我挂衣裳的大钉子房东也要起了拿走，我不让起，跟我吵起来了，还告到公社里，公社书记找到薛指导员，薛说：‘我们石油工人很辛苦，你看他衣裳都是湿的，不晾晾怎么上班？’没起走。‘大跃进’净胡搞，成立了花木兰队、穆桂英队、佘太君队、老黄忠队，一天光喊口号不干活，种麦子撒种子太多，长出来麦苗像牛毛，长的麦穗不比苍蝇大。我们工人也是开辩论会，忆苦思甜，主动要求吃粗粮。”

井队在购买石子、沙子过程中，当时在邯郸的价格，石子每方17元、沙子每方13元，后经多方打听，在邯郸防洪指挥部购买了积压的石子80方、沙子45方，节约了1010元，受到了大队的表扬。

王忠学说：“1958年8月20日，搬到馆陶房儿寨打井。我在那儿搞过一项技术革新，原先给柴油机加机油，都是先把机油从大桶倒到小桶，再用小桶加到柴油机里，太麻烦，就找到一台柴油机上的旧齿轮泵、一台电动机，鼓捣着连起来，最后成功了。有一天，房儿寨小学一位女老师领着一帮学生给村里食堂送地瓜，走到井场边上看见我，问我吃不吃地瓜，我说我不吃，她还是隔着铁丝网给我扔了几个地瓜，学生也给我扔，扔了一堆。到了晚上，房东大娘找我，要给我介绍对象，就是那位老师，说只要你愿意就行。她比我大三岁，我那年19岁。我说我老家有媳妇了。”

学徒钻工杨保民说，他师傅李新智技术好，就是脾气暴，他身体不好，有胃病，不倒班，带着他们学徒工保养套管，用烧煤炉子把套管烤热了，除锈，然后趁着热劲儿赶紧上扣，慢了上不上，他干得好，李师傅说这小鬼行，干活利索，他喜欢干活好的，所以他们关系好，干不好的光挨骂。李新智老婆是家属，名叫张梅花，工人们打扑克，打出梅花牌就故意大声说一声“梅花！”不上班的时候，经常打扑克，四个人一副牌，打“百分”“抓娘娘”“牵毛驴”。孙金亭跟魏恕住一间屋，孙金亭看俄语书，那么厚。

李继秀说：“那时候困准得简直没法形容，不像现在工作服穿得那么好，尤其开钻的时候，泥浆喷得身上净是水，冬天冻得外面是冰，里面是水，下了班也没地方烤，困难得吃不下饭，觉也睡不够，没时间睡，有时候干着干着就睡着了，下了班衣服湿得没法烤，上班的时候腿和衣服还是湿的，牛皮鞋见水收缩，都穿不上，没袜子，有时包块破布。那时候就是这个情况。”潘立奎说：“那时候赶上‘大跃进’，号召24小时工作，还去给老百姓深翻地，工人排着队上街转着喊口号：插红旗、拔白旗，一定要解决台湾等。”

钟正夫根据工作记录所写回忆文章《在华北工作的片断记忆》中写道：

> 1958年8月7日晚间，当钻井队打钻进尺到达井深1800米左右时，不幸发生了一处钻铤脱落在井内的意外事件，紧接着又因为活动钻具而出现局部井壁松垮造成井腔空间堵塞，最终致使32104钻井队继在华1井遭遇卡钻事故后又一次发生因钻具卡钻的严重事故，而被迫中断华3井的钻井作业。

从8月8日起电测一组成员也加入钻井队为解除事故的紧张工作之中，配合解卡工程之需各方全力以赴。在当时的技术能力支持下，克服当地夏秋季节多雨、道路状况恶劣等多重困难，虽经过差不多三个月的努力，最终也未能解除这场恶性事故。

在10月末不得已再次决定停止华3井的钻探工程，并要求32104钻井队在1958年11月内完成迁往新的华北四号探井——华4井的整体搬迁任务，这样，电测一组也随之将安排迁去60余千米外鲁西聊城县堂邑镇八甲刘的华4井驻地。

钟正夫是1958年刚从北京石油地质学校矿场地球物理5404班毕业的，5月13日到达明化镇报到，跟他一块儿的还有同班同学王宗国以及校友马玉芬（女，地质5409班）、李淑贞（女，地质5406班）、崔盛番（野外地球物理5406班）、张洁英（女，野外地球物理5406班）共6人。李淑贞被安排在机关卖饭票。他们本来应该1957年毕业的，由于“反右”运动耽误了一年。

华3井于1958年5月11日正式开钻，裸眼钻进至井深1809.28米，因钻铤脱落，落井钻具72.49米（从井深600米左右落井），先反正扣用公锥打捞，造扣9.5圈，多次大负荷上下活动，又用清水冲洗、倒注碱水油料，甚至四次爆炸均告无效，接着又发生了上部泥饼黏附、下部卡钻，事故更为复杂，后采用反扣钻具倒扣，至10月中旬倒出钻具830米左右，在克拉玛依会议期间经部首长批准该井报废，于1958年11月19日完钻。

孙竹和靳耀华都前往现场指导工作，搬到堂邑新的井位，计划12月8日开钻，力争实现日上千，突破全国日进尺最高纪录，到年底钻进2300米。

第十四章

中原物探立功劳

1957年，为了加强对自1955年以来获得的大量物探资料的系统整理与分析研究，根据郭锡同的提议，华北普查大队决定由孙武城筹建石油物探综合研究队。在筹建过程中，首先对无棣火山活动带的标志和重力局部异常的性质进行了解释，认为它并不是火山活动带，而是无棣下古生界至前下古生界的基岩隆起，从而大大提高了对济阳坳陷和黄骅坳陷含油气远景的评价。

1958年2月10日，为研究华北地区地球物理勘探资料，华北石油勘探大队和226队组成了联合研究队，两单位分派重力、磁力、电法、地震及绘图专业人员参加，队长：孙武城、王承志，由济南大队领导。联合研究队中心技术小组由以下人员组成：陈树森、孙万铨、郭锡同、张传淦、安培树、王承志。要求提交总结报告时间为1959年3月底前。孙武城是河北唐山人，生于1930年腊月初四，1954年3月毕业于东北地质学院物探系。

3月，华北钻探大队共组织了7个地质队、4个地球物理队和1个测量研究组。101队为地质详查队、102队为地质研究队、103队负责进行馆陶、开封、高阳、安国等5口基准井设计及华1井总结。地质部则有6个地质队、6个地球物理队（地震3个队、电法2个队、重磁力1个队）以及浅钻10部在华北平原进行地质调查和剖面钻探工作。

华北石油普查大队也开展了“反右”运动，贺光要将冯笑尘打为右派，但是王世荣不同意，冯笑尘是人事科科长，部队转业干部，结果没打成，他后来调到湖北省地质局，组建了湖北石油队。最后打成右派的多是技术干部，有陈德维、唐广忠、陈吉永、汪虹文、黄光荣等十来人。贾润胥说陈德维能力很强，工作细致，1958年首先在大别山北麓变质岩中发现石炭二叠纪化石。汪虹文是苏州人，黄绪德的爱人，他们是大学同班同学。黄光荣是地震二队技术负责人，湖南人，1956年毕业于东北地质学院。据郭振西回忆：“他家庭出身是地主，在野外工作期间飞扬跋扈，盛气凌人，高傲自大，谁也瞧不起，和工人关系很紧张。他平时说话也不注意，讲了一些过头话。冬训反右斗争中，职工纷纷起来揭发他，对他开展面对面斗争。他本人在事实面前也低头认罪。最后经大队党委决定，定为一般‘右派分子’。第二年出队，撤销了他的技术负责人职务，当一般工人劳动改造。回过头来看这段历史，把他打成右派是在‘左’的路线指导下，搞得过了头，但是批评教育一下还是应该的。1958年出队后，他不但没有很好地认识错误，反而有意搞了一些破坏活动，就把他逮捕法办了，这是罪有应得。”

在其后的整风补课运动中，贺光受到批判，党内给予严重警告处分。主要原因是王世荣不服气贺光，经常向山东省委告状；再就是对省委工业部派来孙良鹏任党委书记，地质局决定石油队的修配间、化验室等统一管理以及物探局取消大队部工作人员野外津贴等决定思想上有看法。10月，贺光被调到山东大学地质系任主任。

1958年1月，地质部决定撤销石油地质局，华北石油普查队伍也发生重大变化。春天，根据苏联的经验，物探力量从华北石油普查大队分出，组成地质部地球物理探矿局济南大队，随后迁往河南省郑州市，更名为郑州大队，7月，郑州大队更名为中原石油物探大队，负责河南、河北、湖北、山东等省的石油物探工作并委托河南省地质局代管。7月下旬，全队人员陆续迁到郑州市福寿街84号。11月6日，河南省地质局任命宋俊德为党委书记，陈树森提任中原石油物探大队队长，朱宝华任中原石油物探大队副队长，技术负责人为郭锡同。下属分队：地震一队、地震二队、地震三队、电法一队、电法二队、电法三队、电法五队、重力队、电测井队、物性队、综合研究队。大队共有职工554人，其中干部364人（技术干部226人），工人190人。1958年7月19日，地质部批准山东省地质局筹建物探大队。8月9日，原地质部地球物理探矿局济南大队的磁法分队与天津大队127队等合并组成山东省地质局物探大队，李耀宗任支部书记，李福魁任副队长，这就是现在的山东省物化探勘查院的前身。

1958年9月，根据党中央体制下放的精神，地质部将华北石油普查大队撤销下放，分别组建山东、河北、河南、江苏和安徽五个省级石油普查队。山东省石油地质队由王世荣负责组队，于1958年10月正式成立。党总支书记王世荣，副书记冯展相，何秉仁任副大队长（大队长空缺，他主持行政工作），副队长朱炳跃，技术负责人杨兆宇，杨兆宇是江苏省江都县（今扬州市江都区）人。设有5个科室和党总支、工会、团委，两个钻井分队、三个地质分队专题研究队（队长伍瞻玉，是杨兆宇爱人，福建人）、油苗队（队长贾润胥）、地质分队（队长袁永中），还有附属机构仓库、医务室、绘图室、修配间、汽车运输队。杨兆宇为技术负责人，分配给地质人员20人，钻探技术员有高时中、陈吉永。大队有两台B3钻机、一台3-1200钻机，即三支小钻井队（队号分别是1201、1202、1203）。1201队分队长高洪奎，机长熊居勇，技术员王广涛；1202队分队长房本孝，机长张洪太，钻井技术员唐希忠；1203队分队长兼支部书记袁金声，山西浑源人，1948年进入华北军政大学（今石家庄陆军指挥学院前身）学习，1954年从部队转业到地质部。机长孟和。1959年末，共有职工228人。杨兆宇与贾润胥、蔡乾忠以及爱人伍瞻玉都是南京大学同学，杨兆宇和伍瞻玉本来在新疆753队，1956年冬调到华北普查大队。蔡乾忠调到河北石油普查队。

郭振西在其回忆录中这样记载：

1958年，全国掀起了“大跃进”的热潮，石油物探队伍也不例外，野外分队也是天天放“卫星”，一个地震队一天曾经干到几十千米测线，一个月干到四五百千米，实际是在拼时间，一天不睡觉，两天不睡觉……我到野外发动大干，一次曾经96小时没睡觉。这种“大跃进”把人们累得受不了，有时站着就睡着了。那个年代，一边干一边批，叫作大批促大干，大干促大变。一手高指标，一手右倾帽，谁要落后就给谁戴上右倾帽子。当然谁也不敢落后，都想争上游。这种拼命干的局面，把人们搞得筋疲力尽。

1958年春天，在南阳工作的一个地震队发生了井口爆炸，一下子死了3个人。这个事故完全是责任事故，打完了钻井，3个爆炸工往井下送炸药包，井中有水，炸药包刚下去，随着下炸药的杆子就浮了上来，按操作规程，本来应该等爆炸工离开井口后，操作员再按爆炸机。可3个爆炸工还没离开井口，操作员就放了炮，结果将这3人炸得粉身碎骨，后来是将死尸一块一块拾到箱子里的。

306队在西安组建完成后来到济南，跟115队在一间大办公室，跟226队是一座楼，也就是后来的华北处机关驻地。范惠英说：“我们到了济南，人家都不搭理我们，瞧不起我们，队长陈勤看都不看我们一眼。”你想想也难怪啊，人家都是大学生，陈勤都毕业六年了，是“老石油”了。陈铁梅和于钤在115队实习，于钤又漂亮又文静，就是有点娇气，不会干家务活儿，陈勤喜欢她，给她写情书，但是于钤不愿意。范惠英接着说：“我在电法组，组长是周兆龙，他父亲厉害，就是周宗浚。周兆龙人很严肃，工作认真，要求严格，点点、画线、写数都得规规矩矩，使我养成了良好的习惯，对我影响很大。”重力组的张麟祥说：“周兆龙是1954年北京地质学院第一批毕业生，入校是东北地质学院，上了两年，转到北地的，他有羊痫风，我跟他关系好，他走到哪里，我就跟到哪里，就怕他发病。”

1958年2月12日，地质部与石油工业部联合通知，为了开展对七年来华北平原地区所进行的地球物理勘探资料的整理及综合研究工作，地质部与石油工业部联合组成“华北地球物理勘探资料整理及综合研究联合队”，队号801。801队于3月1日组成，任务是：综合整理华北平原地球物理资料，结合地质及钻井资料，研究华北平原区域地质构造，划分大地构造单元，划分含油远景地区及提出今后勘探方向。该队是由翁文波亲自推动成立的，他认为石油、地质两个部都在同一个探区而各自工作，资料成果不能发挥其最大的效果。801队开始设在地质部物探局济南大队部内，队长孙武城，副队长王承志，其中地质部参加的人有孙武城、郑书英、陈昌礼、王牖民、费鼎、张景英等9人，石油工业部华北勘探大队参加的人有王承志、张梦华、张麟祥、姚法章、马在田、周兆龙等13人，分重力、磁力、电法、地震及综合研究组。其中马在田1957年7月毕业于苏联列宁格勒矿业学院地球物理学专业，分配到华北钻探大队。他1930年生于辽宁省法库县一个贫农家庭，父亲只是粗略识字，1950年考入东北工学院（现东北大学）建筑系，两年后选送留苏，后来成为801队第二任队长。

范惠英回忆道：“王承志、张梦华、马在田和我经常一块儿跑步，每天晚上吃过晚饭，从单位跑到青龙桥，再跑回来，那时候有个叫‘从北京到莫斯科’的长跑活动，跑到多少千米还给一个奖章，我就得过一个奖章。可能就是那时候，马在田给过我一张单人照片。1958年8月，801队与中原石油物探大队一起搬到郑州。在郑州很有意思，王承志想跟我好，给我送了张照片，我照一张相片，他也去照一张跟我一个样式的，但是我不太愿意，觉得他年龄太大，比我大了八九岁。蒋馥英就追马在田。”我问怎么个追法，她说：“蒋馥英上班就盯着马在田看。”范阿姨还给我做出那副盯人的样子。范阿姨接着说：“前两年，她们打电话的时候，蒋馥英说：‘你知道为啥他不愿意与我好吗？他是喜欢你。’我说：‘啊！我怎么没感觉啊！我都不知道。’现在想想，当时要是他追我的话，我可能也不愿意，他脸上有一块胎记，挺大的一块，但是马在田这个人气质特别好，给人很有学问的感觉。801队里还有个彭先干，地质部的，也搞电法，可能互有好感吧，但是没说过话，他是长沙人，南开大学毕业的，长得也好，工作很钻研，就是出身不好，好像当时父母就在外国，开会批判他，每个人都得发言，我没说过他一句坏话。在郑州，我、刘桂珍、地质部的辛文华三个人经常被派去陪苏联专家，都是保卫科点名的，专家住在宾馆，礼拜天陪专家跳舞，冬天溜冰，夏天游泳。有一天，我看到于铃很不高兴，她说刚看完电影《芦笙恋歌》，看到电影里的男演员，想起前男友来，比她高一届，人很好，却被打成右派，无奈分手了。”

801队在郑州（范惠英提供）

《芦笙恋歌》这部电影现代人一般不知道，但是里面的主题歌相信大多数人都听过：

阿哥阿妹的情意长
好像那河水日夜响
流水也会有时尽
阿哥永远在我身旁
……

范惠英说："我这一辈子就敬佩马在田，第一，他人品好，大公无私，没有私心杂念，他尊重珍惜有才能的技术干部，也关心不管能力大小、学历高低的技术人员；第二，有才华，有学问，跟他工作能学到很多东西；第三，工作特别钻，不讲究吃穿，不搞人际关系，一心扑在工作和事业上。他优点特别多，有时候我想挑挑他的毛病，真找不出来，像他这样的人太少了，一辈子能遇上这样的领导也很幸福，我能在他手下工作是我今生的幸运。他对我们员工特别好。有一件事到现在也忘不了。1960年，洛阳的表妹来郑州看我，可是每个人就一碗菜、一碗饭，我在发愁呢，马在田过来给我碗里拨拉了半碗菜，那时候大家都吃不饱，每个月27斤定量。孙武城人也很好，有水平，有领导能力，有组织能力，业务水平强，技术水平高，他很关爱手下的技术人员，平易近人，尊重别人，是个好领导，会处理关系，跟大家关系都很好，他技术上赶不上马在田，但比我家老王要强。王承志，他领导能力、技术水平有限，但他不怕辛苦、不怕累，尽量想办法完成上级交给他的任务，他对手下的人不压，对上级领导不拍，是个好人。这是我对三个队长的感受，我家老王突出的是人品，忠厚、肯干。我很怀念原来在一起的那段时光，在一起多好啊！后来再也感受不到有那么好的一个集体。"曾在801队工作过的张麟祥也说，他这辈子见过那么多人，最佩服的是马在田，有才能，人品好。

在1959年6月8日的处会议记录本里，还记有这样一句话："安培树说，马在田来信要求订几份美帝的杂志，看是否订？靳耀华说：国外资料可与科学研究院联系，订一部分。"

1959年，地质部中原石油物探大队开始对济阳坳陷的地震勘探。地震二队用24道苏式光点地震仪（51型）在济阳坳陷东营地区进行地震普查。物探工作以详查为主，结合进行大面积普查，石油物探的重点在华北的济阳、黄骅坳陷，详查了沙河街、胡家集、堂邑南、邱泉等5个圈闭构造。

在1959年2月10日的《1958年华北石油勘探处石油勘探工作总结》中

记录：

资料整理研究的结果，在原火山活动带区，在重力正异常区电片显示隆起，地震亦可得到2000~3000米反射层，而在隆起之间更有深达4000米反射层，在隆起部分走向似与边缘有一定的规律，不似全为火山活动引起，故认为火山活动带不应单独列为一带，同时三带过渡关系也不明显。虽然目前资料不多，但很多现象可以说明沧县隆起带以东至鲁西地块大向斜，应当合为一个坳陷，其中间为隆起，虽然没有区域沉积中心，但定有深厚的新沉积，钻井表明其中间有新生代地层，在盐山钻孔中也发现有第三纪滨海相化石，同时此坳陷内的盐山、滨口两口浅井在900米深处均有气的显示，所以我们说这个坳陷是一个远景的地区，不次于开封临清坳陷，应该给予足够的重视。

这个认识极为重要！这是对无棣火山活动带的重新认识，首次扭转了之前关于济阳、黄骅坳陷的看法，开始对其开展研究，并认为济阳与黄骅区有6个构造：滨县、盐山、无棣、庆云、沧县东、商河有值得进一步勘探的价值。

1958年4月1日，华北处成立了第一支地震队，由北京石油地质学校野外地球物理5509班学生和华北石油勘探处职工组成。计划5月15日前完成设计、组队，然后进入现场开展野外地震工作。老师共有四人，队长是任苏东，指导员是席绍增，高满镛老师操作仪器，王化文老师教钻井。任苏东也是高探一班的学员，现在做讲《野外工作方法》的专业老师，业务能力强，学生都很欢迎她。席绍增教政治。该班共有52人，但因病等原因有几人没有参加。

华北处配备车辆及司机、钻工、警卫、爆炸工等20余人。该队配备一台苏联产51型地震仪，共有7部车辆，其中钻机车2部、解放车2部、水罐车2部、仪器车1台。司机由任希富开仪器车，张恒君开一辆解放车。管理员姓李，四个警卫，有秦广镇、刘占英等人，保卫配有手枪，有一次刘占英把手枪放在裤兜里，解大手，走了火，差点儿打着腿。刘云毅是钻井班长，职忠远是钻机机长。

其中的学生孟宪庆在回忆文章《勤工俭学见证那一段历史》中有生动描写：

队伍从前门火车站出发，一路向南驶去。当列车进入河南境地，广播开始播放人民音乐家冼星海的《黄河大合唱》，激扬悲愤的歌声像一把火。满腔热血的青年，早起打开车窗，迫不及待地看到了哺育千千万万炎黄子孙的母亲河，有的同学激动万分，情不自禁地喊着“黄河！黄河！我看到黄河了！”车厢里顿时活跃起来，由部队文工团转业的陈祖辉同学组织大家唱起《黄河大合唱》组歌及《在太行山上》《大刀进行曲》《毕业歌》等歌曲。一路走来一路歌，不知不觉到达开封车站。下车后遇到一位民警，上前问道：“同志，开封府在什么地方？”他面带微笑地说道：“黄河自古以来泛滥成灾，开封府早已被水淹没啦！”队伍在开封县兴隆镇扎营，当地政府和人民对我们的到来非常欢迎，大力支持和照顾。队伍休整几天，开始野外工作，我们每到一处都引来很多人围观，向我们提出很多问题：“你们从哪里来的？拿着千里眼（测量仪），又打眼又放炮干什么？”答：“我们是来找石油的。”我们这支年轻的学生队伍，朝气蓬勃，干劲冲天，天不亮就起床，唱着《勘探队员之歌》，迎着朝阳出工，中午吃几个馒头，就点咸菜，喝上几口水便是中午饭了，吃完继续干。一片乌云过来倾盆大雨瓢泼而下，同学们被淋得像落汤鸡，直到日落西山，送走晚霞才鸣锣收工。坐在敞篷车上，风一吹，浑身冷得直哆嗦，只好相互依偎，靠体温取暖。一天工作十几个小时，过度的劳累，再加上水土不服，有的同学感冒发烧、拉肚子，稍加休息，仍坚持工作。六月转战到陈留，好像来到另一个天地。大街小巷的墙上刷写着醒目的大字：“‘大跃进’万岁！三面红旗万岁！人民公社万岁！”门上挂着“红专大学”的牌子，到处充满着政治色彩的标语口号：“东风吹，红旗飘，祖国形势一片大好！赶英超美，人有多大胆，地有多大产！东风继续压倒西风！美国是只纸老虎……”天一亮大喇叭就开始播报新闻，报喜的队伍一拨又一拨，敲锣打鼓，鞭炮齐鸣，向上级报佳绩、表决心、放卫星。大炼钢铁非常壮观，好像战争年代的碉堡群，星罗棋布，到了晚上更是好看，好像万家灯火，又像天空的繁星闪闪发亮。全国各地成立了人民公社，以生产小队为主体成立大食堂，吃饭不要钱，到秋后才结束工作。

孟宪庆老家是秦皇岛市卢龙县高各庄，但是他在北京43中上的初中，住校，有助学金不用花家里钱。父亲在他四五岁的时候就闯关东，在松江省（1945年设立，1954年并入黑龙江省）宾县宾安镇一家店铺，从当学徒开始，后当了管账先生、经理，1950年回到老家。

在工作过程中，不幸发生了两起事故，导致两人死亡。一人是学生徐义威被淹死。在档案《对201队学员徐义威被水淹死的处理通报》里有具体的描述：徐义威，18岁，四川成都人，游泳的池塘是人工挖出的，叫妇女英雄塘，东西宽约20米，南北长约30米，水深2米多，距陈留镇约9华里。1958年8月24日，在河南省开封县陈留镇工作时，未经领导许可竟擅自离开工作岗位，去该队工作之测线西1里处一蓄水池游泳。时间是上午11时45分左右，当时池内已有五六个学员在游泳，有华有才、王瑨、许世水、孙传法、代允健、张志胜。徐义威游泳技术不好，沉到水里后，经多人下水寻找，最后是高天才潜水抓到他拖上来的，约下午1点救上岸，虽实行人工呼吸，但为时已晚，队长将其送到陈留医院，大夫打了四针强心针无效，后送开封县人民医院抢救均无效，次日葬于开封西郊人民公墓第23排第一丘。27日叔叔来到现场，未提出其他要求，28日离去。这一严重死亡事故的造成，其责任虽应由死者自负，但也说明该队在组织管理上是存在一定问题的。当时的仪器组长应负管理失职的责任，应在全体学员和职工中进行检讨。孟宪庆说他很聪明，学习好，但不是思想追求进步的那种人。

另一人是当地一个两岁小孩儿。9月6日，在陈留镇，司机张恒君驾驶大货车，在路口停下，这时一个老太太带了一个刚会走的小孩，小孩钻到车前边，司机没看见，给轧死了。孟宪庆说："张师傅是东北人，可吓坏了，吓得神神道道的，说：'小孟，我不行啦！我要进监狱啦！'"在华北处事故处分通报中写道：虽然张氏应负主要责任，但张恒君缺乏警惕性，未采取紧急技术措施，将小孩轧死，给予降级处分，由二级工降为三级，工资降为51.7元，被轧死小孩的治疗费和埋葬费由张恒君本人承担。

孟宪庆说："当时学生没有津贴补助什么的，只是管饭，再就是发了单的、棉的各一套工作服、工鞋。陈泽芬像个假小子，操作十几天便当上司钻。"

勤工俭学地震队合影（孟宪庆提供）

这个队工作到1958年11月收工，工作区域主要在开封附近，黄河以南，有三个驻地：开封县兴隆镇、陈留镇和尉氏县邸阁公社，完成地震剖面329.64平方千米，没有发现明显构造。在8月2日华北处职工大会上，副大队长刘长沛表扬他们，说："201队的同学已不像学生了，与劳动人民没有什么区别。"在1958年工作总结中写道："201地震队在传达贯彻了玉门现场会议的精神后，就迅速扭转了以往完不成任务的现象，经过短期的整顿思想以后，即出现了跃进局面，创造了单站单班12排列、120个条件点的新纪录，超额完成了任务。"

1959年6月底，刚从北京石油地质学校地质专业5510班毕业的王琦从济南华北处报到后被分到地震队。这一年总共从北京石油地质学校分来14名学生，王琦带队，有他同班的王士栋、刘德顺、杨金海，还有地质5511班的于茂香、杨向福、方炳旺、闫会兴，矿场地球物理5505班的胡媛林、李维平、尹德惠，矿场地球物理5506班的刘殿甲，野外地球物理5509班的孟宪庆、王东才。王琦说："我们十几个人一块儿报到，我们很注意节约，取出行李后雇了一个地排车，我们坐公共汽车到达华北石油勘探处驻地青岛路，到人事科报到，是雍进接待的我们，她看上去病恹恹的。"王琦是河北省通县（今北京市通州区）人，1936年生于一个贫农家庭。闫会兴是河北安平人，是抗日战争时期曾经当过雁翎队队长、北京石油学院首任院长兼党委书记闫子元原配的儿子。刘殿甲在学校就很出名，都喊他"刘大帅"，个子有一米八多，长得帅气，河北顺义（今北京市顺义区）人，他说家里很穷，在外婆家长大，1952年考上了北京市三中，自己在学校比较活跃，帮助学校干活儿，帮物理教研室做教具，自制电焊机，得过"爱校之家"奖状，在学校的"除四害"、十三陵水库劳动、种树等活动中表现积极。于茂香长得瘦高，头发自来卷儿，他和杨向福都是河北吴桥人，两家就离着三里地，都是穷苦人出身。于茂香家七口人，有父母，三个哥哥，一个妹妹，就二三亩地，再租地主家几亩地生活，1938年，日本鬼子打过来以后，日子没法过了，一家人就闯关东，先到了鞍山铁矿，大哥、二哥在矿上当矿工，一家人吃高粱米，做成糊糊，没菜就吃灰灰菜，吃了都肿脸。后来搬到通化煤矿，他冬天捡煤核，下着大雪很深，只能穿棉袜子套单鞋，背个桶，从八九岁当童工，提个篮子运煤，从小到现在没睡过懒觉，养成了不怕吃苦的性格。杨向福家更穷，娘是盲人，一家人靠父亲唱"独独戏"生活。

地震队还是跟北京石油地质学校勤工俭学队合作组成，只是队员已换成野外地球物理5612班和5613班，王琦的女朋友王淑华就在这个队，5613班。王琦在其回忆录中写道：

我跟刘殿甲、王东才一块儿分到这个队，先在滨县（今滨州市滨城区。1958年12月，滨县并入惠民县，县机关驻到北镇）后到惠民，沿滨县到惠民的公路两侧做地震勘探。队长蔡永和，是数学老师，技术负责人是任苏东。每天天不亮就出工，中午饿了就啃凉馒头就咸菜，晚上全黑什么都看不见了才收工，一天工作十几个小时，也没有星期日休息这一说，很是辛苦。那时使用的还是比较先进的51型地震仪，电子管的仪器很怕震动，工作效率极低，使用的是48型油阻尼式的检波器，十分沉重。人们就在这种仪器效率低、劳动繁重、烈日炎炎的条件下工作。虽然跟女朋友近在咫尺，忙得也说不上话。这次得到了地震勘探实践的感性知识，地震勘探概查的步骤：（1）设计测线；（2）实地测量测线；（3）钻放炮井眼；（4）放大线、埋检波器；（5）装炮放入井内，引爆；（6）仪器车接收地震波录下照相纸，洗相得到记录，野外工作完成；（7）室内解释工作，先画时距曲线、画出“火柴棍”式的地震剖面、找出同相轴画出构造图，至此，地震勘探的工作基本上完成。他们一直工作到年底12月收工。我待了一个来月就调去查油苗了。

在这个队上，已经娶妻生子的刘占英以谈恋爱为名奸污了学生李某。刘占英圆脸庞，大眼睛，长得精神，能说会道，能拉会唱，非常善于勾引女人，甚至总结出了一套手法，说要“抓住女子弱点进攻，会挑拨，会欺骗……”还吹嘘自己：“只要看上了哪个女的，不用找她，三天自己找上门。”其实无非就是花言巧语欺骗、物质金钱引诱、献殷勤、装可怜等手段，骗取涉世不深的年轻女孩，得手后就立即甩掉。

此时，在物探方面，华北处还有301重力队。张麟祥说：“301重力队是1959年初成立的，队长是徐金铭，西北大学毕业的，副队长是顾锡庆，开始驻沧州牛街，先在沧州搞重力测量，1960年，徐金铭调地震队当队长，我是负责人。队上有两台重力仪，一台是西安仪器厂生产的‘红球’重力仪，另一台是美国进口的‘海蓝得’重力仪。”1960年，301重力队到开封地区工作一年，完成了6360个重力点和12700平方千米的1：10万重力详查。依据重力详查成果和以往资料，划分了华北平原大地构造单元轮廓，并认为开封地区是下古生界埋藏较深的坳陷区。

第十五章

苏北发现鼓人心

江苏地区的石油勘探从1956年开始，到1970年9月苏20井首次出油走过了艰难曲折的历程。1956年2月，地质部组建华东石油普查大队（372队），1957年初并入华北石油普查大队。1958年10月，其中一部分组建为江苏省地质局石油普查大队，并组建了华东石油物探大队，开始在苏南和毗邻的浙皖丘陵山地进行石油地质调查，查证海相中、古生界油苗百余处。1957年地质部地球物理探矿局航测大队和济南大队协作，在苏浙皖地区进行了航空磁测和地震区域大剖面，发现苏北平原为明显弱磁场、低重力异常区，根据测量结果推测，苏北平原为一沉积盆地，向东深入黄海。1957年11月，在江苏省阜宁县十字河发现油苗，地质部孙万铨、苏联专家潘捷列耶夫和石油工业部西安地质调查处115队队长陈勤、116队队长邱中建等前往调查，认为苏北坳陷有良好的含油前景。

毕占海记得他跟着大队长陈树森曾陪同地质部物探局局长何善远和苏联专家到阜宁查看油苗，他说当时县里很重视，县委书记、县长都陪同，还在县委招待所招待他们吃饭，饭菜十分丰盛，有桂圆丸子等，结果何局长把人家训了一顿，嫌太浪费。

1958年春天，华北钻探大队开始进军江浙一带，成立了江苏石油专题研究队。队长是赵中坚，包括石国世、许景禄和技工共有五六人。石国世是四川巴县人（今重庆市），跟赵中坚是西北大学的同班同学。

许景禄在回忆录《根系大地》中记下了当年在华东的见闻：

1958年早春时节，新组建了江苏石油专题研究队，队部设在南京。我们从明化镇到邢台乘火车南下，经由郑州、徐州前往南京。离开河北时还是春寒料峭，南京城内春风拂面，更是暖融融的。第一阶段的工作主要围绕南京远近郊的宁镇山脉进行。宁镇山脉的主峰就是紫金山，我们的地质调查路线大多穿越中山陵、明孝陵、玄武湖、莫愁湖、雨花台等景点，并在其附近设定地质观察记录点，进行地层构造和油气显示的地质调查研究，同时利用野外工作间隙，顺道观赏这些名胜古迹，可以说工作旅游两不误。后来，我们又到苏南，对跨越句容、金坛、溧水、溧阳等县的茅山地区进行野外地质调查。我们顺道游览了茅山之巅的道观灵官殿，还参观了附近的新四军抗日纪念馆，1938年陈毅率新四军在这一地区建立了以茅山为中心的苏南抗日根据地。入夏以后气温骤升，上级领导给我们一项政治任务，派我参加寻找耐火黏土，支援热火朝天的“大炼钢铁”运动。我二话没说，打起背包就去往徐州附近的一个小山村——江苏省地质局下属的一个地质队。火车驶出浦口站以后，沿途灯火通明，映红了半边天，这是一座座小高炉在日夜奋战。次日，我在三堡小站下车，赶到小队，那里的场面让人感慨，男女老少齐动员上山“采矿”，多是一些品位极低的“矿石”，甚至连一些铁质砂岩、铁锰质结核都被挖去炼钢。漫山遍野红旗招展，车来人往。“总路线万岁！‘大跃进’万岁！人民公社万岁！为超额完成1070万吨钢而奋斗！鼓足干劲，赶英超美！”等大幅标语充斥山野。我虽未接触过耐火黏土矿，但利用我在校所学的《普通地质学》等课程，与地质人员一道，通过野外露头调查研究，借助手摇钻、槽探、坑探等手段发现了好几处硬质黏土，基本满足了制造耐火砖的需求。秋天返回南京后，接到刚成立的华东石油勘探局下达的任务，收集合肥盆地的地质资料……

经过半年的工作，成果颇丰。6月5日，段金钟给大队汇报："油苗在浙江打井，二叠纪遇二层油，范围小，每天捞几百斤油，石灰岩裂缝中喷过一百多斤油。南京仙山二叠纪发现油和沥青。阜宁新沟乡有油，滨海也有油苗，镇江气苗也很多，有几十年。上海喷气230处，用气烧水，气浅几十米。苏北很可能有第三、四纪海相地层，希望很大。从地震看，地面到地下4000米处都是倾角不大的，生油储油都好，东台、阜宁都有些背斜，应很快打基准井。工作中有些缺点，地质部与我们配合不好。阜宁对我们很支持，修路中连夜运木料，阜宁在生活上比东台差一些，坩子土很贵。物探时下雨不能行车。安地质师去也不跟地质部队长、工程师联系做地震工作的问题。安也好发脾气，安与孙工程师有些矛盾，安不愿意与地质部直接接头。"周光启说："我们对地质部不够尊重，他们已做的工作，我们没有消化就重新去做。226队有这样的情绪，认为你们能定井位就自己定。"

苏北的发现对大队鼓舞很大，5月15日会上讨论了在苏北成立长期性的工作组或区队，关于地点，靳提出盐城或南京，周华兼领导，赵技师、顾心怿、李艳芳、钟辉生、地质科及工人一人，考虑李福喜去做党委书记，赵技师任副区队长。周华提出"李艳芳最好不去，因为还要照顾孩子"。6月11日，靳耀华去衡水给1464队开会，靳说："你们到苏北后，九十月可能就要喷油，喷油之后家属还可以来。"周华说："苏北任务部里很重视，希望很大，苏北环境很好，都在市区以内，当地党政领导对我们很支持，也很关怀。苏北风俗习惯跟我们不一样，希望大家了解。"12日，在大队会议上，靳又说到地质问题："三个大队（注：另两队指地质部华北普查大队、南京物探大队）协作问题，由安负责写出一个东西，一星期后拿出。苏北有2个基准井队，5个地质、地球物理队，可成立长期性的一个区队，由安考虑地质上去谁，有无人去？安负责搞出一个五年规划，应结合226队的规划。要

226队多定井位，他打地层，我们打构造。我们自己心中有数，有矛盾不谈。地质要跑快，要推动226队，我对地质上有意见——太慢。”安则说：“我们领导不抓地质，行政上有号召，工作好做，唐司长提出地质上是等饱。三个大队长应一个抓地质，一个抓钻井。”在这次会上，安还提出：“以后准备电测解释人员可放在地质室，可减少电测人员。”不久，华北处地质科组建绘解组，由林蓬辉、潘瑾台、王海金、李振彦4人组成，负责测井资料验收、绘图和解释工作。林蓬辉任组长，他老实肯干，从不编排别人是非。潘瑾台是北京石油学院1957年测井毕业，性格文静，皮肤白皙，特别是两条快到膝盖的大辫子，又黑又长，给很多人留下了深刻的印象。潘瑾台是北京人，家里都是知识分子，不会干体力活儿，上大学时衣服都是拿回家洗，有人背后叫她“林黛玉”。潘瑾台说：“大学毕业到官扎营报到还是父亲送来的，父亲是北京高级工业学校的数学老师，家有五姊妹，我是老四，还有一姐两哥一个弟弟，我们家是重女轻男，比较娇惯我，父亲送到后离开时还哭鼻子呢。”林蓬辉追她，但是潘瑾台喜欢李振彦，李振彦字写得很好，性格老实内向，但是他妈坚决不同意，嫌潘瑾台岁数大，比他大3岁，就从老家给他张罗媳妇，他的表妹陈玉叶就把初中同学介绍给了他。陈玉叶跟李振彦是表兄妹关系，李振彦是她舅舅的孩子，他家4个男孩，没女孩，她家3个女孩，就把她送给了舅舅家。李振彦对靳处长夫妇印象很好，说：“靳处长为人正直善良，他见到我叫我小广东。他爱人对人也很关心，有一次在济南到电影院看电影，她还多买一张票给我，说她请我看，我当时非常开心，很感谢他们。”

1958年5月中旬，从北京石油学院毕业的许学康、史淑苓赶到明化镇报到，大队已经搬到济南，还有最后一辆搬家的车。他俩又搭车经馆陶、聊城到了济南官扎营，许学康分到地质科。许学康1935年1月生于江苏省常州市武进县北下墅村，武进跟江阴交界的地方，父亲毕业于南洋公学，就是上海交通大学的前身，先在政府工作，家乡被日军侵占后回乡照顾父母。1953年，他高中毕业后考入北京地质学院矿产地质系，1956年，把他们4个班共120人调入北京石油学院石油地质专业，1957年底毕业后，又在校搞“反右”运动拖了多半年，所以他们这一批被称为“四点五”。史淑苓是天津人，分在基准井研究队，都叫她“司令”。组长曹叔彬带贾中惠、史淑苓到太行山南麓勘查地质剖面，故意把他俩分在一块儿，就这样相识、相爱了。曹叔彬闹过一回笑话，他自己上街买了一条裤子，回来一看，竟是女式的，在侧面开口的，可是他并未去换，照样穿在了身上。那个时候人都不大讲究，甚至也不敢讲究，穿挺括的新衣会被人称为“资产阶级”，在井队就更不讲究了，能遮羞御寒就行。1958年9月，北京石油学院又分来地质专业毕业生穆祥金，天津人，回民，跟当时著名的游泳运动员、被誉为“蛙王”的穆祥雄是同一家族，他也爱好游泳。

安培树派许学康到玉门油矿学习，到过鸭儿峡试油区队、钻井大队地质队、老君庙采油厂、地质研究所、勘探公司测井公司绘解组，学习了钻井地质、采油地质、高压物性取样分析、油气水化验、试油、测井等内容，1958年底结束学习，元旦还是在返程路上过的。

就在华北处上下对苏北地区充满希望的时候，1958年6月，石油工业部成立华东石油勘探局，负责江苏、安徽、浙江等地区石油勘探工作，华北处的一部分勘探面积划给了华东局。从9月1日起，把原属华北处的3个地质队（苏北基准井研究队、资料收集研究队、油苗队）和1个钻井队（正在阜宁打井的32105队）以及在苏北地区工作的4个重磁力队、镇江转运组2名干部，共计8个队170人及设备全部移交给华东石油勘探局，另外还调去了包括重磁力工程师张梦华在内的17人。张昌平说：华北处他们车间的两台车床，1台C620、1台C630都支援华东局了，连砂轮机、台钻都被拉走了。

石光赫回忆说：“1958年三四月，成立32105钻井队，我做钻井技术员。有一部新的乌德钻机一直放在沧州一片野地里，有三个警卫看着，拿着步枪，我带人去拉的，组织搬运工装火车运到镇江江北车站，再用汽车拉到阜宁，井位在阜宁县城边上，我们住县城废品收购站。运输中，有两个80方的泥浆罐上固定的绳子磨断了，掉了一块铁皮，我就给来回拉货的司机说，给我看着点儿，结果过了一个月井上设备都装完了，也没有谁看见，队长急眼了，让我自己坐交通车去找。我就上交通车趴在最后一排，眼睛不敢眨巴一下紧盯着后面，车走出去没多远，我就看见路边那块铁皮了！还在那儿！我赶紧下车，这里是苏北灌溉总渠，有个大坝管理站，人家给了我两个青玉米棒子吃，这时天已经黑了，在大坝上能看见井架上的灯。我走回去，喊人来拉。8月，钻了将近2000米，32105队划归华东石油勘探局了，就把我一个调了回来。”王祥回忆说，当时刘长沛正带着工作组到32105队，还有他、王家兰、苏中文，突然接到一封电报，让他们立即返回，原来是32105队被划到华东局去了。

石光赫1957年毕业于北京石油学院钻井专业，河北乐亭人，1932年出生于一个知识分子家庭，父亲在冶金部任高级土木工程师，毕业于北洋大学。

调到32105队的梁流芳在离开明化镇前碰到徐经磐，给她说王祥人很好，小徐说：“大哥，你放心吧，我们肯定成。”7月9日，三个班从船上卸钻杆时，钻杆从船上滚下来，把梁流芳的脚给压伤了。就在前一天，大班司机周贵元发动柴油机前没有打招呼，把正在摸启动马达小齿轮的机动技术员苏俊良的手指头压掉一个。

1958年7月20日，32105队所钻阜基井开钻，在盐城组地层下发现470余米灰黑色地层，后命名为下第三系阜宁组，认为是苏北盆地主要生油层系。

第十六章
“大跃进”中大招工

苑希恒一直珍藏着一张纸，抬头印着：学徒（实习生）合同。这是他参加工作的招工证明，合同中第一项：乙方于1958年9月1日到达甲方学徒，学习柴油机司机工种，学习期限为3年，期满后的学习技术等级要达到三级（中技）以上技术水平。第三项：学习期间甲方付给乙方生活补贴。凡在野外现场学习者，生活补贴第一年每月20元，第二年每月22元，第三年每月24元。凡在明化镇学习者，生活补贴每月18元。凡在济南学习者，生活补贴与在野外现场者同。经单位送外单位学习者，生活补贴标准与该单位的学徒同。签订合同时间：1958年11月5日，签订合同地点：明化镇。

苑希恒来自山东省招远县，1958年招工到华北石油勘探处。1958年八九月间，石油工业部华北石油勘探处开展了一项规模浩大的招工工作，说它大，是因为这次招工人数之多，当时整个华北处不过630人左右，而本次招工计划达到500人。

1958年8月7日，华北石油勘探处向山东省上报了《关于我处改属山东省领导的报告》。石油工业部根据党中央指示：“中央、地方、天然、人造这四个方面，大、中、小合起来”，即“全党办石油、全民办石油”的方针，将华北石油勘探处划归中共山东省委和山东省人民委员会领导。在报告中，提出了目前需要请求解决的四个主要问题：器材物资供应问题、修机厂建筑问题、办公室及职工宿舍问题、工人招收问题。在工人招收问题中提出，根据玉门现场会议和我处初步规划，第二个五年工作量很大，现正根据规划筹建机修厂，下半年拟将增加7部中型钻机（即7个队），需进行劳动力招募工作，共需500人。

8月21日，华北处专题召开了“研究培训任务问题”会议，靳耀华、周华及机关科室长等有关人员参加。尉科长说：“明年钻井队共12队，钻工、正副司钻共需200人，需要专门培养钻工230人，柴油机司机70人，下一步办地质班、机械班100人、运输班25人，李福喜当训练队队长，两个队长做钻井班主任，动力班班主任由苏中文兼，并担任教员，石油学校的两人当辅导员，钻井班教员由石光赫担任，辅导员由王治亮、罗隆担任。这次训练首先整顿思想，以政治教育为主，以总路线为主要内容。业务方面可讲一些理论常识、安全教育和管理制度。时间2~3月（室内），现场4~5月。”靳处长最后总结：“培养方法以现场为主，在明化镇不花长的时间（1~1.5月），主要整顿思想，政治学习由平安同志考虑，内容以总路线为主。向玉门去一个公函，如他们没有问题还是去，以20％的老司钻、5％的副司钻去，新来的有培养前途的去50多人，他们去之后可以开阔眼界，我们要多‘留洋’，有必要。我们还可多订他们的报纸，好处很多。还要以部分初中、高中程度的，培养干部，在玉门、新疆都可培养。”

经过山东省劳动局批准，在省内馆陶县、寿张县、招远县、莱阳县、沂南县进行招工。馆陶由张继堂、朱企贤负责，沂南由韩玉的、石振祥负责，寿张由张继堂负责，招远、莱阳由王友田、张建安负责。张继堂是莘县张炉村人，生于1925年冬天，14岁就参加县大队当了通讯员，1942年2月参加了八路军，后随刘邓大军挺进大别山时任侦察排排长，一次阻击战斗中从山上滚下来摔成严重脑震荡，七天不省人事，1955年参加抗美援朝，1958年7月1日作为连级干部转业到华北处。这是他到华北处接到的第一项任务。

招工的程序大致是：大队推荐、公社报名、体检合格。招收条件是出身成分好，年满18岁，高小文化程度，身体健康。但也不是那么严格，有个别人没按照这个程序，像孙金亭是聊城市里的，父亲在馆陶县林业科工作，他正在馆陶上初中，当时去招工的住在县招待所里，他自己找到张继堂、朱企贤就招工了。张朝福说："我老家是魏增寨镇马栏厂村，在卫运河西沿儿，河东就归了临清。我们村比较富有，靠运河种菜，没招工的，招工的都是比较穷的村。我在县京剧团干司务长。张继堂、朱企贤到馆陶招工，晚上来看戏，我在门口帮着卖票碰上他俩，我问：'我能去吗？'他们说：'能，只要体检合格。'朱企贤给我开了个体检条。我愿意去，当工人多光荣，不愿意唱戏，唱戏是下九流。在这之前，我就碰到过来这里石油地震队的，听说一个月能挣60多块钱，我才挣20多块钱。"

馆陶的张凤昌回忆道："我是馆陶八岔路公社瑶坡村（现属临清市唐园镇）的，村里一共报名5个人，体检验上3个，验上的留下，住在县城学校里，在馆陶大街上就能看见房儿寨的井架子。馆陶的有50人拉了两卡车到济南，每人发了一块钱饭钱，然后坐火车到徐州转车到开封井队上，这些人没去明化镇学习，直接到井队上干活儿。"馆陶的王金秀说他们这一批50人直接走到房儿寨32104队，只有孙金亭是骑车子去的。孙金亭自己有辆自行车，只能他跟王金祥两个人骑，他俩无话不谈。我就想，他俩都很能说、爱说，在一块儿不知道谁能说过谁。

1958年6月，寿张县台前农业社放出了小麦亩产3175斤的高产"卫星"。1958年8月27日《人民日报》以当时极为流行的"人有多大胆，地有多大产"为题，介绍了寿张县的"大跃进"情况："在那里，平均每人生产的粮食竟达到了67万斤？！"一时闻名全国，前来参观学习者络绎不绝，7月，时任全国人大常委会委员长刘少奇也前来考察，成为全国"大跃进"运动的典型。来自寿张县的张繁庭说："寿张都是从李台公社招的，我是仓上村，高小文化程度。村里当时报了我跟张繁信两个人，到公社检查身体，村里还有个叫王入奇的也想去，大队书记上县里开会去了，他跑到县城找去，说书记同意了，也去体检，体检合格后，头天在公社集合，第二天点名，没张繁信的名。王人奇很有心计，分到32120队，头一个月发了5块钱，他说他想买件衣裳，下个月就还我，谁知道他第二天开小差，到火车站买票给抓回来了，一直到第二年分队，他去了天津钢丝绳厂，到现在都没还我这5块钱。”同样来自寿张的张宗力说，张继堂到寿张招工，他说是挑驾驶员，体检特别严，体检大夫说比验当兵的还严，他们村招了4个，还有张宗杰、张来印、张衍法。在公社体检合格后，记得是阴历八月初五，我后来档案里参加工作时间一直写的是8月5日，从寿张上汽车拉到济南，到济南后，开始派他们先到一个钢铁厂干活，干了得半个月以上，八月十五在人家厂里过的，一人发了两包月饼。八月十五后两三天由卡车拉到明化镇学习，人家别的班开课了，地质、钻井、柴油机，就他们驾驶员班缺教员，等着开课，出去砍草。有一天，学校从粮站拉粮食，别的都是两人抬麻袋，就他们寿张这一伙儿膀大腰圆，年轻逞能，一人扛着一个麻袋，不知道让谁看见了，说这可是干钻井的好材料，老师就跟他们商量改行干别的行不行，他们年轻也不知道干什么好，听人家说干钻井进步快、有前途，就改成学钻井了，后来又从沂南招的学驾驶。还有个笑话，学的时间长了，跟家属也熟了，有个家属说，嗬，你学钻井的最不好，干钻井，井上泥浆池那个泥浆快一人深，掉进去爬都爬不出来。馆陶的一晚上跑了好几个，我们寿张25个没跑的。路彦德教钻井，一口陕西话。1958年底，寿张的都分到了32120队，领导开会说这是母鸡队，为将来出油做准备。

从招远县招了100人。从莱阳上火车，在火车站等车的时候，有人问干什么活儿？王友田一句话“一下腰二百来斤”吓跑了两个。跑的有贾庆贤，还有谁忘了，李培绩骑上叫“倒骑驴”的三轮车追回来的。阴历七月十五在招远县城集合，当晚住在城隍庙，第二天从莱西上火车，专门给他们挂了一个车厢，先到济南待了半天，再转车到德州下火车，用太拖拉把他们拉到明化镇。来自城关公社东观村的蔡庆龄说，他早就给队长说好了，等着招工，干农活太累了。离开家时背着一床被子，做铁匠的爹给了40块钱，于当时来说不少了。

于焕明说，招远那一批，是他生日那一天离家的，阴历七月十四（阳历是8月28日）。招工时间写的是9月1日。到明化镇学习的总共有200多人，开始都学钻井，5门课，有语文、政治、钻井、内燃机等，学习完成后考试。后来从中挑出50个学柴油机司机，结束的时候，又分配一些人干气测、地质、重磁力、化验室等。招远的王振厚说："1958年那一批招工里，就我跟宋吉庆两个是初中生。在明化镇学习，团委张书记教我们做广播体操，看我做得最标准，问我，我说刚初中毕业当然会了，他就叫我上去教。培训后，我跟宋吉庆分到了材料科，我驻西安办事处，宋驻北京办事处，就在石油工业部招待所住。"招远的王书敏说："我考得好，5门都是100分，因个子小，就分到了测井队。"

莱阳的梁洪海说："在莱阳招了24个，到济南比招远晚点，也是八月十五以前。我没到明化镇培训，直接到开封华2井做电焊工，师傅是石岩。"姚长新说，莱阳的都没去明化镇学习，在济南待了两天，人事科的过来跟大家聊天，询问情况，他被分到河南开封32120队，跟师傅王德元学车工。

沂南县的黄家轩说，本来打算招50人，实际招了28个，地方打算给几个女的，华北处不要。1958年9月招工，在济南过的八月十五。刘永兴说，他个子矮，本来不要。韩玉的说："小鬼挺灵光的，要上。"沂南是1956年成立的，以前属沂水县。他们从界湖城走到沂水，50里地，他去过两趟沂水，他姑父在沂水酒厂看门，就跟邱自严、于维书几个人走在前边，天才下过雨，山路泥泞，走得他脚都磨了泡，从沂水坐汽车到益都，再坐火车到济南。他分到修配车间，开始住在官扎营，他们在济南水利厅夜校学习了几个月，涉及电工、数学、安全知识等方面。半年后机修车间搬到东关大街57号，他当发电工，师傅是任敬文。

华北处这次招工并没有招够，实际招了不超过300人。根据华北处《1959年职工人数与工资统计年报》记载，1958年以来新参加工作的固定工人数是321人，其中包括21名女性。根据对"老华北"的寻访，核对出310

多人的名字，其中馆陶150人、招远99人、莱阳19人、寿张22人、沂南24人，都是男性。

1958年是“大跃进”的一年，各行各业都在跃进，到处都在招人。党中央还发出“支援边疆社会主义建设”号召，决定从全国内地动员570万人前往边疆和少数民族地区支援经济建设，其中从山东去东北80万人。王仁卿说：“我是招远的，但是生在东北，长在东北，父亲闯关东，先在朝鲜，又到安东，种菜，当瓦匠、石匠，这时候朝鲜战争，动员回到老家。我在生产队当小队长，要不早就出来了，当时招工的很多，煤矿招工，铁路局招工，到处要人，村里还要大炼钢铁，缺劳力，队里不让走。”这帮人里大部分是十七八岁，最小的是赵昌友，十五岁，属羊，李培绩、马洪春、苑兰茂、王占松他们岁数大，有的都二十七八了，都有老婆了，李培绩当兵复员回来了，马洪春在公社里当秘书，块儿大个儿高，一米八，他是这帮学徒工里张文法的姐夫。

大队搬到济南以后，明化镇就成了培训学校，李福喜总负责，还有王友田、李萍、陈恩福等人，都是有家属孩子的。管理员是刘金海，做饭的有穆登顺等人。老师有石光赫、朱企贤、张之裕、路彦德、张建安、苏振亮。张建安教钻井，他与路彦德是西安石油学校的同学，路彦德是甲班，他是乙班。记得朱企贤还给他们用俄语唱《莫斯科郊外的晚上》。吃饭是十个人一盆菜，一人给每人碗里分。一次吃香油炸茄子，这道菜是如此之香，以至于几十年以后，住在前后楼的王金祥、申金奎、娄本真三人，还经常说起这顿香油炸茄子：“真香，比红烧肉都香。”他们还给屠宰厂拔草，人家给牛肉。学员从明化镇地里刨了一大堆地瓜，蒸了随便吃。八月十五，每人给发了两包月饼，把王金祥高兴坏了，给家里写信：“这怎么dai”，招远人说“吃”叫“dai”。他还记得李萍给他说，在部队里捡兔子屎当中药治发烧感冒。学徒里抽烟的不少，明化镇东边有个汽车站，他们没事儿就到那里捡烟头儿抽。王金祥说：“我刚捡回来，王永先回去就找我要，他不好意思自己捡，后来我看见烟头就先踢到一边，趁别人不注意再捡。王永先、王占松他们岁数大，很霸道，我很怕他们。”王金祥小时候很苦，七八岁的时候就出去要饭，他本来是招远石队头孙家的，跟孙星友一个村，马洪春是石队头马家的，但是招工时却是跟王作才、王钱和、王宪金一块儿从大岚村招来的。王金祥兄弟四个，他是老四，从小连个名字都没有，就叫“老四”，父亲是木匠，在走乡串户给人做工的时候跟一个寡妇好上了，奶奶打上门去，父亲跟人家跑到大连去了，半哑巴的母亲只好改嫁，家里就剩四个男孩儿。王金祥拿个打狗棍、背个破布袋在招远四处要饭，甚至曾到栾家河村后来成为媳妇的门上要过饭，村里的小孩儿堵住门不让要。他走遍招远，几次想数清招远一共有多少个村，但是一直没有弄清。有一段时间，他跟上一个唱单弦的盲人，给盲人带路，管饭，可是有一次晚上，盲人从后边抱住他摸索，他不干了，离开了盲人。有一天要饭要到离家35里路的大岚村，村支书家没有孩子，就把他收养了，取名王金祥，上了小学。他记得上学第一天，背着新做的书包，里面有一块写字的石板，结果放学的时候石板就打破了，养父也没说他。我问他要饭的时候住在哪里，他说一进村就先找碾屋，就是专门碾去谷子、高粱等粮食表皮的屋子，村里都有，碾屋里都有马粪什么的，铺在地下垫着睡觉，有时候碰上好心人会到人家家里睡觉，喝水就到河沟里。栾家河村招工了6个：栾凤振、栾全芬、栾祥林、栾祥顺、栾锡斌、栾庆邦。

来自山东省不同地方的人凑到一起，煞是热闹和新鲜。招远人一看，馆陶来的净麻子，有张朝福、王廷海、许复祥、吴成贵、陈连会、申金奎、娄本真等。馆陶的一看还是人家招远的穿得好，穿得洋气，穿的衣裳都是制服，鞋是买的胶鞋，而他们的鞋都是自己家做的，有的头上还拴着毛巾，很土。其实招远人穿买的胶鞋而不穿布鞋，是因为他们那里山多石头多，自己做的布鞋穿不了几天就磨坏了，实在做不过来。

娄本真来自馆陶县八岔路公社娄塔头大队（今临清市八岔路镇娄塔头村），距离清末时出了“千古奇丐”武训的武庄仅5里地。娄本真说：“我老家里就挂着武豆沫的像。”武训本名武七，当地人都叫他武豆沫。豆沫是鲁北一带用豆面、剩菜等物打的一锅煮，又叫“糊涂”。而武七早期给人的印象便是迷糊，他自幼随母讨饭，不谙稼艺，被人瞧不起。但就是这样一个社会最底层的人，靠要饭、打工、耍杂耍积累钱财，他把积蓄交给娄塔头的当地名士、武进士娄俊岭代为管理生息，最终创办了三所义学，是中国历史上以乞丐身份唯一被载入正史的，新中国成立初还被拍成了电影《武训传》。

学员上课在原来的食堂，住在职工宿舍。开始没有分班，后来根据身体条件、考试成绩分了班，个子高、身体壮的干钻工，个子矮、身体弱的干柴油机司机，考试成绩好的干气测工、地质工。

杨宝民说："朱企贤教语文，记得让我们写作文，题目是：我们一定要解放台湾。朱老师说我写得好，在课堂上表扬了我。我是北岭公社石城疥村的，高小毕业，跟王家庄的王彦学、龙王庙下村的李基柱是同学。"何玉众说，天冷了，大家都没带冬天衣裳，朱企贤派他回去捎衣裳，从明化镇到馆陶180里地，他一天走回去，到周围村里给同学带衣服，有田敬文、刘长明、周孟贤等人的，在家待了两天，第四天早上4点出门，晚上7点就到了。朱企贤看见他，很吃惊："你飞回来的吗？"

培训期间没有发钱，管饭，但还是吃不饱，来前在大队吃大食堂，随便吃，再加上有的对工作、待遇不满意，馆陶来的从明化镇一晚上跑了十多个。

张永滋说，大概12月完成培训，背着铺盖卷，他们一百来人走着去堂邑八甲刘32104队，走了两天，第一天晚上走到威县。还有一百来人到开封32120队。蔡庆龄说，他们这批晚走个把月，从邢台坐火车到开封，邢台火车站外边有烤地瓜的，他们买了些到火车上吃。李贵祥说："到了开封两三个月的时候，与我们一起来的跑回去四个人，也喊我跑，说贵祥，你年龄最小，这既危险又累，还不让吃饱，咱跑吧。我说我不走，我们队里整顿思想，学习政治思想课、业务课，从那时起我越来越懂得，国家没油不行，其实那老师讲得很现实，一个人身上血不够了，是贫血；一个国家没有油，各种工业农业都运转不起来。"

32104队接收学徒工有准确的记载，139人，使全队职工总数达到220人。队上在总结中写道："新工人发生逃跑、偷盗、闹工资待遇、怕累、不安心工作等问题，大队进行思想状况分析，把欺骗领导、企图回家不来的李树同，不服从调动、开小差回来的平秀起做了典型教材，在全体职工中进行了讨论，对他们个人主义思想进行批判，最后作了大会检查。对明化镇开小差回来的陈维行于大会检查后宣布不收。表扬闫吉美班成绩突出，不仅在实际操作中严格要求，耐心教育，而且在班下对政治、技术、学习抓得很紧很严，因而学习技术快、干劲大、师徒关系好，如新工人张法智等人本打算开小差，后来师傅对他们很关心，也不开小差了。也批评了司钻杨建平对待学徒从私人感情的印象出发、技术教育偏心、只批评不教育的做法。32120队接收新工人96名，共有职工176名。"

培训结束以后，1958年11月底，将所有166间房屋（含第一次移交的53间）交给明化镇，移交协议上还写了一句"但我处以后需用时均应交给使用之"。移交人：李福喜、李萍；接收人：李栋阁。这些房子开始是作为垂杨人民公社明化管理区办公使用的。1973年，明化镇成立精神病院，就作为精神病院驻地，直到2004年，医院另迁新址，原苏联专家住的大瓦房等房屋全部拆除，地基被精神病院院长购买，盖成了"百家宴"饭店。陈恩福一家是大队中最后离开明化镇的，他们在这里终于生了一个男孩，老六陈炳双生于1959年8月，他后来在胜利油田科技处做司机，而我在油气集输公司科技办，开会时经常碰到他，给我说他是娘抱着离开明化镇的，住在济南花园庄。

根据1959年1月9日的华北处一份材料《华北石油勘探处基本情况》，全处共有职工764名，其中中共党员99名、共青团员208名、知识分子135名。

第十七章
驻地搬到青岛路

华北石油勘探处机关驻地在历下区青岛路（今历山路），跟山东省地质厅山东石油普查大队在一座办公楼里。这座楼为三层红砖尖顶建筑，南北向，大门朝西对着青岛路。二楼是山东石油普查大队，三楼是华北处机关科室。一楼主要是山东省地质局物探大队，还有卫生所，在一楼进楼左拐西侧第一间，105队在一楼东北角一间房子。

华北处办公楼（陈桂庸提供）

单位食堂就在办公楼前边平房。班长是王铸钊，炊事员朱阿毛是汽车队司机朱永昌的爱人。后来也在这里做炊事员的彭文玉说，王班长大个子，人可好了，很老实，光会干活儿，不善言辞。彭文玉跟爱人颜永德都是四川隆昌人，属于1959年10月从青海石油勘探局调来的B3联队。

开始两家单位在一个食堂吃饭，郎兴第就是在食堂看上了媳妇许继红。许继红是河北安国人，1955年初中毕业后考取地质部正定干部学校财会专业，上了一年，选拔外语好的参加了俄训班，在北京百万庄学习6个月。俄训班毕业后，原本是被分配在北京工作的，但是她积极要求进步，写了请战书，要求到边远艰苦的地方去工作，这才分到济南226队苏联专家办公室做打字员。当时主任姓孙，是一名转业军人，还有2个翻译，3个苏联专家，其中一对是夫妻，专家住在山东宾馆。许继红活泼可爱，爱说爱笑，爱打篮球，进食堂都是蹦蹦跳跳的，被郎兴第看上了。许继红说她当时很节俭，早晨买两个馒头、咸菜，跟中午吃两顿，而郎兴第爱吃爱穿，每顿饭都是一荤一素，带她出去吃饭，两人就自由恋爱了，并很快在1959年1月28日结婚。这时候郎兴第调到幼儿园，婚房就在他住的里间一小间，请了一桌客，自己买的菜，参加的有幼儿园的园长、老师，给送了一个搪瓷盘子，有一把茶壶、四个杯子，许继红说他们拿着结婚证买东西，毛巾、脸盆都买不到，也没做新衣服，就这样结了婚。

1959年，为了夫妻团聚，许景禄跟陈基淑对调回到华北处，两家皆大欢喜。许景禄在回忆录《情系大地》中这样描写了华北处在青岛路的驻地：

在华北石油勘探初期，我们就来到山东，在济南工作生活了一段时间。那时我们的宿舍在华北处北城乡接合部的花园庄，居住条件虽然很差（低矮的老式平房），但环境幽雅，半开放式的四合院内尚有古树、小庙、石碑，近处流水潺潺，一条小路通向远方，东行不远就是建在广阔原野上的处招待所，一位曾跟随朱德总司令长征、当过他警卫员的川籍老红军（陈恩福）在所里当管理员，他朴实敦厚，全家过着节俭的生活，却为改善职工生活种菜、养猪，勤勤恳恳，默默奉献，令人敬佩。招待所再往东十几里就是山村，我和邻居曾用地排车拉着煤和面粉去换回地瓜，以补粮食定量之不足，首先供成长中的孩子吃饱。

华北处招待所在花园庄，自己盖的五六排平房，所长是陈恩福。

华北处的这座办公楼如今尚在，却已不是原来的模样。原来的三层红砖楼已装修改建成贴着瓷砖的四层楼，现在是山东省地质矿产局物化探勘查院。这座楼东南不远处还有两座看上去古老破旧的红砖楼，东边一座一直到现在还被称为“专家楼”，就给处级和一些科室长们住了，靳处长和孙竹住一楼，还是对门，李应时和林桂英一家住二楼。西边那座是当时的宿舍楼，我进去看了看，一派破旧的筒子楼模样，黑洞洞的，不见人影。

华北石油勘探处机关驻济南市原青岛路外，还有修配车间在济南市东关大街57号。招待所在花园庄，仓库在现在的济南市槐荫区营市西街8号，这块地方是供应室材料员王士平亲手插上树枝、拉上绳子圈的88亩地。何光义说，安装班住在山东省地质局招待所，在东关大街，处修配车间旁边，但是他们一般不在济南，都在井队上住。在堂邑打井的时候，正好赶上过年，离家也就几十里地，都不让回家。

华北处的职工带家属的基本上住两处地方，一处是黑虎泉南边的司里街5号院和7号院。李玉芳一家和梁尊华一家、赵玉堂一家住在5号院，这个院子的主人后来成了王士平的丈人；马永举家、赵文善家、强积民家、高明礼家、罗会荣家住在7号院，这是钟庆丈母娘家的院，都喊她李奶奶，是街道居委会的，她家住在南屋，马永举家、赵文善家住北屋，其他家住东西厢房。司里街距离处机关有七八里地，李玉芳上下班都是走路，她说要走35分钟，人家说她是“飞毛腿”。再一处是青龙桥沈家胡同，这是一条很窄的胡同，两边是一些平房院落。李湘兵说5号院门朝西，进大门是个前后院，他们家住后院，跟其他单位的两家住，他家住中间一间平房；前院有薛悦常家、钟辉生家和张葆芳家，院子里有一口水井。任希富的家属姚凤珍说：

“我家住沈家胡同3号院，孟科长家住三间北房，院子里还有张国英家、石振祥家、马会计（地质局的）家，我家住一间南屋，房管局的房子，公家给拿一半儿租金，每月8毛钱，用水在街上自来水管，一天定时放几个小时，水费每人每月2分钱。我是家属，25斤定量，1960年只给10斤粮食，15斤地瓜面，1岁孩子给6斤，每长1岁加2斤，吃不饱，我靠吃菜。任希富在食堂吃饭，从外边买菜回来。”

1958年9月，山东省委派孙竹任处党委书记。孙竹原名孙文郁，山东省文登县岭上孙家村人，生于1909年12月，1932年8月至1936年6月在省立文登乡村师范学校（相当于高中三年）读书，跟谷牧（原名刘家雨）、刘其人（曾任解放军总政治部组织部部长）是同学，当时谷牧在学校任共产党地下党支部书记，多年后，谷牧成为国务院副总理，主管石油工业。孙竹回乡做教师，1939年3月入党，1940年2月参军，在胶东军区东海军分区政治处任统调干事。在描写胶东地区解放战争的《鏖战胶东》一书中记载有关于孙竹的一句话：“1944年秋季攻势后，调孙竹任大股伪军工作团团长”，负责伪治安军的敌工关系、分化瓦解伪军工作。1950年随二野进军川藏，翻越二郎山，曾任道孚县县长，1951年入朝，是志愿军工兵22团副政委兼主任，1955年8月任军委工程兵21团政委、书记，奋战在长山列岛国防工程。爱人于宪惠也在华北处工会工作，她是孙竹的第二任老婆，父亲是地主。孙竹前妻的女儿孙学芝说：“我妈得病死了，她跟我妈都是文登乔家庄的，还是舅舅给介绍的，舅妈就不愿意，说她性格古怪，她在河边坐在石头上洗衣服，手里拿着一块石头，又来了一个人洗衣服，她也不让给人家块石头。她参军时参加过抗美援朝。”夫妻都是一口的胶东话。

李应时在其回忆录中记载：

孙竹来到华北石油勘探处后，从组织形式上看领导力量加强了，但随着时间的推移，在领导层中互不团结，钩心斗角日渐严重。一九五九年二月，以孙竹为首的新一届党委重组，孙竹以人划线，将我和钟辉生同志排挤出党委成员。一九五九年党内民主生活很不正常，积极工作的人得不到鼓励，反而受到不应有的批评和指责。那些成天不干工作不把心思用在正道上，钩心斗角、尔虞我诈、背后搞小动作的人反而受到重用。一九六〇年六月经华北石油勘探处报呈，石油工业部以（60）油人干字第808号文免去我财务科长职务，命我担任华北石油勘探处办公室主任。此举除其中另有奥妙外，并不能说明是孙竹对我的重用。

1958年12月19日到22日，石油工业部瓦林佐夫通信院士、列文科专家在石油科学院院长张俊、地质师余伯良的陪同下，与地质部勘探专家费道罗维奇在郑州听取了华北处的地质成果汇报（汇报人：任靖）和中原石油物探大队的物探成果汇报（汇报人：孙武城）。华北处参加人员有：周华、任靖、马在田、陈淑珠、潘瑾台；地质部中原石油物探大队大队长陈树森、生产科科长熊开先、卫国英、郑毅群、张书仁、孙武城、陈昌礼、琚书华、张景瑛、费鼎。张景瑛和费鼎也是北京地质学院1957年毕业的同学，后成为夫妻；还有河南省地质局石油队李金生队长、苏育民、孟济民。专家发表了意见，并解答了大家提出的一些问题，如把工作都集中在坳陷上是否适合，为打基准井地震工作应做到什么程度，剖面距离多大，如何根据山区地质情况推断平原内的地质情况等，如对于“哪个坳陷希望最大”的问题，专家回答很谨慎：“我们了解很少，没有时间详细分析这些坳陷，我们认为对开封、临清有希望的看法是正确的。”专家还指出：“参数井和探井的任务不同，探井不能只在构造上打一口，如果打的是参数井则距离要远一些，在一个坳陷中打三四个就够了。”

第十八章

拔白旗、插红旗

1958年10月6日至26日，石油工业部在克拉玛依召开现场会，会议长达20天，开得轰轰烈烈。

华北石油勘探处副处长周华，带领地质科葛榕、32120队指导员张云、魏振家、副队长李宗斌、钻工肖庭喜等人参加了会议。在各钻井队打擂台时，张云提出的口号是："进尺日上千、十天上两千、四十五天一匚井"，最终扛回了一面印着"上游"两个大字的红旗，玉门的王进喜队获得了"钻井卫星"红旗。这面"上游"红旗宽一米四、长两米，而"钻井卫星"红旗则宽两米、长四米，共有17个队得到红旗。这面红旗一直挂在32120队部里，后来随队参加过江汉油田会战、中原油田会战，32120队最后落在中原油田钻井三公司，令人惊喜的是这面红旗幸运地保留了下来，现在刘希尧爱人杨常兰手里。车工学徒姚长新说："在开封时太累了，指导员张云管得太紧，晚上12点以前不让睡觉，12点以后也不让回宿舍，我们都在发电房里待一宿，那里暖和。克拉玛依开现场会，扛回一面红旗，还带回哈密瓜给我们吃，我分到了一小条，不像家里的甜瓜吃皮，哈密瓜皮不能吃，但是很甜。队部在南神岗村后楼一个四合院，都是土房子。"张凤昌回忆道："队里开会，各班表决心，一个班说要把红旗插在泰山上，另一个班说要插在月亮上，还有一个班说要插在太阳上。”“一共四个班，最后这个班把红旗插哪儿？”我问。张师傅说：“那个班在上班，来不了。”

杨常兰一家与“上游”红旗（刘铁拍摄）

华北处人员从克拉玛依返回后，华北石油勘探处决定在开封召开“关于进一步贯彻新疆现场会议精神”的现场会议。尉松耀在其《回忆》中说：

为给这次会议做准备，召开了各科室长参加的会议，研究下基层干部人选问题。我首先报名下去。实际上这个会议只是走了个过场而已，即使不开会，随便什么形式通知一下去参加现场会就行了。但靳在会上又出乎意料地点名批评我没做好动员家属还乡的工作，并愤愤不平地说：“从动员家属还乡以来，尉松耀给汪建成连一次话都没谈过。”因为他把我的名字已经点出来了，而且我听了完全不符合事实，我就在会上当面问他：“你是听别人说的，还是听汪建成亲自给你讲的？”这下他更火了，坐立不安地在会议厅里踱来踱去，十分生气地要我立即把汪建成找来。我没动，他更火了。看样子不去找也不行，我就出门站在阳台边上，见孟长寿科长在水池边洗衣服，就请他看看汪建成在不在屋里。孟看后说：“汪已经下班外出了。”我回到会议厅里说：“现已下班，汪建成出去了，以后再说吧。”靳仍是官气十足地说：“这是你放任自流。”我说：“现在已经下班了，我又在这里开会，我怎么管？”靳十分恼怒地说：“你尉松耀一贯站在人头上说话。”会议在十分没趣的气氛中散了。过后我即按会议决定，同其他人一起到了开封井队上，“拔白旗、插红旗”的会议开始了。这次会议要揪出所谓执行资产阶级白专道路的技术权威的斗争现场会。原来我还以为这只是在知识分子技术干部中针对政治思想比较保守的一些人的一次教育运动，根本就没意识到就连我这样文化水平低下的人也会被牵涉进去。我的名字被地质技术员葛榕在大会台上喊出来了。

为迎接这次现场会，“队上用20多天盖了一座芦苇房，能容纳1000多人，抗八级大风”。11月13日，开封现场会召开，这是华北处成立后召开的第一次大会，有正式代表44名，列席代表74名，陈勤是列席代表。开封地委周部长、县委刘部长参加了会议，会上开展了“拔白旗、插红旗”运动，批判陈勤“华北无油论”。会上，有尉松耀、陈勤、周光启、安培树、王启庚、梁尊华等人被拔白旗。

刘长沛做开幕词，具体是贯彻克拉玛依会议精神，4月开展跃进以来，8月贯彻玉门现场会精神，32120队由落后一跃成为先进队，得到“上游”红旗。

周华传达了克拉玛依会议精神，他说道，克拉玛依会议上至生产，下至生活，五花八门样样俱全，参观一万多项。还提到，食堂大放卫星，做出主食240样，各种菜470样，8人一桌，桌桌不重，闭幕时主食400种，菜900种，包括各种点心，只使得你满意，心情愉快，1700多名代表吃水饺，两餐，正式工人7名，总24名，没有闲着。他还提到四川做出竹子输油管。

11月14日下午，给32120队全体工人戴光荣花。

11月15日，高书记主持会议，今天第一阶段，听余部长指示，关于

"拔白旗、插红旗"的录音指导；第二阶段是大会发言，馆陶井队来报喜。馆陶井队贯彻克拉玛依会议精神，提出不要加班费和技术津贴。

葛榕在大会上发言："我感到103队队长陈勤是资产阶级大白旗，必须拔掉。陈勤说道：'华北没有油，找出油我不姓陈'，造成极坏的影响。他还写文章登在地质学报，散布谣言，他把别人的地图、资料偷来装成自己的。在技术革新运动中工人同志们的创造，他私下通知说无科学根据的，不能工作。他出身资产阶级家庭，解放后不好好听党的话，抗美援朝他躲避。在陕北搞工作，在老根据地，他说老百姓唯利是图，落后得很。参加工作后，他一贯不好好工作，不仅到华北煤管局及有关单位跑，还在火车上私自照相。他趁党整风期间进攻，对肃反说搞坏了，他要到西安去算账。说胡风不是反革命，他同'右派分子'一样，整风中他看到大字报，说是互相攻击，他不积极参加整风，整风时跑到阜宁去，搞两部手摇钻。连续打电报，他才回来参加整风。他想争夺党的领导权，他说我好好干，当了总工程师，党委行政还不是听我的话。他排挤党团员，把党团员调开，并说党团员阿谀奉承。他不听党的话，在学习时党委决定由王承志（党员）领导整风，他说我也是队长，他买了几本青年修养，说这也是政治学校。他到地质部说代表石油工业部，和人吵架，他对阜宁当地的政府领导造成了极坏的影响。工作上他说他了不起，他花了几千元，地质上没有交一点东西。他还不老实交代，会上他偷偷逃跑。昨天说井位，他推到部里。他向党又一次进攻，他说他找党委，高书记的门老是锁着，他说党不找他。一定要拔掉陈勤的白旗，建议党委撤销他的一切职务。"

靳处长："葛对陈勤揭发得很好，我们这个会议明确，通过这个会议，要依靠党的领导，依靠群众，以前工作为什么没有做好，像陈勤这样的白旗要大力揭发，对陈的以往论调广泛地讲道理，以后要把华北的工作跃进，扫清前进中的障碍。"

王友田："完全同意上面发言。陈勤他对会议毫不在乎，他反对党的领导行为，他一进门就耀武扬威，并向苏俊良说，华北石油勘探处真是了不起。他在13日下午向周大队长报告后表示不满，说有白旗。他说不管真猫假猫，拿住老鼠就是好猫。他又说，‘余部长军队那一套，他利用一点臭技术也想争夺党的权利，我要与他做一个你死我活’。建议撤销职务送劳改。他参加工会，十个月不缴会费，一定要决战。他一贯看不起226队工程师，要求大会撤销他的列席资格。”

……

陈勤：“我是在这次现场会议的一面大白旗。对以前的问题我整风时记下来了。表示一下态度，摆在我面前有两条路，我自己也要拔掉白旗。对自己那些是事实，整风开始，在济南看到报纸很不满，认为整风是一阵风，过来一低头，太过火了，对肃反很不满，整风时郑科长说你参加过××，提到后我总是不满的，肃反后提拔我，我的不满一直就憋着，整风时看到报纸上的一些言论，更加不满，因此就发出了。”

……

后面又开始了针对安培树的发言。赵文善、李仲田、葛榕揭发他“强调地质系统，井队的地质技术员由他直接领导布置，搞垂直领导，反党……”刘大队长最后说：“希望地质的同志多揭发一些，垂直领导就是和党闹对立。”

11月20日，召开比武大会。

孙秉伦：“代表32104队，比革命干劲。1959年完成7口井，2万1千米，进度一般10天搬家，进尺35天，争取达到2万4千米，取芯30。成本每米80元，接单根4分，岩芯收获率保证在50%以上，达到90%。住井场齐出动，开展技术革新，防掉、防卡，野外津贴要求撤销。”

11月20日，李肇林树了个人标杆，写了一首诗：

今日站在比武台，政治挂帅要占先
拔掉白旗插红旗，学习政治红又专
经常学习钻业务，搞好多面干在前

思想解放积极干，生活搞好首占先
搞好管理抓节约，协作配合为生产
劳动锻炼学技术，保证一月不缺天
坚决服从党领导，鼓足干劲冲上前

李肇林是处机关管理员，他来历可不一般，他是从石油工业部下放来的，原在石油工业部任行政科科长，能说会写，待人很好，据说北京石油学院就是康世恩安排他负责建设的。他的女婿，也就是李平安的儿子李金堂说："他是河北赞皇人，抗日的时候在地方武装区小队的锄奸队，后来参加了八路军，但是在一次战斗中被打散，找不到部队就回了家。在锄奸时得罪了人，后来被人上告说他杀人，事情也没有查清，没有结论就给下放了。"器材供应室还有一个叫李兆麟的，河北沧州人，在营市街仓库当主任。

1958年底这段时间，陈勤是在批判中度过的，从此，他成了专业"运动员"，在以后的历次政治运动中饱受磨难。1959年，陈勤将所有资料移交给了帅德福，下放到地震队和重力队劳动。据陈勤的儿子陈琳说："那时候的他很苦闷，心情不好，但是他待人真诚，工人师傅们都愿意跟他交朋友。"而此时的陈贲已在去年的反右运动中以"石油工业部头号右派"之名被定为极右分子，被开除党籍，撤职，降级，此时正在青海油田下放劳动，并在1966年6月15日，死于青海冷湖。

同时被拔白旗的还有地质科的专责工程师周光启。1959年，周光启被给予"降薪降职、监督劳动"处分，处分依据是"长期隐瞒三青团区、分队副身份及历史主要情节，并坚持反动立场，不断散布反动言论"。这位重庆大学地质系的高才生就被发配到32120队监督劳动。据32120队钻工张凤昌回忆，记得张云批判陈勤，陈勤站着，张云说："我咬你两口。"在批判陈勤时，周工不发言，被批："不说话就让他上井场劳动去"，周工说："劳动就劳动。"周工被带到他们班上，领导交代说："什么活儿脏，什么活儿累，就让他干什么活儿。"

1958年12月2日，在处机关召开了“拔白旗、插红旗”职工大会。

会议记录中写道：李科长（注：应为李应时）开会词：“在机关内展开拔白旗、插红旗两条道路的斗争，我们通过开封现场会议，进一步体现克拉玛依余部长的指示，通过在开封拔了安培树等人的白旗，从而更丰富了我们的斗争知识，因此开展此斗争在政治上是尖锐的斗争。为将此会议开好，我们每个同志本着‘知无不言、言无不尽’，对党及六亿人民负责，对知道的问题一一揭发出来。拔白插红是兴无灭资，余部长的录音报告大家都听了，余部长说：在这一场斗争中要树立对立面，要树立明确态度，一切顾忌个人是不必要，得罪少数人是为了多数人，因此，大家一定要相信党，在汴已取得胜利，特别参加汴现场会的同志，希望同志们踊跃发言，把机关内的白旗拔掉，扫除社会主义绊脚石，为明年打下良好基础。同志们认为哪个是白旗，大家大胆揭发，希望大家在实际斗争中锻炼自己。”

郭万贵第一个发言，然后是池开清、赵文善、葛榕、徐经磐等人先后发言，这次矛头对准了尉松耀。

12月9日下午，又开始针对王启庚进行发言。李应时说：“王启庚在思想总结里面是有一些问题，王启庚也主动要求向党向群众交代他的问题，在他的问题交代以后，每个同志要提出批判和帮助，大家在听时注意王的立场观点，是否符合无产阶级思想。”

王启庚：“自从我到华北以来，担任钻井工作已两年，思想非常痛苦惭愧，做工作给领导添了很多麻烦，我现将我的错误和工程上的失败作一交代。我是1956年8月到华北的，共打6口井，有3口报废，都有卡钻事故，事故很多，也有人身事故，给工人造成很大痛苦，华1井开钻一再拖延，当时影响很不好，认为分配出的工作做不完，自己非常生气，对刘希尧同志有意见，我在会上提意见很严重，党委批评了刘希尧，刘听了工程师给报告，他给我闹意见不满，我认为党组织不应该这样教育，我们俩的矛盾没解决，自己当时有埋怨情绪，说领导没教育，我对当时不满意，我对高书记和钟科长说过，别人没说过，我认为党内外有宗派……”

12月2日，由于葛榕、李世明、苏中文三人表现积极，开封现场会议研究决定，葛榕代理地质室地质师兼105队队长，李世明代理103队副队长，苏中文代理机修车间副主任。

1959年1月，任命薛悦常为人事室副主任，钟辉生任电测队队长。

1959年1月13日下午，召开党委与机关党支部委员联席扩大会议，讨论对尉松耀问题研究的决定。出席人：高文会、李应时、钟辉生、篮玉玺、孟长寿、薛悦常、王伯锐、池开清。

大家发言后，高文会最后总结："大家总的讲的是外部问题，有说异己分子，有说反党分子，给孙书记、靳处长谈了一下，给大家说下，取得认识上的一致，在干部政策上是实行的资产阶级的干部政策，对领导与党不是个人问题，而是属于反党性质的异己分子，是1951年规定的，从现在说属于反党比较恰当，从一系列行为来看是有阶级根源的，没有经过改造，从党内应开除党籍，行政撤职，到井队劳动，今后表现得好，还可以当干部，是否恰当大家可以讨论，从检查态度看不是十分老实。"

研究决议：工资予以生活补贴40~45元，领导上研究，局党委批准后执行。

其是属于反党性质的，现予以开除党籍之外（是否清洗以后再说），并把材料整理好印成材料（给他写的大字报要收集起来印成册子），让各支部讨论，当成一本活教材。

1959年1月19日下午，对尉松耀的结论材料当面通过。

尉松耀先去在济南营市街的仓库劳动等待处理。后来，处党委的处理决定是：行政撤职降级（18级降为19级）、党内严重警告，随后被下放到32104钻井队劳动。开始队长给他安排的活儿是给焊工师傅打下手，后来，他发现老乡每天在钻台底下和泥浆槽处捞废油，他就提议让他去捞废油，队长同意了，他就专门去捞废油，53公升的大桶，捞了好些桶，每到够装车了，材料员就拉走上交。除了捞废油，还兼做水井上开泵供钻井用水的工作。王忠学说尉科长下放到32104队，分在他们班，班长是杨建平，跟他住一间屋，尉松耀人很好，他说："小王，你这么年轻，不学点文化不行啊。"下了班，就教他认字、学拼音、查字典、写信。

1959年1月华北处一分职工思想状态的总结中又写道尉松耀，说他主要问题：在党的干部政策方面，他选用干部的标准是文化高低、财务能力和懂不懂业务技术，因此对资产阶级知识分子感兴趣，认为他们有文化，懂技术业务，对工农干部认为没文化，又不懂企业技术业务，所以看不起，因此对资产阶级分子干部重视，提的许多人有问题或思想落后，比如提任主任科员，4个是右派和反革命分子，1个有严重的右派言论。

在处1958年探勘工作总结中写道：

> 我处过去一度发生思想混乱现象，在部分职工中，闹工资、闹地位，为加班费“分毫必争”，为奖金、劳保用品大吵大闹，甚至还有人提出八小时工作以外的开会时间要加班费的无理要求，迟到早退、上班缺勤更是不少，布置工作竟有人拒绝执行等，在整风鸣放前一阶段职工中特别是工人中大多是关心、计较劳保用品、工资福利等个人利益问题的，这些问题在当时鸣放意见中占了70%以上……但是经过整风、反右、反坏、反浪费、双跃进等政治运动，学习党的社会主义建设总路线及社会主义与共产主义教育，以及传达贯彻石油部玉门现场会议和克拉玛依现场会议，大闹技术革新，大搞群众运动、“拔白旗、插红旗”的斗争，通过这些实际斗争和真人真事的教育，我处职工也和全国人民一样，不论在思想认识上还是生产工作上，均出现了焕然一新的面貌。

自从“拔白旗、插红旗”运动以后，王启庚就不再出现在人们的回忆里，在1960年11月的干部名册中仍然担任钻井科主任工程师，但在备注中写道：下放在32120队劳动。据张葆芳说：“王启庚是老实人，‘拔白旗’的时候，批评他工作不进步，他很害怕，吓得精神不太正常，在济南住精神病院了。”

第十九章

邸阁古地华五井

1959年春天，32120钻井队向南搬到太康隆起北沿打华5井，位于河南省尉氏县邸阁公社（现通许县），这是一口参数井，设计井深2500米。

邸阁是中原腹地一个古老的历史名地，因三国时期曹操在此屯粮建东西阁而得名，此时是人民公社所在地。华北石油勘探处报请石油工业部批准，在邸阁进行参数井钻探。1959年2月24日至25日，副处长周华带领技师赵文善、32120队副队长张继堂、朱祖定、贾中惠到邸阁进行了现场踏勘。井位定于邸阁东北400米处，从地质构造上说位于邸阁构造顶点稍偏西北处。

这里曾是灾难深重的黄泛区。1938年6月，国民政府为了阻挡侵华日军沿平汉铁路南下，在花园口扒开黄河，使河南、安徽、江苏三省44个县、30多万平方千米国土被洪水淹没，上百万人死亡，上千万人口流离失所。队上的锅炉工王春祥就是其中不幸的一家。王春祥出生于1910年9月，老家在尉氏县七里头村。女儿王栾说："老家成为一片汪洋，我就生在这年的逃难途中。泥沙淤积得把房顶都掩埋了，后来人们回到老家，掘地挖出老房子的砖。不过原来是沙土地，只能种花生，被黄河水淤积成好地了，什么庄稼都长。"这一段历史后来被作家李凖写成小说《黄河东流去》，还拍成了电影

《大河奔流》。他们开始逃荒到郑州，他妈老说他命大，在郑州的时候才七八个月，父母出去打救济饭去了，把他放在房子里，里面挤了很多难民，日本鬼子轰炸，把房子四角都炸塌了，死了很多人，他却安然无恙。他们一家人一路辗转终于落脚到宝鸡，王春祥找了份工作，在陇海铁路管理局宝鸡机车修理厂抬煤渣，这是修理火车头的厂子，国民政府时期的国营企业。1953年"五一"节，该厂由铁路系统转到石油系统，直属燃料工业部石油管理总局，改为"石油管理总局第一机械厂"，也就是现在的宝鸡石油机械厂。1953年，上海高桥炼油厂缺司炉工，调去他们4个人。但是他在上海生活不习惯，说话听不懂，他这人脾气倔，和别人关系也不好，就要求调回来，1956年，调到西安地质调查处华北石油钻探大队。他工作积极，1957年6月，曾被华北石油钻探大队评为"二等先进工作者"，到北戴河疗养过。1958年获得了"'大跃进'二等奖"荣誉称号。王春祥的爱好是打鱼，王祥说他撒渔网动作非常漂亮，但是他并不喜欢吃鱼，当年黄河花园口大水把他家淹没时冲来很多大鲤鱼，都吃腻了。打回来的鱼都放到食堂给大家改善生活。王栾回忆道："爸爸在家没事就摆弄渔网，修修补补，他还会套鱼，用一截竹片做成夹子，拴上绳子，夹上玉米豆，鱼一咬豆粒就被撑开的夹子钓住了，还净逮三四斤的大鱼。傍晚放到黄河边的水里，第二天早上就能抓六七条黄河鲤鱼。"

管理员张朝福和厨师老唐、大老韩三人提前来到邸阁打前站，大老韩会垒灶，很快就垒好了锅灶，老唐白案蒸馒头，大老韩红案炒菜。烧火用木头劈柴。这里有一个木工厂，张朝福去买了一车下脚料当柴火，人家还不要钱，张朝福说哪能不给钱，称一称，人家说称什么？拉走就行了，最后给了5毛钱拉倒了。老百姓把织布机、纺棉花的纺车、家里的檩条都当柴火卖了，张朝福很纳闷："你们不用吗？"老百姓说："现在不用啦，都吃大锅饭了。"后来，队上又拉来煤烧火。

王祥记得，刘希尧白天晚上在井上转，安装的时候张云在井场坐了一晚上。

华5井于1959年3月22日开钻，这天举行了热烈的开钻典礼。华北处书记孙竹、机关人员、32120队、安装队、电测队、汽车队、地方党委以及部队代表都参加了典礼。当地还组织了由一面大鼓、两面中鼓以及十多个腰鼓组成的锣鼓队现场助阵。照片上约有二百人，左下角魏支青还戴着孝，是她母亲刚刚去世，老太太在明化镇和南神岗一直跟着看孩子，去年底刚刚回到老家。

32120队华5井开钻典礼（钟勤提供）

学徒工李贵祥说：“在开封，石油工人很受欢迎，到商店，服务员很愿意接待他们，态度很好，说领导说过，不要票，还能给优惠点。尉氏县豫剧一团、三团专门慰问演出，他们住在二层土楼，就在水库边上。柴油机司机蔺永禄在邸阁找了一个媳妇，他岁数大，快三十了，个子高，长得很丑，黑黑的，脸上、胳膊上都是汗毛，第一次见面把女的吓跑了，女的不愿嫁给他，领导做工作，施加压力，同意就能上车床，不同意就回家，这才结婚了。”莱阳的学徒工姚长新说他认识蔺永禄这个媳妇，她叫钟秀梅，是镇上机械厂里的一个学徒工，她们几个人还到他们机修组来参观学习，送给了他一张一寸照片，长相一般。王祥说：“蔺永禄人太老实了，光知道干活儿，就是不爱学习，魏振家想发展他入党，问他：共产党跟国民党有什么区别？他说没区别，入党的事就泡汤了。对象还是魏振家给介绍的。”

当时的学徒工张宗力回忆道："32120队队长刘希尧，小矮个，大脑门，头发自来卷，说话不紧不慢，底气十足，像小钢炮。指导员张云脸盘子大，方脸，皱纹很多，讲话有水平，记得他讲要大公无私，他儿子想找工作都不给办。在邸阁打基础、挖坑、抬石头、打石子、拌水泥，干到午夜12点，刘队长问：'小伙子，累不累？累了睡一觉就好了。'可是我们饿得睡不着。他找管理员拿来钥匙开开食堂，我又吃了8个馒头。芦喜善很壮，找我说：'听说你小伙子有劲，能吃，咱俩比比。'我们都吃了10个馒头，菜还有素白菜、红烧肉，他买了两份红烧肉，我不吃肉，一看红烧肉，说服了，认输。那时候只要吃饱了，光知道傻干。"王祥也说："到华北以来就数邸阁吃得最好，没粗粮，吃饭不定量，厨师也好，老唐做馒头做得真好吃，我最多时中午一顿吃了10个馒头，他发面，用火筷子在面上一烙，看看发黄的颜色就知道面发好没发好。我现在做馒头都是用手揉，圆的，不用刀切，就是跟他学的。山东人爱吃地瓜，食堂蒸了地瓜，那帮学徒工排着队买。"这个老唐到底名字是什么，我没研究出来，王祥说他是南方人，好像是江苏的；赵庆喜却说他是山西人，部队转业的，他面食做得好，更像是山西人。

芦喜善班合影（李贵祥提供）

这张靳处长和芦喜善班的合影里写的字是“芦喜善排”，这是当年全国“大跃进”运动中人民公社所谓“组织军事化、行动战斗化、生活集体化”的影响，生产班组改为“排”。

照片中中排左二、靳处长右手边的就是钱兆祯，他在队上干些杂活儿，给井上送开水，他不会挑水，一桶水挑到井上能洒一半儿，王春祥经常帮助他，说他你哪干过这活儿，路上帮他挑，快到了再给他。他到井队的时候就已经有病了，经常发烧、拉稀，高书记曾经给张云写过一封信，让他照顾一下。王祥劝他到开封人民医院看看，人家一看说他怎么不早来，确诊为阿米巴肝炎，脾大，住了一个多月院，就回到济南家里休养了。

此时的学徒工倪清保回忆：“在尉氏县打华5井，打到1000多米时，遇到了高压水层，水喷得五六米高，他尝了尝，还是甜水。打到1400多米，又打到了煤层，有七八米厚，煤还挺硬。王祥说倪清保个儿不高，劲儿最大，非常结实，三吨多重的钻铤，一个人就能撬动。倪清保是馆陶人，父亲是1938年入党的老党员，他跟我说：‘有一天王廷海下班，我上班，他非要跟我摔跤，我拽住他两个胳膊，一使劲给扔出去五六米。在钻台上拉猫头绳我碰上危险，拉猫头绳不应该戴手套，我戴着，棕绳把手套给挤住了，连袖子都扯了下来，亏得我劲大，不然就甩出去了。’馆陶来的学徒工杨彦增是个大胖子，嗓门最大，干活儿喊号子他来喊，十分来劲。招远的路茂昌最能吃。一次改善生活，吃包子，二两一个，张宗力吃了20个，王廷海吃了17个，路茂昌，瘦高个，看着干活没劲，吃36个！好多人都对这次吃包子记忆犹新，一顿午饭从十二点吃到下午四点，食堂做得供不上吃的。张朝福记得馅是白萝卜大肉的，但是说他不可能吃36个，那么多人吃饭，不可能包小包子，是二两一个的，池清海吃了8个，我说你怎么吃那么多，别把胃撑坏了，他有点结巴，说：‘可、可香了！没吃过，哪有那、那么香的包子！’学徒工的食堂有一部分粗粮，红高粱面子，开始师傅想做窝头，我给他说掺到白面里，再发一发，挺好吃，光高粱面窝窝头没法吃。蔡庆龄说他吃了18个包子，晚上都没吃饭。平常就吃掺高粱面的馒头，不好吃，好多人吃半拉就给扔了。”

华北处1959年一份总结中，对队长刘希尧进行了表扬，说他“在下套管和紧张工作中日夜不下井台，困了就架起行军床，在套管上睡，起来再和工人一起干”。杨常兰回忆道：“刘希尧工作起来不知道饿不饿，脑子里就没老婆孩子。”刘希尧儿子刘勋章说：“队上的工人曾给我说过，队长处理事故的时候曾三天三夜没下井台，到第三天晚上实在不行了，就下来到井台旁边的帆布行军床上睡着了，一会儿下起了暴雨，他都没醒，实际上应该是昏迷了，是工人想起他来，赶紧给抬到屋里，就这样他都没醒。”司钻刘炳成也受到了靳处长在华北处第一届积极分子大会上的表扬：“刘炳成在生产中不仅能带头苦干，而且善于动脑筋，克服困难，如在一次接班时，上一班因钻杆粘扣用了四个小时没有把丝扣卸开，而刘炳成接班后用火烧接头和榔头打的办法很快就把丝扣卸开了；5月底6月初，连续发生三次外岩芯筒脱扣和折断事故，均系刘炳成及其领导的全班同志经过周密考虑提出有效办法解除的。”

华5井开始进展非常顺利，又实现了“日进500米”，敲锣打鼓地报喜，但是突然遭遇了卡钻事故。张宗力说：“开始是车进祯操作，他人很稳当，人缘好，周华在钻台上指挥，提到100吨不敢提了，让副队长董文彬上，应该是下午三点多，我们班在开会，准备接班，听着‘咣当’一声巨响，就赶紧跑过去，只看见人们扶着周华下钻台。原来是钢丝绳断了，游动滑车从最高的地方掉下来，车进祯反应快，推了一把周华，挡在他前面，钢丝绳扫到车进祯背上，工作服破了，背上流了血，钢丝绳扫在周华的脚上，脚也流血了，后来开会表扬了车进祯。事故处理小组就住在值班房，万兴邦是反动技术权威，说过他：你要处理好了，就撤销处分。”王祥也在现场，说这是周华瞎指挥。事故是肖庭喜班发生的。杨志全就说怪话：“肖班在井上出事故，在家住的房子倒塌也伤了人，放屁也砸脚后跟。”他对本班钻工还说：“车进祯扶刹把，还是我培养的。”钢丝绳断了后，只有32104队还有一盘备用钢丝绳，林锡光跟王作信两个人轮流开卡车，连夜到32104队拉上钢丝绳，送到邸阁。

5月11日下午，靳处长带领工作组来到井队，其中有技师赵文善，下午5点听取了邸阁井队党支部扩大会议的汇报，12日上午，参加了井队的生产会议，讨论了三项内容：如何装卸转盘弹子的八字轮，转盘装好后如何进行划眼，何时倒换钻具，何时换钻头。下午召开了井队下放干部的座谈会，指导员张云、副指导员魏振家及5名下放干部朱企贤、贾炳章、王作民、王祥、李自强参加了会议，这5名下放干部是1959年3月26日来到井队的，跟工人同吃同住同劳动，为期1年。朱企贤做汇报，汇报中特别提到了王祥，说“像王祥同志，劳动干劲大，能积极地搞好宣传鼓动工作，给大家积极地读报纸，教唱歌，得到了全排工人同志们的赞扬，四月在排的红旗台上被评为‘上游’”。

王祥回忆说：“靳处长这次是下基层一个月，我是一年，我们在一个班，车进祯班。靳处长在新疆干过钻井，还上去扶刹把。32120队工人真好，干活儿争先恐后，抢重活儿干，没人闲着，自己找活儿干，根本不用领导指挥，一个工人就能招呼大家干活儿。我跟工人关系很好，我不怕苦、不怕累，被评为先进个人，奖励了30块钱。电测队的胡媛林手指头被砸断了，她很坚强，保定人，一滴眼泪都没掉，包扎完了继续干活儿。芦喜善大个子，忠厚老实，处理事故几天几夜不睡觉都行，精神头儿真大，干起活儿来不要命。他参加过三青团，入不了党，提不了队长，老是冲老婆发脾气。”王祥在井上学会了打内外钳、上二层平台扣吊卡，下来的时候，戴着手套顺着梯子栏杆滑下来，又快又省劲儿，不过得偷着，领导不让这么干。朱企贤回忆说他跟贾中惠关系很好，还一起到街上的饭馆吃过一顿饭，要了两盘菜，主菜是炒鸡肝，浓油赤酱，量足味美，吃得他到第二天早晨还在打嗝，嗓子眼里冲出一股油腻味来。

张宗力说：“我跟贾会计师一个班，他个儿不高，有三四十岁，看上去很谨慎，平时不说话，就是跟我还说两句。”

华北处党委1959年7月文件《1959—1962培养干部规划》中写道：我处现有工程技术干部中，绝大部分是出身剥削家庭的知识分子，他们除一小部分党团员外，大部分在政治上还处于中间状态，缺乏工农群众的思想感情。因此，必须对他们进行政治思想的教育和改造，并通过体力劳动锻炼逐步破除资产阶级的立场观点，树立无产阶级的立场观点，成为工人阶级的知识分子。根据中央规定，在今后五年内将现有工程技术干部轮流下放劳动锻炼完毕。

周光启也在这里劳动改造，他在12月写给党委的思想汇报中说：

> 改造自己的任务就更加迫切，更加需要，所以警诫自己说：党叫我来为革命，耻虚名，羞私利，忠心耿耿献人民。为报党恩坚意志，破万难，除艰辛，处理矛盾需正确，劳动炼，又何妨！持节报党，哪日遣冯唐？改造自己要经常，遵党恩，放热光。

1959年5月27日按期恢复了魏振家的党员权利。魏振家应该就是从这个时候开始做32120队指导员的。王祥说："在河南尉氏县邸阁镇，魏振家特别会做群众工作，跟地方关系搞得相当好，真是跟军民鱼水情一样，要啥给啥，杀猪送鱼，吃饭不要粮票，买布不用布票，处里下来人都买布。附近有个藕池，有职工下班没事儿下去抓鱼，第二天，公社用船打了鱼，送来几筐鱼。魏振家知道了来龙去脉，狠狠地批：不拿群众一针一线，你们怎么能偷老百姓的鱼。魏振家的手枪是盒子炮，大年三十晚上值班巡逻的时候，他曾让我带着，揣在兜里很沉，别在腰里硌着，很不习惯。我也在巡逻时扛过长枪，带子弹。魏振家还专门召集司钻以上干部开会，狠狠地批评了司钻车进祯，车进祯到处跟人借钱，数额不大，但是次数很多，借了就不还，也不知道他拿钱干什么了，他这人工作好，有胃病，捂着肚子扶刹把，从不耽误干活儿，所以，人们对他印象很好，魏振家火气很大地说：'你借钱就是借口，就是欺骗大家。'从那以后，开始控制他的工资，给他留下生活费，其余的钱还账。魏振家跟何子范、夏根才、鞠灵华几个关系很好，称兄道弟，经常在一起聊天。"

那时候井上经常出事儿，掉钻杆、断钻铤、卡钻等。只要一出事故，不管白天晚上，魏振家立即召集全体人员开会，先分班讨论，再让司钻以上人员研究方案，方案定下了，下个班就开始处理。队上召集人就靠敲钟，所谓的“钟”其实是一个套管护丝，挂在路口杆子上。

钻井开始打软地层，用三刮刀钻头，到了岩石硬地层，就用涡轮钻头。钻头磨秃了，就用电气焊焊钨钢块。石岩电焊技术很棒。

潘瑾台回忆说，在钻进过程中，电测队没事，队长梁尊华带着全队去开封听音乐会，回来后钻井队就给他们贴上了大字报批判他们。由于处理事故，过年队上不让请假。潘瑾台跟魏支青住一块儿，初一早上，陈业华喊她吃饺子，她不起来，趴在被窝里哭，队长就让人送她去火车站回家了。

李贵祥说：“在邸阁还给邓祖维介绍了媳妇，旁边村的，姑娘还不到20岁，不愿意，但是姑娘的爹图他挣工资、吃得好，逼着闺女嫁。这一天，姑娘来到他住的二层，他们都给倒出地方，听见邓师傅问人家：‘你能生孩子吗？’姑娘哭着跑了，婚事泡了汤。”

李贵祥还说：“从邸阁到开封的路上，侯封玉开车撞了个姑娘，二十来岁，左胳膊断了，当地不让处分司机。他爹带着闺女找到队上，非要嫁给侯封玉，可是人家早结婚都有孩子了，她说不嫌。”王祥说，姑娘骨折后来转成骨髓炎，他还陪着上北京看过病。王廷海说他差点儿煤气中毒熏死，测井的时候，他在井上看井，晚上待在车上驾驶楼里，冬天很冷，外面下了雪，他点了个小煤炉，半夜不知道怎么自己开门掉出来，给送到开封医院抢救过来了。

据张宗力回忆，1959年5月，处长靳耀华亲自主持分队，在华5井井场上召开大会宣布名单，新招的学徒工分成了四拨：第一拨是留到32120队的，第二拨是分到小钻井队的，第三拨分到北京石油学院、天津钢丝绳厂的，最后宣布的是他们15个人被派到四川学习试采，靳处长还跟他们合了影，说每人给他们一张，但没收到。他们15人到四川川中矿务局学习试采，时间为一年，工人15名，均出自32120队，其中籍贯是馆陶的5人：陈连国、张志范、王峻岭、郭俊山、庞永成，籍贯是寿张的5人：杨保生、张宗力、张来印、钟玉珠、吴修超，籍贯是招远的5人：刘明朴、吴祥贞、丛敬林、王学锡、宋寿福。还有一名技术员王克温也参加了学习，他是山西清徐县人，1958年毕业于西安石油学校采油专业，在钻井科任试采油实习生。

仲崇伦回忆道："1959年5月分队，我分到石油工业部正筹建的天津钢丝绳厂，一起分来的有30人左右，招远的10个：杨宝民、蔡庆岭、贾帮星、石金祥、谢丕茂、栾成帮、于庆君、王书才、姜志正，忘了一个名字；莱阳就我一个；寿张的4个：刘庆臣、王人奇、梁金才、张宗杰；其他是馆陶的，有平继发、平发海、王宝莲、李志九、杜振元等。"天津钢丝绳厂属石油工业部华北供应办事处，其位于天津市红桥区的南仓仓库，利用两间库房做车间，安装了皮带式车床、大小拔丝机等7台设备，经过3个月的培训，9月开始试生产，终于在新中国十年大庆前夕，加工出第一根钢丝绳。蔡庆龄回忆道："听到让去天津我很高兴，那是大城市。干钻工太苦太累，刚到井队发了一套棉工服，上班泥浆都给湿透了，下班也没地方烤，晴天到外边晒晒，阴天就晾着，下个班接着穿，到第二年5月了，还没发单工服，师傅刘炳成看不下去，给了我一身旧工服。"杨宝民说，还有一帮从沈阳军区部队转业到石油二厂的，有四五十人，大部分是河北人，总共有百十来人，筹建钢丝绳厂，厂长牛天林，书记张清吉，技术员耿仁逊。他们到天津钢丝绳厂学习，他学拔丝，师傅是李继华，山东菏泽人，学了三个多月，他们主要生产0.2mm细丝。回来就安装设备、进料，生产线长500米，分成三个车间：拔丝、热处理、合绳，有拔丝、酸洗、润滑、绞绳等工序，也没厂房，露天工作。开始生产细钢丝绳，最长的500多米长，经过检验拉力、弯曲等合格，听说石油工业部部长很高兴，说我们能自力更生了。干拔丝的蔡庆龄说，学习回来后他们按一级工，工资每月36块钱。1960年9月，划归部直接领导，更名为石油工业部钢绳加工厂，但是石油工业部与天津市协商扩大该厂未达成协议，随后天津市停止了生产用的辅助材料供应，使厂子陷入危机。石油工业部器材供应局周局长跟正在北京的陕西省副省长杨拯民（杨虎城的长子，曾任西北石油管理局副局长）商议，1961年1月，该厂由天津迁至咸阳，与石油工业部钢管加工厂合并成石油工业部钢管钢绳加工厂。

分到北京石油学院金工厂的有20人。张永滋说："当时从华北处调走50人，20人到北京石油学院，30人到天津钢丝绳厂，一块儿从禹城坐火车，然后到天津转车，5月10日上午到达永定门火车站，我在机加工车间做车工。这20个人里，招远的有4个，除了我，还有：栾玉清、张克义、曹洪瑞；馆陶的有16个，记得有王成合、宋史军、吴志考、董如海、侯志成、孟庆贵等。"

张宗力说，他们学试采的15人于5月19日到成都，是朱企贤给送去的，送到成都他就回来了。在南充龙女寺大队学习，分成了三拨，五个人一班，他们寿张的五个在一块儿是在试采三队，还有在试采二队还是一队，记不清了，就在女二井那里的山上住着，在嘉陵江边，靳处长还说过有什么事跟他通信联系，开始通信还挺顺畅，都是吴修超写，他26岁，有俩孩子了，像老大哥，给他汇报学习情况，他还鼓励他们好好学。他来信让他们联系张文树，后来就断了联系。吃饭老是吃大米，有天中午吃馒头，他们上班，下了班，队里有个转业兵杨师傅是山东人，喊他们：'小老乡，来吃馒头。'给他们留的，藏在抽屉里。四川馒头不如山东的好吃，发黏，黏牙。栗子最便宜，1分钱1斤，橘子8分钱1斤。四川夏天热得受不了，开始他们都穿长裤，人家四川女的不封建，都穿短裤，他们也开始穿。那里都是石子路，穿着鞋都硌得不行，人家光着脚，还能挑着一担谷子，就是重要场合走丈人家才穿鞋，也是背着到了门口再穿上。

郭俊山从井架子上摔下来，试采井架有18米高，正好下面有个土坑才捡了条命，坑有1米来深，脑袋掉在坑里，一边胳膊摔断了，眼珠子摔出来一个，鼻梁骨断了，上边半拉牙没了，送到南充矿务局医院一个礼拜才醒过来。张宗力也有一次差点掉下来。有个井架子是钻杆焊的，试采弄得梯子上都是油。这天是零点班，凌晨两点钟，钢丝绳断了以后接上继续用，有个疙瘩卡在天车轮上不转了，要拿撬杠撬，谁都不上去，师傅喊张宗力："大汉儿，你上”，张宗力就上去了，拿撬杠撬不动，他摆手意思是让钢丝绳松松，师傅看错了，搞成上提，差点把他晃下来，吓了一身冷汗，下来那人直道歉，两三天都心慌。还有一次玄乎事，油井用盐酸酸化，一开闸门，盐酸喷出来，打到张宗力脸上，溅进眼睛里，好在是稀酸，别人赶紧打了一桶水，把头摁在水里，疼得直打滚，住了好几天医院，不敢睁眼，戴着墨镜回到队上，十多天才好一点。他们学到1960年3月，坐船到重庆、武汉，从武汉坐火车回到济南。

华5井于1959年11月4日完钻，完钻井深2494.82米，钻遇地层为寒武、奥陶等，没有发现中生界地层，第三系直接盖在古生界地层之上。华2井和华5井的钻探都未见油气显示，但是初步了解了开封坳陷的沉积发育，并证实开封附近可能为沉积最深厚的地区。

第二十章
临朐页岩把油炼

1958年9月1日，华北处会上，葛榕汇报："临朐张家庄，油页岩属中新统，有四层，最厚1.22米，一般50厘米左右，7° 倾角，离地面浅，分布面积小，3~4平方千米，晒干后可以烧，但有响声，含油8.8%~9%，山东地质局地质队正在进一步明确储量。附近的大关山有一层煤约2米厚，经分析含油页岩率达8.2%。当地已在开采，机械化开采是不合算的，也不能拉回炼，有希望他们马上搞。"靳处长说："油页岩的炼制问题，我们试验一下，青年们可以学习一下，然后帮助他们在当地建厂。"就这样，为了贯彻中央与地方同时并举的工业方针，也为了学习经验，华北处参与了临朐县人委举办的油页岩炼油厂，投入人力约30人，投入财物总计4267.28元。1958年12月，华北处任命陈建修任炼油厂副厂长。

据来自招远的学徒工刘长明回忆："我从明化镇学习后分到32120队，在开封南神岗，上了一个夜班，就把我调到济南，到山东化工厂学习炼油技术，在泺口，人家厂子是用煤炼油，处里共四个人，一个甘肃人，姓马的，他是组长，还有个安徽人，他俩是老师傅，我跟招远的栾祥林是学徒工。学了三个多月，就分到临朐炼油页岩。"

来自招远的学徒工王仁卿回忆："1959年3月，临朐县炼油页岩，华北处很支持，给人给物。第一批去了七八个人，包括梁尊华、张永才、贾庆贤等人。我是第二批有30人，说是去了跟人家学习炼油。结果去了让我们挖山，采油页岩。干了几天，我就带头跟地方的连长闹，说'叫我们是来学习的，不是来掘石头的'。就这样凑合着干了一个月，有一天处里来车给送水泥，司机刘金海，我认识，车停在了山沟底下，我、张永滋、杨宝民等就搭车回来了。"据来自招远英里村的学徒工张永才回忆："我们七八个人到临朐用油页岩炼油，队长记得是部队转业的。在七贤店牛山山沟里有露出来的油页岩，山边的不好，越深的地方含油越高。砌了两个大方池子，装上油页岩，下边点火，烧木头柴火，上边抽风，抽到水池子里冷却，油就漂上来了，就是油太少了，总共没炼出几斤油，比香油还贵。在那里炼油有半年多，我们住的大棚，睡通铺，铺的玉米秸秆，后来天冷了，我们就撤了。"来自招远县石城夼村的杨宝民说："我到临朐炼油页岩，王振厚去得早，他像个技术员似的，指挥我们干活儿，到山沟里用镐头刨石头，一层一层的，不是很硬，再用筐抬到窑炉里，一层煤、一层页岩，底下点木头烧火，上边抽风，把油烟抽到水池子里，用舀子撇油，盛到大缸里。那时候缺油啊！地方的车都烧木炭、烧煤，没劲儿。华北处去了有二三十个人，都不愿意干，太苦，吃不饱，就派了两个代表，记得有张永滋，去济南找领导，要是让我们整天干这个我们不干，靳处长说：不会让你们长干，下次送水泥，车把你们捎回来。干了一两个月，就回来了。"张永滋则说："1959年初，华北处帮助临朐炼油页岩，派了三四十个人过去，帮着人家地方干活儿，有住在老乡房子的，有搭帐篷住的，当时还传说要把我们留在地方，我趁办理工会手续的时候，到处里找过工会，我们4月底都撤回来了。"

第二十一章

渤海黄海找油苗

渤海被华北平原所围绕，海域面积7.7万平方千米，平均海深17米，最深处80米。在古代，这里曾孕育了众多美丽动人的神话传说，精卫填海、哪吒闹海、八仙过海、海市蜃楼……整个华北平原都曾经是渤海的一部分，由黄河泥沙冲积而成。同时也可以说，渤海也曾经是华北平原的一部分。因为仅仅在1.2万年前的末次冰期，海平面比现在低100~150米，整个渤海乃至往东的黄海都是陆地，人们从山东可以一直走到日本。

在陆地找油接连失利以后，人们开始把目光投向海里。据《天津府志》记载，乾隆三年(公元1738年)，天津上古林附近海面，“烧海凡三日不熄”。野火烧天、蒸煮日月的奇观，给当时的人们带来了无穷的恐惧，更为后世的找油人带来了无限的诱惑。

1958年4月，毛泽东在广州召集工交各部汇报工作。在地质部汇报时，毛泽东对地质部1957年建立省地质局，地方党委加强对地质工作的领导，给予肯定，并说：“你们这样办很好，地质工作就是要全党办、全民办，发动群众报矿。”因此，地质部在6月召开了由各省地质局长参加的电话会议，提出了“全党全民大办地质”的口号，发动群众上山找矿、报矿，提供了一大批找矿线索。为了提高群众的积极性，国家规定个人报矿寄信只要在信封左上角写上“报矿”两个字，就可以不贴邮票，邮资由办矿机构总付。其中就有一封烟台的来信，在说渤海上有石油。据山东石油队的贾润胥说，这个人很有责任感，来信还不止一次，第一次写信后没有见到动静，又寄来一次，这次又报到山东省地质局了，地质局召集有关单位开会。地质局山东石油队及华北石油勘探处都组织了油苗调查队，地质局的油苗调查队队长是贾润胥，成员有李瑞生、李进等4人，华北石油勘探处派出1名女同志参加，她就是王素民。

油苗调查队合影（王素民提供）

华北处也成立了油苗调查队，队长李世明，队部在河北省丰宁县凤山镇，这里是诗人郭小川的故乡。凤山地区是面积不到2000平方千米的山间盆地，存在着下白垩纪灰绿色地层，河北省地质局为找油页岩在盆地中打了26口井，完孔后在6口井中有天然气随水涌出，气量最高的每天6立方米，在地层中也发现沥青及液体原油，说明在凤山一带盆地中有可能找到小型油气藏。

让我们来看看亲历者王素民的回忆吧：

当确定调入油苗调查队以后，我就为以后的工作做准备，野外需要大比例尺的地形图，必须收集。当时正赶上处领导在开封开会，我首先从济南坐火车去开封，向领导和主任地质师汇报并请示，然后到郑州转北京，向石油工业部领导汇报并取得介绍信，到国家图库联系取图。第二天拿到图，立即买票返回济南。不到三天时间转了一大圈，背回一大卷沿海工作所需的五万分之一的地形图。

沿海油苗显示为海上浮油，分布广泛，涵盖了北黄海南北沿岸的海滩和渤海湾。这里有弯弯曲曲的海岸线和大小不等有人无人的岛屿。据称常年以来，每逢冬季大风过后，山东半岛北海面就有浮油飘来，成片地覆盖在沙滩上、礁石上，星散地黏附在岩壁上。当地居民常收集起来，涂在木制品上防腐，或用以烧火。

整个情况复杂，包括山东、河北、辽宁三省，这里分布有炼油厂、造船厂和大大小小的码头。海上的航线很多，往来的船只不计其数，近代海战（如甲午海战）船只损失较大。这些都可能是浮油的来源。我们的工作难度也很大，要走遍工区的每一片土地，进行查看，并访问沿途的知情人。

我先到海阳，从当地采石场炸开的岩石表面，能看到流动的油质痕迹，是古生界灰岩，有些晶洞里还留了油，呈黄色，看来是轻质原油。但是晶洞分散，不连通，无法聚集形成油藏。海阳工作完成后来到威海，跟226队的五位男同志会合，研究了工作内容，分步骤进行：一、对山东半岛北部和辽宁沿海的岩石岸和附近岛屿开展工作；二、对山东潍坊以北和鲁北、河北沿海沙泥海滩开展工作。山东半岛北海岸是浮油分布的主要地区，据说冬天偏北大风刮过，海面浮油大可2~3米见方，且年年如此。我们的工作重点便由此开始。

由山东半岛的荣成（成山头）开始向西至蓬莱西的龙口一线，沿海岸线寻找线索。一路上的海岸岩壁多见斑点状（1~2厘米见方）黑色油痕。我们访问过村庄中的百姓，特别是老人。威海海湾是重点，我们对孙家疃、毕家疃、皂埠等村庄访问时，老人都说：打记事起（推算应在1890年以前）就见浮油，且块大量多，乡亲们都收集起来，烧火或做防腐剂。

1958年秋天在山东半岛，正逢丰收，看到堆成山样的花生车滚滚走过，非常高兴；看到路上田里丢满花生，让人心疼。因“大跃进”的号角已经吹响，人们已无暇仔细地收捡，人们忙于成立人民公社，社员忙于深翻土地，大炼钢铁，修建炼铁炉，原料哪里找？公社办起了食堂，家家户户的铁锅、铁铲、铁勺，大机关的围栏，小门户的门吊扣……凡是铁制品都是原料。到晚上看到繁星般的点点炉火。听吧，风箱呱嗒响，木材烧得旺。晚上一看，火红的繁星在地面绵延展开非常壮观。路上的人们飞奔向各自的岗位，全心工作。广播、报纸上好消息不断，卫星接二连三上天，“人有多大胆，地有多大产！”亩产水稻十万斤的消息刚出，十一万斤、十二万斤亩产卫星接连上天，紧接着是十四万斤……人们为争取来年的更大丰收修水利，深翻土地，远远看去人已不见（人在地面以下），只见铁锹上下翻飞，土地在翻身。地头的牌子上，有措施、有计划、有保证：争取来年亩产棉花千斤，亩产麦子万斤，亩产地瓜二十万斤。而当年白花花的棉花却被寒风裹着满地飞舞。密密层层碧绿的麦苗，在不识时务地拔节长高（据说天一冷会被全部冻死）。人民公社的食堂办得真好！新粮的贴饼子、窝窝头吃着真香。按定量交粮票，走哪吃哪，真是一种享受。

地面走完，请求威海海军司令部支援，进行海岛调查。他们派出一艘运输船（登陆艇），陪我们航行一周，遍及荣成—威海以北的大小岛屿，如海驴岛、鸡鸣岛、养马岛、刘公岛、褚岛、大担、二担、崆峒岛、豆卵岛、头孤岛、舵罗顶等大大小小、有人无人的岛屿。大多数人晕船严重，提前下船，最后就剩我和李瑞生完成任务。

蓬莱以北的长山列岛，因人口稠密，有交通船可用。在蓬莱码头登上水陆两用汽车，换乘交通船。我俩用5天时间，去了南北长山岛、黑山岛、砣矶岛、大钦岛和南北隍城岛。渔民们都热情地接待我们，但是问起浮油，都说没见到。至此，我们在山东半岛沿海的工作即告结束准备北上辽宁。

在济南稍事休息，我们全队五个人（另一人因不能适应野外工作的辛苦退职）坐车至山海关，徒步沿渤海北部、辽东湾沿岸进行调查，观察岩石海岸，从山海关走到庄河，又坐交通船去了长山群岛，这里有抚顺炼油厂、大连造船厂，情况更加复杂。由于各厂排出废油较多，油质污染的海岸线屡见不鲜，但听说的大片浮油极难见到。至此，返回济南已是年关将至。

1959年春节，我请七天探亲假回老家保定探亲，1岁多的儿子在老家由父母照看。第三天就被电报催回。因大风，渤海海边发现浮油。我立即返回，和226队一男同志直奔威海，请求海军支援。又是协助我们进行海岛调查的运输船承担了这一任务。我们登船后，直向北行。当时风浪很大，船在海中颠簸，大浪打来，船头翘起船身与海平面呈60°角，浪头过后，船身下倾呈40°。人在孤舟中摇晃，很多人晕船了，报务员发不了报，与我同去的男同志也进舱休息。海水已被搅成黄粥一样。向北航行40多里，我站在甲板前端，一直未发现浮油，只好返航。回到基地才知道基地司令部因收不到电报，已打开雷达，寻找我们的位置。

1959年，继续进行海边油苗调查。工作地区在黄河冲积平原和海河、滦河冲积区，即渤海湾西岸。这里全为沙泥滩地，河网密布。人烟稀少，村距较大，工作较为困难。地势平坦，潮间距大。垂直海岸线的冲沟密集。涨潮时冲沟中水满，退潮时可见沟底。要想从海岸的一点走到另一点，常要绕行几倍甚至几十倍的路程，最后只好以点带面。我选了山东的羊角沟、孤岛、刁口（当时的黄河入海口）、新户、渤海农场、义和庄、利国镇、富国镇（今沾化）、浆网铺、大山、埕子口以及河北的黄骅、岐口、大沽口、塘沽，最后到达乐亭。以这些点为中心，向海岸线辐射，进行观察和访问历年情况，沿岸未发现浮油。海岸居民较少，仅有少量海铺子能见到打鱼归来的渔民，经访问均未见过浮油。其中我重点去过两个地方：一个为浆网铺。那还是寒风料峭的初春时节，白天较短，我住在刘家村的一位老大娘家，早晨起床后，想早点动身，大娘让我吃完早饭走，她知道这一路村子稀少道路崎岖，往返40多千米，无处吃饭，我只好听大娘的话。当时农村均办有食堂，开饭时间是早九点。吃完饭我急忙出发。正值农闲，这一路正修盐田，道路崎岖，下午一点多到达目的地。找老渔民访问，据说未见浮油，但拉网捕鱼时，网底常带上棕黄色黏稠物质，用水难以洗掉，并有怪味儿，不知何物。因时间不早，吃完饭我快步回返。半途我碰到一位二十多岁的小伙子，他说是修盐田的工人要到刘家村去取东西，正好结伴同行。当时天近黄昏，四野无人，我心忐忑。路只有一条，我也无法拒绝，只好加快脚步。在暮色苍茫中，他赶得很吃力，对我说："你这走法一天要走一百多里，我追不上你，你先走吧！"这样我一路快走，天黑时安全地回到刘家村。另一个是到大清河（滦河故道）口处的无名小岛去。我坐汽车经乐亭县到达马头营，天黑到旅馆，这里只有一个马车店，没办法只好住下。这是一个停车的大院，北面是五间平房，西面一间炕上有墙与其余四间隔开，地上未安门，只用布帘隔开。我硬着头皮住了进去。晚上有赶车人此起彼伏的鼾声陪伴，安全地度过一夜。第二天我来到大清河村，趁退潮蹚水到达小岛，地上有清凉的淡水，地面有浓郁的桑林。这里住着20多位朝气蓬勃的男女青年，他们养了几屋子的蚕。新鲜翠绿的桑叶撒上去，白胖的蚕儿爬上来，嚓嚓地吃着，看着、听着让人心旷神怡。这里的生活真美！此段工作到秦皇岛为止。经过一年半的工作，沿北黄海及渤海湾海岸线进行地质调查、油气苗跟踪的任务告一段落。我成了步行数千里绕这一圈的第一人，还是唯一一人（其他人都未走全）。

据葛榕的回忆：

王素民是这个小组中唯一的女同志。调查沿着海滩，徒步行走，走到荒凉的地方经常是风餐露宿，四个人的手上、脚上都起了冻疮。到了辽东半岛，已是炎热的夏季，跑一天个个像水里捞出来似的，汗流浃背。半年时间，每个人都累得又黑又瘦，可同志们毫无怨言，还风趣地说，地下的油还没找到，脸上的油先出来了。有一次，他们在烟台坐海军的船出海调查，越往里风浪越大，四人都晕船，吐得腰都直不起来，通信联络用的报话机也使用不了了，与陆上失去联络9个多小时，基地的同志以为发生了意外，开动雷达搜索寻找，闹了一场误会。

他们还调查了大连石油七厂及大连造船厂向海里抛弃废油的情况。首先是这两厂向海里抛油量颇大，每年达600~700吨；其次抛油时间为一二月间，而与油苗出现的时间相吻合，石油七厂1955年2~3月间因事故抛掉原油500吨，大连造船厂抛油均为重油。但威海油苗与之有区别，并且味儿亦有不同。贾润胥说，当时人员都要向济南军区报批审查，他们并不是沿着海边一路走，而是坐交通车到某一个城镇，向两边走，一边看一边问。

在山东省地质局的总结中写道：（1958年）为了进一步弄清威海油苗来源，并搞清沿海一带是否有新地层出露及其含油性，地质分队在严寒冬天，不辞劳苦，完成了荣成至河北省大沽口长达700千米的油苗调查工作。证实东起荣成西至大沽口油苗广泛存在，威海以东较多，以西逐渐减少。东部地区于春冬季节，刮七八级以上的北风、西北风或东北风时，原油漂浮上岸；西部地区多为夏秋季节，刮东北风长大潮时上岸来，平时则很少发现。发现的原油均为黑褐色黏稠液体。并在毕家滩、刘公岛两处发现石蜡，同时在蓬莱东面发现新第三纪沉积。文登海滨黄石山石英裂隙有黑色物质，含油味儿；威海卫南自张家滩、北至孙家疃25千米海滩上及海水中有黑色油砂及黑色油，在孙家疃变质岩陡壁上有很多沥青团块，据称已有二十年的历史。他们将威海发现的浮油样品送兰州地化所化验，鉴定结论为原油，调查结果排除了油苗来自轮船或炼油厂废油的可能性，他们推测是地下断层在运移过程中流至海面的石油。经过一千多千米的沿海奔波，终于揭开了海上油苣的真相，证实油苗来自渤海湾本身。这是具有重大意义的发现，进一步推动了找油从华北平原中部向东部渤海湾的转折。

除了渤海湾，1959年下半年，还对黄海海岸进行了油苗调查。山东石油队派出杨承先、李进两人，华北处派出王琦、容光荣两人，四人组成黄海油苗调查队。杨承先是北京地质学院1956年毕业生，容光荣是广东台山人，地质工。王琦在其回忆录中记有：

八月初，我们出发首先到达烟台，烟台无论大街小巷到处是鱼腥味，深深体验到它真是个渔港。第二天早晨，天气晴朗、小风轻吹，我和李进走进海港乘解放军海军小炮艇，过大海到烟台对面的一座小岛上调查油苗，一上船李进的脸就发白，我还笑着说："这不是和在北海划船一样吗！有什么可怕的。"可是不一会儿，风浪击打下炮艇十分颠簸，我也老实了下来，蹲在船边不言语了，心里翻腾得十分恶心。船在大海中漂泊了一个多小时才到小岛岸边，一下船我们两人就倒在地上，翻心得很，痛苦地合着眼挨着，整整躺了一个多小时，才算缓过劲来，他问我："我们可以走了吧！"我说："可以了！"我们两人才漫步在小岛岸边查看着油苗，环岛一周，没有任何发现。下午太阳偏西了，大海退潮了，小岛西边与大陆相连了，我们可以不用坐船走回大陆了，顺利地回到了大陆，到大陆后乘公共汽车回到烟台，傍晚到了招待所。

第二天，我们四人分成两组，杨和容一组、我和李进一组，两组分段沿海边调查油苗。我和李进从烟台出发，沿海边向东走，走出烟台市后，一望无际的大海展现在眼前，这是我有生以来第一次见到大海，蓝色的大海碧波荡漾，令人胸怀豁然开朗，一切忧愁与不悦一扫而光。每天都是早出晚归，沿海边向东走着，细心查看着油苗。还可以经常看到在朝霞映照下，成群的人们在广阔的海滩上，拣拾着各类海鲜，丰收的喜悦呈现在人群的脸上。有时走到山区，看到众多的解放军，手推着车、肩担着筐，穿梭于山洞与平原间，为国防深挖洞保边疆。同时我也深深感到在这广阔的大海边，没有任何遮挡，敌人很容易流窜到大陆，人民政府依靠当地广大人民群众和人民解放军阻止了敌人的侵犯。保卫了国家的安全，保证了国家的经济建设，才有我们安全的调查油苗工作。

十几天后，我们到了山东省最东端的成山角，它深入大海，三面临水，从上面望去水流湍急，据说十九世纪末中日甲午战争海战就发生于此地；在那里的海边上，我们见到了一块一块的黑色原油，这是我第一次在内地见到原油，我们十分喜悦地、小心翼翼地收集了样品，带回去化验。

九月初前后，山东石油普查大队党委，在莱阳召集我们两个队二十几个人，进行“反右倾斗争”的教育，大家都进行了积极的发言，在当时的情况下，对运动有了一定的认识和收获。当时被批判的一句话“常在河边走哪有不湿鞋的”言论，进行了深刻的批判，这句话到现在我还记忆犹新。

一路上，顺便或工作之余我们旅游了石岛、老荣成、崖头、文登、海阳、即墨等城镇，这些地方在我的印象里还是比较富裕的，我们在当地政府食堂吃饭，吃的是馒头和炒的新鲜蔬菜，生活还是不错的。

一九五九年十月一日，是新中国成立十周年大庆，这时我们到达了青岛，青岛市是山东省第二大城市，在当时的条件下还是比较繁华的。我们四人会合了，于是在这里进行了半个多月的休整和整理资料以及对附近海岸和岛屿的油苗调查。我们住在北京路市委招待所，往西走是青岛火车站，往东走不远就是中山路，中山路是青岛市最繁华的一条大街，在大街上有众多的大商店和电影院，顺大街往南走不远就是有名的栈桥。开始我们在这里休整和整理资料，暇时我们去电影院看“十年大庆电影周优秀电影展”的许多电影，如《青春之歌》等，精神生活收获不小，在青岛吃得很好，大虾一毛五一盘，休息得也是很愉快。另外野外调查工作，我们对青岛南面大海中的一个岛屿——灵山岛进行调查，在青岛胶南县坐大木船，渔夫摇橹渡海，这次我学乖了，老老实实坐着，等待晕船到来的袭击，不想那天没有风，船动荡得不大，我们都没有晕船，顺利地到达了岛上，环岛一周没有任何发现，傍晚回到了招待所。又一天还对胶州湾内黄岛进行调查，早晨坐船到黄岛，同样环岛一周，没有任何发现，太阳偏西的时候，岛的南面与大陆相连，我们踏着湿泞的路，就往陆地上赶，我们一边走，一边眼看着水往上涨，当我们走到陆地时水已涨到齐腰深，我们不是当地人，不了解涨潮和退潮的时间，太危险了，回想起来真是后怕。

从青岛坐渡轮到达胶南县，继续沿着海边往南走，进行油苗调查。我们到过日照、岚山头、石臼所等城镇。在临沂地区发现一个中生代沉积小盆地，我们拉了几条剖面进行调查，结果是一个红色地层沉积盆地，地面也没有背斜构造。在临沂地区的一个小镇旅馆，晚上我突然拉肚子，请来当地的一位大夫为我打针吃药，为了照顾我，第二天留下我一个人休息，大夫为我继续打葡萄糖，可是看到大夫很不讲卫生，隔着衣服就打针，我不敢叫他再继续打针了，我在第三天就急忙去追赶他们了。我们继续往南走，不久到了江苏省境内，沿海岸的野外调查油苗任务已基本完成。我们乘公共汽车到达连云港，而后乘火车返回济南。

自从离开青岛往南以来，生活水平急转直下，整天吃地瓜，蔬菜也吃不上了，初步感到困难的日子就要来临。我在野外工作期间，在远离组织的半年时间里，每个月给处党委组织科和处团委各写一个汇报，汇报自己的思想状况和工作情况，以及对重大事情的看法，一直保持与组织的联系。

一九六〇年元旦前我们回到了济南，我们华北处油苗调查队的三组人马——河北省凤山油苗调查队本部七八个人、天津市油苗调查组两人、渤海湾油苗调查组两人，一共十多个人齐聚一堂。稍事休息后，进入资料整理阶段，多数人是参加工作不久的同志，所以在整理资料时，我们只能打下手。年底还进行了全年工作总结，并进行了个人评比，我和容光荣被评为队里先进个人，容光荣后来又被评为处里先进个人。

资料整理阶段一直延续到来年二月，前半阶段在济南处招待所，我们整天吃地瓜干或地瓜面窝窝头，清炒大萝卜或白菜，没有一点油水，大家为了补救肚子亏空，经常去市内的燕喜堂饭店吃上一顿。后半阶段我们移师到了禹城，住进撤销了的县委大院内，整天吃的还是地瓜干或地瓜面窝窝头，加上清炒大萝卜和白菜。所谓的三年困难时期大概从这时就开始了。在禹城时，队上派我一个人去保定河北石油普查大队还资料，我扛上一个直径有20厘米、长1米的铁桶装着地质资料，都是透明纸画的，从禹城坐火车到德州转车去保定，交完资料后，原路返回。当时也可以从北京转车返回，但我为了避嫌，没有走北京，受到队里的表扬。

调查还发现，鲁西南的嘉祥、山东半岛的海阳，均为采石场发现岩石晶洞中含油，油质都很轻。潍坊白浪河水面发现的彩色油花调查结论是铁锈。焦作市东人工渠北岸的两口浅井岩芯经分析鉴定，证实有石油质沥青存在，研究认为该处位于焦作东两大断层的交点，下部油气有可能运移上来，并推断第四纪黄土是有过油运移过程的。

蔡乾忠在《油踪纪程》中写道：

早在1959年对黄骅坳陷进行油气勘查时，我曾指出：渤海是一个巨大的沉积盆地，其中有巨厚的沉积层，黄骅坳陷位于渤海湾盆地西南端，被认为是（济阳坳陷也一样）华北盆地（暂不与渤海坳陷比）最有希望、同时也是最现实的含油地区。就在这一年，地质部决定在渤海进行航空磁测，并于1960年成立了第五物探大队，完成渤海海底重力面积测量和地震反射法大剖面调查，初步圈定约3万平方千米面积的坳陷，同时查明了第三系沉积厚度达9000米，找到了两个构造带，搞清了渤海与陆地连接同属于渤海湾盆地，扩大了含油气区普查范围，提高了找油的信心。

1959年2月26日，在华北处年初勘探会议上靳处长提出，1959年的工作任务中，渤海坳陷要抓紧工作，投入详查，要进行打钻、上地震，海上勘探我们应找出经验，在历史上留下光辉的一页。孙竹要求，地质钻井应互相推动，争取在国庆节找出油来向党献礼。两天后召开的华北处首届党员代表大会上靳处长的报告中指出，华北平原下，已证明存在着几个对含油有利的坳陷，有开封、临清、渤海和博野等四个坳陷，沉积岩厚度皆4000~5000米。

华北处首届党员代表大会代表合影（钟勤提供）

1959年7月，华北石油勘探处给石油工业部上报了《关于聘请苏联专家问题的建议》：华北平原经过几年来的结果证实含油气的远景是大的。临清坳陷堂邑参数井井下裂隙中含原油及沥青，浅层和深层都有气的显示，济源盆地侏罗纪地层泥灰岩含油味儿，凤凰山及滦平白垩纪地层见裂隙原油及油砂，天津地区见气苗，还有渤海坳陷周围最近在莱阳盆地发现含油砂层及辽东半岛复县附近寒武及侏罗纪地层见裂隙原油。这都说明渤海坳陷是一个具有含油远景有利地区，更何况渤海海上以航空磁测初步成果看，与华北坳陷为同一坳陷，因此，今后在渤海海上进行勘探和钻探也就是眼前的事了。我国在这方面还毫无基础，为此进行各方面的准备是非常必要的。现我处力量薄弱，请部考虑是否为华北或与其他沿海探区共同聘请海上勘探（主要为地震）与海上钻探的苏联专家各一名，以便在1960年开始准备海上寻找石油。

1959年10月21日，处党委下发文件决定《华北石油工人报》复刊，其创刊日期应是1958年12月，档案能查到“华北石油工人报编委会于1958年12月15日正式成立”，其停刊日期在文件中空缺，只是提到“由于纸张缺乏，根据中央增产节约的指示精神，结合我处的情况，今年停刊，现根据我处工作之需要和目前纸张的供应情况，为了推动增产节约运动和技术革新，配合展开以技术革命为中心的‘七比’红旗竞赛运动，经处党委研究决定，于11月10日复刊。暂定为旬刊，每月1日、11日、21日出刊”。

《华北石油工人报》编辑开始是党办秘书石振祥，1960年变为从济南师范专科学校毕业的巴中一。其弟巴中天回忆说：“他具体负责出版《华北石油工人报》，一个人写稿、编稿、刻蜡板、发送，为此常常忙到很晚，大冬天冒雪骑车回家，累得气喘吁吁。”巴中一出生于烟台市福山区巴家寨一个革命之家，父亲巴凤冈抗战时是中共胶东军区北海军分区的情报人员，母亲王复同是中共地下党员，两个叔叔早在1938年就加入了共产党领导的抗日游击队，姐姐巴木兰、姑姑巴枫都参加了革命，姑父是电影《三进山城》的作者赛时礼，也是文登人，与同在胶东军区东海军分区的孙竹相熟，他也是因为这层关系才到华北处的。巴中一多才多艺，会拉小提琴，唱歌、写诗、朗诵无所不能。

《华北石油工人报》是蜡纸刻版印刷的，发送给支部、处机关、各勘区报社、石油工人出版社。1960年以后，我多方查找，也有幸拜访了石振祥、巴中一两位老人，但是没有发现这份报纸的踪迹，成为一大遗憾。

在那个年代，精神生活极为乏味枯燥，工作环境中基本都是男性，这些人大都处于青春勃发、情窦初开的年龄，男女两情相悦、情投意合不可避免。很多在现在看来正常的恋爱行为，在当时被视为道德败坏。杨建平就是一个例子。

杨建平是陕西省南郑县人，1954年10月在玉门参加工作，1956年调到32104队先后任副司钻、司钻。1959年5月，给予行政记大过处分。处分决定中甚至扯出其陈年老账：一是工作中的事故，二是生活作风腐化，乱搞对象。在明化镇时与本村已订婚的女人唐某勾勾搭搭，使得已订婚的双方婚姻破裂。后又跟我处机关下放干部唐梦湘进行不正当恋爱（唐已有对象）。

1959年8月，苏联专家米尔钦科在北京做了《关于华北石油勘探》的报告。这位专家可是大有来头，他是苏联石油部总地质师、通讯院士，这次作为苏联高级专家代表团成员来到中国，刚从松辽盆地考察过来。他在报告中指出，从1956年到现在，石油工业部打了5口深井（3口基准井、2口参数井），因面积大，所以工作量是不够的。现在参数井正在钻进，3口基准井由于某些原因停钻并未完成设计深度，其中南宫基准井井深1936米，在井深1761米钻进了寒武系，未见到油气显示。馆陶基准井井深1890多米，进入了二叠系、三叠系，开封基准井井深2100米，未钻穿白垩纪，亦均未发现油气显示。两口参数井中，堂邑井目前钻至2800米，情况还算令人满意，890~1300米有气显示，2400米奥陶系也有气显示。邸阁参数井打到了1700多米，在二叠系地层中沥青含量较高，但未打在构造上。华北大坳陷是燕山运动（太平洋运动）的产物，中国东部沿海地区是太平洋运动开始下沉的，海相白垩系—下第三系可能侵入中国大陆之内……我们认为华北平原的含油气层位与白垩系—下第三系是有关系的。

1959年10月，105队发表的《华北平原区域构造单元划分及含油远景探讨》一文中指出，“华北平原是燕山运动之后新生代时期的大型沉积盆地”，“济阳坳陷和黄骅坳陷勘探海相第三系油藏应该给予足够的重视”，并将无棣隆起从济黄盆地中划分出来；同时，根据郑1井在井深924米钻遇前震旦系花岗片麻岩的资料，提出无棣隆起不是“火山活动带”，其重力、磁力异常是埋藏较浅的前震旦系变质岩的反映，应该积极开展济阳、黄骅坳陷的勘探工作。

经过这一阶段的勘探工作之后，多数专家认为华北平原是一个中、新生代的沉积盆地，勘探目的层应是中、新生界，特别寄希望于海相白垩系一下第三系，并且建议开展华北平原东部坳陷地区的油气勘探。也有少数专家认为华北平原西部坳陷仍然是有利地区，应当继续进行勘探。此时，华北平原西部的勘探尚未发现油田，对下步工作存在着两种意见：一种意见认为应该扩大范围，侦查东部济阳坳陷，寻找中、新生界生油层及含油岩系；另一种意见认为应该继续留在西部临清坳陷，追踪华4井的古生界含油显示。最后，决定兼顾上述两种意见，在临清坳陷留一部钻机，完成华4井的钻探后，继续钻探南堂邑构造上的华6参数井。另一台钻机完成华5井以后，从河南省搬迁到山东省，钻探济阳坳陷沙河街构造上的华7井。

浅油气藏研究队的王素民带着王士栋、刘德顺两人到天津市，与河北省地质局合作进行浅层气钻探。王士栋说：“我是河北定县人，家庭出身不好，地主，父母等家里人都在北京，父亲是修理电缆的工人，母亲是家属，我姊妹7个，就我留在老家陪伴爷爷。完小毕业后，考上了定县师范，每月给12块5毛钱，吃饭用10块钱，还能剩下两块钱零花。师范毕业后分到新成县（现高碑店市），报到后说不缺老师，让回家等通知，就又报考了北京电力学校，被调剂到北京石油地质学校。我跟刘德顺住一间宿舍。分到华北处后，我先参加了山东省地质局篮球比赛，我当男队队长，李德庆是女队队长，她在部队就是打篮球的，个子高，很瘦，跑得快，她在化验室干水化验。在天津搞浅层气，天津市科委出了六个人，工人们推动手摇钻打10米、20米的浅井。在天津市里还有一个人家打水井打出气来，能供给三家用。”刘德顺于1936年正月生于河北省完县（1993年改为顺平县）农村。

天津气苗分布很多，都在第四系地层中，在张贵庄3米深发现了棕黑、棕褐色呈黏稠状的油，分布面积仅有20多平方米，油呈小珠状沉在水底。天津到塘沽40千米面积内气苗很多，埋藏较浅且层位稳定，在10多口井中深6~9米的一层贝壳层发现有气，含甲烷73%，在滨江道17号的一口井气量每分钟达800毫升，压力0.5~0.6个大气压，3分钟即可烧沸沟水两公升。

华东石油勘探局在上海寻找30米以内的浅层天然气颇有成效，俗称“鸡窝气”。1958年10月，先在局食堂后院钻了一口气井，但是产量不大，出气时间不长就被水淹了，随后又在市公安局、沧州饭店等处打出4口日产100多方的气井。在华东局编制的《关于勘探开发上海浅层天然气方案》中，计划1960年将现有66人的天然气试验队升级为630人的天然气大队，打井16050口，其中包括17米深的浅生产井5600口、37米深的深生产井8400口，实现年产气2500万立方米。石油工业部在上海召开了全国浅层天然气会议，王素民等三人参加了会议。与会者参观了川沙县群众开发利用浅层天然气的成果，作为原料烧制炭黑，作为橡胶的填充物；作为动力带动纺织机，编织毛巾、袜子。

1959年，地质部航测大队904航测队在渤海湾地区进行了1:100万航空磁测，面积包括整个渤海及其沿岸地区。主要目的就是研究大地构造及结晶基底的起伏，以便进一步开展石油资源的调查勘探工作。航测工作使用了苏式AM-49型自动电子航空磁测仪，安装在JN-2型飞机上，飞行高度不低于500米，这次测量成功地捕捉了已知区域构造的隐伏延伸部分。航测及地震研究成果表明，渤海是华北平原陆上坳陷向海洋的延伸部分，其结晶基底在渤海中部地区埋藏深度达10千米，初步勾绘了海区的构造轮廓，并最终指出渤海区域是油气勘探的有利地区。

1959年底，地质部物探局局长何善远、副局长田实斋、副局长兼总工程师顾功叙安排范日高（任队长）、黄绪德（任技术负责人）筹备建队开展渤海石油物探工作。1960年5月12日，渤海综合物探大队在天津塘沽成立，下设地震、重力、电法和测量4个分队，开始对渤海海域进行石油地质普查。

1959年9月26日，松辽石油勘探局部署的第三口基准井——松基三井喷油，日产原油20吨，松辽盆地勘探取得重大突破。这一消息传到华北，犹如一声惊雷响彻在华北处每个人的头上。根据李四光的新华夏系构造体系理论，松辽和华北盆地同处在第二沉降带上，大庆油田的发现，对正在开展的华北石油勘探工作起到了极大的推动作用。1959年10月，李四光在听取松辽石油普查大队成果汇报时指出，看来松辽油区大局已定，今后该是我们跨过门槛往南移动的时候了。这里说的门槛就是指铁岭一带地下隐伏的东西向隆起带。他还指出华北应围绕渤海湾进行工作，渤海湾可能是早第三纪的一个重要沉积中心。

第二十二章

群英会上数英雄

1959年，张云调到修配车间任车间主任，韩玉的任指导员。从招远招工的梁洪海说："我最佩服张云，参加过大西南剿匪，能干，能吃苦，很尊重人、体贴人，我还没见过超过张云的领导。"

1959年10月26日至11月8日，在北京召开全国工业、交通群英会。刘少奇、朱德、周恩来、林彪、邓小平、彭真、李富春、薄一波、谭震林等国家领导人出席大会，参会代表有6576人，代表全国工业、交通运输、基本建设、商业、财政、金融部门等将近30万个先进集体和360多万名先进生产者。这次会议由全国总工会组织，而实际上是在周总理的直接领导和关怀下召开的，其规模之大、规格之高都是空前的。也就是在这次会议上，国家主席刘少奇和北京市劳动模范、掏粪工人时传祥亲切握手交谈，"国家主席和掏粪工握手"一时传为佳话，社会上产生了巨大的影响。

华北石油勘探处有两名代表参加了群英会：刘晋元和蔡金如。刘晋元是32104队的柴油机司机长，甘肃省临洮县人，1955年毕业于兰州培黎石油技工学校，与同在32104队的火善功、32105队的吴永寿是同学，分到玉门油矿钻井公司任柴油机司机助手，火善功是甘肃省榆中县人，曾在张云清队。

据《山东省劳模大辞典》记载：

在当时经济技术条件非常困难的条件下，刘晋元组成技术攻关小组自己动手维修苏联产B2－300柴油机，每年10台次，每年为国家节约30多万元，他还摸索研制成功了气压降低自鸣器，有效地防止了钻井事故的发生。

刘晋元的爱人杨玉桂说："刘晋元性格活泼、开朗，出身贫寒，工作努力，领导很看重他。1958年底，我作为家属来到山东堂邑，原来在老家小学上了四年，刘晋元在八甲刘打井，我就在八甲刘村小学上学，拿到了小学毕业证。他参加全国群英会回来后就提成技术员，调到处里钻井科了，我也被招工到了修配车间，修柴油机。"大约1960年初，修配车间招了一些职工家属做临时工，有杨玉桂、张应桃、张宝琴、骆体凤（郭华安家属）、马芝惠（赵玉堂家属）、苏美英（申好如家属）、黄清爽、高桂新、马苏兰、金贵霞、张秀菊、方秀英、周秀芳、刘秀雯等，月工资18元。

蔡金如则代表修配车间机修组作为先进集体参加了会议。张昌平说："北京群英会我们车工班是先进班组，应该我去的，我是班长，蔡金如是副班长，张云偏心，让蔡金如去。蔡金如是钳工，上海浦东人，他脑瓜灵活，外号'蔡滑头'，技术还不如贺孝本，他们俩是师兄弟，原来是一个厂的。"张昌平拿出来一张老照片，老旧斑驳，但很清楚。上面写着一行字：石油工业部华北石油勘探处修配车间机修组出席全国群英会留影，1959年11月17日。

刘晋元、蔡金如是10月17日跟山东省的代表一块儿坐火车到北京参加会议的，由山东省工会组织，又是11月13日一起回到济南的，来回共28天。在蔡金如的出差报销单上写有：火车上两天，每天补助1.20元，北京机关搭伙，每天补助0.25元。回到济南后，山东省地质局领导与地质局系统的共五位代表还有艾宪森、胡哲等人召开座谈会，并合影留念。在尚健在的艾宪森那里我看到了合影，里面还有华北处的办公室副主任韩淑珍。韩淑珍是河北饶阳人，1937年8月参加革命，同年入党，因为在财政部的爱人邸清哲被划为右派，1958年8月全家从北京下放到济南，人们对她的评价是性格温和，工作细致。邸清哲是河北深泽人，曾跟吕正操、马建民（作家杨沫的第二任丈夫）共同抗日。

修配车间机修组出席全国群英会留影（张昌平提供）

为什么机修组能在1959年群英会作为先进集体呢？孟庆玺说："我记得有一件事，当时惊动了华北处机关领导。有两台车床卸在了青岛路办公大楼前面，往东关大街搬，没有车，我们就垫上铁管子，前边拉、后边推，每挪二三十厘米就把铁管子赶紧垫到前边去，还有撬的，就这样六七里地，用了整整一天才把车床搬过去；再就是干活都是没白没黑地干。"孟庆玺是1958年从山东沂南县招工的那批学徒工之一，完小毕业，在家干了三年农活才招的工。

孟庆玺给我画出东关大街57号车间的草图，这是个大户人家的两进院子，临街是房子，张云住在门口东侧的门房里，门口西边是粮店。前边是个大院，有北房、西房，车工、刨工在西房，钳工在北房，东边是一排棚子，里面是锻工、翻砂、修理。后边是个四合院，有北房、东西厢房，做宿舍，孟庆玺住在东房里。后边院子很低，得下1米多的台阶。1959年分来的学生孙振中来到这里一看，第二天打背包就要走，张昌平说："我知道后主动找他谈话，说到条件差的地方他学到的东西更多，不久的将来会发展的，让他不要看现在，这只是暂时的，大事小事都要人去干，要以国家利益为主，搞好了有他的功劳，等等，他勉强留下来。后来我经常找他谈心，也是我对知识分子敬重，我自己深深体会到学知识不容易。经过顾心怿、孙振中等技术人员设计自制设备，三爪卡盘、取岩芯革新工具、汽车缸套活塞铝合金制造等满足了一线需要，在大家的共同努力下，车工组获得奖励，他们个人也荣获1959年济南市技术革新能手奖章。"

至于为什么不派张昌平开会呢？孟庆玺说："主要是因为他走路一瘸一拐的，再就是他宁波口音太重，说话别人听不懂。"张昌平第二个老婆就说他"宁波话不是宁波话，上海话不是上海话，普通话不是普通话"。张昌平1958年在开封结婚，第一个老婆是李佩奇，复旦大学政治经济学专业毕业，他大嫂给介绍的，结婚后调到华北处财务科当会计。李文刚说："张昌平这个人追求先进，心里无私，别看个子瘦小，腿还瘸，但是上车床利索得不得了。李佩奇在大学谈了个对象去新疆了，不要她了，可能是受了刺激，才跟了张昌平。她高个子，在济南我们几个人上街，她左边挎着我肩膀，右边挎着蔡金如，张昌平在后边一瘸一拐地跟着。她想调回老家，张昌平那么先进不可能回去，就很郁闷，又没有亲戚朋友疏导，结果精神不太好，把孩子的头弄到自来水管子底下冲，小女孩1岁半得病死了，埋在千佛山树林子里。"

酷爱学习的顾心怿从1958年9月开始上山东工学院机械系夜大，业余时间全部用在学习上。此时的他还没有显山露水，个头不高，沉默寡言，还是一只丑小鸭，正在追一只心目中的"小天鹅"李巧云，她就在车间旁边的粮店上班，属于历下区粮食局。这就是顾心怿的风格，看上了就大胆地追。多年后，王琦还拿顾心怿谈恋爱的故事鼓励儿子"直接向姑娘提出和她谈恋爱的要求”。李巧云说，那时候她家挨饿，顾心怿自己省出两个馒头带上给她家。爱情和事业一样，需要勇气和坚持。

王忠学说，1959年上半年，王友田派孙树发、刘晋元到抚顺柴油机厂学习大修柴油机，以前大修都送到外地，高压油泵的轴，用千斤顶带拉力器都拉坏了也卸不下来，他们学了以后，用锤子两锤子就敲下来了，就那么简单。

北京群英会开完后，石油工业部参加群英会代表被石油工业部派到各地石油系统企业传经送宝。杨利道说他亲眼见过王进喜、孙德福到32104队上做报告，地点就在井场食堂，说王进喜说话杠杠的。王忠学说在玉门他们就认识，先在食堂开了职工大会，由唐梦湘献花，还拍了照片，然后他们玉门老乡又开了座谈会，内容大概是：都是西北老乡，要争气，好好地干。就是这次在北京开会期间，王进喜在街上看到公共汽车顶上背个煤气包，才知道连党中央所在地、毛主席住的地方汽车都没有汽油用，烧煤气，他感到非常丢脸，“泪洒沙滩”，在回到玉门的讲话中曾说：“是它一下子把我压醒了，自己不仅要扛起井队的、玉门局的责任，还得扛起国家的、全民族的责任。”

李寿松记得，王进喜、孙德福还来到他们队上，对李俊海很尊敬，王进喜两只手握住李俊海的手，喊“李师傅”，李俊海说：“石油头来啦！”当时的王进喜还不叫“铁人”，外号就是“石油头”，因为他经常搞得满身、满脸、满手都是油，还剃着光头，所以得此外号。

这一年，北京展览馆还举办了新中国十年大庆展览。展览会上展览了一台钻机，这是兰州石油机械厂生产的第一台国产3200米钻机，是仿“乌德”的钻机。春天，石光赫就到了北京，准备国庆十周年展览，他在钻井组，被派到兰州石油化工机械厂，负责跟进度，在展览上待了一个月，11月回来。杨承忠回忆说：“1959年7月到11月，李宗斌带队，还有肖庭喜、孙金亭我们四个人到北京展览馆搞展览，有人参观就操作钻机给人家看看。”

1960年，刘晋元、蔡金如、孙希悦被华北处推荐为“山东省先进生产者”。

我在山东省国土资源资料档案馆查到了1960年1月山东省地质局《出席全省工业交通运输基本建设财贸方面社会主义建设先进集体和先进生产者代表大会代表主要事迹》，这个大会是在全国群英会以后召开的，里面有华北石油勘探处的两位先进生产者刘晋元、孙希悦以及先进集体蔡金如小组的材料。

刘晋元的先进材料写道：

刘晋元同志是柴油机司机、共产党员，自参加工作以来，工作一贯积极负责，思想进步，立场坚定，在任何情况下能听党的话，向不利于党的思想和行为进行坚决的斗争。

该队钻井机器全部采用“气控制”，如果压缩空气压力降低到规定标准以下，如不能及时发现，全套的钻井设备就转动不起来，这样正在钻进中，全套钻具在井眼停留时间过长，很容易发生事故。几年来由于检查不够，华北地层松软，卡钻事故不断发生，特别是在学徒工多的情况下，解决这一问题更加紧要了。

自党提出大闹技术革命以后，该同志鼓起勇气，把自己早已想过的“气压降低自鸣器”提了出来。这种“气压降低自鸣器”可以在气压降低时以一种信号形式告诉操作人员，这样即可避免事故的发生。但怎样实现呢？困难是很多的，首先他不会绘图，不能把自己所想的表达出来，和别人讲又讲不清楚，于是自己硬摸索着干，用纸、白铁皮做简单模型，这才搞出了名堂。这时党支书和队长又给了他很大鼓舞和支持，叫他用铁管子做，用电焊加焊，就这样，在党的支持、自己刻苦努力、大家的帮助下，在短时间内就制成了气压降低自鸣器。

气压降低自鸣器试验成功后，对技术革新的信心更加增强了。他看到钻台上的同志们每当起下钻时，大钩和水龙头总是两三个人推来推去，很费力又浪费时间，有时三四次甚至更多的次数还挂不上。他就想，用个什么办法使钻台上的同志很快把大钩挂上呢？他下班后想，吃饭、睡觉也在想，于是使用一根麻绳拴到井架角上，一头套在大钩进行试验，第一次失败了没有灰心，下班后和同志们继续研究，找失败原因。经研究分析认为绳子长度不合适，于是使用六分钢丝绳，对好长度进行了第二次试验，结果成功了。这样不仅减轻了工人同志们的劳动强度，挂大钩时间由过去的18分钟一次缩短到3分钟，效率提高5倍多，直接增加了纯钻进时间。

该处的柴油机过去都要运到天津、沈阳检修，中修一次往返运费、检修费就得七八千元，时间上拖得也很长，有时动力不足还严重威胁着生产。于是领导让他专搞柴油机维修工作。当时他还没修过300马力柴油机，再加上自己技术不高，理论粗糙，缺乏实践经验，所以困难是很多的。首先遇到的是技术上的困难，如连一个很简单的桃子瓦螺丝都卸不下来，经过大家研究和翻说明书，发现桃子瓦一个是正扣，一个是反扣，解决了这个困难，在拆卸检修过程中，边拆卸，边研究，拆一件研究一件，看好安装形式，在脑子里记准后，再拆第二件，除白天进行现场修配外，晚上看机械说明书，力求理论与实际相结合。在设备上遇到的困难更大，工具和材料都没有，使用“蚂蚁啃骨头”的办法克服困难。如往外冲甩子瓦销子时，没有工具就用圆钢捻成尖往外冲，在装400多斤缸套时，没有机械就用人力想法装进去。就这样，终于用20多天将300马力柴油机一次检修成功，质量合乎要求。紧接着又在1958年3~5月中修300马力柴油机三部，90马力柴油机一部，据初步统计，不仅为国家节省了36000多元，而且保证了机器及时投入生产，还培养了学徒。

今年7月由于机油供应很紧张，计划82吨，只借到2吨，严重威胁着生产，该同志详细调查机油使用情况，吸收了兄弟厂矿的先进经验，根据机油黏度质量和溶化情况，提出让大家清洗机油滤子，把杂质滤掉，机油使用时长由72小时延长到200小时，经大家试验完全可以，并迅速采纳推广，这样节约机油一倍多，每月可省机油3000公斤，每斤按

1.5元计算，全年可节约56880元，不仅为国家节约大量资金，更重要的是保证了生产。

该同志参加全国群英会后，将大会精神带回工作岗位，更加意气风发，斗志昂扬，干劲十足，继续发扬了敢想敢闯敢干的共产主义风格，首先发现发电机和继电调节器在柴油机上不断地震动，又长期受到柴油机油水的喷溅，由于电瓶使用时间已很久，极板附着物大量掉落，电极硫化而使电阻增加，虽有新电瓶但不能自行充电。根据这些情况，第一步把柴油机上三个充电器拿下来，用大马达带动，将其放在一个干净地方，这样一举解决了振动及油水侵蚀的问题，而且由于用马达带动，使柴油机空车充电的运行时间节省下来。又和另一名同志进一步研制成了充电变阻器，这样就保证了万一继电器损坏还可以充电。

该同志又看到维修高压油泵时，装卸油泵弹簧很不方便，而且很浪费时间，他就想出了一种办法，做成了一支弹簧装卸叉，解决了这一问题。

刘晋元同志发扬了工人阶级的不断革命精神，积极努力地为社会主义建设事业作出了一流的贡献，他取得的这些成绩和党的培养与关怀以及同志们的帮助是分不开的，所以该同志表示今后一定要再接再厉，继续努力，以更大的成绩来报答党的关怀。

原华对刘晋元很不以为然：“他只会拍马屁，不会干活，活儿都是孙树发干的。他搞的气压降低自鸣器，没气压了才报警，光添乱，都找不到漏点了。我贴过他的大字报，这是欺骗毛主席。”

孙希悦的先进材料题目是：虚心学习、积极肯干的孙希悦。材料里面写道：

孙希悦同志是华北石油勘探处学徒工人，在党的关怀和培养下，特别是通过党的八届八中全会文件学习，增产节约运动和社会主义劳动竞赛的热烈开展，思想得到了很大的启发和鼓舞，因而在工作中一贯表现得干劲十足，不怕苦、不怕脏、不怕累，哪儿有困难，他总是一马当先跑在头里干。有一次锻工房失火，他带头冒着生命危险进行抢救，很快扑灭了火，保证了机器、工具的安全，这种维护人民财产的高尚品德受到领导和全体职工的表扬。

由于孙希悦同志坚决听党的话，刻苦地学习，大胆地想，因而仅仅学习了一年的时间，不但他自己在实际技术操作方面达到一个熟练三级钻工的技术水平，而且能大胆地想，提出合理化建议，改进操作方法大大提高效率，为国家节省财富。

孙希悦也是1958年招远招工那批。王祥说孙希悦很能干，跟栾凤振打内外钳打得最好。不过也有人说：孙希悦表现并不先进，上夜班偷着睡觉，是魏振家为了鼓励他。光看先进材料确实很空，我问过队上很多人，都不知道他是省级先进。

蔡金如小组的先进事迹主要有：

由于设备不全、工具笨旧，很多配件修配不了，如果有一台砂轮机就能解决关键问题，但是当时一时买不到。因此，我们便提出了“头可断、血可流，制不成砂轮机誓不休”的口号，要苦战三昼夜拿出砂轮机，克服了材料不足和设备缺乏的困难，用锉刀代替刨床，用“蚂蚁啃骨头”的办法打小眼、再打大眼解决了对眼的困难，终于在两昼夜后，制成了电动砂轮机。在今年（注：1958年）三月，32104队井架安装急需200个7/8吋井架螺丝，由于工具笨旧，生产效率低，难以在预定期间完成。我们小组发挥了集体智慧，在车床上改进了特别工具代替卡盘装夹工作物，利用钻床攻丝，提高了工作效率，不到三天就完成了任务。由于没有铣床，对生产影响很大，后来我们在刨床上加了一个铣头，结果制成了直齿轮、八字轮、蜗轮、蜗杆等零件。在制造金刚钻头过程中，创造成功了“取芯钻头分度盘”，使工效提高了15倍。在国庆节前夕，我组又将刀杆切削金刚钻头改为三刀切削金刚钻头，工效提高了3倍。另外，在切削法外圆时，过去都是用氧气切割的，但现在车间没有氧气，处仓库也没有氧气，我们又设法改进工具，用钻床上的三刀同旋切割法外圆，保证了任务的完成。我组又试制成功了无齿锯钢机，能切割30~60mm的圆钢，节省了劳力和锯条……

张昌平记得当时华东局把好设备都拉走了，连砂轮机都拉走了。没有砂轮机磨车刀，就没法加工配件，由顾心怿等人设计，没有几天就制造出来了。

第二十三章
油斑出现华四井

华4井位于山东省聊城专区堂邑镇八甲刘村（今聊城市东昌府区梁水镇），在聊城西北方向20公里，设计井深2800米。至于“八甲刘”村名的来历，据说是明朝从山西搬过来八家姓刘的而得名。

随着工作经验的积累，安装方面打破了过去非等井架装好后才吊钻机的陈规，也不用吊车，用钻杆做成三脚架代替，使安装时间不断缩短。李继秀说：“为了放卫星、创标杆，人们积极性很高，服从领导，叫你干几个小时就干几个小时，吃苦耐劳，快装，上边安装架子，地下同时安装，有一次，杨培林在底座底下装压风机，往后一仰，上边掉下一个尖扳手，把他脚面砸穿了，也没人敢提意见。”

1958年华北处工作总结中写道：

32104的职工在堂邑井的安装时更提出了“苦干、大干、拼命干，完不成任务心不甘”的口号，他们连续苦战了48小时，32小时装好井架，10天完成了安装任务。华4井从拆卸到安装仅用34天的时间。在玉门现场会议前，32104队荣获了“月上千”英雄井队的称号。安装班的同志在安装工作中打破了“三级风不上井架和黑夜不安装”的常规，充分地表现了不怕风吹雨打、不怕日晒天热的精神，不分白天黑夜，顽强地进行安装。在堂邑井安装井架时，更提出了“24小时安装不好不下井架”的口号，从而有力地保证了各井的安装工程。

此时，物资供应开始出现紧张，在1959年2月处勘探会议上，尚毅提出钢丝绳没有解决，是一个重要问题。刘希尧也说32120队链条没有、铜套解决不了，天车弹子盘需换，机油解决不了。材料科王士平说：“大部分已拨井队，现在催各厂订货，货源困难，材料都限制得很紧，白棕绳困难，无进口，第二季度到货很少，井场钢丝绳最好收回来加工。教育职工要爱护材料，速度不要过快。”李继秀说：“没新钢丝绳，就把断了的旧钢丝绳想法接起来使。”

过年前，王忠学回老家结婚了，但是结婚三天他就离家了，在生产队吃食堂，他得交两毛钱、半斤粮票，给两勺子汤面条，根本吃不饱。过年前三天回到队上，三十晚上会餐，王友田到聊城地委要来慰问品，菜有油炸黄河刀鱼，他本来不吃鱼，从这以后开始吃鱼，饭是黏高粱窝窝头，还加上了枣，管饱，来自招远的学徒工袁希斌撑得三天没上班。

王友田与李仲田之间的矛盾已经提上了华北处领导会上，1959年2月18日上午，在会上马永举说道：“我对堂邑井的印象，我认为应做好准备工作，8日开钻，结果把人也请去了，不能开钻，到18日才开钻。干部关系的团结问题，如在说话上有影响团结的问题。”靳处长说：“井队干部关系问题，今天干部团结问题应该从生产出发，从团结的愿望出发，不要计较态度，要互相谅解，有意见谈一谈，摆在桌面上。若领导上不一致，使工人同志看到后影响生产。我们要认识到干部的团结是做好一切工作的关键。当然，我们也不能采取一团和气的团结，该提的提，该让步的让步，该争就争，若该说的不说，就不是共产主义风格。”靳处长还谈到了与地方党政领导的关系，“要特别注意，当然我们知道堂邑条件不如开封，我们去要了就批，应考虑到地方的困难，若特殊照顾我们是不好的，老去要不好，要看到广大的劳动人民生活，不注意，人家是会批评的，有些事已直接反映到部里。”此时，粮食供应已较差，但是比起老百姓来说还是好的。柴油机司机白德安说：“在房儿寨，老百姓太可怜了，一家人围着就吃马齿苋菜，喝的是苦水，女的三十多岁头发就掉光了。我们到老乡那里买开水，3分钱一壶。”他是队长李仲田的“一肩挑。”他评价李仲田：“这个人老实，实干，任劳任怨，再苦也不叫苦。”

据钟正夫所写《我在华北的片段记忆》：

华4井在1958年12月18日前后开钻，钻井进尺基本正常但未能全程以“快速钻井”指标到达“指定井深”。跨年于1959年1月11~12日钻井进尺超过1000米时电测一组准备做首次中途测井，然而接连两天都出现井下50余米导管鞋附近电缆和仪器遇阻，因而未能落实该预定任务。

华4井开钻后近一个月内，井下钻遇的地层地质状况较恶劣，进尺过程多处出现严重井漏，泥浆漏失缺损致无法顺利钻进。当时全井队为处理井漏事故夜以继日奋力排解，电测一组成员也全力多次参与到四处去装运锯末屑或红色黏土的装卸运输工作，运回这些物料以堵漏和调整泥浆黏稠性抑制井漏继续加重。

经过紧张的“救险”努力，井漏恶况得以缓解。1月18日华4井井深达到了1600余米，1月20日晚上电测一组冒雪完成了一次中途测井作业。

1月22~23日，32104队在华4井顺利进行了下按500多米技术套管的井下作业，1月25日晚上电测一组接着做了井温测井以判定固井水泥面返回高度及检验固井质量。

1959年2月18日，32104钻井队在华4井的井深钻进到了1800余米，其进尺过程同时进行的钻井取芯的取芯率也较高，全队成员因此信心倍增。

由于32104钻井队在开钻时配用在钢缆绞筒上的钢丝绳额定载荷能力已接近此时1800米井深的井腔内全部钻具的悬重，因此需要将钻机绞筒上的钢丝绳更换为载荷强度高一级的钢丝绳。趁钻井队更换器材停钻间隙，2月20~21日电测一组在华4井进行井深1800余米的中途全套横向测井作业，作业时间持续18小时以上。23日又在同样条件下进行了井温测井，而该项井温测井的测速只能限在百余米内，整个作业时间持续达15小时左右。

1959年4月初，华4井钻井进尺达到近2000米，4月3~4日钻井队进行又一次技术套管的下管作业，用17小时20分钟将1940多米套管顺利下安到预定深度。4日晚上进行固井作业，5日晚~6日电测一组接着做了井温测井，检查和确定固井水泥面返回高度。

1959年6月中旬，32104钻井队在华4井的钻井进尺已接近2500米。此间6月17日午后钻进到2450余米处时又遭遇了一次轻微的“卡钻”意外，钻井队及时采用泥浆泵双泵大排量注水冲击的技术措施，同时不断活动钻具，2天后的6月19日下午终于解除了钻具被卡故障，从而避免了更大损失并得以继续钻进。32104钻井队在八甲刘华4井的钻井工程于1959年末前后结束，然后接受钻探另一口华6井的钻井作业。

1959年2月，华北处配备了一套国产57－3散装半自动气测仪，组建第二个气测组。王海金、考成、王书敏、于焕明、宋梅臣等先后调入气测队。经过短期培训后，气测人员分为两个组。一组由李兆醒负责，配备苏式半自动气测仪，驻山东省堂邑县八甲刘测华4井；二组由王海金负责，配备国产散装气测仪赴河南省尉氏县邸阁测华5井。1959年10月，钟辉生任电测队队长。1960年，绘解组划归电测队，驻惠民县城。

来自招远的学徒工于焕明说：“我们算是新中国第一代气测工，用的仪器是005号，这是石油工业部第5台气测仪器，在队上很稀罕，都过来看。坐在仪器车里，感觉很了不得，里面很干净，有沙发，窗帘都是绸子的。”王书敏说：“记得是1959年大年初一那一天，我跟栾全芬坐一辆太拖拉去32104井队，拉了一车货，我们在车厢里冻得不行，材料员就从拉的棉大衣里抽出一件给我们。所用的设备开始是苏联的，后来换成国产的。我们跟地质技术员、泥浆技术员在一个值班房里，一般地质技术员做班长，看着3个面板：深度面板、电源面板、分析面板，有马达抽气，经过仪器画出曲线。”

孙秉伦外号“孙猴子”，钻机房、上钻台什么都搞，还喜欢研究测井，拿有一套测井车的钥匙。王士孝说：“我们测井的时候，孙秉伦到处转着看。放中子源的铅罐放在孙秉伦住的隔壁大间屋里，离他得有一两丈远，铅罐平时锁着，我拿着钥匙。装中子源是我们地面工负责，我手拿的时候很紧张，师傅说过这东西有放射性，对身体不好，本来有夹子，但是不好使，都是戴着普通线手套拿，拿上赶紧装进去。孙秉伦根本接触不到中子源，但他可能是对放射性敏感，得了放射病。”在地震队待过几个月的刘殿甲也来到华4井的电测队，但是他的说法跟王士孝不同：“中子源像手指头那么长短粗细，我们都很害怕，用长夹子装，孙秉伦不害怕，他直接用手拿，也就拿过一两次，后来就得病了。”许学康说：“孙秉伦是大学生，怎么不知道中子源的厉害，他责任心很强，为了取全取准资料，别人都不愿意接触，他主动去拿。”李晓红听他父亲李仲田说过，“大跃进”的时候，孙秉伦听说亩产一万斤，他就去看，回来说是几亩地里堆在一块儿造假，父亲不让他往外说。这个人爱琢磨，啥事都要探个究竟。

王士孝说：“就因为这口井测井，王友田开的批判会。当时杨文德得了伤寒，去济南住院了，王宗国嘴被风吹歪了，回北京家里治病，就我懂点儿操作仪器，赶鸭子上架，其实我根本不懂，有点儿虚荣心，觉得操作仪器很高级，我知道取的资料相片都是废的，给许家荣说了。谁知他揭发我，王友田专门把人拉到济南处里开会，我事先不知道，王友田主持开会，主要是测井组的人，给我上纲上线，我那时才19岁，委屈得哭了起来。开完会，王友田又单独留下来安慰我，说是为了培养我。”一天，家属孔秀云到地里捡粮食，他把家属都叫来开会，批她给石油工人丢脸，她不受这气，跟他吵了起来。

1959年4月，杨三保被聊城公安局逮捕，后被开除。他祖籍是河北新河，1953年从北京招工到玉门，处分材料中写道：“一贯消极怠工，不遵守劳动纪律，流氓习气严重，在明化镇每到看电影和看戏时，经常趁人多挤到妇女中间耍流氓，故意制造事故进行破坏，将空气包的气门打开，8个气压放走了6个，幸被刘晋元发现制止……”王忠学说杨三保就是京油子，光说怪话不干活，北京人都会说，干活不出力。

杨文德9月份跟王志孟一起被送到北京石油地质学校上学，在野外地球物理5925班。

1958年9月16日，龚廷财将喷灯调整杆前螺帽卸掉，但不知道喷灯已打足气，致使烈火后喷，双手双脚都被烧伤了，住进医院。他在参加处积极分子大会上发言：“出院后又让我去疗养，我心里着急住不下去。回队后伤仍未全好，但我想投入‘大跃进’中去，于是积极要求参加工作。领导上为了照顾我，让我改行当修理工，搞炼油工作，我积极进行了筹备，自制了炼炉，开始时根据书本去做，头三天没有成功，由于敢想、敢说，敢于想书本上指的是原油，我们炼的是废机油，黏度大，把温度提到320摄氏度以上，炼制成功了，以后温度保持在400摄氏度以上，炼出柴油14桶。”申好如参加了自制炼油炉，用12英寸套管做成。申好如是焊工，天津人。

王忠学说：“1958年下半年，队上先后来了两批学徒工。一百多人，组成了学习队，陈建兴当队长，我当副队长。我最佩服陈建兴，对人很好，技术也很好，特别是政治理论水平高，讲理论讲得嘎嘎的。他是河北沙河人，石油师的。”

来自馆陶的王金秀说：“我分到32104队，由于人多，分成两个食堂，老师傅那边吃大米干饭，这边吃稠饭。老师傅陈建兴都过意不去。我们不怕吃菜，怕吃馒头。炒萝卜、白菜，5分钱一个菜，一般吃半份，3分钱。二两干面的馒头4分钱一个，得吃两三个。红烧肉2毛，炸刀鱼3毛，学徒工一般舍不得吃，陈东岭敢吃，他也是农村的。八月十五卖月饼，好几毛钱一斤，就孙金亭有钱买。师傅里闫吉美技术好，脾气暴，要求严，不管学徒师傅，都敢批评。副司钻冯若盈个子矮，瘦巴巴的，别人看不起，这小个子能当司钻吗？嗨！人家干得好。王忠学外号‘水牛’，个子不高，但是很壮，一个人能扛单根儿，一根单根儿是7米长四吋半钻杆，有三百多公斤。李朝永能干，中等个子，很壮实，也行。下了班，师傅王忠学说，‘我一只胳膊，谁来摔跤？’我上去跟他摔，我先伸出腿，故意使绊，他上当了，把他摔倒了，他要再来，我不来了。”王忠学说：“我这个外号还是靳处长给起的，他在会上表扬我，说我像老牛一样任劳任怨，谁知他们就喊成水牛。我爱摔跤，在老家放羊的时候跟蒙古人摔，村里能摔过我的不多。李朝永有劲儿，摔活跤我摔不过他，他胳膊有劲，我是腰有劲，摔死跤他摔不过我，只要能搂住他，就能摔他。1959年夏天，我得过一次伤寒，上吐下泻，一个班都得了，就王金秀没得，一碗面条，我吃了几口吐了，他把剩下的吃了也没事，还送我到聊城中心医院看病。我出院后很赖巴，招远来的学徒工王红颜说平时我摔不过你，这不怕我了，我让他搂住我后腰，我腰一使劲，腿往后一别，就坐到他肚子上了，差点儿把他弄死。”李朝永是刘希尧的远房亲戚，1956年刘希尧把他介绍到大队招工的。孙金亭说：“冯若盈有个特点，解衣服扣儿，他不是一个一个地解，他是左手把一边拉直，右手一掀，就像拉拉链儿一样快。”

华4井打到近2000米处发现了黄澄澄的东西，当时的地质工王金祥，来自盛产黄金的招远，他说：“地质工是技术活儿，比钻工高级，工作就是把泥浆筛筛出来的钻屑用水冲洗干净，夏天太阳底下晒干，冬天用电炉子烤干，还要描述一下，滴上盐酸，如果冒泡说明有灰质成分，石英不起泡，荧光灯底下照照，油砂有荧光，光想发现油砂，就是一直没看见。有人忽悠招远的马云龙，把一瓶盐酸说成酒让他喝了，把胃都烧坏了，住了医院。打到1920米左右，打出金光闪闪的东西来了，成片片，我咬了一下，还挺硬，硌牙，不是金子，招远出金矿，金子发软，这个我知道。师傅陈尚文也认为是铜矿。陈师傅是宁夏人，能跳新疆舞，是个好人。”

在1959年6月处驻32104队工作组的工作报告中写道：

生活方面，由于领导上过去对生活重视不够，抓得不紧，思想教育工作很差，食堂工作一直没有搞好。特别在房儿寨食堂搞得很糟，管理员、炊事员干劲不足，管理员赵权只凭主观命令布置工作，不去很好地研究改进工作，认为众口难调，意见不可避免。炊事员认为都是老弱病残，牢骚满腹，因而食堂工作搞得很差，群众意见很大。当时室内和环境卫生搞得很差，锅台不像个样子，开水不能满足供应，工人喝凉水很多，病号大大增加，买的菜霉烂很多没人过问，粮食浪费更为严重，仅一次零星积累，剩馒头、窝头就28斤半，泔水里面条、窝头很多，生活花样更不用提，为此领导曾停止全部炊事员工作，从各班调人来搞，仍没有把生活搞好。为此，党支部责成支委专门抓生活，深入食堂和大家个别谈话，了解情况，春节时炊事员拿到慰问品都很感动，提高了干劲。当听到32120队提出“一周不吃重样饭”挑战后，大家不甘落后，提出“十天不吃重样饭”的保证。在这种情况下，大家想各种办法，做到粗粮细做、细粮巧做，多变花样。炊事员李怀岐、李广卓说，过去工作思想上不痛快，现在思想愉快，累死也高兴干。做鸡蛋糕没有烤炉，想法用笼屉做，打烧饼没吊炉，用破锅吊起来代替吊炉，还做出千层饼、包皮卷、油盐烧饼、米糕、糖饼等三十多个花样。另外，改善生活要从多数人出发，特别是本队新工人占全队人数三分之二强，他们拿钱少、饭量大，老工人中有很多人经济并不富裕，还有家庭负担，生活太好、太贵必然造成经济上的困难，因此，要求做到“花钱少、吃得好、吃得饱”，才能使大家更加满意和拥护。

我给王忠学说这段文章，他说：“吹牛。在房儿寨生活很差，吃棒子面、地瓜面窝窝头，棒子面都发霉了，还不敢说，一说就开会忆苦思甜，批斗你，我都偷着出去上小饭店花5毛钱买一碗地瓜面窝窝头烩鸡蛋吃。后来到了八甲刘，是副指导员张德顺管生活，管理员换成孙国祯，他管得好，王友田也经常上聊城地委去汇报，人家给一些慰问品，有花生、红枣、乌枣、黄河刀鱼等。炊事员记得是穆登顺，我岁数小，穆师傅比我大20多岁，爱和我闹着玩。吃饭是自己带着碗，拿着勺子，去吃饭就说‘玩几把勺子去’，排队排到我，他把碗给我放到一边，给别人打，不给我打，最后才给我打，给我打了饭，我就说‘你个老丈人’，赶紧跑了，知道他有个闺女。”王金祥说，王友田曾带着他到聊城地委要东西，特地穿上军装，胸前一溜儿军功章，要的就是威风劲儿。要回来的有花生，还有酒，给老师傅们喝。他平时戴眼镜，讲话骂骂咧咧的，有计谋，不达目的不罢休。

有一天，孙从才上班接他连桥闫吉美的班，水泵打不上水了，水是从南边马颊河里用水泵打到水沟里引来的，他就去水泵看，应该是门头堵了，正是冬天，都结冰了，他脱下棉裤，穿着单裤子下去，把门头从泥里扒出来，看他下水了，几个徒弟也下去了，等上来，腿都冻青了，是徒弟们把他给架回来的。

华4井下8吋技术套管2000米，取芯效果也不错，只是取芯钻头质量差，打不了几米就得起钻。10月30日，钻至2908.5米奥陶系地层发生毁灭性漏失。为了增加泥浆黏度堵漏，泥浆里加面粉，加了有一毡房面粉，把聊城粮站的面粉都拉空了，李新铸就去堂邑拉坩子土。

档案中记载，华4井先后三次卡钻，第一、二次卡钻都是钻进中检查链条（接链条销子）停8分钟及活动范围小造成的，均采用清水大排量冲洗解卡。第三次卡钻，当时钻进至2908.5米时发生毁灭性漏失（有进无出），泵压由70个大气压突降为零，当即起钻起出两个单根（16.7米），负荷增至130吨，接方钻杆泵压180个大气压、210至255个大气压不通，活动范围缩小，此时，因上部井段掏空，也就是套管里边没有了压力，套管外边压力照旧，导致内外压差突然增大，一下子把套管挤破了，8吋套管断口错开，大量流沙窜入井内，把钻杆埋了，造成严重卡钻事故。井队个别领导存在一长制（注：未点名，应为李仲田），急于倒扣，结果从1282.99米倒开后再无法下钻对扣。事后又使用铣鞋磨铣将8吋套管铣坏，钻具由断口处插入套管外侧，无法继续处理被迫完钻。

1959年11月20日，苏联钻井专家达玛佐夫来到堂邑华4井现场，32104队正在处理该井卡钻事故，与井队进行了谈话，内容包括卡钻的原因及处理意见、井身结构及套管事故的处理、关于取芯钻进的问题、堵漏事故处理等方面。来自招远的学徒工杨利道说，苏联专家戴着大皮帽子，穿着呢子大衣，很是威风。11月21日，又应邀给在堂邑的三个井队32104队、1006队、1015队职工做了钻井方面的报告，内容包括：正确选择井身结构、钻井工艺及钻井参数配合、井下事故（井漏、井塌、井喷、卡钻）的预防及处理、取芯问题等，非常实用具体，具有很大的指导意义。

有一天，王祥跟着靳处长来到队上检查工作。晚上，队上一个钻工偷偷找到王祥，坦白自己小偷小摸，偷了别人的钱。原来他看到突然下来几个领导，吓坏了。那时候，工人普遍把钱、饭菜票放在床铺底下，连个箱子都没有。

华4井最后完钻井深2908.5米，钻穿地层0~988米为第四系和第三系，988~1662米为下第三系孔家店组红层，1668~2224米为上古生界石炭-二叠系，2224~2908米为下古生界奥陶系，虽然没有达到设计深度，但是2900米以上的地质资料已获得，也钻至奥陶系，基本达到了目的，特别是在古生界二叠系砂岩中发现了油斑、油迹共9处，这是首次在华北平原的钻进中发现石油的踪迹，对华北处的地质人员鼓舞很大。

此时，华北处已经有5口深探井，在华北平原中部南征北战，但收效甚微，仅在华4井见到油迹，除华1井打在隆起，其余4口井均打在坳陷里，穿过上第三系便钻遇古生代地层，都是不生油的地层，没有发现新生代生油层。通过钻探认识到临清坳陷和太康隆起上的重力高异常反映的都不是中新生界组成的构造，也不是储油的地层，而是或更古老地层古生界组成的潜山。至此，各坳陷内上第三系之下、古生界以上到底是否存在中生界和下第三系，仍然是一个有待解决的问题。

华北平原到哪里去找油？石油勘探主要目的层系和地区在哪里？这一关

键问题还是没有解决。仅在华4井奥陶系、石炭-二叠系裂缝中见到油气显示，在平原边缘区的济源、凤山、莱阳等小型坳陷的中生界见到油气苗及沥青显示，提高了这些坳陷的含油远景评价，同时在第四系和上第三系又发现分布较为广泛的浅层天然气，如盐山浅井在井深900米处发生过天然气喷，在滨县、涿县、馆陶、南宫、堂邑等浅井曾发现过天然气，在天津的第四系浅井和北京顺义浅井中发现过天然气，引起人们对寻找浅层天然气的重视。华北处成立了浅油气藏研究联队，联队是由101队、103队、104队三个队合并组成，郭洪铮任队长，李世明副队长。王琦说，郭胡子一吃饭就出满脸汗，人很邋遢，流了鼻涕不是擤出来，而是吸进去。夏天的时候，余素玉怀孕了，他从任家护送她到禹城上火车去北京。

据安培树回忆："对于东部黄骅及济阳坳陷由于工作做得少，片面地认为东部黄骅及济阳坳陷基底（指上古生界顶板）结构破碎，且有火山活动，因而裹足不前。为了加深对东部的认识，加强了东部物探的力量，除了地质部9个地震队、电法及重磁力队外，华北处也组建了一个地震队和重磁力队，北京石油学院和北京石油地质学校勤工俭学的地震队和电法队也加入了这一庞大的物探队伍。同时，山东石油队增加了一部中型钻机，华北处增加了7台C-1000钻机。根据钻探结果，东部地区在深度800米左右普遍存在天然气显示。物探和钻探结果使地质人员对济阳坳陷的火山活动范围及强度有了进一步了解，认为火山活动对该地区油气的形成不会产生危害。"朱念宗说C-1000钻机是由上海大隆机器厂1958年开始生产的千米钻机，"C"代表的是CHINA。

105队队长帅德福带领许景禄、王淮溪以及北京石油科学院的戴世昭等人一起学习讨论，苏联专家潘捷列耶夫说过："没有任何根据做出华北平原没有油的结论，其中山东临清、博野、开封是较有远景的地区。"他们经过讨论达成了一个共识："一是盆地内划分出博野、临清、开封、济阳、黄骅5个坳陷和内黄、沧县2个隆起带；二是明确了华北平原并不是一个统一的中新生代沉积盆地，每个坳陷都有自己不同的地质经历，必须区别对待，选择有利地区打井；三是济阳、黄骅坳陷的一些浅井发现的天然气显示，推测与深层油气藏有关，否定了'济黄火山活动带'的存在，重新评价了沿渤海湾地区的找油前景。华北找油的目的层应该是中、新生界地层，特别是海相白垩系、下第三系。"但因为华4井发现了油斑，这点油斑使人们保留了一点希望，决定留一台钻机追踪华4井的古生界油斑，在正南19公里处定下了下一口钻探井位——华6井。另一台钻机从河南省搬到山东省，钻探济阳坳陷沙河街构造上的华7井。

第二十四章

孙靳交锋反右倾

1958年9月，山东省委派来孙竹任处党委书记。1959年秋冬之际，由于书记、处长两位领导之间矛盾激化，抓住省直机关开展“反右倾、鼓干劲”时机，双方展开政治交锋。孙竹以党委书记挂帅，组织发动群众对靳处长开展政治斗争，处机关走廊贴满大字报。有时在会上，与会者一见书记、处长顶起来了，都感到十分紧张。于宪惠和雍进两人也是横眉冷对，互不说话。处机关科级以上干部大部分时间忙于开会。当时石油工业部曾派田司长来处调查了解情况，大多数与会者不愿轻易评论他们谁是谁非。1960年2月22日，中共华北石油勘探处委员会下发华勘（60）党字第0014号文件，靳耀华被停职反省。靳耀华曾多次到石油工业部等部门希望尽快解决问题，重返工作岗位。

此时，由党中央发起的“反击右倾机会主义分子”运动正如火如荼地在全国展开，石油系统很多领导牵涉其中。玉门石油勘探局的局长焦力人，对只顾眼前、放大泊嘴搞高产油井、放卫星的做法有意见，说这是杀鸡取卵，被玉门市委认定为只抓生产、反对“大跃进”和高指标的右倾分子。新疆石油勘探局局长张文彬从川中会战回来看到大炼钢铁占用了大量人力物力，影响了油田生产，就大力抓石油生产，也被克拉玛依市委定为“右倾”。兰州炼油厂厂长、党委书记徐今强也因不同意兰州市委要调一台进口的备用大型鼓风机去炼钢，被定为“右倾”分子，停职审查。靳处长的大女儿靳震萍跟我说：“听父亲说过，山东省也给华北处要汽车、要东西去炼钢，父亲说都给你了，我怎么生产呢？这也是他挨整的原因之一。”

据中共山东省地质局委员会于1963年11月16日下发鲁地发（63）字第77号文件《关于对靳耀华同志在反右倾运动中所受批判的甄别结论的批复》：经局党委研究，认为原批判靳耀华同志“严重一长制，与党对抗，打击别人，提高自己，进行非组织活动”等问题是不对的。甄别材料中记录了当时批判他的一些言行，在今天看来是完全正确的。原批判靳犯有“严重一长制”，列举事实之一，1958年春，在明化镇时，保卫科长孟庆昌同志传达邢台地委肃反工作指示，并根据指示精神增配一名肃反专职干部，靳不但不同意，反提出要将原专职干部钟庆抽回供应科，因党委其他同志不同意，靳便不满地说：“党委决定党委的，正确的执行，不正确的不执行。”经查对，此问题靳在1958年整风补课会上已做过检讨，不应再作为批判处理依据。1958年靳在明化镇时主张“支部书记兼副队长，把零星事务管起来，队长集中精力搞生产是主要问题”。1959年6月17日，32104队支书王友田在夜间和工人一起处理事故，而队长睡觉，但靳却批评王友田乱指挥乱干，工程上应由队长来管。1959年6月1日在堂邑现场会议上报告中说，指导员管政治思想，生产技术应由队长、技术员领导，如果乱指挥就会影响生产。1959年4月，靳在党委扩大会和常委会上说：“开封现场会议是从一个极端走向另一个极端”“我的门上贴上了封条”，在检查中说“我认为开封现场会议后乱了”。原批判靳犯有“打击别人，抬高自己，进行非组织活动”，列举事实有：1957年11月7日下午，在钻井科参加处务会议，快结束时办公室主任朱鹏飞提出会议多，靳即接着说：“我很同意你的意见，会议多，我曾在常委会上提过意见，并碰过多次钉子，你们有意见大胆提，写大字报”，又说“你们要大胆一些，不要好人主义，你们不要以为听党的话，听党的话早就提出来了，听党的话不是听某个人的话”。此问题有五人证明，但靳不承认说过“碰过钉子，写大字报”这句话。1958年冬，靳对王友田说：“你到32104队当支书去吧，以前我叫你到人事科当副科长，孙书记才来对你不了解，他不同意”；1958年7月，靳对李应时说：“刘长沛拉拉扯扯，歪风邪气很大，你敢不敢干他一下”，并说高文会青年人当党委书记，靳又对周华说：“高文会青年人质量低办法少”；1958年11月，开封现场会议期间，又对张云说：“处领导干部歪风邪气、拉拉扯扯好人主义”，叫张在大会上对刘长沛提意见（拔白旗），但是这些话靳本人不承认说过，没有第三者证明。

原批判靳犯有“严重丧失立场，敌我不分”，列举事实之一，右派分子汲瑞林、反革命分子张葆芳被斗争后，靳在职工大会上表扬他们两个好，工人意见很大，并叫汲瑞林搞小报编辑。靳还对其爱人雍进同志说，张葆芳不过是历史上参加过反动组织，没有什么问题。1958年3月9日，靳批准介绍畏罪潜逃反革命分子史家林去松辽局工作，经查对，1958年7月，反革命分子史家林借请假回家逃跑不归，党委决定派人查找追回归案，当查明史已改名在地方找了工作，调查人来信请示如何处理时，靳说：“松辽局宋局长向我处要电工，可将史按调职手续介绍至松辽局工作，并将史的材料转给该局处理”，后来高文会同志不同意将史调给松辽局，才将史追捕归案。1958年11月17日，开封井发生卡钻事故，19日在正副司钻会议上研究如何解卡时，靳提出让司钻把刹把交给万兴邦操作，当时支书张云即提出万是反社会主义分子，不可以给他刹把，靳却小声回说，万不是什么政治问题，是思想落后问题。1958年，靳多次指示保卫科赵文善同志说，你们快交涉一下，把黄文明（因害死亲生婴儿，被捕判徒刑3年）要回，黄回后，因当时井队工作不多，叫黄参加拉水，靳又批评井队对黄使用不当，并指示另调井队，靳还对当时井队支书薛悦常同志说，这是私生活问题。1958年，靳叫保卫科将反革命分子钱孟骕（判刑20年）要回，韩玉的说，钱现已判处20年有期徒刑，不属于南宫了，可能送到专区和省里去了。最后靳说，先到馆陶把黄文明要回来吧。右派分子魏恕在井队监督劳动，靳每次到井队不断跟魏说话，表现了个人温情主义，因而魏恕表现极不老实，如工人朱凤鸣说，靳处长一跟魏恕谈话，魏恕就翘尾巴，在定右派前，研究确定魏为右派分子时，靳表示不同意。1959年3月，党委研究有严重右派言论的裴宗诚的问题时，靳在会上借故阻挠致未能进行，拖至同年10月才处理（右派分子劳教）。靳对落后资产阶级知识分子和落后工人很感兴趣……当时作为错误的言行，实际上正表现了靳处长重视尊重知识分子、保护爱护下属、一心为了搞好工作的责任心和领导风范。

孙、靳之间确实存在很大的矛盾，如1959年4月，在孙竹同志办公室，当时有孙竹、靳耀华、高文会三同志在场，孙竹同志说："上午开常委会"，靳就不满地说："行政要开会"，孙竹同志说："常委有问题需研究"，靳又说："行政也有问题需研究。"1959年6月20日在高文会同志办公室，孙竹同志问靳耀华同志的病情时说："可到青岛疗养院去休养休养"，靳不满地说："现在把我踢得够远了，又一脚踢我到青岛去，需要休养你党委书记也不能下命令"，孙竹说："这是组织对你的关怀，同志对你的关心"，靳又说："你代表组织，我也代表组织"，孙竹又说："你病的程度怎样？到底有病没有？"靳便骂道："你不近人情，不是人说的话。"1958年11月，开封现场会议期间，孙竹与靳耀华个别谈话帮助，靳却在1959年3月常委会上说那次谈话是"老子训儿"。1959年10月，临去石油工业部开会前，靳对李应时和曹博说："你们先去吧，我要给部里写信，这里工作简直没法干，行政工作没法进行，你们职能部门也不能发挥作用。"

靳耀华曾在中苏石油股份公司工作，实行的就是总经理负责制，企业里就没有党团工作机构和党委专职工作人员，公司的党务工作一般由负责行政、业务、技术的党员干部兼任。1954年秋天，为了加强苏联移交以后中方独资经营中党的领导，公司调配了部分专职政工干部，但不列入企业编制，连费用都是中共中央新疆分局负责开支。直到1956年的新疆石油管理局由党委书记王其人、局长张文彬主导建立了党委、组织、工会、共青团等政工机构，树立了党对企业的领导权，实行党委领导下的局长负责制，凡是事关企业发展的，无论事情大小均由党委统一决策。据说，靳耀华对张文彬印象很差，多年后，张文彬传记的作者曾送给靳耀华一本书，靳耀华看都没看就给扔了。

靳耀华口碑很好。王祥说，靳处长性格很直，为人很好，就是脾气不好，但是发火以后不记仇，发完就完了。他对地方派来的干部一直印象不佳。

孙竹口碑也不坏。在八甲刘，原华把转盘弹子盘的一个弹子装反了，自己偷懒不在现场，却叫别人用榔头砸，将转盘外圈砸坏，全队因此停工16小时。原华有历史问题，曾加入过国民党。指导员王友田就整材料，让公安局来抓他，都带手铐来了，但是正在队上的书记孙竹保下他。修配车间内燃机修理组当组长的乔廷先说："我是青岛市即墨蓝村人，生于1936年1月，1954年11月参军，在工程兵独立团111团修械所，驻地在蓬莱，在长岛打坑道。孙竹就是该团政委。1955年11月，我被派到沈阳工程兵器材基地大修厂，学习机械维修1年半；1958年底，又被派到工程兵技术学校学习，在北京十三陵水库那里。1959年3月退伍，转业安排到济南黄河汽车制造厂，等坐火车到了济南，一出站，看到政委孙竹，赶紧打敬礼。原来孙政委转业到了华北石油勘探处，可能是我的班长曲凤山告诉他的，要不怎么知道我坐哪趟车呢？把我接到华北石油勘探处招待所住了一星期，改派到华北处修配车间。"他还跟我说："我那时年轻，有一次，程崑岩不会用卡尺，我当面说人家，七级工还不会用卡尺？！现在想想也不对，人家原来在汽车队开车，不会也很正常。亏人家心大，也没反驳我。"薛燕全说："程师傅爱动脑子，好钻研。"薛燕全是1958年从山东沂南县招工的，他说自己1957年上学上到初一，因为交不起7块钱学费退学了，退学后在村里教扫盲班。他和徐户厚分在济南修配车间内燃机组，师傅是强积民，师傅说过一句话："工匠工匠，拆拆装装，装不上再调个方向。"但是修柴油机整天油乎乎的，他不愿意干，经常到汽车队玩，找到队长李福喜，说："我想学开车，行吗？"李队长说行，他就跟上一帮也在学开车的学习，并在第一批就通过了考试，1960年2月4日拿到了实习执照，是一张白纸片，折起来。记得老师傅崔德年拍他肩膀说："小伙子真行啊！这辈子有饭碗了。"

张宗力说孙竹都给他这样一个学徒工办过事："孙书记，中等个，一口胶东话，很富态，穿着黄呢子大衣，很有派，到试油队所在的小王庄去过，去了问：'有理发的吗？'找了个理发的，人家看他是大领导都不大敢给他理。我看书记挺和气的，就给他说我有个小学同学，都上一年大学了，父母离婚了，娘怕他跑了，给他找了媳妇，不再让他上学了。同学想让我帮他找事干，给孙书记说了，过了一段时间，说来吧，同学又问，让干啥？说到化验室，他又问给多少钱？嫌钱少没来。"张朝福说："书记孙竹、处长靳耀华到了队上检查工作，也是跟工人一样买饭票，排队拿饭盒买饭，不搞特殊化，素质上真是过硬。周华就不行，都是让把饭送到他屋里。"

2018年8月，我拜访了山东省物化探勘查院党委副书记曲新荣，她家曾跟孙竹住一栋楼，孙竹家在一楼，小时候常到他家去玩儿。她说："孙竹伯伯人特别好，大度，敬业，没有一点官架子，对自己要求很严，经常穿他在部队发的一套黄色将校呢子大衣。"她还说："他们这一代人没有私心杂念，他跟别人的矛盾肯定也是从工作出发，绝对不是个人恩怨，也不会记仇。"曲书记还提起，她从来没有见过孙竹的闺女。

还有两件事情可以给孙竹加分，反映了作为领导对下属职工的关心与爱护。一是关于陈勤，1960年2月至6月，他被派去北京煤炭工业学院哲学班学习，改造思想。1960年7月回到华北处，党委书记孙竹找陈勤谈话："大家对你评价，说你劳动不错，学习也可以，回来了，就好嘛，应该放下包袱，现在给你个任务，我们在山东惠民的华7井卡钻了，解卡后，是继续钻呢？还是另搬地方？搬，又搬向何方？"陈勤被安排在地质科任地质师。二是对待职工家属。据华勘办（60）字第313号文件，1960年7月4日封发《关于野外基地正式成立的通知》，根据华北处党委研究决定，在高唐县禹城正式成立野外队基地，其任务是集中处属单位职工家属在禹城开展各种副业生产，包括：养猪、托儿所、缝纫（拆洗、缝补）组等，为生产"大跃进"服务。缝纫组已于6月份开工生产。为了使缝纫组正常进行生产、健康地发展，以保证缝纫组能够获得一定的收入，要求处属单位今后劳保用品、地震爆炸油布袋的加工、拆洗和缝补等都交给缝纫组，老职工新增衣服需加工时，也可送基地缝纫组进行加工。赵兴才任野外基地指导员。李虎臣家属袁金花就在基地待过，她说是统一租的房子，不花钱，吃饭有食堂，自己花钱买饭票。他们老大李燕就生在禹城了。

石油地质勘探这种长年在野外施工、居无定所的工作性质，给职工的生活带来极大的不便，也影响到职工队伍稳定。这个问题从明化镇大队成立就困扰着单位领导。谈文正说："分到明化镇时说不让带家属，等到了发现都带家属，半年后我也把老婆孩子接来了。"大队只能安排很少部分家属的工作，要有关系或者有文凭，最起码也要有城市户口，而大部分职工家属是农村户口，1958年初明化镇时期就开始动员"家属还乡生产，不吃闲饭"，提出"没有婆家回娘家，没有娘家回姑家"的口号，到1958年5月底，有120多户家属回家，但是由于情况复杂、不得人心，还有30多户家属留在明化镇，成为老大难问题，多次上会讨论，也造成很多矛盾。一些职工的家属一直跟着钻井队。多年后，李仲田对采访他的袁良泉说："那时确实苦了家属们。应该写上我的老伴，还有邢国启的老伴李秀珍、车进祯的老伴李凤英和刘文怀的老伴、芦喜善的老伴。她们随井队走，拖拉着几个孩子，有空儿还到井队义务帮工，挖沟、挖泥浆槽、平井场、洗钻杆丝扣，她们也都以井队为家。平时，她们给钻工们拆洗缝补衣服，特别是张凤昌这一批十八九岁的小青年，远离家乡，她们的关怀确实起到了安定队伍、安定军心的作用。"

在1960年国家发生经济严重困难的形势下，在开始精简下放的政策环境下，把家属组织起来开展农副业生产，能够积极主动地立足长远、解决问题，还是难能可贵的，可以说是开石油行业家属管理之先河。

华北处在1959年1月下发了《关于职工携带家属的暂行规定（草案）》，其中规定：本企业职工工龄在七年以上的可携带家属，主任级以上干部及井队正副队长、正副指导员、正司钻可携带家属；凡是属于少数民族的职工可以携带家属；家属如不携带户口及粮食关系，各单位有权拒绝接待；随队居住的家属，除体弱多病外，均应参加当地人民公社劳动。在规定说明中写道：1958年初，我处职工为响应国家号召，曾将家属动员回家。绝大多数职工都做到了，但随之也发生一系列问题。如动员家属回家的职工势必要享受回家探亲的待遇，而每年有一定的时间要脱离工作和生产，这样，一些负责同志的暂时离职就会影响工作和生产，特别是目前我处正缺少人员，有的同志根本就离不开生产。

当然，也有说孙竹不好的。201队的谢尚武就说："1959年，华北处成立地震队202队，1960年10月分成两个队，我就上了201队，指导员韩玉的，队长刘午时。华北处缺德，孙竹书记让这么搞，两口子不能在一个队，我跟谢连珠分开了，张淑敏跟王东才分开了，就是计算员尹玉梅和材料员汪建国没分开，他俩耍赖，说就一床被子，除非给他们再发一床被子就分开，当时困难，发不了被子，就没分开，我们脸皮薄，就分开了。"谢尚武是温州人，来自石油系统测量行业赫赫有名的"温州师范速成班"，1954年1月毕业，7个班共350人，其中200人响应国家号召参加大西北石油勘探，集体招工到石油行业搞测绘，先到西安石油学校测量训练班学习了8个月，然后到延安实习，按大专待遇，给150工资分，中专是120工资分，本科180工资分。怎么跑到温州招人呢？原来温州是石油工业部石油地质局第二副局长张更的老家，是他给康世恩提的建议。201队的李岩庆也是来自"温州师范速成师"。说起来，林银桃也是通过张更来到西安地质调查处的。还有贾润胥，他是张更的远房亲戚。张更曾留学美国，归国后在中央大学任教，贾在南京大学的老师好多是张更的学生，他上地质专业也多少受到张更的影响。1954年成立北京石油学院，张更任地质系主任。

从家庭出身来讲，孙竹条件更好一些，家里有草房24间，旱田25亩，长工1人，本来定为富农，后改成中农，他上过师范，当过老师。靳耀华是要饭出身，没上过学，爱人雍进说他们"上的是八路军大学"。

靳处长于1952年到1955年，曾在新疆中苏石油股份公司任职。苏联是实行一长制的，处长、队长有绝对的权威，新中国也在1953~1954年宣传过苏联一长制的经验。想来靳处长自然受到这方面的影响。

32120队材料工王清朝说，1959年，靳处长到队上检查工作，看一次是他，看一次又见他，原来他住在井场，24小时上班。他回济南后，就给单位拍电报：叫队长刘希尧把王清朝调到济南。刘希尧说："我实实在在地不想让你走。"到济南后派他到北京石油干部学校学供应，后来算中专了。1960年1月25日，队上去了两个人，还有一个老师傅——钻工李新智，华北处去了三个人，还有人事科的乔全顺，本来是学两年，因为大庆油田会战，学了一年就回来了。在北京，王清朝经常跟乔全顺到石油工业部招待所10号楼看靳耀华，他被停职了，到石油工业部去找他。

1960年8月，石油工业部发文调靳耀华到松辽石油勘探局工作，其工作由刘处长接替，并且石油工业部口头答应另派处长来，但是8月11日中共山东省地质厅委员会给石油工业部的函中写道："经厅党委研究决定，同意石油工业部意见，但靳耀华在整风中的问题，尚未结论，待结论后再调出。"

对于一直全身心投入工作、经常十一二点才回家的靳耀华来说，这无疑是他一生中最闲在、也最苦闷的日子，也许会有一种上天无路、入地无门的感觉。而从孙竹的角度来看，虽然在斗争中获胜，却也留有余地，或许不过是等待对方的一句软话。但是，以靳耀华的性格，说得出吗？！他们之间的矛盾，或许是个性之间的矛盾，或许是工作思路方法之间的矛盾，但是两人之间的矛盾闹到石油工业部，自然给领导留下华北处的坏印象，也给华8井出油以后被华东局吃掉埋下了种子。

这种党政两个"一把手"之间的矛盾在石油单位屡见不鲜，在20世纪80年代胜利油田党政领导之间的矛盾曾成为震动石油工业部的大事，严重影响了正常生产和经营，至今仍成为油田人私下议论的话题。后任胜利油田储量委员会主任的杨继增给我说到这件事情："表现在下边，根子在上头。"其实，我们应该认识到，不同人的分歧、争斗和冲突是无法避免的，也不是完全无益的。正确认识分歧与冲突，合理化解分歧与冲突，避免两败俱伤，是人生走上社会以前应该学习的重要一课。

1960年1月15日，102队副队长裴宗诚在整风运动中被划为“漏网的资产阶级右派分子”，给予撤职、降级处分，工资由89元降为40元，开除团籍，送井队劳动，后被送到济南劳教收容所劳教，直到1961年11月24日才解除劳动教养。档案记载其主要右派言论有：

1.污蔑和攻击各项政治运动，反对党的领导。说肃反是对人权和人的心灵的一种侵害，把好技术干部、科学家、大学教授打得抬不起头来，而不能专心从事科学技术研究。运动搞得太多，中国的科学不发达就是政治运动太多影响大学教授的研究工作。每年都有运动，科学怎么进行呢？肃反中对坏分子信件搜查是不道德的。合作化后人民生活水平降低了。党不应当强调每个人学习政治，外国人不学政治，还不是一样生活吗？又说：技术这玩意儿，外行就是不能领导内行。

2.污蔑和歪曲我人民日报，宣扬资本主义制度优越。裴说：党的宣传教育是愚民政策，人民日报，报喜不报忧。如（1）苏联和南斯拉夫关系不好时，报上刊登南斯拉夫一些不好的材料，如“破草房，瘦娃娃”，关系搞好后，报纸上宣传南斯拉夫如何如何好，登一些高大建筑，如“高楼大厦、胖娃娃、进步的农业生产”等；（2）苏加诺来中国访问时，北京大学生向苏递交请愿书；（3）匈牙利事件，北京大学生反对苏联出兵；（4）1954年广东饿死了很多人，报纸上没登；（5）报纸上为什么不将农村无吃无穿的事登上；（6）人民日报是吹牛；（7）认为报纸是阶级斗争的工具，它不会客观、公平地报道一切。

裴还说：美帝工业发达、洋楼高、汽车多，世界上哪一个国家也比不上。我的一生只要给美国军官当个翻译就满足了。我看过美国一百多层高楼幻灯后，再看莫斯科大学的三十多层大楼时，口里不说，心里就想摩天大楼。还说：美国工人一小时二十多元工资，西德工人比东德享受高，五级工人就能买一辆汽车，工人还有别墅。又说中国言论不自由，外国裴多菲俱乐部，英国有海德公园，那里谈话自由。我入团是为了争取发言权，马列主义是狗屁。

3.污蔑苏联追求中国路线。裴说：斯大林去世前还没有中国民主自由，斯大林错杀很多人。苏联专家不能解决问题，在苏联大学一毕业就是专家，跟中国工程师一样。苏联对匈牙利缺乏平等的国际主义精神，苏联干涉匈牙利内政。格罗当匈牙利主席为什么要苏联的同意（看铁托报告说）。还说：为什么没有中间路线？毛主席说中间路线是对的，为什么在报纸上要鼓励许多亚非国家中立呢？很多国家走中间路线如近东国家。

整风后的错误事实有：1.继续坚持反动的资产阶级立场、观点，反动党的领导，有意散布唯心观点。裴说：哲学家、领导干部唯心、唯物关系重大，我们小人物关系不大，唯心、唯物都能完成任务。还说：马克思对他的女儿说要怀疑一切，但又说："让别人怎样吧，自己走自己的路。"又说："看到匈牙利纳吉叛变和美国共产党领袖法斯特（叛徒）说：我们的一生共产主义破灭了，匈牙利共产党员和苏联军队抵抗我不能理解，我在青年时期不要迷信什么主义，要站出来看一看。"又说：过去斯大林犯错误并不好，而书本上说得很好，是为了塑造一个团结中心，好似中国为了团结中华民族虚构一个皇帝一样。又说：运动一会儿来个这，一会儿来个那，如党号召穿花衣服，后来增产节约又不让穿，学校对教授来个思想改造，又来个尊师运动，何必当初？好歌一直传，坏歌唱不长（指运动）。每次运动要开会、检查、斗争，太痛苦了，这次运动又是干部为主，不如当个工人。不满党对政府的领导，党就是党，政府就是政府，政府百分之百地执行党的政策，就不能充分发扬民主。裴问党员余素玉：当好党的驯服工具，"驯"字怎么写？余说后，裴说：那不是指牲畜说吗？

2.对"大跃进"怀疑、动摇、不满，他说：市场上商品紧张，买不到副食品感到不方便，但是从这里我也体会到我们的正义性，因为孩子和病人能吃到糖，以前解释是调配问题、运输问题，后来又解释说这点全是由于人民生活水平提高，但药品买不到，又为什么？又说：五八年农业方面有浮夸，在体育工作上也有浮夸，有些记录白天通不过，晚上通过。“参考消息”上刊登帝国主义歪曲我五八年粮食实产量两亿吨（他听成斤），别人说这是帝国主义造谣，裴说：帝国主义在具体数字上不敢造谣。还说：在济南大办钢铁，济南老太太用风箱炼铁，弄得济南乌烟瘴气。苦战通宵是不正常的现象，只能是突击的，看到在苦战中提出的口号：少活几年为了过渡到社会主义，裴说：我认为这太过火了。鸣放中说：山西煤管局附近组织家属制鞋作坊，每月公家要贴几百元才能维持，办了几个月，公家月月贴钱，这种作坊是否继续搞，账要不要算。

从上述问题来看，裴宗诚一贯站在反动的资产阶级立场观点，宣扬散布反动言论，反对党和仇视社会主义制度，整风中曾对他的右派言论进行了揭发，但是没有得到彻底批判解决，因而整风后仍坚持其反动的资产阶级立场观点和修正主义观点，对“大跃进”中带来个别缺点进行夸大歪曲，怀疑党多快好省的总路线，我们根据其一贯言行进行分析，认为裴宗诚是漏网的资产阶级右派分子，划为坚决斗争。

白玉玺回忆：“抓他的那一天晚上（我第二天要回西安），到他家里拿他让捎带的东西——一包糖，出门看见保卫科的崔志仓在门口守着，他娘和孩子都在西安。他被抓以后，老婆石国世就跟他离婚了，当时她在湖北江汉工作，他们有一个男孩，后来，裴宗诚他妈把他们俩叫在一块儿，让他们看在孩子的分上复婚。”崔志仓是1956年华北钻探大队招的那批民警之一，河北南宫人，参加过抗美援朝。

裴宗诚回忆道：“当时什么事嘛！我从野外回来汇报工作，看见济南就在大街上两旁大炼钢铁，砖头垒的两米多高的炉子，柴火往里边烧着，我说炼钢弄得乌烟瘴气的，能炼出什么钢来，都烧不到800摄氏度，这就成了右倾言论。靳耀华对我们这些知识分子比较亲，他可能是受我连累，他要保我，我工作很努力的，但是地方上的干部高书记他们看不惯我们，张书记说他一个月才90块钱，抗日战争的老干部才90多块钱，从感情上看不惯，他觉得你一个大学生刚毕业就拿90多块钱，对革命有啥贡献？我那时还不止90多块钱，基本工资89元，加上野外津贴，在西北宁夏阿拉善旗的时候都拿160元，到明化镇拿120多块。我进去以后，在济南东郊铁矿场劳教，他们看我的材料，说怎么就这点材料就送来了。有次武场长出去调查农场，还特意把我带出去放放风。我进去在技术组，还有个济南铁路局的工程师李纯正，他有个同学被定成右派，抄家的时候发现一封信，李在信里说：‘又不是皇帝，叫什么万岁！’就把他定成现行反革命。还有一个山东大学物理系的教授高潮。我们单独住一间屋子，吃饭都是一样的，但是我们打饭比其他劳改犯打得早，还是有点照顾。大家都吃不饱，一顿一个红薯面、高粱米窝窝头，大便都拉不出来，我都脱肛了，才知道什么叫心有余而力不足。天气冷嘛，穿的绒裤一冬天都没有脱，等春天一脱，自己把自己吓一跳，怎么腿这么细，光骨头没肉。听管教干部说，你们还不错，比外头的老百姓吃得好，因为劳改队的粮食，粮食局没有资格查。采矿场是铁矿，火成岩遇到闪长岩岩浆产生了矽卡岩，矽卡岩里有铁矿矿石，他们研究造工具、铲车，我就搞测量，算坑道，定井位，每25米、50米打一口井，地质局的还有一个搞磁力的测量，画图，做计划，每月写个报告，进展多少，工作非常简单，跟那些人相处还很好。解除劳教以后还待了半年，我特别傻，还等呢，等着人家来找我。后来是王尚文要我，1962年5月我才到东营。”

裴宗诚对刘长沛印象很好：“我在刘处长办公室，看到他桌子玻璃板底下压着八个字：严于律己、宽以待人。他人很好，老实低调。”他改造回来后，高书记碰到他，对他说：“当时党委对你处分太重了，党委有责任。”他听到这句话后感到很温暖。王尚文跟他说就是因为他太顺了。

第二十五章

浅钻好似满天星

除了两支能打3200米的深井钻井队，华北处还有7支钻浅井的小钻井队，共钻进1000米以内的浅井42口。可惜这些浅井没有发现详细的钻井报告和记录，仅在一些总结等材料的字里行间搜寻到它们的足迹。通过一番努力，查找出一些井号的记录有：顺1井、盐1井、盐2井、盐3井、滨1井、沧1井、堂浅1井、堂邑2井、堂邑3井、堂邑4井、商1井、沙浅2井、沙浅3井、沙浅4井、沙浅5井、林1井、林浅4井、涿1井、淄1井、寿1井、禹1井、昌乐五图2井、坊子1井、潍1井、濮1井、鄄1井、郑州浅井、莘1井等。这些浅井是为了获取浅层地质资料，可使深井钻探在1000米以内不用取芯，加快钻井速度，降低钻井成本。通过访谈“老华北”研究钻井的踪迹，还发现了一个窍门，就是询问职工家属的家乡，很多“老华北”的媳妇就是在当地打井时候找的。比如，朱祖定的媳妇是禹城的，邓祖维的媳妇是商河赵黑豆的，刘安居的媳妇是盐山魏郭庄的。

1959年4月28日，华北处下文成立了四支浅井队：1006队、盐山队、滦平队、顺义队，同时成立了301重磁力队、106地质资料收集队。任命李俊海为1006队队长，许金铭为301队队长，张德顺任顺义队副政治指导员，李新智为顺义队副队长，刘午时任盐山队政治指导员，李宗斌为盐山队副队长，张继堂任滦平队副政治指导员，董文彬为滦平队副队长。

1006队是华北处成立的第一支浅井队，1958年12月以原来的1463队为基础组建，1959年2月底正式成立，党支部书记、政治副指导员张炳芝，队长李俊海，副队长李宗斌、刘金海，会计李福元，共有职工51人。1959年2月20日华北处各井队开会，张炳芝说："新井队成立后有很多问题。关于公章问题，没有公章别人根本不接洽，隔了一个月才寄来。报到的同志也不一致，劳保用品也不寄来。在供应方面，帆布不给，电线处里有也不给，我们怎么钻呢？井位经常变，开始定在周口，材料都运去了，又改到郑州。一直窝工到1959年4月。"

队长李俊海生于1914年，河南焦作人，1928年就到焦作煤矿做矿工，1936年后在四川天府煤矿和玉门油矿当钻井工，是中国第一代钻井工人，1953年在陕北延安石油师教导团当司钻。来自招远的学徒柴油机工李寿松说："李队长整天笑眯眯的，从来不发脾气，对工人很好，他是八大司钻，比赵文善资格还老，老头儿在华北处并不如意。"1959年10月，李俊海被任命为供应科材料技师，新队长是刘彦忠，司钻陈建兴被提为副队长。

1959年打的第一口井是在郑州市北南阳寨车站苏屯。1958年3月老乡打井时发现有油花，8月12日105队油苗调查组调查，经取水样分析系碳酸钠型水，含碘0.12毫克/升、环烷酸0.514毫克/升，在苏屯村附近四口水井内均含有不同程度的环烷酸、甲烷、H_2S等，这些都是油田的直接或间接标志，而且水井中有间断性的气体逸出并且有油花。据1959年1月8日103队编写的《郑州浅钻地质技术说明书》：根据部指示，配合基准井取芯，搞清地层，广泛寻找浅油气层，查明油气苗。

靳处长在1959年举行的积极分子大会上说："1006队还给社员进行了篮球、拔河等友谊比赛，进一步密切了工农关系。因而地方党政领导和农民给了我们很大支持，特别在食宿方面给了很大方便，在1006队安装井架时没有吊车，当地农民和学生三百余人积极支援，用人力把井架硬拉起来。”

后来调到1006队当材料员的钱忠学说：“1006队先后在郑州苏金屯、堂邑堂浅1井、商河谢家村、北镇、单家寺打井。1960年是最困难的时候，到了小清河羊角沟，1006队饿跑了30多人。大部分人都跑了，这个队就解散了，剩下的人合并到32120队打华8井。”“你为什么没跑？”我问道。钱忠学说：“我是军人，我相信困难是暂时的，要坚持到底。”

来自招远的学徒钻工刘洪吉说，1959年分队，本来他被分到了天津钢丝绳厂，刘炳成把他留下了，他是西北人，人很好，技术好，干活儿很稳，没出过事故，就是脾气大，好骂人，张口就骂。他分到1006队，干地质工，印象最深的是在聊城范家庄，井位就在坟地里，上零点班，他到库房领东西，本来是向西北走，但是走着走着发现不对，四周一片漆黑，伸手不见五指，回头看看井架，井架上的灯很亮，突然明白跑到东北方向来了，是遇见“黑党”鬼了。后来，到过临邑、商河、北镇打井，在北镇队伍快散了，队长刘彦忠、技术员、司钻、炊事员等都跑回家了，让他当了炊事员，他不愿意干也不行，从此他就干了一辈子食堂。东营出油以后，1006队开始打水井，在胜利广场打过一口水井，做的豆腐很好吃。在九分场北边打过一口水井，水很好喝，但是化验后说不能饮用。

再来说538队，数字开头的“5”是指打500米的钻机，石油工业部给了华北处一台卡姆-500型钻机。

538队成立于1959年5月15日，张德顺任党支部书记、副政治指导员，副队长李新智，钻井技术员黄世孝，技术员曹万林，管理员兼会计王恒锡，工人都来自32104队。队上司钻有龚廷财、刘喜奎、沈更子、芦作银。地质组共有四个人，代理组长是褚占江，还有王金祥、原忠芳、刘志庆。后三个都是招远招来的学徒工。王金祥说褚占江为人很好，就是爱发牢骚。褚占江是吉林九台县人，1957年，大队精简机构时孙雅琴调到邯郸国棉二厂工作后，曾因违反劳动纪律受到严重警告处分。

538队合影（张秀香提供）

该队首先来到北京市顺义区古井村打井。群众说村里有一口老井，以前着过大火，砖都烧流了，大家认为有天然气。这口井有7米深，直径2米多，井底还有个子井，直径1米多。这口老井着过两次火，打水的人抽烟点着的，井边有棵大柳树，火把树梢都给烧煳了。老乡说这地方地下净木头，听说原来是原始森林，村西的温榆河挖河的时候就挖出过很多木头。

张德顺个子高，有一米七八，家在离这里不远的河北省平谷县山东庄公社北屯村（今北京市平谷区），当时29岁，1948年2月参军，在41军123师369团，参加过锦州战役，后随四野一路南下打到海南岛，曾任六连副排长。他女儿张秀香告诉我，小时候父亲经常给他们讲故事，说刚参军的时候为了给新兵练胆儿，把小红旗藏在敌人尸体里让他们找。他们经常急行军，急到什么程度？那时候好多人拉稀，就扯一块破布围在屁股上，随走随拉。1956年8月转业到华北石油钻探大队仓库任材料员。张德顺的老爹张自仲在队上做饭。

当时的地质学徒工王金祥说："538队先到顺义古城村打井，在村北边有一条温榆河，河上还有鱼鹰抓鱼。先在水井北边，100多米，打了一口井，又在水井南边更远一点的地方打了一口井。用的卡姆-500型钻机，用一台柴油机带动钻机和泥浆泵，从顺义火车站用马车拉过来，晚上走到一个水沟边休息时，他到水沟里洗脚，谁知道腿上叮上了一只蚂蟥，一个师傅用鞋底子拍下来，疼得不行。把老井淘干，然后用细钻杆带护丝向下顿了4米多，气上来，取了气样，我送到北京地质科学研究院分析，也不知道结果。打井时泥浆泵上的空气包炸了，圆盖子飞了，万幸没伤着人。指导员问我想家吗？他不问还好，一问我就趴在被窝里哭了。他说，你别哭，叫老爷子给你煮'小老鼠'吃。他说的'小老鼠'是海参，是我们地质组长褚占江买来的，23块钱一斤，买了2斤，指导员批评他买这么贵的东西，组长还不服气，说看着便宜，指导员说便宜你自己掏钱吧，组长不说话了。王恒锡到张西庄公社粮站买粮食，有一次带上了我，他跟人家吃饭，让我到帆布棚子里头藏着，说这是花生饼，你随便吃，我吃饱了，就是没水喝，嘴干得不得了。他吃完饭还给我捎了一个窝窝头，我高兴坏了。"

钻工学徒工孙金亭说："在土城村，我住的房东家有娘三个，两个孩子叫王凤兰、王凤鸣，住人家东屋。打井的旁边有一棵杏树，我还上去照过一张相。我花钱多，家里老给我寄钱，一般一次给20块钱，张德顺都给我扣下，没钱了再找他要。张德顺是大老粗，没文化。我们先把那口老井淘干了，拿酒瓶子取气样。打第二口井卡钻了，还从天竺机场借过50吨倒链。我还带着李新智、孙永利几个骑自行车去机场玩，从大门口混进去，进去看飞机被抓住了。队上材料员王恒锡出去买东西带着张德顺的手枪，有一次丢在王府井百货大楼了，黑皮包里还有钱、工作证，人家找到石油工业部去，气得指导员拍着大腿、指着鼻子骂他。他喜欢带着我去北京城里买东西，我比较灵光，我抽烟还是跟他学的。有一次回来，他说咱坐一回出租车，就是小轿车，结果回来让张德顺训了一通。我还在天竺飞机场坐了一回飞机，两层翅膀的，十块钱，上去围着北京转一圈儿。"

据档案记载，这部卡姆-500型钻机90%的工人没见过，但538队首先提出不用水管线和深井泵，用水沟办法解决，又挖一沉淀池和一蓄水池，挖了泥浆池。在安装时用了木质为中心的扒杆，又找一电线杆，上细下粗，在带第三层角铁时弯曲，又进行加固，上下均固定滑车，用人力拉解决了无绞车和吊车的困难，在吊天车时又多加了一个滑车和在横轴上加滑轮，成功拉上了天车。在打基础时，生产技术科指示用洋灰墩，而我们用木方，节约了洋灰。再找坩子土和沙子，自己下水去捞砂，去找坩子土，节约了80多元，用人拉车，当地评价说干劲大，用人扛粮，节约了30多元。接头不合规格时，经群众研究，用18吋钳子代替老虎钳，然后用锉刀锉修。工农关系上协助当地拔麦子，有力地支援了农业生产，感动了老乡，没有吃老乡送来的东西，老乡还不太高兴。

顺义井于6月25日完成安装，后在138~377米井段发现了气层。顺义二孔11月25日开钻，由于安装问题，不久就发生泵的连杆折断，造成停工22天。

1960年后搬到山东济阳，换成C-1000钻机，队号改成1061，在垛石桥公社何家村打井。这里就在黄河北岸，修配车间的刘晋元1960年10月29日骑自行车来到队上修柴油机，其出差报销单上记录：连人带自行车过黄河浮桥每次一角五分，每天补助1元。

1960年6月，张德顺调任试油队指导员，陈希友任副指导员。王金祥说："陈希友这个人太坏，个不高，瘦巴，张嘴光骂人，说政治下食堂，打面条他掌勺，给他老婆从下边舀稠的，给关系好的舀稠的。炖牛肉，他和家属吃肉，我们喝汤。他训人有劲，干活不行。老百姓到处里告他，处里派人下来调查，走的时候给我们说'瞧儿好吧'。他被撤职了。一辈子碰上这样的领导算你倒霉。"他又说道，这时候不光生活困难，连铁丝都缺，队上想搭简易房，需要铁丝绑，但到处找不到铁丝，没办法，就把旧钢丝绳截断了拆开，太硬不能用，就用废机油、柴油点着棉纱烧，烧红了再晾凉了就软了。

原忠芳说："在北京吃大米白面，到了山东就不行了，吃地瓜面窝窝头、地瓜面粥，号召八个月粮食吃九个月，每人发个本记着每顿饭，不能多吃。1961年春天，钻机调大庆了，我们队上的人重新分配，我跟温日海分到了1015队。”

现居辽河油田欢喜岭钻井二公司的张洪春说：“1961年，1061队整队搬到华北处桑梓店农场种地，住在周家，也就才十来天，把我们四个调到32120队，除了我还有许复祥、吴成贵、赵昌友。”张洪春也是馆陶那批学徒工，在1061队沈更子班做钻工，副司钻是谭永寿。

1014、1015两队是从银川石油勘探局鄂尔多斯大队调来的小井队，1959年5月来到华北处以后，又补充了部分学徒工。

1014队指导员刘午时，副队长李宗斌、杨光华，驻队大夫袁思庆兼队工会主席，钻井技术员刘道阳，地质负责人朱进友，管理员刘安居，会计魏支青。刘道阳是四川成都人，1957年毕业于重庆石油学校。刘安居是陕西富平人，1954年参加工作，在石油地质局酒泉地质大队当泥浆工，1956年在玉门石油干校经济管理班学习，1958年调银川石油勘探局任泥浆技术员。四个司钻是：惠清云、邹有安、卢胜兆、杨世忠。

1014队打的第一口井在盐山县魏郭庄。1958年，地质部华北普查大队就在魏郭庄村东钻井，在井深930米处发生气喷，高达22.5米，持续时间约1小时，由于事发突然，没有取到气样。

柴油机司机陈桂庸回忆：“我们在鄂尔多斯大队是1236队、1239队，也是C-1000钻机。从包头上火车到邯郸下火车，再到华4井八甲刘实训了3个月，马永举在那里还带我们到聊城去玩、洗澡。记得有个老师傅，有块手表不走了，是坐到强磁打捞器上被磁化了，拿到济南都修不好，我知道全国就上海能消磁，就买了下来，我喜欢收藏名表。”

陈桂庸继续说：“秋天的时候，华北处组织技术比武，拆装柴油机。在修配车间院子里摆上四五台柴油机，斯柯达的，先拆散了，再组装起来，启动后运转正常，不冒黑烟，就算完成。我跟队上大班司机两人一组，得了一等奖。记得参加比赛的还有两个人：火善功、杨善守，一个善功，一个善守，他们都没比过我们，比赛的柴油机就是我们常用的。”

陈桂庸到现在还保留着一张毕业证，一直夹在小笔记本塑料皮里，除了折痕，一点儿污迹都没有，新新的。题头：“石油工业部西安地质调查处学员结业证明书”，落款是处长职若愚，1956年8月30日。他又给我讲起工作的经历：“我籍贯浙江宁波鄞州，长在上海。1954年参加工作，在振亚电表厂（开始叫振亚电表工业社）做学徒，我姐夫在厂里当工程师。1956年自愿报名分到西安地质调查处，记得是钱兆祯去招的工，体检合格后，4月4日，一列火车都是支边青年，站台上打着横幅‘热烈欢送上海青年支援西北建设’，一片相拥抱头痛哭的人群。这时，过来一个中年妇女，说：‘我看你跟我闺女坐一排，麻烦你路上照顾照顾她。’她说的人名叫陆芬莲，跟我坐一排的还有一个女的，叫丁文芹，她后来跟地质科的许学康结婚了。陆芬莲后来成了我对象，她比我小两岁。她家是开饭店的，自己开一个，还合股了两个，她在店里算账，每天跑银行存钱。到了西安，先组织学习，有钻井班、内燃机班、记录员班，章秀珍也是这一批的。吃饭8个人一桌，就我一个男的，其他都是女的，原来我的名字‘桂庸’被听成‘桂荣’，当成女的了。管我们的叫王飞，老红军，这家伙很厉害，连生了三对双胞胎。王飞是上将，当时反对高岗、饶漱石，被贬到这里了，个子矮小，湖南人，比我大18岁，肺部还留有子弹，老是咳咳咳的。王飞喜欢我们俩，还跟我俩照了相，要做我们的证婚人。学习完，本来把我分到华北石油钻探大队，她分到吴忠大队（后改为鄂尔多斯钻探大队）的，王飞知道了，把我们都分到吴忠了。王飞跟我们这帮学员很有感情，他也到吴忠大队当了大队长，后来当了陕西省水利厅书记。”

1959年9月，袁聿勋跟同学宋永明、李受业一块儿从北京地质学院石油系分配到华北石油勘探处，袁聿勋分在1014队实习，他父亲是天津劝业场钱祥益的掌柜，老家是山东省长山县（今淄博市），生于1936年腊月，跟孙秉伦的弟弟孙绍勋是同学。宋永明、李受业分在32120队实习，两个人都是北京人，宋永明脸长得黑，外号“黑子”。当时，1014队在河北省盐山县魏郭庄打井，井队还举办了夜校，每周两晚上，周二、周五，每次一个半小时，袁聿勋讲语文、数学。

陈桂庸说："1960年在盐山打井，挨着一个粮食加工厂，我们帮他修发电机、柴油机什么的，他给一些粮食下脚料。我用机油炸窝头，玉米面的，把机油烧热，将开没开的时候，把窝头切片，蘸进去马上拿出来，还真有油炸的香味儿，就是吃下去肚子不舒服。我爱人手很巧，她本来是队上柴油机司机，因为算盘打得好，调到供应科去了。1960年初过年前，一人分了两斤面粉，爱人从济南到队上来看我，用这两斤面粉，包饺子、蒸包子、烙饼、擀面条、做馒头、疙瘩汤，做了七八样。队上就袁思庆大夫会焖大米饭。他救过我的命，当时我住磨坊，没门，就有个帘子，这天我喘不上气来，昏迷不醒，自己把背心撕烂了，他给针灸我才缓过来。"

于焕明说："盐山井卡钻了，倒也倒不出来，林锡光开车拉着他到商河1006队拉爆破筒，把钻杆炸断。在盐山，李兆醒发明了'排水抽气'。气测抽气用真空泵，但是井上为了省电，白天不发电，怎么办？他想出办法，用150升的大油桶，加上水，用根管子通过虹吸作用往外抽水，上边的缓冲罐，泥浆槽里有脱气器，不过得经常往里提水、加水。"

六岁的张大红在村里跟一帮小孩儿玩儿，你推我搡地掉进一口水井里，孩子们赶紧去叫大人，房东大娘拿一根井绳下去，叫孩子抓住了钩子，后来喊来工人。大红记得是王叔叔用两截梯子连起来下去，把她救上来的。当时做柴油机司机的林银桃回忆说："在1014队很苦，下班就回住处，哪里也不去，工服油乎乎的，也没件换的棉衣裳，到哪里买啊？谁给做啊？应该有布票的，但没发到我手里，一两年也洗不了一次澡，虱子一堆，浑身痒得慌，就是抖搂抖搂、晒晒。"

1960年4月，1014队搬到山东省阳信县张古风村，在村北打井。1961年转到沾化县陈庄打井，指导员换成王伯锐，队长董文彬。

袁思庆留传下来一个笔记本，记录了很多队上日常工作事务，令我如获至宝。笔记本上有这样几则记录：

处工会发下1960年营养补助费壹佰元整，除付去购营养品、订报纸、买老乡小锣等共计捌拾叁元肆角捌分外（单据共15张），尚结余现金壹拾陆元伍角贰分。

移交人：陈桂荣（注：应为陈桂庸）

复核人：魏支青

1960年4月7日于张古风村

1961年5月4日，记有：

客人和电测队来工作时，只有现金，没有粮票，共合二十九斤三两。

姜敬顺当管理员时，胡萝卜共亏钱13.54元（亏333斤胡萝卜，我们大家不通过）。

姜敬顺担任管理员，1960年11月、12月两个月。

下面继续记道：

张师傅（注：张春全）说：

我与张兴义管理员在一块儿一年了，也没有赔钱，也没有像你所说的那样，同志们都反映说我张春全掌握得紧，不管你买来什么菜，贵贱我都掌握，贵了贵卖，贱了贱卖，我在伙房赔钱我是不干，要叫伙房余点行。如要是叫伙房赔，那你们单位不要我张春全都行，如要伙房赔，我张春全不干。在你姜敬顺担任管理员期间，我也不会两样对待，我也没有给你浪费，也没有给同志们多打菜。在沾化买的萝卜，有0.15角、0.16角、0.18角和0.23角、0.22角的，我们卖出有0.24角、0.25角和0.2角的（次数不多），根据平均来说，你姜说能不能赔，张师傅说根本就没有赔的，我掌握，我亲自搞的，我心里有底数，怎么能赔哩，所以这样根本就不能赔。

1961年5月6日

1961年5月12日的笔记写着：

在12日早饭后，我们又开始算姜敬顺的账，算账的同志有：张兴义、刘成武、陈万柱、周孟贤、袁思庆、栾全芬、潘希全、黄京坤、惠清云、王全海、刘道阳和姜敬顺，共十二人。付贵贤、张继学交给姜敬顺24元，姜敬顺不承认，所以这24元无法算。总算结果，粮票余出141.8两找不出去向，共算了18天，还有408斤食堂粮票余的。在十点半结束。

有一页上写的是1961年4月的评比情况：

陈万柱：思想、工作、学习三好，团结、作风两不好；张继学：五好工人；林银桃：五不好；栾全芬：五好；栾祥林：斗争性差些，五好工人；刘成武：五好；耿玉祥：五好；庞宪臣：五好；耿长清：工作、作风好，思想、学习、团结不好；付贵贤：五好；惠清云：工作、思想、学习、作风四好；黄京坤：五好；刘道阳：五好；张增建：五好；王全海：团结、作风好，材料有时管理不好，制度不好；周孟贤：五好；姜敬顺：工作、团结、作风三好；胡富元：作风、团结两好；潘希全：五好；张兴义：学习差，四好；张春全：对伙房试验不满，卫生差，脾气不好，有时饮食不熟；王伯锐：能传达上级的指示，学习好，工作好。袁思庆：修养性差，脾气不好。在思想方面，董文彬对下边一切同志的态度不是说服而是压服，如副司钻邓组维同志偷跑处和二班代司钻陈万柱同志要去大队和处（未去）是接受不了董的批评，而董对下级同志也是抱着怀疑和报复的思想，同志们是敢怒不敢言，他带着小孩在食堂吃好的时候也同工人一样分，同志们也是有意见的，也是不敢提，在成绩方面总是自己的，缺点是别人的，先给我说井架后面的腿吃不消，不能紧绷绳，我只发表说还是自己想办法解决，再一次说这口井很不好，早晚会出问题的，井斜钻杆会磨到导管上，把钻杆磨断就完了，我说开群众会研究，他说已开了几次会解决不了，出了问题刘道阳跑不了。那时对天车时问他对好没有，他刘道阳说好了，结果串错了……

6月29日对我们队的反映如下：高压油泵搞错了，也有很多的动力系安错了，刘晋元同志还说机油压力可能还要下降，就说压力降到0.8或零点几公斤也要往下干，所以我们要打掉一切顾虑，不要害怕，要细心大胆工作。胡富元把高压油泵角度动了，刘晋元同志问胡富元动了没有，他说没动，错了就错了，胡富元为什么这样不老实呢？刘晋元同志帮助我们修理柴油机很忙，而胡富元抱着小孩在机房玩，不去帮助刘晋元同志把柴油机搞好，还说他们动手不动手，还不是拿那样多的钱，以他们为主，我们为辅。王全海把材料库的钥匙交给他老婆这是经常的事，他老婆和小孩在库房睡觉，去年冬天（1960年冬天）天气冷，把库房公家的东西如工衣、纱布、布匹铺到身子底下当褥子，小孩都在上边大小便，这是不对的。用材料库的布给小孩做衣服，电池、手套自己随便用，好兰卡已丢了50尺，其他的白布和纱布等也有无的。

1961年6月24日，记录了他对王伯锐的意见：

在沙王庄后段和陈庄，与董文彬同志闹不团结，两人工作不协同，也就是指导员造成的影响，如在工作中他自己包办，自己说什么就算什么，都得按自己的意图执行，但是错误的地方别人不能提意见，提意见就不接受，所以把生产和生活搞得很糟，对社会不满（如对粮食不满问题，国库粮食少了，低指标挂帅，贪污食堂粮票现金等）。他在沙王庄全体职工大会上讲：党代表一切，我代表党……

笔记本也记录了管理员张兴义提的意见：

指导员想过腐化生活，张春全大师傅在伙房给指导员做些好吃的，然后指导员要叫张春全由临时工转为正式工人工作。他在对王伯锐关于伙食上贪污和卡职工们的油的问题有很大意见，甚至写信到山东省地质局和华北处领导。

1961年5月7日，写到无棣县粮局取出的粮票：

特重体力定量49斤，轻体力32斤，职员29斤，家属25斤，3~5岁15斤，6~9岁21斤，2岁9斤。

干部报工人的户口和粮食是指导员叫报的。

他甚至还记录了一位农民因为粮食定量问题所写的信：

郭所长：你好！

我们向你提点意见，为什么我们农民每天都得劳动，定量还这样低，为什么石油队上袁医生每天也不劳动，还定量42斤。工人不分白天黑夜地干活，的确是辛苦，我们农民也不计较，袁医生他在我们这个地方住，经常看见他坐在房里看书，或者是成天无事。我们特意提出定量乱象（这是某晚上他们在袁医生屋里评定量我听到的）。做这样工种应该压他的，给国家节约粮食也是好的。

1961年8月1日陈镇

农民提

姜敬顺提

1015队于1959年5月19日成立，共45人。董文彬任队长，张继堂任副指导员，钻井技术员朱祖定，地质负责人曾春海，会计邹思明，管理员孔繁哲，材料员李虎臣。董文彬和张继堂两个人不合，张继堂人很好，就是疑心重，看见别人说话，就以为是说自己的坏话。也难怪，他是侦察兵出身，警惕性高。而董文彬人也很好，就是性子急，脾气大。朱祖定是浙江浦江人，1958年8月毕业于西安石油学校钻井专业，跟同班同学曹万林开始在32120队实习。

1015队成立于开封邸阁，随后搬往河北滦平西关西街口进行学习整顿，又搬到滦平县张百湾公社周营子大队，住在大炼钢铁的炼钢厂里，李虎臣记得整天听大喇叭里叫“滦平县广播站周营子大队……”井场在山坡上，山上有油页岩，平井场的时候，平出好多日本鬼子的子弹。但是钻机运到了没弄上去，井没打。华北处总结中写道，1015队把党委决议编成歌词：党委号召苦战滦平县，加油干，争取打个日上千、满堂红，力争在华北找到两个大油田。

1959年9月14日，又接到堂邑2号浅井（后靳屯）的钻井任务，9月28日开始安装，10月1日开钻，就这口井发生了工伤死亡事故。随后打堂邑4号浅井（王庄）、莘1井、临西1井、滦1井、玉1井。1960年七八月份，在禹城辛店公社姜牌寨打井的时候，李虎臣给朱祖定介绍了个对象，辛店公社邮电局的话务员，叫张婕，他到处联系材料要打电话时认识的。

泥浆管线在冬天冻裂了，队上没有电焊工，动员职工想办法，用喷灯把管线烤红，用大锤把裂缝打住，满足了生产急需。

据地质采集工张繁庭回忆，他们搬到聊城后靳屯打了一口井，又到西边十来里地的三庄打了一口井，记得说有油气显示，然后搬到莘县于楼，在那里招了个临时工当炊事员。这时已经是1960年春天，这地方离家有40里地，从参加工作到这时还没回过家。当时刚打完井，正在搬家，他跟张继堂说想请假回家看看，指导员同意了，他高兴得晚上睡不着觉，第二天起来又不想回家了，一是手里没钱，一个月20块钱，除去生活费，也就剩下5块，一般攒到10块钱就给家里寄去了；二是家里也没事，他还是先进。

地质采集工苑希恒回忆："我和一个村的苑兰茂分到了1015队，苑兰茂年龄大，原来在村里是代课老师，按辈分我该叫他叔。在聊城大屯打井的时候，还穿着单工服，苑兰茂上四点班，我是零点班。一天我到帐篷里接班，听说苑兰茂受伤了，后来没抢救过来，让我陪着去买了口好棺材，用卡车送回老家，我跟着任英俊一路送到家，第二天，任英俊就回济南了，我在家住了几天，家里不让走，我坚决地回队上了。我这故事还没有完，我这一辈子都跟这事有关系。"

档案中对这起事故有详细记载：

1959年10月18日，1015队在山东堂邑2号浅井施工时，司钻因挂错分度器，方钻杆直管钳将学徒工苑兰茂头部打伤，次日7点死亡，造成工伤死亡事故。

事故过程如下：10月18日，1015队第三班，司钻张玉富换了水龙头冲管盘根（水龙头漏泥浆已久），下完钻杆开泵后发现水龙头仍旧严重漏泥浆，张就想卸掉方钻杆，重修水龙头。此时，副司钻罗炳文过来说泥浆泵螺丝坏了，张即刹住车（此时分动器把手在转盘螺旋位置上）告诉罗炳文照顾一下，张就去小便，后去材料房拿螺丝，罗见方钻杆丝扣未卸，请示董文彬队长后就开始卸丝扣。这时内钳手李俊祥、庞永义和外钳手苑兰茂共同用48吋管钳卸方钻杆，方钻杆丝扣还余23扣，倒过管钳，二内钳手在用力拉，外钳手苑兰茂在用力推，罗炳文想把方钻杆向上提一提，使卸拉方便些，但分动把手在转盘旋转位置，不能上提方钻杆，必须将把手提至移动位置。罗搬了一下把手没有挪动，于是就挂总离合器，想使转盘稍微转动一下，便于把夹嵌离合器爪转盘旋转位置挂带提升位置。这时，罗轻轻地说了一声要提一下方钻杆，因为说得较轻，三个钻工都未听到。罗不管钻工离开与否，便挂总离合器，并挂得很猛，这样转盘带动方钻杆迅速转动（二挡车150转/分钟），正在用力拉套在方钻杆上管钳的两个内钳手拉不动了，迅速躲开了，外钳手躲避不及，这时苑左手正托住沉重的48吋管钳头，右手用力推，大腿抵住管钳把，也在用力，被套在方钻杆上的管钳猛然扫倒，苑头向下脚朝上栽倒，头戴铝盔猛倒在钻台板上，因为铝盔戴得偏右，盖住右部脑穴。苑头部因受猛烈震荡，当时右侧卧地上不起，不省人事。18日23点，柴油机司机学徒李怀凤闻声上钻台与罗炳文一同架扶苑坐起，董文彬队长等也闻声来到钻台上，急忙送至值班房才悠悠醒来。23点30分，王凯、曾春海两送苑至堂邑张村打了一针，醒来答话。后又送往聊城中心医院，到院门口为19日凌晨1时35分，进入病房急救为2时15分，经医院设法多方治疗无效，于7时15分停止呼吸。

苑兰茂同志牺牲后，处派周华副处长前往该队现场进行检查，并安定职工情绪。派工会任英俊主席将尸体送回原籍。经招远县委、县人委、劳动科、当地人民公社管理区、本村党支部等党政方面的大力协助，请亡者父亲苑奎五进行座谈，并对家属进行安慰。承认我们领导上对此次事故有很大责任，对工人的教育不够。最后经政府劳动科确定给予300元的抚恤费（买棺材、衣服、运输费除外）。亡者家长没有提什么意见，说按规定办理。当地群众反映“只要将尸体送回就达到了要求，公家从几千里路往回送，在旧社会死了连个信都不给你”。总的来说，家中成员是很悲痛的，但经过安慰，情绪基本上是安定的。据上报中共山东省地质局委员会后的回复，要求对事故主要责任者罗炳文给予记大过处分，张玉富如检讨深刻，可不予处分。

来自寿张的孔祥本说：“苑兰茂出事是在晚上，我接他的班，在上班路上胡同里碰到技术员来减司机，都说不出话来了，开车拉到聊城人民医院，又找不着大夫，一个多小时后死了。华北处买了一口棺材，聊城地委也给买了一个，当时人还迷信，说买了俩棺材，不吉利。隔不长时间，高锡铎又死了。当时也来自寿张的学徒工方保敬他爹来队上看儿子，他爹给他跪下让他回家，他是独苗，就跑回家了。”

张永滋说：“听司机马洪春给我讲的，苑兰茂出事的时候，他在开封，出事前两天，还给马洪春说，这两天又懒又馋，想吃点心。马洪春跟他说，我就要去开封了，给你买回来。”据说，马洪春听说他出事后连夜开车赶过来，只是不知道他是否带着点心。招远的刘洪吉说，在开封吃元宵，他们年轻的都没吃过，苑兰茂岁数大，看他们吃不说话，他们都烫着嘴了。

1960年12月，张继堂任指导员，队长换成李新智。1961年初，王琦调到队上任地质技术员，还管发工资，这时候，他们在商河县玉皇庙公社杨庄铺打井。王琦说：“张继堂很霸道，看柴油机司机李志华不顺眼，就让会计给他降了一级工资，五级降成四级。我在队上没挨饿，每月定量有51斤，粮票吃不完，还送给来队里工作的葛榕一些。我住在一个新房子里，后来才知道这个房子里吊死过人。过年就在这里过的，吃地瓜面窝窝头、胡萝卜。”

张繁庭说：“在杨庄铺打完井，3班副司钻王凯带着年轻的、没家属的，先来到垦利黄河边修一号码头，为了接32104的钻机设备。”

1959年10月上旬，华北处来了一群人，还穿着羊皮大衣，很是引人注目。这是来自青海石油勘探局的B3联队，编成1018、1019、1020三个钻井队，每个队有40人左右，华北处给配备C-1000国产浅钻机。

10月14日，华北处召开了欢迎大会，同时也是比武大会和战前的誓师大会，孙竹在发言中说：

今天的欢迎大会的伟大意义刚才靳处长已详细谈了，是欢迎远道而来的青海的同志们，欢迎你们自祖国的大西北来到华北平原参加勘探工作。我们还请了国庆到北京去观礼的先进工作者施祖根同志（注：山东省地质局劳模）给我们做了报告，对同志们的鼓舞也很大……

经过讨论，同志们明确了今年市场供应紧张的原因。在这个问题的讨论中，同志们首先肯定了五八年的形势是“大跃进”的形势，全国在各个战线上都创造出不少的奇迹，特别是钢超额完成了国家计划，粮食比五七年翻了一番。又如有的省棉花亩产千斤，有的省早稻亩产五千斤，我国自制的“东风”牌小轿车原计划在第二个五年计划以后才能制造，但是由于五八年的“大跃进”，为了向党的八届二次全会献礼，五八年就试制成功了。特别是在青海，过去各方面都比较落后，但在五八年“大跃进”的形势下，柴达木也出现了亩产7000斤的小麦，20斤一串的葡萄……这一切都说明了五八年是肯定的“大跃进”的一年。既然是“大跃进”，各种产品的种类和数量多了，那么为什么市场供应比较紧张呢？通过学习和讨论，同志们认为主要有以下四点原因：（1）全国人民的生活水平普遍地提高了，因此购买力大大地增强了。如胶鞋、暖水瓶等日用品，过去用的人很少，而现在大部分人都有了。由于购买力的增强，生产跟不上购买力的增强，相对地市场供应紧张了一些。（2）有些工厂、机关新增加了大量的工人，这些新工人的工资虽然不高，但是由于数量大，因此购买力也是相当大的。如青海冷湖在五七年精简机耕以后，只剩下不到一千人，而五八年“大跃进”就增加到2万多人。（3）在五八年大办钢铁中，由于我们经验不足，有些地方安排得不当，浪费得多了一点，这也是个原因。（4）抢购也是市场紧张的一个原因。如青海市场，在裤衩比较紧张的时候，一个人就买了十几条……

青海来的一、二、三队的同志们，你们来了已经好几天了，在济南待十天左右的时间进行学习和休息后，都将分别出发，开始工作。希望同志们在这几天认真地学习好，做好战斗前的一切准备，争取在生产上打一个漂亮仗。

孙竹最后还发表了几句打油诗：

青海同志多辛苦，千里迢迢来我处，
个个都是英雄汉，大战华北渤海边。

要想任务胜利完，党的领导首为先，
群众路线是法宝，思想工作要做好。
干劲要一鼓再鼓，上游要一争再争，
以我们实际行动，坚决彻底反右倾。
人人立下英雄志，个个都争插标杆，
全体人员下决心，争取打响第一炮。
擂动战鼓响连天，千军万马奔向前，
大干苦干加巧干，任务不完誓不甘！
初来华北传捷报，胜利红旗空中飘，
集体个人争先进，早在华北立功勋。

1018队指导员是韩正旺，队长是刘彦忠，副指导员是赵建英，地质技术员是王淮溪，钻井技术员是吴定宇，管理员是张阿荣，材料员是王顺洛。王顺洛爱人李长秀在青海局是炊事员，来到华北后调到机修车间内燃机维修组。

韩正旺有意思。在1960年1月2日华北处召开的四级干部会议上，他上来第一句话就向李俊海叫板："1006队是否考虑月上千、年上万，在华北树立C-1000型钻机的标杆。"然后又说："希望在沙河打出油来，安家落户。"李俊海说一年最多打2000米，靳处长说他："你太保守啦！"

王淮溪是湖南湘潭双峰人，生于1931年阴历六月。1951年1月参军，就在湖南当兵，从部队考入了西北大学石油地质专业。1954年毕业后被分到青海柴达木冷湖B3联队，到华北处后不久调到105队。

吴定宇说："我老家是河南唐河县城的，祖父吴家祥开有庆康书局，家里还有地，出身定成地主，祖父被镇压。1951年，我初中毕业，到南阳参加了全国统一考试，志愿报的西北大区，分到了西安石油学校，跟尚毅是同学。1955年毕业后，被分到青海石油勘探局。1959年9月，一块儿从青海调到华北石油勘探处，B3联队是在青海临时组建的3个小钻井队。记得1018队打过两口井，先在商河赵黑豆，那时处里在龙桑寺有一线指挥所，我每天过去汇报进度和生产情况，后来在桑落墅打井。1960年底，队上到32120队参加了搬迁。1018队后来解散了，好多人都回家了，我们队长是刘彦忠，六级工，不愿意回去，也回家了。”

1019队队长是杨仁芳，指导员是乔福君，副指导员王建勋。1960年12月，乔福君改任处机关党支部书记，李平安任指导员。

当时队里的实习生马良回忆说：“我是北京人，1959年从西安石油学校钻井专业毕业，跟朱祖定、曹万林是同班同学，我们1959年10月1日从青海出发，8天到达济南。”队上柴油机司机张国君的老婆张莉回忆说：“我跟老公一块儿来的，老家是黑龙江省安达县，两岁就没了妈妈，父亲是农民，我们是包办婚姻，两家父亲是牌友，他比我大9岁，1947年参军，参加过抗美援朝，1956年从朝鲜回来就转业，主动要求到了青海柴达木油田。在青海很苦，住地窝子，就有一点好处，吃盐不花钱，从墙上抠一块下来就行。记得是篮玉玺到玉门去接的，在青海很冷，还穿的皮毛衣裳，到了济南很热，人家都来看热闹。我被分到修配车间车工组，师傅是张昌平。张云是车间书记，他是我们老乡，个子不高，14岁就当兵了，住在车间门口一间小房子里，老婆是家属。”

1960年夏天，1019队地质采集学徒工高锡铎因工伤事故死亡。高锡铎是华北处第二个工伤死亡的，也是招远招工来的。当时在北镇郭集（今滨州市滨城区郭集社区）打井，有的说法是发动柴油机气动和电动都发动不着，一帮人就拉着绳子启动，他在最后边，把绳子缠在腰里，发动起来后，飞轮把他卷进去了，卷死了，把人都卷烂了。张永滋则说，高锡铎是被一大盘棕绳缠住脚，给甩在机器上死的，不是自己缠在腰上的。马良也这样说。2021年1月我寻访到郭集，村里五十多岁的人都知道打井死人这件事，说就埋在村里东南靠近大埝那里，就是现在黄河八路边上。当时打井的位置是个场院，现在已成了村民张和堂的家，他今年八十多岁了，他知道死人的事，但是没看见现场，他说当时在东边百十米还打了一口井。

谁是1020队的队长？对我来说至今还是个谜。我只在一份档案中查到

1020队党支部书记是张引河，组织委员权守杰。在1960年初华北处四级干部会议上，1020队发言的是“张××”同志，记录笔迹潦草，难以辨认。他在发言中说：“大搞协作，与社员密切联系，挖地瓜七八亩，获得了社员的好评，帮助社员大搞卫生，清除了积存的垃圾，给我们写了大字报，要向我们学习。”该队司钻张惠斌，1960年5月提为1018队副政治指导员。同年8月，刘金铭从32120队副队长调来做副队长。

1020队还是个先进队。1960年5月21日，华北处下发文件转发“1020队实现首季开门红和日进402米的经验总结”，希望各单位认真组织学习。该队提前19天超额130米完成了第一季度的任务，实现了首季开门红。在总结中提到：

仅用34天的时间打了940多米，胜利完成了沙浅5号井的钻进任务，搬到林浅4号井，又创造了日进402米的最高新纪录。在技术革新中，学徒工刘梦林同志提出了20多条合理化建议，黑板报及时对他进行了表扬，他的劲头更大了，晚上大家都睡觉了，他还在搞革新，在短短的时间内就实现了三项较大的革新项目，即不停车挂吊卡、不停车打吊卡、钻杆自动刮泥器等，大大地提高了效率，减少了人力。又如原来我们电容器直接接到发电机上，经常发生烧电容器的事故影响照明，大班司机李亚明同志就动脑筋想办法，将电容器与配电盘之间用保险丝连接，避免了烧电容器的事故，保证了照明。

在6月26日华北处召开的第一战役先进集体和先进生产者代表会议上，孙竹又一次表扬了1020队，表扬1020队有困难首先自己想办法解决。他们用一把老虎钳、一个榔头和一个铁墩子建立了卫星工厂，解决了生产中不少关键问题。

气测工申金奎到这个队工作过，他说：“我们各井队跑，记得去过1020队，在惠民、北镇南边那块儿，队长好像是少数民族的，生吃羊肉。队里有个女技术员杨金海，爬到顶上换吊卡，好像是王作才想拉屎，跑出去一段，回头还能看见她，再跑出去一段，还能看见她。”几经周折我找到了王作才，可惜他已经不太记得自己当年在哪个小井队了，也记不起队长的名字。马良只记得队上技术员费安邦，跟他是西安石油学校同级同专业但不是一个班，山东人，在羊角沟打井时，井队搬完家，他坐在船上洗脚，一头栽下去，摔在小清河里淹死了。

在第一战役的工作总结中写道：“通过构造浅井钻探，在堂邑南钻井6口，进尺5809.09米，在沙河街钻井5口，林樊家钻井2口，根据地震反射剖面，在深层有构造存在外，初步证实南堂邑、沙河街的浅层构造是存在的，浅层构造与深层构造基本符合，但幅度较小，在500至1000米，以闭合面20~50平方米，除林樊家尚未得到结果外，钻井过程中通过气测及直接观察，每口井都有较好的气的显示，尤以堂邑4井和沙浅5井显示最好，总烃含量最高2.05%~4.5%，结合华北其他各地所发现的油气显示情况看，在1000米以上大致可分为两个主要含气井段：400~700米，900~1000米，在堂邑南构造500~800米显示较为普遍，气层一般集中在上第三系下部。”

除了华北处的浅钻勘探，地质部所属单位开展了更大规模的浅井勘探。据《中国石油天然气的勘查与发现》记载：“在开展大规模物探区域普查的同时，华北石油普查大队用浅钻对盆地开展了区域性的地质钻探。1955~1958年间，在盆地内部和边缘地区共完成浅井约80口，进尺44858米，其中，近千米的井23口，只有盐1井、滨1井的上第三系地层发生过气喷。”

第二十六章

研究联队论纵横

1959年初，北京石油科学研究院与华北石油勘探处组建了华北石油地质综合研究联队，研究院的唐曾熊任队长，帅德福任副队长。来自研究院的还有：戴世昭、张启明、郭玮、秦云龙、安作相、王佩金、孙秀斌等人。唐曾熊生于1933年，1956年9月毕业于北京石油学院石油地质勘探系。戴世昭是四川乐山人，1959年毕业于西北大学。张启明是内蒙古包头人，1956年毕业于北京地质学院。北京石油科学研究院地质勘探室主任曾鼎乾则是间断到济南负责华北石油勘探，他是四川华阳人，1912年出生于南京，1940年毕业于西南联大地质系后进入中央地质调查所工作。

在《岁月流金——记石油科技专家》一书中，写有唐曾熊的回忆：

在半年多的时间里，我几乎踏遍了太行山东麓、沂蒙山区、山东半岛等地，看到在华北平原的周边，出露着很丰富的中生界到下第三系的沉积地层，而且在山东的五图煤矿还发现了含大量介形虫化石、有机质含量很高、具生油条件的下第三系地层，这些地层在广阔的华北平原下不可能不存在。同时对过去钻的华1井到华5井的岩芯，逐块进行重新描述和研究，终于在馆陶的华3井最后一部分岩芯中找到了化石。经地质部地质科学院的权威人士鉴定，证明属于下第三系，这就用实际资料打破了华北为上第三系和第四系覆盖下的古潜山的错误结论。我们将这个情况向当时正在太原召开全国地层会议山西现场会的黄汲清等老专家报告后，立即引起了震动。会后，黄汲清专程到济南听取了我们的详细汇报，并给予高度的评价。在全国地层会议报告已全部准备完毕，会议即将召开的情况下，让我们派人（由副队长帅德福）参加会议并在会上发言，发言材料（当时还来不及写成论文）成为最后一篇会议文件，这套地层被命名为馆陶组。在当时51型地震仪寻取的资料很差而测网又很稀的情况下，证明了基底以上地层并非全部为水平层。共同确定的华7井在第四季度终于钻到了下第三系巨厚的生油岩层，同时松辽盆地传来发现大庆油田的好消息，使华北找油的信心又从低谷升到了高峰。

白玉玺回忆说："1959年，我跟着北京石油研究院的唐曾熊、张启明等人沿着津浦铁路线从济南跑到徐州，爬山沟、下煤矿。七八月份，到过山东莱阳，有人报矿，山里的石头缝中有汽煤油味儿，我拿四氯化碳一试，果然能看见油花。山前店火车站东边一两公里处有一座丘陵建设胶济铁路时被劈开，地质剖面非常好，我们还站在剖面前照了张相。这里还有一个故事，当时拍了很多照片，本来洗照片都是拿回济南在公家照相馆洗，实习生孙秀斌说着急要写毕业报告，他就拿去洗照片了，谁知他拿到济南一家私人照相馆洗的，照片拿回来，说底片丢了。谁知道'四清'的时候，领导找他，原来是底片被边防截获，碰到国民党特务，结果查到我头上，因为那张照片上有我。1960年，开始饿肚子了，我还去过安徽六安佛子岭水库，住在六安政府招待所，一天交一斤粮票、两毛钱，吃管够，就吃一种叫'小豆腐'的东西，用碎米、菜叶子等做的，不好吃也没办法，别的地方买不到吃的。本来是唐曾熊、张启明我们三个去，在合肥，他们就去上海了，叫我也去，我不去，没钱，一个月45块钱工资，留下15块生活费，30块钱都寄给母亲了，

1958年父亲就没了，全家都指望我呢。”

从地质演变历史来看，距今18亿年至6亿年间，地质历史上称为元古代震旦纪时期，华北平原还是一片汪洋大海，当时地壳不断下降，海盆里沉积了1万多米厚的沉积物，经岩化作用，形成了白云岩和石灰岩。华北的海底沉降运动持续到古生代奥陶纪。到了距今4.5亿年左右的奥陶纪晚期，由于地壳的区域性抬升运动，海底缓缓上升，海水逐渐退去，华北地区便成了一片平坦的古陆，荒凉而又辽阔。华北古陆诞生后，在古生代经历了大约两亿年之久的风化剥蚀和淋滤溶蚀过程，其间还经受过较短时间的海浸，海水退去以后，仍旧是陆地。从距今2.3亿年起，地质历史进入了中生代时期。在中生代，华北地区地壳运动比较强烈。在运动过程中，岩浆浸入和喷出都比较活跃，并使地层产生褶皱、隆起和断裂。现在华北平原北部的燕山，就是这个时期崛起形成的。因此，地质学家把这次地壳运动称为“燕山运动”。距今8000万年前，地质历史进入了新生代时期。在新生代时期，这里又发生了一次非常强烈的地壳运动——喜马拉雅运动，使平原相对下沉，山区相对上升。现在平原地区所分布的巨厚陆相沉积地层，就是这个时期的产物。黄河搬运的大量泥沙，经过填海造陆运动，形成了如今广阔的华北平原，是全世界最大的由河流淤积而成的庞大三角洲，至今仍在淤积扩大之中。

105队的陈铁梅说，那时候学习苏联，开始搞岩相古地理研究，感觉自己力量不够，于是跟北京石油研究院合作，他们帮助我们一块儿搞研究，共做了105幅图件，岩性、河道、砂层、古气候等，每个图分析，发现都是东北方向有利于找油。陈铁梅认为，当时从一直在冀中坳陷、临清坳陷找油转向东部济阳坳陷，岩相古地理研究作用重大。华北陆台在中生代是暴露的，没有沉积，新生代以后才又降到水下，有了沉积。

1960年4月，华北处105地质综合研究队和北京石油科学研究院岩相古地理队联合完成了《华北平原新生代沉积岩相古地理研究报告》，参加研究工作的有：研究联队的张启明、陈养俊、庄敏鑫、黎雁瑛、白玉玺、江炳辉、郑永茂、许景禄和岩相古地理队的安作相（4月初到队）、秦云龙、王佩金等人。报告指出：“华北平原新生界是一个有良好远景的含油气岩系，以济黄坳陷最好，以下顺序为北京附近、郓城－曹县地区、周口坳陷、天津地区、博野坳陷、开封坳陷及汤阴地区，建议集中适当的勘探力量对济黄坳陷进行工作。”这是一个非常重要的报告，把勘探重点由华北中部转移到了渤海湾地区。

1958年春，地质部为了贯彻李四光“新华夏第二沉降带”找油的战略部署，继松辽、华北之后又开辟了江汉平原的油气普查工作。

许景禄大学同学陆曦初在其文章《回忆江汉找油过程中几件小事》中写道：“1958年4月初，我自广西石油大队奉调到湖北，队部设在汉口钟山大道的湖北省地质局。说是队部，实际上只是宿舍楼中的一间。先我而来的是刚从志愿军空军部队转业的毛玉龙，以及石油局派来的阎秀刚、朱培维两位学长。继后到队的是队长冯笑尘和以吴保禄、邹裕琪为首的自西藏撤出的两个分队。5月份，江汉石油普查队仅有的11名地质人员，在队长冯笑尘带领下，与我校以陈发景老师为首的‘清江中队’（学生实习队）一起观察了三峡碰面后，即兵分三路，对鄂中、洞庭、鄱阳三片平原、湖网的周围开展路线地质概查。我被分配在绕鄂中平原调查的一线，任实习技术员。1958年下半年，江汉队的三个工作摊子分别归属各省地质局编制，组成鄂、湘、赣三个石油地质队。”

1958年7月，中原石油物探大队成立了江汉工作站，协同湖北省江汉石油普查队开展了江汉平原重力和电法测量，发现了江陵和潜江两个“重力负异常带”，认为具有含油远景。1959年4月初，中原石油物探大队在江汉平原投入两个地震队，地震4队和地震5队。当时在地震4队的赵尊秀回忆道：“曹济民带我和小许3人，从武汉坐船逆汉江到泽口下船，步行到潜江县城，再步行到荆州，我们是地震队在江汉平原现场踏勘的第一批人，背着铁筒子，里面装着地图，还有望远镜、罗盘。”赵尊秀是浙江天台人，60年后，正是他以个人之力完成了记录一普从华北到西北发展历程的《甲子黑金梦》

一书。他1957年高中毕业，爱好文学的他报考了北京大学中文系，本已录取的他却因二次政审时被发现曾给刚被打成右派、曾任华东师大教授和上海市作家协会副主席的作家许杰写过一封求教信，希望许老在文学创作上给予指导，因此被取消录取资格，他不甘于做一辈子农民，1958年10月，投奔了在中原石油物探大队地震3队的姐夫陈克洲，先在队里做临时工，因为他工作刻苦认真，任劳任怨，深得全队上下赞扬，再加上有文化，不久就被转为正式工。他说："初夏时节，地震4队搬到荆州太湖农场，这里都是水田，一下雨一片泽国。一个地震队七八十号人，七八辆车，有钻机车、仪器车、炸药车、运输车，出来都是浩浩荡荡的，一下雨汽车都走不成。我们住在几排猪圈里，猪圈都废弃了，两人一间，每人一个行军床、一块油布，1.5米见方，包裹被子。下雨时漏雨，就把油布挂在上边挡雨，脚下就是烂泥。就是在这种环境中，这些年轻人还很开心，跳舞，敲行军床、脸盆子伴奏。住了两个月搞不成，进出困难，干不成活儿，又搬到广华寺沙洋农场，正式开工放炮，但是进展缓慢，都是北方人，生活不习惯，这时生活开始困难，大米不够吃了，蚕豆占大部分。9~10月，来到沙洋建阳驿，真正感觉到国家困难了，吃饭的时候食堂大门领导让关起来，老百姓围着我们，看起来要抢的样子。"

1959年4月，华北处成立106资料收集队，石国世为代理副队长，驻湖北省荆州市江陵，与湖北省地质局江汉平原石油普查队共同工作，收集江汉地区地质资料。石国世说："我们除了跟地质局收集资料，也到野外进行地质调查工作，到过宜昌三峡，爬上了最高的山峰，脚下就是滔滔的长江。在工作中，我经常是早到晚走，有人说我是工作狂，我自己认为是笨鸟先飞。我觉得提前一点做准备，晚走一点做个小结，这样自己才能放心，不辜负党的期望。"

第二十七章
厉兵秣马队重整

1959年1月5日，山东省地质局任命马永举为华北石油勘探处钻井室主任。马永举是江苏省涟水县人，生于1922年12月，家庭出身贫农，初中文化程度，1940年1月参加新四军，1941年7月入党，先后参加了抗日战争、解放战争和抗美援朝，历任班、排、连、营长等职，1953年1月，任26军77师炮兵营营长。1958年11月转业时级别正营，上校军衔，转业到华北石油勘探处，开始了其“口碑好、磨难多”的工作历程。他性格直爽，人称“马大炮”，口碑极好，乐于助人。他儿子马玉成说他工资就没拿回家来过，都送给别人了。

1959年2月3日，石油工业部又下文，华北石油勘探处改由石油工业部直接领导。

1959年2月，在处勘探会议上，在元月份刚接任薛悦常（改任人事室副主任）任32104队政治指导员的王友田汇报：“政治思想情况，94％是正确的，我们虽然没有进行拔白旗，但不断写大字报。在春节，处里奖励200元，这对全体职工是个鼓励，接着又发了跃进奖金，对职工鼓励也很大。为什么说还有6％的人没有动起来呢？其中有魏恕（右派分子），因不让他参加职工大会，他说这是处的指示吗？当时对他进行教育，他说对他压力太大，等等。”

1959年下半年，华北石油勘探处先后组建了两支地震队，201队和202队，驻地在惠民县城大庙。一个队有三台车，一台炮车，负责钻炮眼；一台记录车，放地震仪器；一台解放车拉人。

根据档案，1959年5月9日，华北处党委下发了《贺201队放出12.5时14公里28个排列的卫星事》，撰稿人：生产办公室马荫椿，文中写道：

你队在苦干巧干大搞群众运动、大闹技术革新的“七比”红旗竞赛中，于5月7日取得了以12.5小时完成14公里28个排列的优秀成绩，为此，特向你队职工致以热烈的祝贺！希你队再接再厉，保持高产优质，为作出更大更好更全面的跃进而努力。

马荫椿是北京人，是“老华北”里面上过大学最多的人，上过三所大学，1952年先上的北洋大学采矿系，秋天合并到清华大学石油工程学系上了一年，又来到新成立的北京石油学院，最后是北京石油学院钻井专业毕业，中间休学一年，1957年分到了华北石油钻探大队钻井科，都喊他“马罗锅”，他得了类风湿病，腰直不起来。

201队仪器操作员孟宪庆在文章《南征北战为祖国寻找大油田》中回忆道：

1960年春节刚过，上级命令我队开赴惠民地区进行地震勘探。开工的第一天，为了鼓舞大家的士气，领导做了战前动员，并强调要安全生产，圆满完成生产任务，胜利而归。

到达工地后，我们很快布置好“测线”准备工作，为了打好这一仗，领导和技术人员对各个岗位、生产环节，一遍又一遍地检查，直到确认准备工作毫无差错为止。当外路工作做好后，下一步主要是仪器操作员的工作了。当我坐在仪器操作台前，就好像进考场、上战场一样，既高兴又害怕。可能是精神压力过大、心情紧张的缘故，我当时的心怦怦直跳，怎么也平静不下来。这一仗责任重大，如果失败了，不仅给国家造成经济损失，也影响到同志们的士气，辜负领导对我们的信任和期望。这支年轻的队伍能否胜任……不能再想了，我给自己下了命令，告诫自己要沉住气，大胆细心，相信自己的能力！心情才慢慢平静下来，信心大增，微颤着手打开仪器的各个接收开关，瞬时指示灯亮了，显示仪器一切正常。我果断地给外路和炮班操作员发出指令：“预备——注意——放——”一声炮响，地震仪器荧光屏上地震波上下跳动……华北勘探处第一支地震队收获了第一张合格的地震记录。同志们高兴得不得了，连蹦带跳地挥舞着手臂喊：“成功了，我们胜利了！”

原地矿部副总地质师许宝文写的《我参加地质工作后的片断回忆和故事》记载：

在当时严酷的国际环境下，苏联的物探仪器、专家的经验对我国物探事业的发展确实功不可没。如在广袤的华北平原上，航磁和重力测量划分出了一系列大大小小的沉积盆地，究竟应该先从哪个盆地着手，确实是一个重要的问题。如果对象选择有误，就会拖延突破的时间。由于华北平原经济政治地理的重要性，国家极其希望首先在这里取得突破。所以，在物探普查的基础上从1956年开始就选择了几个重力高的盆地进行深井钻探。大家都希望重力高是地下沉积构造的反映，是油气聚集的有利场所。但结果是由于没有地震勘探资料的佐证，这批参数井都是打在被剥蚀的古老地层的隆起上，没有取得任何油气藏的信息，让许多人感到茫然。甚至在有的单位冒出头要批判“华北无油论”的动向，在石油地质和物探的技术队伍中让人感到紧张。要知道，1957年的“反右”运动，在许多单位冤枉了许多敢于直言的知识分子，现在又有人要在技术问题的讨论中给人扣“政治帽子”，实在是让人心寒。但是，皮亚特钦并不受到这种威胁。他根据各种物探资料的综合，在1959年明确提出在众多的盆地中应以“济阳”和“黄骅”坳陷为重点，因为根据已有资料，这两个坳陷面积最大，碎屑岩沉积厚度最大，建议将为数不多的几个地震队集中在那里开展区域普查，拉大网，抓大鱼，以发现有利的沉积构造和构造带。这些建议得到了顾功叙先生及其他同志的认可，并且付诸实施。结果在第二年就发现了以东营、义和庄和黄骅坳陷的羊三木、大港、祁口等一系列可能的储油构造。而且很快地在东营的华8井取得了突破。

皮亚特钦是地质部聘请的苏联石油地球物理地震勘探专家，许宝文是1958年6月从莫斯科大学毕业后分配到地质部物探局技术处工作的。

1960年2月24日，华北处党委研究决定下发了《关于1960年地质物探队组成及负责人任命的通知》，重新组建了101队、102队、103队、104队、105队、106队、202队、301队、401队、801队、802队。

101队是华北平原浅油气层研究队，代副队长余素玉。王仲芝说她外号“女皇”，比较泼辣、敢说敢干，入党很早，回族，爱人黄光复在北京地质学院搞水文地质。两名队员是地质实习生王琦、地质工王文勇，王文勇是陕西人。王琦回忆道：“在济南期间，处组织科叫我写了两次个人材料，我都认真地写好，我于1958年在辽宁实习的时候就写了入党申请书。当时队上只有队长余素玉是共产党员，她也认真地给我做工作。可是在七月的时候她已临产，又调到北京地质学院工作，我入党的事就放下了。1964年，华北处的原副处长、党委常委刘长沛时任钻井一大队副大队长，问我：‘王琦你的党组织生活如何？’我说：‘我还不是党员！’他又说：‘处党委讨论过你的入党问题！’可是当时队上连个党员都没有，我的入党问题又如何解决呢？！这是我与入党机会第一次擦肩而过。”

102队是沁水盆地地质资料研究队，代副队长王仲芝，地质实习生于茂香，地质技工邵续良。王仲芝说：“当时地质部在山西沁源县发现了白斗沟构造，他们的井队在那里打井。”裴宗诚说：“邵续良是北京人，非常灵光。”

103队是华北地区油气苗调查研究队，副队长李世明。成员有刘德顺、容广荣。

104队是华北平原浅油气层研究队，队长郭鸿铮。队员有刘启成、梅魁柱、梅炳夫。

105队是华北平原地质综合研究队，副队长帅德福。成员有地质技术员许景禄、王淮溪、陈铁梅、王鲁，地质助技员彭文德，地质技工白玉玺、江炳辉、郑永茂。

106队是江汉平原地质资料研究队，代副队长是石国世。成员有穆祥金、方炳旺、张文荣。

202队是地震队，指导员是焦玉山，队长是许金铭，仪器组长是郭长城，解释组长是周艺诚。

301队是重力队，张麟祥暂时负责，计算组长是周联昌，重力组长是李天立，计算员是卢自豪。

401队是测量资料收集研究队（兼定井位），队长是顾锡庆。

801队是华北平原地球物理勘探综合研究队，队长是马在田，地质技术员是于钤，物探技术员是周兆龙。

802队就是放射性勘探队，队长是梁尊华，技术员王素民。

1960年4月，101队、103队和104队合并起来成立了浅油气层研究联队。王琦说：“四月中旬我们移师到沙河街。在那里和32120钻井队住在一个村，在他们食堂搭伙，这个队是从河南转来的，比较富裕，所以我们也沾光了，有粮食吃了，早晨可以喝到小米稀饭，中午可以吃到馒头，大家真是皆大欢喜。在沙河街构造上，山东石油普查大队钻了几口浅井，并钻取很多岩芯。我们收集到了电测井资料，观察岩芯、采取样品，把样品送化验室化验，并为浅钻队踏勘井位，工作进行得紧张而有秩序。后来派我和梅炳夫去江苏省邳县调查油苗，我们住在邳县招待所，第二天走十几里路到现场查看和采访当地人们，没有发现石油，回招待所写调查报告时，我认为还有不落实的问题，我自己跑到现场再去查看，当我回来时已是晚上，那时我也不知道害怕，摸黑蹚水走回招待所。回到队上，把报告上交给李世明队长，他认为调查任务完成得很好，报告写得也好，我受到了他的赞扬。”

七八月间，联队来了一批新毕业生，有成都地质学院的姚铣、何立琨，重庆石油学校的甘国太、李友成、唐易之、王永旦。姚铣是福州人，唐易之是四川泸州人。9月份，从北京石油地质学校分来杨积增、刘桂兰两人，杨积增是高唐人，刘桂兰是大连金州人。他们都是地质5613班的，这年过了年就都到大庆油田参加会战了，直到9月才分配。只有他们两人出来，别的都留在大庆了。杨积增说：“别人都挺羡慕我，大庆太苦了。”

王琦说：“年底收工，处里几个野外地质队都集中到珍珠泉招待所，整理资料和进行答辩，有一二百人住在一起，好不热闹，吃饭和住宿条件都不错。整理资料和答辩进行得都比较顺利。一天招待所里卖高价糖果高粱饴，每斤五元，那时大家很久没有吃过糖了，虽然糖果的价格高了点，还是抢着买。答辩完后，大家搬回处招待所，生活水平就差了，整天吃地瓜面窝头或地瓜干，清炒白菜或大萝卜，一点儿油水都没有，那时工资都不多，但大家还是跑高价饭馆，可以吃上一顿大米饭、鱼罐头，花上五六块钱，那点工资都花在吃饭上也在所不惜。实习期工资是29.5元，转正后是36.5元，再加上野外津贴12元。”

珍珠泉宾馆是山东省政府招待所，这里元明清时期一直是山东地区最高主政人的府邸，被济南人称为“珍珠泉大院”，袁世凯、韩复榘都曾在此办公。珍珠泉则是济南三大名泉之一，1952年毛主席也曾来看过珍珠泉。现在这里又成立了“老华北”的第二届“光棍委员会”。安培树虽已结婚，但是老婆在老家，被封为“总统”，“总理”是帅德福，王仲芝最活跃，排队打饭的时候起劲儿地拉会员，还有郭鸿铮。在浅油气层研究队的杨积增说：“我们开会在珍珠泉，住在华北处招待所，我跟王仲芝、王作民住一间，我和王作民都不是光棍委员会的，王作民很老实，不爱说话。”

802队的技术员王素民回忆：“我们队就是用放射性方法直接寻找油田，

因为有个理论是油田上面的放射性高。队部在惠民大庙，是惠民老县委，大庙有五进院子，第一进是地震队，第二进就是我们找油队，第三进是空的，第四进是所谓‘疗养院’，就是地方上一些因吃不饱而水肿的。有一天，校正仪器丢了，用铅盒装起来，原本有个铜管，里面是粉末，这是镭，被后面老百姓偷走了。这一年主要在商河、惠民一带工作，对这片土地的印象是：土地荒芜，人烟稀少，村中所建为土坯房，茅草顶的房屋，大多年久失修，地里一片萧瑟。交通非常不便，工作全靠步行，过黄河靠小木船摆渡，从利津上船，船工掌舵，顺流而下直到北岸的陈家庄靠岸，我们下船后，船工沿河把船牵到上游。”王素民在回忆这段工作时说：“这年夏天，队上抽了两三个人到大庆学习，我有幸参加。当时大庆会战进行得热火朝天，但粮食问题也是一大难题，以高粱为主食，好吃但难排，真是一个很难解决的问题……”在1960年华北处第一战役总结中写道：“放射性勘探队做完了南堂邑构造，有两个伽马低值带，尚待进一步解释。”

20世纪50年代，由于政治形势紧张，社会风气进入了性禁忌、性压抑的年代，面对性问题，我们只有革命与下流的两极结论，只有圣人和流氓两类人。这样，一些有心理疾病的行为也成了政治觉悟和道德问题。据档案1960年7月29日《关于梁尊华所犯错误的处分决定》记载，1960年5月3日，梁在济南市百货大楼乘人多拥挤之际，在两位青年妇女身后先后进行猥亵，以致流精将裤湿了一大片，当场被公安同志拘获。华北处党委认为梁的资产阶级堕落腐化思想行为是极为严重的，决定给予撤职降级处分（工资由国家行政级别18级88元降至12级72元）。梁尊华当时应该属精神疾病。他被撤职后，李世明任放射性找油队队长。

王士孝说：“电测队在大庙那段最困难，吃糠，屎都拉不出来。”他们所说的“大庙”就是现在的惠民县政府所在地，当时的文庙建筑现已拆除。

1960年2月，华北处还跟北京石油学院合作筹建了京津石油综合勘探研究队，任务是查明京津地区区域构造，寻找含油气有希望的局部构造。该队以地震勘探为主，还有重磁力、扭称、大地电流、放射性及化探方法。人员组成上，北京石油学院配备技术干部12人、工人2人，华北处配备管理干部3人、技术干部8人、工人45人。

1960年2月26日，华北处正式成立了试油队，张德顺任副指导员，夏根才任副队长，刘家祥、田英杰、王士栋任工程技术员。8月，李作霖从32104队副队长调来做副队长。

刘家祥是山东滕县（今滕州市）姜屯镇人，生于1933年，属鸡，他6岁就定了娃娃亲，媳妇比他大两岁，没上过学，连名字都没有，就叫“小妮子”，他17岁的时候结婚，刘家祥给她起名“李景英”，这时候，家里有了劳力才让他上学，连续跳级，1955年从滕县一中考入西安石油学校采油专业，等他毕业的时候，老二已经三岁了。田英杰是陕北人，毕业于西安石油学校。王士栋说：“我来试油队是地质科许学康给安培树推荐的，因为许学康知道我在上学的时候曾参加过川中会战搞试油。”

许学康说：“1960年，他跟随试油队到堂邑（华4井旁边浅井）、盐山、商河沙河街、顺义等地打一些浅钻井试气，寻找浅层气。”

1960年，他们住在商河县的赵黑豆村。那时的试油队，只有一台C-1000型钻机、一台90匹马力的柴油机，还有一台小泥浆泵，都是他们自己安装、打井、试气，所有设备都是人拉肩扛，爬犁滚扛，那个难劲没法说。刘家祥憨厚、实干，为了掌握第一手资料、把好技术关，他干脆住进井场上的帐篷里，一身工衣白黑不离身日夜泡在井场上，一双眼睛因熬夜红肿得像熟透的桃子，在赵黑豆村的那口井上捣鼓了两个多月，虽然没见到油气，但却取得了很多珍贵的第一手资料。那时候，将钻机从搬迁到安装、打井、完井、试气，经常几个月不理发，头发又脏又长又乱，像野人似的。一天，他们几个人跑到龙桑寺理发，剃头老师傅一见他就直摇头，硬是不给理，好说歹说，答应理一个头付两个人的钱，才勉强给理了发。

张宗力说：“邓祖维是我们班司钻，在赵黑豆找的媳妇，比他小不少，在队部举行的婚礼，新婚之夜该他上零点班，他没去，可是没班长，怎么开班前会、班后会啊？还得去喊师傅，可是叫谁去谁不去，就两三个人一块儿去敲门，就开始听见‘哼’了一声，再怎么喊都没了动静。他好打鱼，下了班他们给他提着桶陪他去打鱼。”张宗力还记得吃老鼠，不知是谁挖了一窝地老鼠，扒了皮煮熟了，没人敢吃第一口，还是张德顺过来先吃了，大家才吃起来。挖开老鼠窝，他们还发现老鼠的过冬粮保存得很好，一铁锨下去铲出老鼠窝的一个断面，豆子排得整整齐齐，于是，他们又吃了老鼠存的豆子。

王金秀说：“我们班司钻是郭福海，甘肃人，大老粗，人很好，每个月给我两三斤饭票。1960年夏天在盐山试油，那时候生活困难，晒马齿苋菜。搬到赵黑豆，阴历七月，父亲去世，我从赵黑豆走到龙桑寺，从龙桑寺走到临邑，在临邑住了一晚上，第二天走到禹城，又住一晚上，从禹城坐上汽车到了临清回家。华7井搬家，试油队还帮着搬家。”

试油队驻地在堂邑县小王庄（今山东省莘县），就在32104队所在宋家村南3公里，给1015队在这里打的井试油，用人家的钻机。张宗力说：“指导员张德顺带他两个到了小王庄，离堂邑有30里地，落户口，买萝卜，离马桥二三里地，经常到马桥赶集，屋里堆得像小山一样，待了一个多月，整个队才到的，在这里村头打有一口浅井，我们队试油，给了一台C－1000钻机，没有像四川那里的通井机、清蜡设备。1961年，从小王庄调到华8井，留下三个人留守，有他、庞永成、蔺怀年，蔺怀年是甘肃人。”

张志范很壮，五六三粗，不大说话，脾气有点倔。在盐山试气的时候发生事故，把他大腿打断了。据1960年7月25日上报华北处的《试油队重伤事故情况报告》：在盐山井结束试气工作后，首先用钻机提拔油管数次不动，憋泵不通，在此情况下，我们便采用垫叉，准备将其油管从安全接头处倒开，开始用人力转动数圈无效，由于油管扭力逐渐增大，使用人力不易转动，便改用猫头绳拉垫叉转动油管。7月11日是芦作银班的正班，接班后，司钻芦作银拉猫头转动油管四圈半，猫头绳突然从地面滑轮附近断掉，垫叉立即回转，打坏学徒工张志范的左大腿，时间是早8时20分。王金秀是他们六个人抬着送到县医院的，他说自己也差点儿出事，是钻机滚筒上的钢丝绳盘得有点不齐，他拿棍子去整理，滚筒还在转着，突然一滑，摔倒在钢丝绳上，亏得司钻郭师傅马上停车，要是稍一耽搁，他戴着手套就会卷进去，头就可能卡在滚筒上，后果不堪设想。王士栋回忆道：“我们从盐山干了三个多月，啥也没试出来，光出水，走的时候人家盐山的县长很好，到我们那儿去，说你们很辛苦，也不知道你们什么时候还转回来，人家给了5000斤白面，那时候5000斤白面可不是闹着玩儿的。生产救灾，啥也吃不上，多厉害啊！”多年后，王士栋还是无限感慨：“人家就是希望咱在他们那里能够找到油。”

1959年11月19日，华北处下文成立技术革新科、安装队、化验室及202地震队。

化验室驻地在济泺路济南化工厂对面，是山东省工业厅的家属楼，租了一个三层家属楼的1个单元。肖洪鼎说他是1959年12月从广州军区41军转业到华北处的。这一次从广州军区一块儿转业到华北处的有27人，我没有发现这27人的名单，根据我的研究，除了肖洪鼎，还有焦玉山（后任化验室主任）及其爱人关素云，孙肇强（副营级，后任供应科科长）以及张德顺、张朝福（后任汽车队指导员）。肖洪鼎先任化验室主任，就干了两个月，又调到组织科任干事，科长是孟长寿，还有炳金荣管档案。肖洪鼎的爱人任春凤也调到化验室做磨片，跟陈淑珠在介形虫组。他们夫妻是一个村的，辽宁复县（今瓦房店市）人。张朝福跟张德顺是一个村的，都来自四野，副连级。

在1960年1月处四级干部会议上，陈淑珠说：“去年主要搞筹建、培训工作，根据处党委指示，边筹建，边投入生产。现在受电力限制，要用100千瓦的电，变压器也是第一季的问题。现在除了水分析可以搞外，其他都缺仪器，沥青分析尚不能开展，房子只有七间，技术力量薄弱，只有13名技术人员（大部分是实习员和徒工），没有领导干部。”

袁聿勋说：“1960年5月，我在井队待了七个月就调到化验室，当时化验室正在筹建，是地质科的任靖把我调来的，我来了以后，租房、装电话、购买显微镜，当时正值‘三年困难时期’，买东西非常困难，跑了贸易公司、省电力厅，省机关事务管理局等地方。”

据陈淑珠回忆：“1960年严冬腊月，我哮喘病发作，引发肺炎，身孕八个月，自己走到医院看病，很艰难，没叫葛榕请假陪我去，因缺氧要早产，被留下住院。叫护士打电话通知他我快早产了（离预产期还差一个月），护士回来对我说：‘你爱人说开会，离不开。他是不是不爱你？’我说：‘不是的，是工作忙。’我委屈得眼泪往肚里流。当时我是化验室技术负责人。本来看病去了，没料到会住院，因此工作没交代，就回不去了，心里很着急。过一星期症状缓解了，我就急于出院，也是我自己回去的，没人接。谁知当天晚上将孩子生在集体宿舍的地上了，把同志们吓得够呛，我和孩子都冻得发抖，宿舍也没有火炉，等了将近一小时医生才请到，葛榕两小时后才赶到（半夜没人接电话，同事骑车去叫他）。指导员肖洪鼎紧张得把腿穿进单裤和绒裤中间了。”

马荫椿的媳妇李蕴珍也调到化验室了，她回忆说：“我是天津人，生于1932年12月，生在天津，长在北京，我父亲在北京开店做百货。我跟爱人从小学就认识，他是我哥哥的中学同学，他性格可好了，很开朗，口才好。我上的南开大学学化学，上了两年，因病休学。1959年到了华北处地质科工作，这年5月还是6月，领导派我到北京石油研究院学习化验，学了快1年时间，主要是荧光分析，有个苏联女专家给讲课，回来就到化验室了。那时候，华北石油勘探处在青岛路，我刚从北京过来，感觉城市不像城市，农村不像农村，很偏的，公交车到解放桥就是终点站了。看到街上女的也拉着平板车，很惊讶。吃饭到百货大楼食堂包伙。1960年，街上买个贴饼子都得一块钱。”

化验室还有一个闹情绪的，他叫周自立，他回忆说：“我老家是陕西子洲县周家硷镇李银家沟的，十岁就跟随父母到西安，父亲跟我大哥在西安开布店。1951年考入清华大学地质矿产专业，1955年从北京地质学院毕业后留校在岩石教研室任教。1960年底，组织说是工作需要，把我调到济南华北石油勘探处。从1960年下半年，北京供应也不行了，花钱都买不到东西。来到济南开始跟安培树住在一起，他对我很好，跟我是老乡。来了我才知道是跟余素玉对调，来过几个人的档案，安培树都觉得不合适给退回去了。我心里很不高兴，有情绪，也不好好工作，整天就是看俄文资料，还找老单位想回去，我想继续搞铁矿，他给我做思想工作，想让我到野外地质队，说研究地质构造更有出息，化验室是辅助工作。我在大学就是分析岩石，特长是看显微镜研究石头，1958年大炼钢铁的时候，江西新余发现了良山铁矿，我也参加了勘探工作，分析岩芯，当时的变质岩专家程裕淇对我的工作非常认可，还开了现场会，我愿意看显微镜分析石头，再三要求到化验室工作。1961年4月份，调到化验室搞岩矿，将岩芯磨片进行显微镜分析，写报告。”

第二十八章
三大战役又落空

1960年2月，石油工业部在北京召开了党组扩大会，分析了大庆油田的情况，准备开展石油大会战。2月12日，石油工业部党组召开了全国石油系统主要厂矿领导干部参加的电话会议，传达在大庆地区开展会战的决定，并对会战作出了具体部署：石油工业部机关各司局，石油部科研院所，新疆、玉门、青海、四川、松辽等石油勘探局，动员了全国石油系统37个单位主要领导带队，组织精兵强将并自带生产、生活设备参加会战，玉门油矿抽调了一半的人员和设备，总计有五万多人参加了这场大会战。1960年4月29日，石油工业部在萨尔图召开大庆石油会战誓师大会。值得注意的是，即使举整个石油系统之力投入大庆会战，也基本没有从华北石油勘探处抽调力量，只有供应科主任材料员樊安仁于1960年4月支援（未办理调动手续）参加了石油会战，周华、朱鹏飞和李艳芳三人1960年9月被调到松辽勘探局。

在1960年2月完成的《1959年地质勘探统计报告》中写道，在北京顺义、河北滦平、凤山、天津塘沽地区、河北盐山地区、山东莱阳威海地区、河南郑州、济源地区、山西阳城、离石集、江汉平原崇阳等地发现证实油气苗20余处。

1959年，中原石油物探大队详查发现了沙河街地区具有深层和浅层构造可供钻探，华北处和山东石油队都投入了较大的力量。山东石油队担负了构造顶部钻探任务，其余井由华北处承担。在布置井位上采用了十字剖面布井系统，共布六口井位，其中一口为预备井，各井在地质录井方面要求进行岩芯、岩屑、钻时、泥浆及电测等录井工作，并要求进行气体取样。各井于1959年10月陆续开钻，山东石油队实施沙1号井，位于构造顶部，在大张家东南800米；1018队实施沙2号井，位于构造西翼，在赵黑豆村西600米；1020队实施沙3号井，位于构造东翼，在赵席头；1019队实施沙4号井，位于构造南翼，在任家村北；1020队实施沙5号井，位于构造北端，在归化街西北，至1960年4月陆续钻完。在钻进过程中浅层发现了较好的天然气显示，5号、1号、3号井显示较好，2号、4号虽然较差，但是因未气测，不能就此否定有气显示。浅油气层调查研究队对这些浅井钻探结果进行了研究，总结中写道：（1）钻探证明沙河街浅层构造是存在的，其为深层构造是吻合的；（2）本区新生代地层以湖相沉积为主，上第三系砂岩层为很好的储油气层；（3）沙河街构造浅层气显示很好，主要气层有三段，即井深350~500米、580~700米及800米左右，以中段最佳，构造北部较好。据上述情况表明本区是浅层天然气远景较大的地区。

在这种形势下，中共华北处党委提出“开展三大战役，十一献油田”的目标，即“以平原北部为主攻对象，济黄、临清坳陷为重点，以沙河街、堂邑南、林樊家三构造为主攻战场，保证在第一战役找到浅层工业性油气流，第二战役找出浅层油气田1~2个，第三战役找到深层工业油气流及浅气田2个”。可以想象此时的孙竹就像一位运筹帷幄的将军准备大干一场，大展宏图。

在3月7日召开的处党支部书记紧急会议上提出了行动口号，我估计出自孙竹：

三月里来好春天，战斗命令往下传

号召全体指战员，特战一九六〇年
三个战役紧相连，五一交出油气流
七一拿出浅气田，十一来把油田献

困难好比万重山，我们手拿赶山鞭
三山五岭齐让路，高山也要变平原
战鼓齐鸣响连天，千军万马奔向前
大干苦干加巧干，不献油田誓不甘

1960年5月，华北处开展了“反官僚主义”运动。据档案《华北石油勘探处反官僚主义运动小结》，我处在5月13日上午根据局党委的指示，作了反官僚主义运动的动员报告以后，各组都进行了认真的讨论，认识到我们必须扫清前进道路上的绊脚石——官僚主义。为了彻底反掉官僚主义，有时写大字报写到晚上十点多钟，从单位来看，写大字报较多的是研究联队小组，从运动开始到18日为止，13人贴出大字报256张，平均每人20多张。张兆林小组平均每人17张，王鲁写了34张，李肇林28张，张美娉27张，这些小组和个人是值得提出表扬的。处共写出大字报1013张，提出意见1547条，其中属于领导作风方面的717条，属于生产工作方面的479条，属于生活方面的26条，贪污浪费方面的94条。提出领导的工作作风不够深入，造成会议多、文件多、电报多、事故多，1~4月，共发文件223份，平均每天2份，电报664份，平均每天5份还多，事故不断发生，1~4月，生产时间仅占37.3%……贪污浪费方面也较严重，如供应科给试验室购买了3台高级光电比色计，坏的不能使用，给国家浪费了5000多元……

6月30日，为便于及时指挥生产，掌握资料，华北处在山东省商河县龙桑寺成立第一大队，篮玉玺任大队长，任英俊任党总支书记。12月28日，处党委又任命魏振家为第一大队党总支副书记，并免除其32120队政治指导员职务。国夫荣记得他调到大队做食堂管理员，大队机关、汽车队、卫生所的在一起吃饭。

这年10月17日，王祥参加了“干部深入第一线”工作组来到汽车队，李福喜任组长，除了王祥，组员还有常吉元，在32120队被安排喂猪。李福喜是供应科副科长，现在成了汽车队的真正队长，汽车队的指导员是张朝福、副队长张金云就靠边站了。这个身高一米八的大个子张朝福不是32120队的张朝福，他跟张德顺是一个村的，刚从广东汕头部队转业，作为四野战士参加了从东北打到海南岛的解放战争。

汽车队部分人员合影（薛燕全提供）

王祥说：“我到了汽车队算‘因祸得福’，在这里粮食定量给我按修理工，45斤，能吃饱。汽车队在商河龙桑寺，我当时做修理工，车来了也卸车，整天很忙，离华7井就2里地，我没去过，华北这8口井我就这口没去过。来华北几年，感觉这时候最苦，在井队是累，不感觉苦。冬天手脚都冻裂了，满手是油，没法洗脸，一个月都洗不了一回脸。三个多月没理发，到集上人家都不愿给理。”

王祥的笔记本上记着：1960年3月23日，从邸阁回到处里。王祥住在处招待所，他说也住在这里的唐庆朝人很好，主动问他要粮票吗？他吃不完，回来后王祥粮食定量才24斤，净粗粮，吃窝窝头，确实吃不饱，但没要他的粮票。这时的王祥极为困窘，从1958年生病的父亲回到老家新乡，老家还有个教书的哥哥，养有几个孩子，生活困难，他一个月挣57块钱，留下生活费都寄给家里了，有时家里不到月又寄信来，他知道是要钱，只好跟别人借钱，第二次又借人家都不借给了，很尴尬。这几年冬天穿的都是单皮鞋，在井队也不发工服工鞋，手套都是捡人家旧的，就一套破被子都快成了棉花蛋了。王祥考虑到真是没条件结婚，不能耽误人家，就找到徐经磬，说他俩性格不合，徐没说话。

有一天，王祥听到老乡站在房顶上骂街，谁偷了老乡的鸡吃，把鸡毛藏到雪里，春天雪一化，鸡毛露出来了。汽车队也给老乡办了好事。一个老乡喝了地瓜干酒食物中毒，队上开车给送到商河医院抢救，没有要钱；还有一次司机从公路上拾到一包棉花，交到了队上，后来找到了失主是惠民棉纺厂，王祥记得张朝福在会上专门进行了表扬。

张敦义和林锡光分别是汽车队的团支部书记、副书记，他们俩关系很好，张敦义是党员，林锡光不是党员，他两个哥哥在香港，他受到牵连，入不了党。此时的林锡光已经结婚，就是在1960年初（阴历1959年腊月二十四），媳妇就是李振彦的表妹陈玉叶，这次又是李振彦的媳妇给介绍的，结婚时两人才第一次见面，以前只是通过信，陈玉叶还在上高中。在60年以后他们的钻石婚纪念宴上，她告诉我：“当时太穷了，上高中三块钱学费都掏不起，一家人靠舅舅蹬三轮车挣钱，我结婚就一个条件，供我念高中。台山人重视教育，父亲非要我念完高中。”

据《华北石油勘探处赴松辽参观学习团参观学习总结报告》记载，孙竹等共计21人于1960年10月12日从济南出发，15日到达松辽石油勘探局所在地安达，16日上午，松辽石油勘探局副局长宋世宽介绍了松辽的勘探与生产情况，可以想象，明化镇的老领导见到老部下应该是多么高兴和自豪！下午，李德生总地质师介绍了勘探情况报告，然后参观了实验室、第三探区萨尔图钻井、电测、地质等有关单位，着重学习了政治思想工作方法、各种取芯方法、钻机整体搬家、大办地宫、地层对比、资料分析、测井方法、绘图等，25日，有6人去第一探区大庆参观了炼油厂。这21人还有谁？总结没有记载，根据我的研究，只确认有孙竹、魏振家、张炳芝三人。魏振家还带回来一瓶原油。上火车的时候，列车员不让带，他说：我们是石油工人，在山东打井找油，至今没有打出油来。这瓶原油要带回去让大伙瞧瞧，鼓鼓士气。列车员帮他保管，下车又给了他。

松辽石油勘探局在打的第三口探井——松基3井出油了，随后部长余秋里决定甩开勘探，李德生等人定下的萨1井、杏1井和喇1井都先后出油，这在大庆油田勘探史上称为“三点定乾坤”，成家刚一年半就抱了个大金娃娃。多年以后发现，大庆油田是世界上为数不多的特大型砂岩油田，南北长138公里、东西长73公里，形状就像一个人的大脚印，面积约为6000平方公里，最高年产原油5500万吨，多年位居我国第一大油田。

相比松辽局，华北处是“起大早、赶晚集”。到年底，寄予厚望的华7井只是认为发现了生油层，并没有出油。至此，华北处已经打了7口探井，喷过水、出过气、发现煤、见到铜，就是没有找到油，“老华北”这家人想生个孩子真难啊！

而且，新的灾难又来了！

第二十九章

华六两井大火终

1960年3月，32104队搬到南堂邑构造上打华6井，井位在聊城专区堂邑县郑家公社宋家村（今聊城市东昌府区郑家镇宋家社区）西北1000米处。

华6井跟华4井处于同一重力高异常带上，两井相距19.7公里。实际上华6井共两口井，第一口华6井钻进到1487.5米，井架基础出了问题，基墩下沉，被迫将井位移动了85米，为了加快速度，大胆地采用了钻机整体拖移的办法，井架只拆到二层台，用一台玛斯水泥车拖动，在井架下边垫上钻杆，让井架在上边滑动，仅用一天多时间就安全地把所有大件拖至新井位。

这是华北处的重大创新，应该是中国第一次实现3200米的大型钻机整体搬家。王忠学记得这件事："首先在目的地挖绷绳坑，拴上滑轮组，很轻松地就能拖动。关键是滑轮穿大绳，李宗斌很能干，他穿大绳玩儿得好。"2018年11月，我在大庆参观铁人纪念馆，有一条写道："首次实现钻机'整拖搬家'，由王进喜任队长的贝乌五队于1956年11月23日在玉门三角湾搞成的，10分钟时间钻机走了13米。"但是后来看到1958年克拉玛依现场会上王进喜的先进发言："过去搬家都要把设备卸开，最容易丢东西。我们就学习贝乌四队的经验，他们整体拖架子拖了好几次了。请他们教一下，设备就不需要拆了，节省了很多时间。”贝乌四队是玉门的标杆队，队长景春海。但是他们整拖的是打1200米的中型钻机——苏联进口的贝乌40型钻机。

许景禄曾带101队（华北平原浅油气层研究队）来到现场工作，本来他在105队，因余素玉怀孕，由他带队。当时在101队的王琦回忆说：“3月中旬就要到野外——堂邑，许景禄代队长带我们出发到现场，到了堂邑后，那里有两个钻井队，正在打钻。我们收集到了已钻的四口浅井和正钻的一口深井的测井资料，电测资料对比可以勾出个浅层构造，气测录井有气显示，获得不少成果。”许景禄在回忆录中写道：

从济南到华6井并不太远，仅100多公里的路程，我们却历尽艰辛。一大早就起床，匆匆赶到供应站，准备搭乘到井队送材料的汽车。但因天冷，这辆柴油车还在发动，又是用喷灯烤，又是用手把摇，折腾了好久才启动上路。驶出城区不远，到了黄河边的泺口，等候过河的车辆已排成长龙。在尘土飞扬和马达轰鸣中苦苦煎熬了两个多小时，才上船渡河。上岸后，汽车径直向西开去，但因道路窄且不平，加之各种车辆混行，互不相让，还是有人穿行，车速较慢。俗话说“不怕慢，就怕站”，偏偏我们的车在途中抛锚，原想到聊城吃午饭的打算落空，经过好几个小时的颠簸，大家已是饥肠辘辘。最辛苦的当是司机，忍饿受累，还得修车，一会儿解开车盖检查线路，一会儿趴到车底找毛病。修好车后再上路已近下午两点。饥不择食，行至聊城附近一家路边小店凑合吃了一顿便饭——玉米面饽饽就大葱、虾酱，填饱肚子，继续西行。经聊城到堂邑后，向南绕过张炉集，就看到一座钻塔高高矗立在一望无际的大平原上，华6井遥遥在望，大家长舒了一口气。然而，就在汽车开至离井队数里之遥的一条小水沟时，后轮打滑陷入沟中。好在过沟之前司机已让大家下车，未酿成祸，只是车身倾斜，停滞不前。司机下车察看险情后，看到仅靠几个人赤手空拳是难以解决问题的，便和大家一起步行到井队，请队长帮忙派值班车和钻工到现场，才把车连拉带推上路开到井队。

我们到井队后，工作上得到他们的大力支持，生活上受到特别的照顾。当时我们的粮食定量较低，按机关干部标准，每人每月27斤半（井队按重体力劳动标准，每人每月50斤），队长亲自带领我们找到管理员，交代说："他们三个是从济南处里来的知识分子，到我们队工作，时间不长，也吃不了多少，先卖给他们每人10斤饭票，就不收粮票了"，还让他发给我们每人一副劳保手套，这让我们深受感动。

钻井队在野外作业是比较艰苦的，无论是滴水成冰的严冬，还是挥汗如雨的盛夏，都是每天二十四小时三班倒坚持生产。我们到井队虽不跟班，但要随时到井场观察岩屑和泥浆变化情况，尤其钻达关键井段，必须坚守井口，及时判断井下情况，进行预告。钻井取芯时要立即将岩芯从取芯桶中捅出洗净，归位编号，再进行描述采取样品，直至把上百斤重的岩芯盒抬入岩芯房码好为止，劳动强度大，工作条件差，连续作战，常常累得筋疲力尽，手脚麻木，直不起腰。钻井队流动性大，打一口井搬一次家，住的都是用杂木秆芦席搭建起来再糊一层泥的"工棚"，极其简陋。即使如此，我们在井队却是居无定处，每晚都要等到午夜上夜班的工人走后才能寄宿，天一亮就得起床"让位"。当我们看到下班的工人浑身泥浆，头戴铝盔气宇轩昂的形象，想到他们长年累月战斗在荒郊野外，为祖国寻找地下宝藏无怨无悔无私奉献的精神，心中充满敬意，同时对自己吃一点苦受一点累也就感到释怀了。

6月21日，队长李仲田受到了降职处分，由队长降为副队长。在《处分决定》中写道：在房儿寨时，支部书记提出卡钻事故处理意见时，李在群众中散布说：支部书记懂个屁。并常说书记工作没有什么，以前玉门、老君庙没有专职支部书记，都是队长兼任，照样打好井，致使部分落后职工骂书记是白帽子，吃干饭的。反对总路线，反对"大跃进"。党提出多快好省建设社会主义，而李却提出他的所谓华北几年来的经验"三不打井"：没有好水、没有好泥浆、没有处理剂都不打井。并认为钻井不能避免事故，说：常在河边站，哪有不湿鞋；钻井的不往井内掉接头钻杆，那赶马车的还能掉接头钻杆吗？1959年7月，队积极分子在处开会，订出了1959年指标，李不满意，在司钻会上大吵说：订得空洞，没有根据，没有办法打。企图压低指标，事实证明该队提前5天完成了任务。李还说干部参加劳动解决不了大问题，反而耽误了生产，得不偿失，是丢了西瓜捡芝麻，因而竟不跟班参加劳动。

“两田”其实有颇多相似之处，都出生于1924年，一个来自河北“王辛庄”、一个来自河南“李辛庄”，都参加过伪军，又都参加了解放军。白德安说，“姐夫和指导员不和，在队上批判姐夫两次，还把我调到小井队干了一年，就在离八甲刘不远的宋家庄。”若干年后，孙秉伦曾跟李仲田说：“你跟王友田为啥不和啊？他是有田的，你是种田的。”

1960年秋天生在商河的李晓红说：“父亲李仲田是一个性格耿直、强悍的人，做起事来说一不二。有一次大姐淘气，父亲生了气，拿起鞭子就抽大姐。不仅大姐怕父亲，我也怕父亲。但是，父亲高兴起来，又非常和蔼可亲。父亲在家里勤劳能干，好像什么都会，家里的桌椅板凳坏了，他都能修好。家里的一个水果刀把断了，他找了一根枣树枝削一削，打磨一下铆上，比原来的还好看好用。他会配钥匙，会钩针，我们都穿过他钩的凉鞋。我妈的钩花是跟他学的。他砌的煤灶非常好烧，他烤的玉米饼又脆又香。常给我们说公家的东西不能动。我姨到队上帮着姐姐看孩子，父亲就介绍给了白德安。姨夫这人脾气好，他常说一句话：知足者常乐，德人者长安。”

王金祥对王友田很崇拜，说他“王友田要么不说，说了就算数，很有点大家长的样子，对他们这帮学徒工很好，过年给我们上聊城地委要花生”。王忠学说：“打华6井的时候，炊事员是高洪林，有一回我上夜班，中午过来打饭晚了，说没菜了，老地质工尚宝成给我说，锅盖后头还有一盆炖牛肉，我就去找高洪林，他说是给出去玩的留的，我不愿意了，把指导员王友田喊来，王友田不高兴了，说整顿食堂，选出4人做伙食委员会，一个班一个，有我、杨培林、丁源发，还有一个上海人，忘了名字。卖完饭把东西锁到仓库里，我们轮流拿钥匙，谁也不能偷吃。王友田这个人很公正，一点小便宜不占，他都是回家吃饭，从来不在队里食堂拿东西。王友田调走后，来了郑志川，相比悬殊可就大了，他是章丘人，副营级，老婆一儿一女都在队上吃饭，他不交饭菜票，吃完一抹嘴就走。他看我管得严，想把我调走，给我说生产上很忙，就不要操这个心了。我还是队上保卫组组长，有四支99式步枪，20发子弹，平常都是藏起来，枪栓、枪身、子弹放三个地方。我说保卫组长我也不干了。”

孔秀云回忆道：“老孙太可怜了，老实人，善良，他姊妹四个，他是老大，他家里的事都是他管。在宋家打井的时候，我爹娘、公公、妹妹的爹娘还带着素灵3岁的小弟兕，在老家没吃的，六口人找到济南，处里还派了吉普车给送到队上，可把她愁坏了，当时她家里攒着有几十斤面粉，老孙的徒弟经常给他买馒头能省点儿，但很快吃光了，实在没办法，让我爹给队上食堂拉水干活儿，俺娘出去要饭，公公给送到老公在徐州当兵的弟弟那里。没叫老孙看过孩子，他在家里休息，孩子一闹，我赶紧抱出去，怕影响他休息，晚上上班，井上可不能出事。孙从才说，尿尿都得站在井台上，不敢离开。”

105队的陈铁梅回忆说：“1960年底，华北处组织了‘三门干部下基层’，所谓‘三门’，就是从家门到学校门再到机关门，没有到基层锻炼过的。我们一块儿有四个人：石光赫（钻井科）、孙琳（财务科）、林蓬辉（电测站），到了32104队，我在闫吉美班，指导员王友田给我谈话：‘你是女同志，把你分在最好的一个班了。’那时天天搞政治运动，天天晚上组织学习，抽我做记录、写材料。地质技术员任靖因为爱人在北京，不想在那里干，调回北京了，后来就让我做地质技术员，这对我来说是补了井口地质这一课，技术上提高很大，是在实践中学会的。”

真是祸不单行，华6井又着火了！大火发生的时间是12月27日晚上11点25分。本月2日，王友田已被免去32104队政治指导员，调任禹城技工学校副校长，派到北京学习。郑志川任32104队政治指导员。

此时，钻井科副科长徐守发正带队“深入第一线”工作组。他今年7月刚从大连营级干部转业到华北处，山东东阿人，生于1920年。他的独子徐广亭说：“父亲从小闯关东，1940年在老家结婚的时候，他还在大连甘井子发电厂当工人，自己结了婚都不知道，我奶奶病了想冲喜，就让定过亲的母亲张春红抱着大公鸡进了门，奶奶病也没好，还是死了。母亲嫁过来以后，在村里当妇救会主任，1946年入党，当时就问她两件事，你入党为了什么？怕不怕死？她说入党是为了穷人得解放，不怕死。母亲入党比父亲还早。老家牛屯就在黄河边上，对岸就是国统区，国民党经常过来偷袭抓人，一听见敲锣，爷爷就带着我赶紧往后跑，母亲就带着民兵往前跑。父亲这个人是个工作狂，一心扑在工作上，清正廉洁，对孩子很严肃，但是对别人很好，性格开朗，能喝酒，但从来没见他喝醉。他给我们说，他在大连喝的苏联小兵在地上打扑拉。”

《事故报告》记载：新华6井于1960年12月22日钻至2117米，因水泵连续发生故障，用水无法解决，被迫停钻。此时，除修理水泵外，还对1、2、3号B2-300型柴油机进行检查修理。12月27日，对已修好的三部柴油机进行试车，但因机房温度过低修理后存在问题较多，数次发动不着，5号车带动发电机正常运转（4号车拉下机房进行中修）。27日23点25分，在搅拌泥浆时，突然5号车自动灭火，经检查高压油泵管路堵塞，处理后因电瓶油压不足，启动不着，研究确定发动2号车充电，但因继电器发生故障不充电，这时，值班司机程远香错误地采取以加大油门、提高转速的方法排除不充电的故障，结果无效，程再次加大油门，提高转速，使2号车从排气管排出大量黑烟，并连续发生打炮声，接着火团从排气管喷出地面，引燃地面油积沟内的油，紧接着第二次火团喷出火势增大。由于当天晚上刮三级东北风，着火面积逐渐扩大，在这种情况下，前来机房检查工作的值班干部、钻井技术员尚毅发现着火后，立即去值班房电话报告队的领导，但因没有摇通电话，结果不了了之。钻井技术员邓启富、工人赵佰青速跑回距井场1公里的村庄叫喊全体职工和当地老乡前来救火。

在火灾刚引起时，程远香一方面降低油门，一方面拿灭火机向火流扑去，由于灭火机冻结，失去效用，再次拿第二个灭火机时，仍失去了作用。这时火已蔓延到机房侧墙上部（燃烧铁皮表面油污）不断扩大，接班司机王忠学，为保护电动压风机不被烧坏，用泥浆尽力扑灭火流。正在修理继电器的大班司机胡振刚高喊快去关柴油机闸门，以防火势增大。值班司机孙从才当火逐渐扩大时才发现，当即拿身旁灭火机扑救，但因冻结失效，这时又没有其他救火工具，结果就用铁锨将排气管下部流在一起的油水，向火泼去，这时油流随着风向，蔓延至柴油机传动部分和泵房部分。在紧要关头，机械工长原华电话报聊城消防队，该队因路远没有局长的批准不能前来，火灾在消防工具不足的条件下，从12月28日0点30分着起，经过1小时左右，井场机房、泵房四面全部着火。此时，徐守发为阻止火焰继续扩大，立即组织职工急力割断已燃着之钻机上部井架之围布，并用泥浆泼灌高速离合器和气囊，扑灭已燃部分。

此次火灾燃烧时间，从28日0点30分至4点钟长达三个半小时，着火面积30平方米，在全体职工和当地社员的积极抢救下，保证了钻机和井架全部安全，但机房、泵房和其他损失很大。除全部机油、柴油燃净外，烧毁B2-300型柴油机4部、发电柴油机1部、发电机2部，发电马达、直流发电机等48件，损失价值约30331085元。

失火原因分析：经处组织的事故检查小组初步分析，本次事故是严重的责任事故，完全是人为的，不是突然的，是有其根源的。从1960年以来，不是一次、两次、三次发生，而是16次之多。老华6井发生排气管着火十次左右，新华6井已在12月份着火四次，队上都习以为常。这次火灾事故，其主要原因有：

1.井队领导对党的方针、指示执行不严，贯彻不深透。一年来，处多次下达防火措施，孙竹同志4月份（去年）曾亲临现场严格指示，必须改装排气管，加强防火设备，否则会造成全军覆灭的危险；6月上旬，石油工业部工作组朱远振工程师建议将3吋排气管改成4吋，并将出口深入地坑；11月份，副处长刘长沛同志、钻井科副科长徐守发同志曾多次指示要加强防火工作；处安全技术员谭喜本同志也多次向队领导提出应收集和排除地面废机油，以防引燃着火，但该队领导把上级指示和同志们的建议表现在口头上坚决执行、可是实际上未执行。具体表现在对待排气管的改进上，虽于5月中旬在排气管下加了12吋套管，但使用时间长了，管内积灰过多，造成失火，拆下来后不再使用，结果使排气管距地面约1.5米，11月中旬因排气管喷出火苗失火一次，12月中旬连续失火4次，着火面积最大1平方米，最高2米，虽很快扑灭，未造成严重后果，但始终未引起队领导重视，仍然满不在乎，麻痹大意。

2.地面积油过多，机身不洁，是引起着火的主要原因。32104队对柴油机的维修保养较差，机身管路系统漏油严重，排机油很厉害，造成机房下面积油过多，特别是12月中旬机房柴油箱漏油，流于地面，未能收集起来，清除干净；其次，现场防火管理不严，三个废油桶置于排气管下面，当喷出火苗引燃着火后，火苗随着风向使机房下面的机油着起，在地面积油燃烧的同时，四部B2-300型柴油机、一部柴油发电机、机身油污全被燃着，三个油桶在火流中，由于桶内机油温度升高，气体膨胀，三个油桶爆炸，机油撒到地面，燃油全部燃尽。另外，3吋燃油管线因两端闸门关死，使气体膨胀于管线内而爆裂。油桶、油管线的爆裂和地面积油过多，是引起火灾扩大的主要原因。

3.领导步调不一，互相依赖，各不负责。从领导力量看是强大的，支部书记两名，队长四名，钻井技术员四名，地质技术员一名，深入第一线的工作组三名，大班司机三名，这样多的领导完全可以搞好工作，但是由于在全队未能形成以党支部为核心，在行动上、步调上、思想上统一而坚强的领导机构，造成工作布置不周、事后检查不严，尤其对安全工作无人管理检查，对各方面的合理化建议，不能认真研究讨论，工人曾多次在碰头会上提出消防设备必须完备，并对现有消防设备进行检查，但领导一拖再拖，无人负责，所以沙箱、消防工具一无所有，全队仅有的10只灭火机能用的只有3只，并且因不能严格执行防冻措施，内部溶液因冻结，放置时间过长而失效。

4.火灾发生后措施不当，没有组织，形成被动局面。值班司机程远香发现火灾最早，但却独自处理，未喊周围同志前来共同扑灭火灾，结果造成火流扩大，使井场16名职工意志不集中力量分散，作为值班负责人，钻井技术员尚毅应立即采取措施，组织全体职工奋战救火，可是尚并没有招呼，发动群众，统一指挥，而是独自离开火场，到没有火的锅炉房旁拿高粱秆，丢失了值班领导者的责任。另一钻井技术员邓启富盲目跑到农村喊人，放掉紧要关头（其实已有人去村内喊人）。司钻孙从才错误地使用油水扑灭火灾。其他在场的同志惊慌失措、没有主张，失去组织指挥，造成火灾蔓延扩大。当村内全体职工和社员赶到井场后，火焰已烧着机房、泵房全部设备，在这种情况下，虽救火人员已达90名，但因组织不严、采取措施不当，火灾未能很快扑灭，造成机房后部全部设备燃尽自熄。

柴油机排气管喷出火苗是引起这次火灾的直接原因：2号B2-300型柴油机继续修理后，因喷出油头雾化不良，及喷油角度高的关系，使柴油机打炮喷火，引燃地面油污，造成火灾。

经过党委会议研究决定，一致通过对责任者的处理意见如下：

李清栋同志：由玉门来我处工作（帮助），到处后为了给32104队增强领导力量，打好井，结果就分配担任32104队支部第一书记，第一指导员，分工抓全面工作和机房工作，平时工作积极，但在防火措施上做得很不够，同时，玉门发生的火灾他早已有信得知，但也未采取措施，所以，这次事故与李有很大的关系，但又考虑到该同志从玉门来帮助我处工作，工作上还不错，故不给处分。

郑志川同志：是该队第二书记，分配学习抓全面，具体分工负责职工政治思想教育。郑是1960年1月从部队转业来的（有脑子病），企业管理知识差，但对上级的指示贯彻不够坚决，像处11月份商河百日安全现场会议精神回队来未及时认真传达贯彻，再如1960年12月23日来领料时钻井科长马永举同志向其传达了部石发（60）地字1676号文的精神，再三叮咛回去后要向支部、队的领导和全体职工进行传达，并应提高警惕……但回队后仅向李书记简单地说了一下，并未采取措施，加强防火工作，给其党内警告处分。

张景禄同志：由玉门来我处帮助工作。分配到32104队担任队长，分工负责全面的技术生产工作，因此，对此次事故的发生也应有一定的责任，但张是玉门来帮助工作的，因事请假不在队，且平时工作埋头苦干，不给处分。

李宗斌：此时任32104队第一副队长，分工是负责行政、技术安全工作，给予行政记大过处分。

李作霖同志：是该队副队长，因病在家休养未上班，并已调动，只是为了向玉门的同志学习未走，故不给处分。

陈建修同志：是该队副队长，分工抓材料和生活，并且是初次任井队副队长，故不给处分。

尚毅时任钻井技术员，且当班值班干部。事故处分文件中写道：在火灾发生后，他在机房，可是未采取积极恰当的灭火措施，未组织和指挥大家救火，而躲开火场去活动房打电话找队的领导，电话未打通，返回后喊：要防空气包爆炸，这样就影响了大家勇敢去扑灭火灾的情绪，同时不去抢救主要设备，却跑去搬空的氧气瓶和高粱秆，失去了值班领导者之责，这是严重的失职行为，故决定给予撤级处分，从三级技术员降为四级技术员。

程远香，河南郑州北郊西程庄人，生于1931年，丈母娘叫媳妇的三妹李桂英的丈夫郭在理给介绍的工作，他在西安地质调查处鄂尔多斯大队保养站当站长，1956年4月，他就到西安报到，学习了四个月，分到了华北石油钻探大队，到32104队当了柴油机司机，师傅是孙树发，组长是杨善守。华6井着火，本来该他12点下班，柴油机有问题，他没走，1点45分，2号机有毛病，排气管放炮，把排气管后边喷的油点着了。处理他，开除留用两年，本来四级工，成了一级工，给25块钱生活费。“对共产党要忠诚老实，不能伸手要钱”，老人一口浓重的河南话。2017年12月2日我在河口河龙小区找到他，他最后站起来握着我的手说。

不过，按照王忠学的说法，着火纯粹是玉门来的“土专家”弄的。1960年，从玉门派来5名专家：指导员李清栋、队长张景禄、司钻王帮勋、司机长肥保法，还有一个司钻姓朱，江苏人，后来下放回家了，他们全面掌权。王帮勋说：“我是陕西长安人，1950年4月1日招工到玉门油矿。1960年秋天，玉门油矿派出专家工作组帮助华北石油勘探处，李清栋带队，在玉门我们都不在一个队，不认识。我是鸭儿峡队大班司钻，相当于副队长，跟队长一块儿倒班。”王忠学说：“华6井着火就是我们班着的。孙从才班上四点班，我们接班，但因为柴油机发动不着，我不接班，就去找孙树发来。上个班的肥保法、程远香都在，他们把柴油机开起来，‘嘣、嘣、嘣’的声音，耗油很大，火就是从3号柴油机着的。我上去把油罐阀门关上，那天刮东北风，把钻机上围的一圈帆布拆下来，防止火着到井架上去，保住了1号柴油机和电动压风机。着火后，就我受到表扬了，司机程远香从四级工降成一级工，很冤枉。是肥保法把3号柴油机高压油泵柱塞装反了，越减小油门油越大，后来试验分析得出的。来的土专家不会修柴油机，玉门跟华北不一样，玉门是专业化的，有修保站修，我们是自己修。还有就是卡钻，玉门是灰岩，钻杆放井里停几天都没事，华北这里泥沙多，不能停，停了很容易卡钻，华6井已经卡了一次，处理不了，往旁边挪了几十米，钻了新华6井。”

队上材料员谈文正回忆说：“半夜12点着火，我正在睡觉，听见喊：‘石油队着火了！快救火啊！’我穿着汗褂子跑出来，还挺冷。是柴油机排气管喷火，把高粱秆的挡风墙点着了，3台柴油机烧坏，泥浆泵都烤坏了。着火后，有人到宿舍喊指导员。郑说赶快回去救火，我知道了，马上去。结果第二天报数点名，没他。保卫科长徐守发正在这里蹲点儿，本来就好骂人，气得大骂：‘他妈的！’郑志川被撤职处理，本来公安局已经来要抓他，书记孙竹求情：‘他刚转业的，不到一年。’处分改成开除留用，安排到在济南北边的农场看门，他又到食堂偷窝窝头吃，被砸了一顿。人事科给他3条路让他选：一是种地，二是到井队当工人，三是做饭。他都不干，还想当干部，领导不同意，就回老家章丘了，卖鸡蛋，拉架子车到无棣买鸡蛋然后再到济南就在处前边卖，跑到第二趟被工商局抓住了，这在当时是投机倒把，连车子带鸡蛋都给没收了。”

材料工张怀福为尚毅鸣不平，说他像老黄牛，不会拍马屁，光知道干活儿，当时打井的时候没人能替他，整天穿着工服，连续半个月待在井上，困了就在锅炉边上打个盹儿，工服都生了虱子，最后背了处分，他很伤心，据说都掉泪了，气得跑到上海老婆家住了几个月。

华6井钻至井深2117米，因柴油机发生火灾，设备损失严重被迫完钻，未发现油气显示。通过华3井、华4井和华6井的钻探，基本上掌握了临清坳陷的沉积发育情况，并在二叠系、石炭系和奥陶系中发现了较多的油气显示，同时也初步证实馆陶可能是坳陷沉积较厚的地区。

第三十章
土超声波一阵风

我拜访张昌平时听见他说1960年，处里关素云来调查“曹兴博”的情况，我一听到有不知道的名字就兴奋，问：“曹兴博？是修配车间的吗？干什么工作？”张老用浓重的口音给我说了半天，我终于明白了，是“超声波”。

看来，“大炼钢铁”风没刮到华北处，“超声波”风却刮来了。

1960年，全社会刮起了“超声波”热。北京率先推广超声波，上海得到消息，在市委第一书记柯庆施的领导下，也马上行动了起来。截至5月中旬，上海全市共有100多万人参加运动，“使用超声波头100多万个”。北京和上海把推广超声波所获得的“成果”报告给中央，引起中央的高度重视。1960年5月5日，中共中央向全国省军级以上机构下发指示：“这种技术简单易行，制作极为方便，人人容易学会，而效果非常显著。中央要求一切部门，一切地区，都应当大力推广，人人实验，到处实验，及时总结、不断提高……”推广超声波由此变成了一个全国性的运动。

5月4日，石油工业部生产办公室下发了《土超声波运动初步成果要目》，提到：自从4月16日部提出大搞土超声波以来，整个石油工业战线已经掀起了一个轰轰烈烈的土超声波运动高潮，在钻井、采油、人造油、原油加工、运输以及机械制造等方面，使用土超声波都已获得了很大成绩。文件列举了钻井方面在钻进、泥浆搅拌、固井上的应用，采油方面在抽油井自喷井、油嘴清蜡、油井和地面清蜡、洗井、油水分离、天然气烧锅炉、水力清砂，人造油方面，原油加工方面，机械制造和机修方面，基本建设方面，其他等共计7个方面、70项应用都取得了成果，如天然气烧锅炉，火焰由1米增长到2.5米，火力增强；玉门老君庙采油厂选油站用于油水分离，使原油含水量从27%降到16.4%；上海炼油厂用于锅炉，使炉膛内温度升高100℃。更为惊人的是，克拉玛依矿务局在502部汽车上、玉门408部汽车上已安装了土超声波，和柴油掺水一起可以节约30%左右汽油，并且加大了马力。玉门局用于冷却引擎，可完全不用水箱……

在华北处4月23日下发各井队等单位的《大力推广和指示土超声波的指示》简报（拟稿人：姚法章，核稿：周英才），写道：

在接到石油工业部迅速使用土超声波的指示后，华北石油勘探处派人到北京学习，刘副处长亲自挂帅，深入现场和车间的领导、技术员和工人一起进行试制，经过一夜奋战，终于在4月23日上午10时试验成功。试验中用土超声波煮饭，仅用了14分钟就煮好了一锅稀饭，效率提高四倍多。又用稀碱水洗零件，不到10分钟洗干净。又用于洗油工作衣，约半小时油渍全部脱落了。午后，处立即在车间召开为时一小时的现场会，当场表演洗衣、洗零件、煮饭，都取得了成功。简报里说：土超声波制造很简单，操作方便，只需要一根铁管，一头砸扁，装上金属片，另一头通入蒸汽或气流和流体即可。所用设备：锅炉一只或鼓风机一台和泥浆泵做动力即可。简报中最后还特别要求：必须注意此系尖端科学，此创造尚在不断研究中，要求各单位在推广中注意保密，不准对外宣传（包括广播或登报）和对外人讲。

32104队试验了超声波KMK式取芯钻头，在同样的地层、泥浆条件下试验效果良好，机械钻速提高48%，岩芯收获率提高50%，磨损也轻。

当年张昌平班的学徒工孙九科，莱阳人，也是1958年招工那批的，他对“超声波”还有印象，车间里推广超声波，每台车床上都拉来一根皮管子，吹起来“呜呜”地响，很吵人，说是车削快、保护刀具、散热好，用了几个月，没看到什么效果就不用了，就是能吹铁屑，好打扫。

张昌平给我回忆说：“开会的时候，领导说超声波这样好那样好。超声波有时候好，有时候也不一定好。比如车工把切下来的炽热的铁屑吹得乱飞，不但容易伤人，吹到导轨里能把导轨拉伤了。他们做的‘超声波’头部装上一个刀片，一鼓风吹起来还‘呜呜’地响。商店里刮胡子刀片都买不到了。”说到这里，我们都禁不住笑起来。

在6月26日华北处1960年第一战役先进集体和先进生产者代表会议上，孙竹批评了几个思想问题，其中说到“党委一再强调要实现超声波化，但是大部分井队还没有开始搞，有的井队虽然搞了，但也只是轰动一时，过去这一阵后，有的虽然实现了也不用了，流于形式。32104队实现了强化器冲洗钻台、冲洗泥浆泵、搅拌泥浆、清洗零件、含铅油和强化器钻头等六项，但现在只有两项用于生产”。

许宝文在其文章《在我的工作经历中遇到的几件“伪科学”事例》中写道：

> 我才参加工作不久，部里要我去参加科委召开的推广超声波的现场会。本来我以为超声波挺复杂，要许多仪器才行，哪里知道，所介绍的超声波发生器，居然是一个小锅炉，一根软管，一个喷嘴而已。喷嘴者，也不过是一个几厘米长的金属管，将一头砸扁，锯出一个2厘米长1厘米深的缺口，在缺口处焊上一条薄钢片，让蒸汽从砸扁的缺口处向那片薄钢片喷去，据说发出的哨声里面就有超声波。将这个喷头放在蒸馒头的铁锅里，就能很快将水烧开，将馒头蒸熟，据说可以大大节省能

量。我们参观了一个又一个的饭店、工厂，所到之处，工人师傅都给我们说，用了以后，有多好多好。我在大学学物理的时候，知道一些超声波，尽管这些工厂里没有一个工厂给我们说过，这样的喷嘴发出的哨声的频率是多少，他们是如何鉴定这就是超声波的发生器的。但自己总认为科委肯定测量过，无须怀疑。而且只有这样才能易于推广。不过，心里总感到有点不踏实。没有多久，超声波逐渐销声匿迹，大家又丢掉了锅炉，回到了用大锅蒸馒头的老办法了。这件事，对我这个刚出茅庐的大学生产生了一个重要的启示，就是说，不管什么事情，必须有严格的科学态度，不能想当然，不能起哄，一定要一步一个脚印踏踏实实地去做。我们搞地球物理勘探这一行的尤其应该这样。因为，物探工作者研究的对象是深埋在地下的，除了钻探一般无法进行实际的验证。而物探工作者的工作就是用高精度的仪器测量地面的磁场、重力场，测量弹性波传播时由于地下地质构造的不同而产生的各种波场的异常现象。这些异常十分微弱，我们必须有十分严格的科学程序进行探测。任何的疏忽大意都可能造成错误，因此绝对不容许在数据上弄虚作假。这些都是地质工作者起码的职业道德。

第三十一章
地质部惠深一井

1958年12月15日，初冬的济南天气已冷，但山东宾馆的会议室里却是热火朝天。晋、冀、鲁、豫四省石油勘探协作会召开了。这次会议由华北石油勘探处主持，地质部地质司司长梁小平、总地质师关士聪、地质部苏联专家潘捷列耶夫、地质部中原石油物探大队、山东省地质局局长沈鹰、副局长戚涛、山西省地质厅厅长杨成江及河北省、河南省地质局领导，华北石油普查大队领导和技术人员，华北石油勘探处的科、队长以上干部和技术人员参加了会议，会期三天，最后还达成了“晋冀鲁豫四省石油勘探工作协作协议书（草案）”，为加强石油勘探协作拉开了序幕。

在听取了各省地质局、中原石油物探大队、华北石油勘探处各小队做的关于华北平原地区地质、物探、钻井等方面的汇报后，23日下午，潘捷列耶夫做了报告（由穆祥金、李世明整理）：

到1958年底，在钻探中还没有发现明显的油气显示，但已在两口井中发现了气喷现象，但经过分析证实是氮气，不是天然气，氮气成分占90%以上。是否就能得出没油的结论呢？我认为目前还没有根据。实际上目前还没有一个构造全部做完，还没有经过一个钻探、试油的阶段。但我必须指出缺点，是过去的工作过于分散，不能集中把一个圈闭构造做完，例如博野坳陷没预备好一个构造，山东坳陷基本上可指出清平、馆陶是圈闭的，开封邸阁构造是圈闭的，也编出构造图了。但必须强调一下，工作不应过于分散在许多构造上，也就是说把地震面积测量工作这样分散是不利的，而应该选择好的坳陷区先进行地震面积测量，在华北12~15个就够了。应在以上地区进行1：50000地震构造评测，提供出8~10个构造来，供明年勘探工作。在物探工作中一遇到重力高或隆起就工作这是不合理的。最后结束发言前谈一下，同志们对在华北找出油来的信心很大，今后好好工作，一定会找（出）油气来。

1959年12月，地质部重新成立石油地质局，孟继声任局长、李奔任副局长，关士聪任副总工程师。地质部再次成立石油地质局的目的，是加强对石油地质工作的领导和管理，收回下放各省的地质队，组成全国范围内统一调动的野战军，开展深部钻探。

孟继声是河北完县（今顺平县）人，生于1920年，1937年参加革命，曾任中共完县县委书记、晋察冀边区三地委秘书长、华北地质局副局长等职。他在其文章《忆几个大油田的连续突破》中写道：

在力量使用上，集中力量打歼灭战，突破一个地区再去突破另一个地区。按照李四光教授的意见，1959年、1960年重点在松辽，华北积极准备，1960年、1961年重点在华北兼顾江汉。我们三个局长经常在队上，机关只留办公室主任和处长，我们都分别到基层和职工同生活、同工作。我们没有利用到各地工作之际去游山玩水，总是抓紧工作。如我们经常到重点地区东北和华北，但从未去过长白山看天池美景，常去山东，但从未到泰山和曲阜玩过。至于生活的艰苦就更不用多说了，正值“三年困难时期”，而工作地区又是盐碱沙荒、荒草丛生的地方，当地群众生活艰苦，职工生活也很困难，我们下去也和职工一同吃苦。在黄骅常是交了粮票只给两小块白薯。虽然大家都很苦，但职工的情绪是很高的。

3004队是地质部组建的第一支深井钻井队，配备的一台新钻机，是从瑞典进口的B35钻机。大队长何秉仁兼井队长，副队长张洪宽，代理技术副队长沙增寿，钻井技术员夏华德，地质技术员邓世福。何秉仁回忆说："省地质厅那些地质队一年几万块钱还审来审去，我们钻井队一年两三百万元投资，没有来查的，都对石油勘探很重视。"

1959年下半年以来，山东石油队在济阳坳陷施工的潍1井、淄1井、博1井分别揭露了一套第三系的暗色地层。

惠深1井是济阳坳陷内布置的第一口深探井，设计井深3000米。该井位于山东省惠民县清河镇𡻕家村东南角，地质上属于惠民坳陷林樊家构造。何秉仁说："1960年，地质部配备了四台从瑞典进口的B35钻机，山东石油队给了一台，他兼井队长。在'大跃进'的时代里，上级下达生产任务非常高，山东省委要求'十一'见油。可是钻井设备刚刚运来，钻探工人还得先培训，困难很大。石油地质局会上点名让我坐镇井队，我出了会场直奔现场，进行开钻前的筹备工作。培训人员、设备配备、物资调运真是忙了一阵。钻机的井架都是张家口探矿机械厂做的。全队共有人员120多人，副队长张洪宽是从部队营长转业来的；技术员夏华德是中专生，江苏人，干不了；我大胆依靠陈吉永，他是右派，大学生，有水平，他是实际上的领导，但是光出力，不讨好。从地质部正定技工学校调来一个班40名学生，由老师沙增寿带着，边学习，边干活儿。司钻是从3个小钻调来的机长，张洪太干活儿最聪明，孟和是蒙古人，敢冲敢干。该井于1960年5月17日开钻，开钻时场面非常隆重，惠民地区专员亲自剪彩，特别关照我们粮食，使我们没挨饿。我组织生产，整天在现场走过来走过去，看看干了什么，缺什么材料，晚上就开会安排，现场井井有条，没有闲人。我还改变了钻井工序，

1000米以后，改成钻进一个班、下钻一个班、提钻一个班，遇到问题就到华北石油勘探处求援。”

按照钻井设计，井深1000米以下取芯，但是取芯工具问题迟迟得不到解决，井队人员自力更生土法制作，但效果不理想，先后共取芯58个回次，取芯进尺461.27米，岩芯总长86.24米。整个钻进过程也很不顺利，共发生大小事故44次，6月14日发生了钻机鼓裂纹变形而停钻修理达两个月之久，第二次大事故是10月17日卡钻，处理事故中又发生钻具脱扣掉入井下千余米。何秉仁说：“就是孟和给拧断的，他这人不怕苦不怕累，就是太猛。本来还能通水，一直不敢停水，拧断了就没办法处理了。旷部长、孟继声局长等人来到井上检查工作，旷部长听我汇报后，不但没批评我，还表扬我能干，说这个钻机只能打1500米。旷部长亲自批准这口井报废。”惠深1井最终深度1382.58米。根据综合录井资料解释惠深1井上、下第三系界线在1044米，全井未见油气显示，但是证实了惠民坳陷有300多米下第三系生油岩系存在。

华北石油勘探处派出人员携带一套散装气测设备帮助进行气测。申金奎回忆：“有四个人：南桂兰、孙希贵、李继科和我帮忙山东石油队惠深1井测井，南桂兰当组长，打了不到1500米，就卡钻了，地质部旷部长、谢家荣都来看过这口井，旷部长说这个钻机最多只能打1500米。卡钻后没事，他们就到马颊河里去炸鱼，第一次没炸成，第二次下着大雨炸成了，推了一小车鱼回来。”

第三十二章
华七发现生油层

1959年7月，山东省地质局石油普查大队1201分队在商河县郑店北（重力高顶部）所钻的商1井在井深924米处取芯发现前震旦系花岗片麻岩，说明该区重磁力高异常的产生并非全部由近代玄武岩喷发所引起，从而对区域普查初期所划分的构造单元“无棣火山活动带”提出了疑义。根据商1井发现的新情况，华北处综合研究队重新对高磁力异常带进行了分析，把绝大部分地区解释为前震旦系变质岩埋藏较浅的隆起，从而扭转了“近代火山岩浆活动破坏了油气”的认识，增强了在华北平原东部地区找油的信心。

1959年11月26日，华北处上报了《沙河街构造华6井井位意见书》：构造位于济阳黄骅盆地内山东地区商河县东北15公里的沙河街以南1.5公里处，浅钻4号井附近，为中原石油物探大队地震二队1959年地震普查后详查发现，井位选择构造的顶部，圈闭良好，有必要进行参数井钻探，目的是探明济黄盆地地层的分布情况及其储油性，并取得物探资料的解释数据。

1960年2月8日，华北处给石油工业部上报了《为呈报山东商河沙河街构造参数井地质技术设计申请批由》，设计人：任靖、连学忠、周凤鸣。在序言中写道：

济黄盆地的勘探工作，自1958年以来，在党的总路线光辉照耀下，在华北的石油勘探事业上也掀起一个突飞猛进的局面。为了早日在华北平原上盛开石油之花，在济黄盆地中投入了大量的物探、钻探工作和渤海湾的油苗调查工作，同时进行了较细致的研究工作，认为济黄盆地是应存在着较深厚的上古生代和中新生代地层，多呈灰绿色，老第三纪有着海陆交替相的沉积，渤海湾有较好的油苗，这都提供了找油的线索，认为该区是应首先进行工作的。

至此，华北处已经打了7口深井（含老华6井），6口卡钻，23次井漏，1口喷水，还有40来口千米以内的浅井，可以说是屡战屡败，又可以说是屡败屡战。6口探井都没有发现油气，但是通过勘探实践取得了丰富的地质资料，对华北地区地质构造有了深刻的认识：

一是盆地内划分出博野、临清、开封、济阳、黄骅五个坳陷和内黄、沧县两个隆起带；二是明确了华北平原不是一个统一的中新生代沉积盆地，每个坳陷带都有自己不同的地质经历，必须区别对待，选择有利地区打井；三是在济阳、黄骅坳陷的一些浅井800米井段上见有石油、天然气显示，推断其与深层油气藏有关，并结合新的物探资料分析，否定了“济黄火山活动带”的存在，重新评价了沿渤海地区的找油前景。

1960年5月，32120队搬到山东省商河县龙桑寺公社任家村，井位位于村北1000米处，处于温王村的农田里，属于济阳坳陷沙河街构造，这是华北处的第七口探井——华7井，设计井深3200米。

张朝福说：“从华5井搬到华7井，就知道山东形势不好，多买了两个月的面粉，有十来吨，亏了这些面粉，一直吃到华8井。装火车上用帆布盖上，上边压上井架子，我跟车，一帮家属孩子也在车上，货车车厢很高，不方便上下，到徐州中转的时候，有个家属弄了一盆子尿，从车上往下倒，下边正好有个检查车轮的，倒了人家一头。”当时刘希尧爱人就是跟着这车皮面粉到山东来的，她跟孩子奶奶、老大、老二在车皮前边，刘希尧在后边，他都有盒子枪，有扒车的小偷正好从后边爬上去了，刘希尧看见了大声呵斥，小偷看他就瘦巴巴一人，并不害怕，他就拔出手枪来，把小偷吓跑了。1958年招工老家寿张（今阳谷县）的材料工钟广涛说：“从河南往山东搬，河南省不让走，不给车皮，经过做工作，才给了车皮。我跟火车拉设备回来的时候，带了一口袋白面馒头，结果到了禹城站，找不到了，都等着吃呢，被人偷走了。”刘希尧老二刘洪章说：“父亲他们在山东往商河搬家的路上，路过一个村，见树上吊着一个人，干部正在抽打他，他们下车问了问，说是小偷，父亲说，小偷你可以教育他，不能打他，人家说你们干什么的，多管闲事，父亲就把枪掏出来，那干部立刻就软了。”赵庆喜说：“安装的时候就吃睡在井场，什么时候来了车什么时候干活儿，到了一个礼拜都不知道自个儿行李在什么地方，拿着工具都能睡着了。”

夏天，李自强的爱人李桂荣快生老二了，要从开封坐火车到德州，他跑到德州火车站等了一天也没接到人，给爱人单位开封市供电局打电话，说早送上火车了，可把他急坏了。原来，她带着才三岁的老大坐火车走到商丘就快生了，就从商丘下了火车，坐上三轮车赶紧去医院，行李都没顾得上拿下来，到医院大夫嘴里说还带个孩子，三轮车夫说：“你赶紧的，别生在我三轮车上。”进医院就生了。就这样李岩生在了商丘。她后来在胜利油田科技处工作，我们早就认识。李岩说：“父亲的脾气不好，说起话嗓门也大，但业务能力强。”父亲对她说的最多的一句话就是：“做人要低调，工作要踏实。”贾中惠回家与史淑苓结了婚，回来穿着一件皮夹克，他个子很高，有一米八，身材偏瘦，看上去很帅，说花了八十块钱。

王廷海差点儿没死在这口井上。他这时候已经当上了井架工，划眼的时候接立柱，和游动滑车赛跑，游动滑车一起，就得赶紧跑上梯子去扣吊卡，苏联的钻杆长短不齐，八米、七米、五米的都有，这一根高出猴台两三米，那时候基本上不系安全带，他登栏杆上扣吊卡，谁知把绳索带跑了，他抱着钻杆出溜下来，要不就摔死了。他外号“王大胆儿”，不知道害怕。

2018年5月，我到任家寻访，大多数村民都记得这口井。工人就住在他们村，住谁家给谁家装了电灯。我问住房要钱吗？不要！不要钱还抢着让住呢！家里亮堂。还隔三岔五在村里放电影，正是挨饿的时候，有坐着的，也有躺着的。我问村里有饿死的吗？他们说没有，村里有树，吃树叶、树皮，吃野菜，那几年可吃了一种菜叫玉谷菜，地里种得到处都是。上头还给四大两，一天四两地瓜干，叫“南干子”，从泰安拉来的。刘风亮说他家住过七八个工人，安装队的，他父亲是老师，现在还留着原来两间土房子没拆，早就不住人了，院子里用网圈养着一群鸡。

华7井于5月24日开钻，在钻进过程中，105队帅德福、戴世昭、许景禄、王淮溪等人在现场描述岩芯时，发现了一套暗色地层，含有丰富的生物化石和有机质。在1269~1502米段岩芯为灰色、深灰色泥岩及油页岩薄层粉砂岩，含大量介形虫、腹足类、鱼化石，有机质含量极高，确定为生油层。1502~1973米井段为灰绿色泥岩、粉砂岩、砂岩夹薄层紫红色泥岩，确定为可能生油层。生油层地层厚度达704米，其中泥质岩厚度为501米，占地层厚度的72%。经过化验分析，有机碳平均含量为1.836%，沥青质含量为0.00293%，二价铁和三价铁的比值为3.22，砂岩物性分析，孔隙度为3.5%~30.2%，渗透率为0.001~1.473平方微米。上述分析化验结果证明该地区具有良好的生油岩降解和储集条件。帅德福背着岩芯到大庆进行对比，经过跟大庆油田的松基三井生油层对比，也确认为良好的生油层，经测定，地质人员确定生油层厚度达到704米。听说华7井发现生油层，谢家荣专程到现场观察岩芯，黄汲清教授也专门来到济南听取关于生油层的汇报，大大地鼓舞了华北地区找油的信心。许景禄说：“有了生油层，油田还远吗？”周光启此时在这里放羊，有十几只羊，他把羊一只一只用绳子拴上，不让乱跑。气测工于焕明记得周光启说过：“陈勤说华北无油，你看，火成岩都出来了！”

1960年8月，刘希尧被任命为钻井科钻井技师，不再担任队长。李仲田调到32120队，但未发现任命其队长的文件。刘希尧虽任技师，但是并没有离队到济南上班，一直在32120队。

华7井钻至2713.56米卡钻，已经钻穿下第三系沙河街组，进入孔店组大套红层。正在处理事故中，队上接到电报，让立即起钻。电报到的时候，电测车也到了，拿着手令，起钻后立即测井，测完就往华8井搬家。华7井于11月11日终孔完钻，其中取芯1691.07米，岩芯长度458.59米，没有发现油气显示。华7井创造了华北处日进753.32米及43.34小时上千的新纪录，并用160天7小时36分钻达2713.56米，完成了华北第一口裸眼基准井，俗称“光屁股井”，证明在华北进一步简化井身结构，进行小井眼钻进和裸眼钻进创造并总结了经验，大大地节省了钢材，对深钻裸眼井在速度和质量上获得了成功的经验。跟华5井相比，成本降低42.2%，而钻机月速度提高了57.6%。

1960年全国地层会议以后，综合研究联队按照全国地层草案规范精神，对华北平原内深井揭露的新生代地层进行了划分对比及地层命名。“界、系”采用国际性的地层单位名称，“组、段”采用地方性的地层单位名称，并以基准井、参数井首次发现的地理位置命名。凡可与平原边缘露头区进行对比层位相当者，不再取新的名称，仍沿用以前的名称。根据上述原则，将华北平原新生代自上而下划分并命名为第四系平原组（华1井发现）、上第三系明化镇组（华1井发现）和馆陶组（华3井钻遇）、下第三系沙河街组（华7井发现）、五图组（相当于现今的孔店组），这一套地层层序和名称的确定，为进一步开展华北平原区新生代地层和构造的研究奠定了基础。从此，明化镇、馆陶、沙河街等鲜为人知的村镇地名，走进了神圣的地质殿堂，也记录了华北石油勘探者们的足迹。

在1960年12月华北处完成的《华北平原的深井钻探总结》中写道：通过对华7井的钻探，发现了有利于生油、储油的沙河街组地层，并发现了海相夹层的存在，为华北平原今后的石油勘探指明了方向，即东部对生油、储油的沙河街组地层，可以作为目前主要的勘探目的层系。

第三十三章

天津会议大转折

1960年2月，一群地质勘探人员首先进入渤海湾地区勘查石油，他们是地质部中原石油物探大队的。大队宣传部部长郭振西带领两个地震队、一个重力队、一个电法队展开了地质勘探工作，队部驻扎在广饶县牛庄。据当年来到这一区域的地震二队（队长王培芝，技术负责人蔡志豪）管理员张玉树回忆："这一带都是荒滩水洼，没有路，汽车钻开不进去，只好用手摇钻，打十四五米深，再下炸药。一个地震队，有110人左右，有测量组、钻机组、司机组、仪器组（操作仪器车）、技工组（拉电缆，布置检波器）、室内组（整理相纸），还有一二十个临时工，再加上家属小孩一二十户，搬起家来，浩浩荡荡。不是都能带家属的，只有五级工以上、行政22级以上，经大队批准才能带。管理员负责对外联系、生活后勤、招临时工，施工现场打前站，号房子，我们像部队一样，到地方拿介绍信找县委，号房子不用给钱。地震勘探都是白天一出去一天，晚上才回来睡觉，中午吃饭都是车送过去。地震二队队部在牛庄解家村，前后换了好几个管理员，伙食搞不好，群众意见很大，当时指导员张干卿把我调过来。正是'三年困难时期'，吃不饱，70%的地瓜干、25%的地瓜面、高粱面，只有5%的白面，给病号吃。经常是大锅熬冬瓜，上边蒸地瓜干。搞勘探真苦啊！当时有句俗话：‘勘探勘探，妻离子散。’有门路的都走了，去工厂待遇高，比如郑州国棉、郑纺机等，现在都后悔了，退休金一个月才600块钱，技术员才700块钱。我退休金一个月7000多块钱，还有伤残军人补助不到2000块钱，一个月有9000多块钱，过得很好。先前苦，现在享福了。”

经过三个月的奋战，孙武城等人在检查地震剖面资料时发现东营有背斜构造显示，立即加密地震测网转入详查，结果找出东营、坨庄、胜利村、义和庄四个局部构造，其中以东营构造圈闭最可靠，在地质上属于济阳坳陷。

据郭振西回忆：

为了争取地方政府的支持，5月份，发现构造以后，我就带着地震二队室内组组长朱凤鸣到张店向淄博专区报喜，朱凤鸣是1955年东北地质学院物探系毕业的。去汇报前，他想绘制一份构造图，给地委领导看。我对他说：“你想想，地方领导谁懂你的构造图？我给你出个主意，你用一张白纸画上两个圆鸡蛋，标出地理位置，形象地向地方领导讲一讲：这个圆鸡蛋叫作构造，在什么位置，再讲一下生油条件、储油条件、盖油条件，经过什么样的探矿程序才能找出石油。这样地方领导才有可能听明白。”朱一听有道理，就按我给他出的这个主意准备一番，两人去了惠民地委所在地张店。地委书记王成旺听完汇报后高兴地说：“我们这里有淄博煤矿、黑山铁矿，有耐火材料，如果再找出石油来，是全地区人民的幸福。”中午请他们两人吃饭，外加地委秘书长共四个人，王书记让伙房炒了四个菜，炸了馒头片，还做了一个汤，吃了一顿美餐。在和王书记交谈的同时，郭振西向他提出了要求：一是请求给野外职工改善生活条件，将30%代用品（地瓜面）也换成了成粮（玉米面）；二是为了加强野外分队的政治思想工作，请地委抽调二三位政治指导员。这两个问题，他二话没说当场就答应了。这次汇报，我们一举三得，还改善了一顿伙食。说实在的，那时嘴真馋，能吃到这么一顿美餐，实在太不容易了。

1960年6月，我从山东又去了湖北江汉平原。1959年，中原石油物探大队派出了几个分队，使用地震、电法、重力等方法继续开展石油普查工作。我这次去是为了七八月份开展的夏训做准备工作的。夏天收队训练主要是为了减少损害老百姓的农作物，组织职工学习、开展职业教育，检修仪器设备等。夏训过后，我又到河北任丘、黄骅一带的几个队抓政治思想工作，解决生产中发生的问题。秋后，我又去了山东的地震二队蹲点，解决地震二队领导班子中存在的问题。当时该队住在沾化县城，这时已经是1960年的冬季，因“大跃进”带来的各种困难后果正在发展，严重缺粮，群众开始吃麦苗子、草种子。我们野外队职工70%是成粮，主要是玉米面，30%是代用品，也就是地瓜面。职工面黄肌瘦，物价也很贵，一斤胡萝卜两角五分。

1958年10月，原惠民专区与淄博市合并，成立淄博专区，地委机关设在张店。1961年1月，淄博市跟惠民专区分设后，惠民专区机关又搬到北镇。

1960年8月22~25日，地质部中原石油物探大队在郑州紫荆山宾馆召开了“华北物探资料综合研究成果汇报会”，特邀请地质部石油地质局总工程师关士聪、地质部渤海物探大队、石油工业部石油科学研究院曾鼎乾以及华北各省地质局所属石油地质队技术负责人参加了会议，中原石油物探大队郭锡同、孙武城、刘昌铨等人主持会议，华北石油勘探处派出安培树、葛榕、帅德福、郭洪铮、许景禄等人参加了会议。会议由大队技术负责人郭锡同主持，孙武城汇报了物探成果，提出了三条建议：（1）华北应成为地质部石油普查的重点；（2）华北石油普查应集中到济黄盆地（注：济阳、黄骅坳陷）工作；（3）立即在东营构造上打深井。关士聪在听取汇报后非常高兴，高度赞扬这项最新成果对打开华北石油普查新局面具有举足轻重的作用。他认为普查工作就此进入了新阶段，对东营构造的评价列举了十大优点，建议尽快地投入钻探。但也有专家对东营构造提出了诸多方面的缺点和存在的问题，顾虑穿过背斜的断层对构造是否会起不良作用，这就使汇报会变成了研讨会，围绕着对构造评价和地学认识，充分表达不同意见和观点，甚至出现争论，气氛热烈。

许景禄回忆："会上，我们介绍了华7井的情况，重点对沙河街组地层及其生油条件进行了阐述，并提出华7井完钻后尽快选择一个圈闭条件较好的构造进行钻探，以期早日发现油田。地质部中原石油物探大队介绍了他们上半年的主要成果，着重讲述了通过地震勘探发现的东营、羊三木等构造情况。由于东营构造条件好，并处于区域构造的有利部位，与华7井同在济阳坳陷之内，我们希望将东营构造列为华北处32120队（其所钻的华7井即将完钻）的后备井位，地质部也提出他们要钻探东营构造，会议最终未做结论。在郑州不仅见到不少同期毕业的同学，还见到了专程从四川赶来的春妹，这是我离家求学以来首次与家乡亲人相会。久别重逢，激动之情难以言表。"

石油工业部和地质部双方都看好东营构造，会后都投入了积极上钻的准备工作。中原石油物探大队更是紧张地进行资料整理，尽快地提交东营构造详查报告。会后，主任地质师安培树召集帅德福、马在田、张启明、葛榕等地质人员开会研究，根据孙武城、马在田等人完成的构造图，选定了华北地区第8口基准井——华8井的井位，并派郭洪铮到现场踏勘，把井位定在了经过构造顶部的地震第8测线11300桩号处，在东营村东1.5公里。郭洪铮时任华北石油勘探处浅油气藏研究队队长，是石油工业部最早来到东营村的人。

从1960年7月开始，山东石油队在东营村附近共打了3口试验井，均由1202钻井队（队长房本孝，机长张洪太，使用B3-1200钻机）施工，目的是钻探浅层地质资料，为上深井探油做准备。东1井就在东营村西大湾旁边，开钻时间1960年7月1日，完钻时间1960年7月29日，井深1000.23米。东2井在辛店公社官庄屋子西南750米处，1960年11月1日开钻，同年12月8日完钻，井深910.78米。东3井在董集公社秦家村南600米处，1961年2月

25日开钻，同年5月2日完钻，井深627.29米。

据当时东营村会计王树林回忆："1960年，村里来了三个人，领头的都叫他杨工程师，开了一辆吉普车，这是我第一次坐汽车，还是从后边上，叫我领他们去看打井用水。先到凤台那地方看了，那是旱地无水，又到了村西北角大湾西边安的铁架子，打的是试验井，也叫勘查井。我问他做什么用，他说你们这里是宝地，地下有油，我问他什么油？我还以为吃的油。他说你们点灯用的什么油？我说那可是煤油，也叫洋油，不是日本有吗？咱这地里也有吗？他说咱地里可多哩，不光你们这里有，好多地方有，大庆油田一出就是好多万斤，以后不用洋油了，用咱自己的油。那敢情好！"

1960年9月，石油工业部副部长康世恩和地质部副部长在长春召开了两部联席会议，主要讨论了大庆油田发现以后松辽平原的石油勘探问题，会议商定石油勘探以松辽为重点，由石油工业部统一指挥，石油普查以华北为重点，由地质部统一安排。在会议快结束时，两位副部长商定，冬天在河北省省会天津市继续由两部联合召开一次会议，讨论华北平原石油勘探方向问题。

郑州会议以后，关士聪还是有件心事久久不能落实，那就是生油层问题还没有解决，地层对比和划分也不明朗，从而有必要筹划一次全华北地质调研。1960年八九月间，关士聪率领彭世福（四川武胜人，时为河南石油队技术负责人）、杨兆宇、蔡乾忠（时为河北石油队技术负责人）、刘正增（青岛人，1956年毕业于北京地质学院，当时为地质部石油局技术员）等技术骨干从郑州出发，借用河南石油队的吉普车跋涉千里，先后走访了河南济源、河北临城、山东蒙阴、王村、无棣大山、海兴小山、堂邑华4井、商河华7井、昌乐、诸城、潍坊、莱阳，系统考察了华北盆地周缘的主要露头剖面及盆地内的主要钻井岩芯，并研究了物探资料。

值得一提的是临城剖面，这里的地层从太古代到新生界出露齐全，见证了30亿年来华北地区的沧海桑田演变，是研究华北地区地质历史的科学圣地。早在1957年六七月间，蔡乾忠曾带领北京地质学院女研究生吴高慧等人在太行山东麓元氏、高邑、临城、内丘、邢台等地进行地层研究，在临城竹壁、魏村两处首次发现了白垩纪地层，命名为“临城组”。如今，这里已成为国家地质公园，被誉为“太行山最绿的地方”。

在所观察的12口井岩芯中，对山东石油队打的博兴一号孔和华北石油勘探处打的沙河街华7井录井资料深感满意。因为在这两口井中，均见到了第三纪沉积灰绿色相变层，可望继续往深部钻探遇到有利于生油环境的暗色地层。经过岩芯系统观察和结合野外地质剖面，对华北的中新生代地层对比和划分，已有了初步的认识和意见。野外考察的最后一站是莱阳山前店，这里属莱阳盆地，在山前店火车站修建胶济铁路时挖开的山体，成为极佳的地质剖面。其层序主要由莱阳统、青山统和王氏统组成，时代统称$J_3-K_1-K_2$。最引人注目的是出露有含油粉山岩及沥青脉，一般存在于莱阳统较上部地层及侵入青山统的火山岩中。莱阳盆地的油气显示，从油气地学观点看，位于北东方向的北黄海盆地，如在时空方面可互相联系，兴许在那里油气地质条件会更好。调研历时40多天，于国庆前夕最后到达青岛进行了总结，由关总执笔撰写了《华北纪行》一文。

《华北纪行》共分五章：野外片段、岩芯观察、物探新资料、几个问题的商榷、远景评价的补充意见等。提出济阳、黄骅坳陷与渤海、下辽河坳陷同属于“古渤海坳陷区”次一级构造单元，并指出了黄骅附近的扣村、广饶的东营，显示出重力和地震资料基本吻合，应列为重点，优先进行勘探。该报告的历史价值在于，它是华北石油普查阶段总结的第一手资料，是制订华北早期石油勘探计划的重要依据，为其后天津会议的召开打下了坚实的基础。

《华北纪行》在三省有关技术人员中引起强烈反响，所提出的结论意见极具高度理论概括和针对性，被公认是华北油气勘查评价的重中之重，特别是如下两个重大问题：

1.选准华北突破口

华北40多万平方公里的平原覆盖区，经过5年的综合地质－地球物理调查之后，应该尽快地提出选区问题，以便缩小包围圈，选出突破口。通过实地考察和资料分析，提出：“天津以东、黄骅以南、广饶以东等地区都是最有前景的地区，最适宜油气聚集，应当首先列为重点加以突破。”这是华北早期油气勘查从理论到实践取得的突破性进展，是揭开华北油气之谜的钥匙，堪称华北石油探勘史上的一座丰碑。

2.重新评价开封坳陷

1960年以前，石油工业部已经在开封坳陷的南神岗打完华2井，并在其北部的临清坳陷打完华3井、华4井、华6井，和南部的周口坳陷华5井，均未见中新生代地层有油气显示，这对开封坳陷评价影响很大，与以往呼声最高尤其是原苏联专家梁百兴的评价形成强烈反差。但我们同华北石油勘探处的同志看法是一致的，都认为在勘探程度极低的情况下不能做出否定结论。关总在报告中强调：“开封盆地内可能有生储油地层，也可能有储油的构造异常，而且就沉积环境和性质讲，它是和华北整个平原不可分割的，因此，应给予开封盆地以较高评价，应当重新加强物探与钻探方面的普查评测工作。”

10月，地质部谢家荣来到山东的华7井、惠深1井考察，详细察看了资料，并对安培树说看了华7井心里就踏实了。他还对安培树说，要把目光放远一些，不要被局限住。他又问，有没有外文地质杂志？他说要多看那些杂志。当时谢家荣刚刚摘掉右派帽子。多年以后，安培树仍然对谢家荣钦佩不已，这位著名的地质家惨遭政治厄运，却依然表现出一位正直学者的大家风范。两口井在第三系均钻遇一套新地层，岩性为灰色、灰绿色泥岩夹杂灰白色粉细砂岩，含大量生物化石，有机质丰富，是良好的生油层。通过华7井的钻探，证实了济阳坳陷不但不是“火山岩发育区”，而且是具有优越成油条件的沉积区，有着良好的找油前景。

随着上述各项工作的开展，经过较为深入的研究，对华北盆地的区域石油地质条件已有了较全面系统的认识，对盆地的远景评价和主攻方向的认识已较明确，华北盆地已处于重大突破的前夜。

这次会议的全称叫“华北石油普查勘探会议”，由地质部、石油工业部在当时的河北省省会天津市联合召开。华北石油普查勘探会议参加人员，地质部人员有：党组书记兼副部长何长工、副部长旷伏兆、部党组成员张同钰、石油地质局局长孟继声、总工程师关士聪、田实斋、地质部物探局石油处工程师许宝文，中原石油物探大队的领导及技术负责同志，北京、天津两市地质局，河北、山东、河南、辽宁省石油普查队代表等人。石油工业部参加人员有：勘探司副司长沈晨、勘探司蔡陛健、邱中建。华北石油勘探处派出4人参会，副书记高文会带队，还有主任地质师安培树（报到较晚）、801队队长马在田、华北石油地质综合研究联队工程师郭玮、孙秀斌（两人属北京石油科学研究院，但代表华北处）。国家计委也有代表。

时间：1960年10月25~31日。

地点：天津市河北饭店。

会议由何长工主持，并首先作了《高举毛泽东思想伟大红旗，在华北找到油田》的报告，关士聪作了《华北石油地质与油气突破点的选择》的汇报。地质部华北石油普查大队及物探大队报告了华北石油勘探情况及勘探方向，华北石油勘探处也报告了华北石油勘探情况及勘探方向。当时华北平原，石油工业部已钻探了7口基准井，第7口基准井华7井即将完钻，该井位于山东省商河县沙河街构造上，首次在下第三系发现了一套数百米厚的深灰色泥岩生油层，这一新成果报告后，引起当时在场的地质家们的极大兴奋，进一步肯定了华北平原有优良的油气远景。经过反复讨论，认为勘探有利地区应该进一步向渤海湾沿岸发展。当时地质部物探大队已发现东营、羊三木等构造。沈晨连夜组织石油工业部参加会议的全体同志讨论下一步的工作安排，并亲自进行了小结。在大会上由沈晨提出，华北平原已到了发现油气田的前夜，应在渤海湾沿岸选择最有利的构造进行钻探。根据松辽盆地发现大庆油田甩开钻探的经验，首次提出了六个突破口，自南而北依次为：广饶县东营、沾化县义和庄、盐山、黄骅羊三木、天津北塘、乐亭县马头营，得到了大部分与会同志的赞同，特别是旷伏兆同志十分赞同这个提法。旷副部长还建议将博野坳陷（高阳坳陷）改名为冀中坳陷，并一直沿用至今。因为他在抗日战争时期曾经在这一带活动，任冀中军区警备旅政委，参加过百团大战，领导过地道战，对冀中人民有着很深的感情。

据许宝文回忆："记得当时困难时期已经开始，晚饭也吃到了掺有玉米芯子做成的玉米饼。当时，地质部只有为数不多的石油钻机，而且大部分还是千米钻机。要进行3000米以下的勘探，当时主要依靠从苏联进口的3000米深的钻机。地质部只有两台（记得一台在华北，另一台在四川）。因此，打深钻主要依靠石油工业部。而地质、物探工作，尤其是新区的普查勘探工作主要靠地质部的力量。当时，双方都希望由自己来实现这个突破，尤其是发现这个构造的地质部系统的人更是如此。但是，在会议很快就要结束前的一次晚饭时，沈晨突然提出，他们已经决定正在钻探的华7井，立即终孔，并且搬家到新位置，在东营上新井。这个决定本来是无可厚非的，尤其在当时这种大协作的情况下，本来就应该这样做的，但是对于地质部的同志们来说却有一些酸溜溜的感觉，觉得是我们地质部的同志发现的构造，却要由石油工业部的同志来验证，实在是令人'难以接受'。在当时的饭桌上，旷伏兆副部长却令多数人意外地说，'谁有力量，谁就上'，让地质部的同志们感到自己的部长确实是以大局为重，为发现新油田而努力的。"

其间，当李四光部长听了会议情况时更明确地指出："东营条件最好，应作为第一个突击点。"最后，旷副部长做会议总结，并作出决定：首先选择含油远景最好的济阳、黄骅坳陷作为重点工区，围绕着渤海湾选择东营、义和庄、羊三木、盐山、北塘、马头营等6个局部构造或异常作为突击点，要求集中优势力量进行突破，积极努力争取在1~2年内突破出油关。在会上进行了分工：石油工业部用华7井的钻机立即钻探东营构造，地质部首先钻探羊三木构造。会议还决定，以山东、河北两省石油队伍和天津海洋地质筹备处为基础组成由地质部直接领导的第一普查勘探大队（简称一普），加强华北地区的油气勘查工作。

在华北地区石油勘探历程中，天津会议起到了极其重要的作用，其作用就像当年"遵义会议"对于中央红军的作用一样。天津会议是华北地区石油勘探的转折点，确立了从华北地区中部向东部渤海湾的战略转移，并迅速取得了重大突破，使华北地区石油勘探进入了一个崭新的阶段。

为贯彻天津会议要求，华北石油勘探处在济南大明湖山东省委招待所召开了勘探会议，由研究队帅德福地质师介绍了济阳、黄骅两坳陷的勘探情况，部署东营构造华8井的钻探工作。靳处长、刘副处长要求地质研究人员做好华8井地质设计和东营坳陷地质资料研究，要求运输队将32120钻井队在华7井的设备从商河县安全搬运到广饶县东营村的华8井。

东营地区地震普查面积约为1500平方千米，地震测线总长度1000千米，发现了三个局部构造，即东营、辛镇背斜构造和胜利村鼻状构造。受当时地震勘探技术水平的限制，整理资料时只能用换算层作图，在构造图上，东营、辛镇构造显示为两个背斜和一条正断层，构造面貌十分简单。东营构造面积仅30平方千米，构造幅度40~80米；胜利村鼻状构造在图上表现为半个圈，面积仅12平方千米，与现今的构造面貌相比，其复杂程度可以说是有天壤之别。由于东营地区下第三系沙河街组可能比华7井地区厚度大，加之又是新生界组成的构造，东营背斜构造完整而简单，因此将东营背斜构造定为首选钻探对象，并且编制了华8参数井设计。华8井井位定于构造顶部，地震测线11300桩号处，设计井深2500米。

华8井钻井设计由孙秉伦执笔完成，并上报石油工业部批准。这时候的孙秉伦已经开始发病，只是还不知道自己得的是放射性病。王仲芝说他工作能力很强，什么都会干，性格开朗，跟大家关系很好，就是愣头愣脑的，在井场上敢拿着中子源玩儿。张宗力说："孙秉伦人挺好，有技术，到东营的时候，头发就秃了，失眠，头晕，成宿睡不着觉，走路一瘸一拐，一条腿好像不能打弯，浑身无力。"

石油工业部（61）油地地字第7号文件批复：该井对于了解济阳、黄骅坳陷东部地层及含油情况意义很大，应迅速集中全力多方面设法着手解决工程用水，争取尽早开钻。关于设计井深，要求尽钻机能力，钻穿老第三纪地层。为了较快地取得该井地质资料，0~1200米不取芯。华北石油勘探处决定由刚打完华7井的32120钻井队施工。1960年11月，李仲田同地质技术员贾中惠到东营寻找井位，勘查路线。

11月，地质部第一普查大队在山东德州成立（队长张连奎，书记王敏，后为白庆培，技术负责杨兆宇、彭世福），下设三个区队，即山东区队、河北区队和辽河区队，附属单位有修配厂、天津供应站，配备了打深井的乌德钻机，职工总数达到两千多人。从此，地质部石油普查工作的重点由松辽转向华北。

赵尊秀在《甲子黑金梦》中写道：对于刚扯旗成立的“一普”找油人，最难熬的匮乏物质，是人以食为天的粮食！然而他们的粮食标准迅速减少，1960年钻工的粮食定量由1959年的47市斤降到37市斤，次年再降5斤，加之副食品短缺，肉类基本见不着，他们不得不常用盐水就窝窝头。二级工收入不及几棵葱，身体素质每况愈下。劳保用品基本停发，半年供应一块肥皂的八分之一，赤脚上山勘探，“肚子吃不饱，重车开不跑，钻塔爬不动”，缺东少西均易克服，而粮食不足把重体力劳动的钻工们害苦了。张德胜这位山东的农村娃，在井队当过柴油机工、钻工，吃不饱没力气干活那阵，特别是爬钻塔心慌腿哆嗦时，眼花冒虚汗的瘫软劲儿，他说这辈子都忘不了。他想请假回家背一袋地瓜干回队，早晚饿极了能挺一阵。不料家里吃公社食堂，粮食恐慌比井队更厉害。队上流传顺口溜：“枣树开花香又香，草根洋芋充饥肠；争吃糠菜窝窝头，金瓜豇豆烫肚肠。”1960年3月，赵尊秀调到地震一队。他回忆道：“地震一队1960年主要在郑州周围，开封、朱仙镇一带工作，支书兼队长是刘春魁，胖胖的，北方人，技术负责人是吴天宇。这里生活更困难了，在中牟县白沙镇的公社食堂吃饭，豆面掺上了什么东西做的窝窝头，白水煮红薯叶子当菜，感觉这么难吃。4月，我们六七个人还到过邸阁帮着华北处测量井位坐标。”

后成为中国工程院院士的康玉柱就是在这年10月分配到一普的。他在人民网能源频道为了庆祝改革开放40周年，展现能源科技的发展变化，推出“科学的春天　能源领域院士系列访谈”中回忆道：

我是1936年出生于辽宁北镇，1956年考入长春地质学院的，在1960年毕业之前，我光荣地加入了中国共产党，在毕业分配的时候，我填了两个志愿，第一个志愿是：到祖国最艰苦的地方去；第二个志愿是：到祖国最需要的地方去。学校领导经过两次方案研究，都把我留校。在第三次研究方案的时候，突然来了紧急通知，就是地质部要成立第一普查勘探大队，从长春地院要10个毕业生，而且党员带队。从北京地院要10个毕业生，也是党员带队，到地质部第一普查勘探大队工作。当时校领导跟我谈："地质部要成立第一普查勘探大队，而且要10名毕业生必须党员带队，你是最合适的。"我听了校领导讲话后说："只要是党的需要，就是我的志愿。"因此，我高兴地服从了分配，到第一普查勘探大队报到。当时这个大队正好是组队期间，到那儿之后，我才知道，不是找矿的，而是石油勘探。但是，在学校里石油的课程学得很少，因此，我借这个机会，加班加点学了三门课程，自修了石油地质、石油物探和石油测井。自己学习了之后，心里有底了，当时技术负责人杨兆宇对我很器重，我报到之后就让我当地质组的副组长。可我当时心里很虚。但是，组织对我信任，我一定要干好，开始组织勘探部署工作。

第三十四章

工资失盗众人惊

1960年11月15日，这天早上，今年刚从成都地质学院毕业分配来的何立琨来到办公楼上班，却在大门口看见了大狼狗，办公楼已经不让进去了，原来发生了盗窃案件。

最早发现办公室被盗的是赵国云，李玉芳正要进办公室的时候，赵国云喊她不要进去，原来办公室被盗了，她的办公桌三个抽屉都被撬开，还撬开了一个文件柜，锁在文件柜内机关没发完的工资丢了，赵国云负责保管的公章和介绍信丢了。李玉芳做的是机关会计，负责报销、分东西记账等事务，机关人员出差借款、医药费报销等都到她这里办理。李玉芳说头天晚上她还来办公室参加每晚八点到九点的政治学习。李应时是办公室主任，这天一早就到济南火车站坐火车去华北处禹城石油技工学校办事，火车晚点，他想起点事就给办公室打电话，李玉芳接起电话就大叫："主任，不好啦！工资被盗啦！"李应时赶紧回来。白天公安局的人询问、按手印、脚印，晚上都没让他们几个回家，就在办公室睡了一晚上。

据呈报石油工业部、山东省地质厅党委的《发生被盗案件事》：我处办公室于11月14日夜间发生被盗案件一起，15日早晨7:20发现，当即报济南市历下区公安分局及地质局保卫处，查明被盗取人民币4016.27元（工资款）、办公室公章一枚，同时盗取白色国产道林纸工作介绍信12张、粮票109斤。

当时财务科的出纳林桂英说："办公室被撬开3把锁，工资表给烧了，老李办公室也被偷了，丢了办公室公章、100多斤山东粮票、一双皮鞋。机关每个人都按了手印，开始还怀疑老李，问他为什么又打电话回来，不让他再出差。都说这案子得两三个人，一个人干不了。当时四千多块钱可是大数目，这个案子是山东省大案，通报全国。"

没过几个月，案子就破了，原来是招待所的张华荣，刚被开除回家。据1960年12月9日《关于开除重婚犯张华荣公职的决定》：张华荣，贵州兴义人，1935年生，1948年包办婚姻，后生有一个小孩但病死，1951年参军，1956年转业到玉门油矿，调到华北石油钻探大队，1957年，在明化镇向组织隐瞒了老家结婚事实，又与曹寨村的晋九妹结婚，1959年7月，前妻来信事情败露，单位找他谈话后承认了重婚问题。1960年3月，他又在火车站侮辱妇女被发现后，消极怠工，对抗领导，9月11日下午，到济南东关大街饭店向顾客恶性要饭。上述事实证明了张华荣系重婚、流氓的犯罪分子，严重地破坏婚姻法所规定的精神，已丧失了工人阶级的高贵品质，情节严重，应予惩处，决定开除公职。李玉芳说张华荣看上去很老实，他们上招待所菜地劳动，他还帮着她们女同志干活儿。

当时保卫科的刘福和回忆道："我是山东栖霞的，1960年5月刚从部队转业到华北处保卫科，科里有四个人：科长徐守发、赵文善、崔志仓和我。我参加了两个案子，一个是轰动山东省的工资盗窃案，1960年冬天，我因为浮肿回家探亲，机关办公室一部分没发完的工资被盗，有四千多块钱，在当时是一笔巨款。等我回来后，案犯抓住了，贵州省安顺公安局打电话让去提人。我跟一个原来处里做经济民警的去提人。原来是从招待所开除的张华荣，他回家之前偷的。之前省厅都来了也没破案，还真没有怀疑到张华荣身上，他看上去挺老实的。我们赶到贵州，当地净是南下干部，见到山东老乡分外亲切。原来是他回到贵州老家去银行存钱，当时四千多块钱可是大数目，被怀疑了报到派出所。当时我发烧了，人家说你休息吧，一切都安排好了。第二天，车把我们送到贵阳上火车，到郑州转车，我去窗口签证换车票，窗口人挤人，好不容易换好了票，等我出来，听见有铁路公安的叫喊：谁的犯人，我一看正是张华荣，手背着铐子，想跑叫人家抓住了，气得我上去把咱们那个民警踹了两脚，连夜坐车赶到济南，关到纬一路看守所，罪犯还剩下5盒烟，我都带回来了，李应时还问我为啥不抽了，还有一双皮鞋挂在脖子上带回来。他最后被判刑12年。另一个案子，是两个工人到济南火车站仓库偷电机。”档案里记载有这件盗窃案：盗窃犯张忠仁，安徽宿县人，材料员。自1960年6月至1961年元月，借工作之便，伙同张福来驾驶汽车到济南火车站货场盗窃2.8千瓦电动机2部、电表10只、轴承12个、漆包线2.5公斤，并从本单位仓库盗出水泵轴承2个、轴承55个、氧气瓶6个、三吨倒链1部、1.5吨倒链1部、钨钢6块、白风钢块5块、钻头2个等物品，价值5265.5元。最后张忠仁被判刑10年，张福来劳教2年。

这年处里还有一个人进了派出所，王宪忠。据王仁卿说：“王宪忠是长春人，他喜欢唱京剧，我也喜欢唱京剧，有时候他还教我唱几句。他虽然也是老师傅，但是受那帮上海师傅歧视，他好喝酒，1960年大概11月份，天凉了，一个周六晚上，他一个人出去喝酒，回来的路上，碰到个女的，可能是说了句什么话，女的大喊大叫，说他耍流氓，叫派出所给抓去了。第二天一早，派出所打电话，让车间领导去领人，书记张云去把他领回来的。不到一个月，他在千佛山树林里上吊死了，死得太可惜了！他这个人要面子，都结婚了，也有孩子。”姜作星说：“他从派出所回来就闷闷不乐的，指导员让赵志义看着他，大概第三天，他说出去洗澡，赵志义跟着跟着跟丢了，第二天上午发现他在千佛山吊死了，他大概是觉得丢了面子。”王仁卿的师傅就是沈善农，喜欢搞发明革新。王仁卿说：“师傅脾气倔，他也是倔脾气，所以，开始两个人关系并不好，互相不说话，但是后来关系很好，直到现在还经常通电话联系，师傅现在在仪征，我想去看他，可是老婆身体不好，不方便去。关系怎么转变的呢？那时候，我感觉挺孤独，那帮南方人老师傅瞧不上我们，我又跟招远这些人说不到一块，就给家里写信想走，家里就给发来了电报：‘母亲病重速归。’我知道咋回事，拿上电报，先找师傅去请假。当时还是学徒工，开始说的是三年不让回家。师傅找领导给我请了假，还掏出400块钱给我，我不要，虽然当时一个月才18块钱，但是家里时不时地给点儿钱，还攒了点钱。师傅说：‘穷家富路，拿上。’回家待了几天，没好意思跑，还是回来了，把钱还给师傅，师傅死活不要，说是给我的，不是借给我的。从此，我们的关系一直很好。”

第三十五章
技工学校办又散

早在1959年，石油工业部就批准华北石油勘探处在1960年新建一所规模为600人的技工学校。1960年2月15日，华北处上报了建校方案，计划在3月份成立，5月1日开学。建校地点经山东省委批准在山东省高唐县禹城镇，拨给房子150间，总投资预算为13万元，并在1960年招生200人，分四个班次：车工班50人，电工、焊工班50人，钻井班50人，内燃机司机班50人。招生条件必须是高小毕业以上的文化水平、政治进步、历史清楚、身体健康的15~20周岁的男女青年。学校员工编制为30人。

在技校建成以前，禹城就是华北处的重要据点。野外地质队在冬季收工后就在禹城进行总结和冬训。1959年底，浅油气藏研究队在禹城冬训，王士栋记得院子在火车站西北，有3里地，东西路的路北一个院子，有不超过十栋平房。王素民得了盲肠炎，他骑车子送王素民到火车站坐火车去济南看病。1959年冬季，王忠学也来到禹城参加了华北处举办的扫盲识字班。地点就在原禹城中学，禹城县1958年12月被撤销合并到高唐县，中学也搬走了。他说，32104队就来了他一个，记得还有刘成武，甘肃庄浪人，1006队钻工。当时吃水得到东头去拉，就那一口水井能吃，学员轮流去拉水，他就是那时候学会骑三轮车的。时间大概是11月份，学了两个来月。

1960年3月，华北处派出朱企贤、马荫椿、高忠贤、张之裕、张建安5名教师赴玉门技校、兰州技校学习，朱企贤任小组长。在返回济南路途中因为到北京绕路而受到华北处下文通报批评。文件里写道："他们本应经徐州回济南，未经领导批准，擅自经北京回济南，致使时间和金钱上不应有的损失。朱企贤、马荫椿、高忠贤三人是从兰州到北京待了三天多时间，张之裕经批准到郑州看望爱人（于钤），本应经徐州回济南，却从郑州到北京与三人会合后再回，张建安经批准在西安探亲，也同样乘车拐至北京待了一天多才回。这些同志的共同错误是：不服从领导、不执行领导指示，无组织无纪律，资产阶级贪图玩乐思想严重，爱享受大城市生活，为了达到个人的目的不惜浪费国家的钱财和宝贵的时间，特别是经过反右倾鼓干劲学习后，这些同志还做出这样的事情，这就更加说明了他们错误的严重性。最后决定除给予这些同志通报批评外，按他们在北京所耽误的时间长短分别将工资扣回，从郑州到北京的火车费均由本人承担。"看到这里，我不禁感觉到当时国营企业管理的严苛。我在胜利油田档案馆查阅了当时的档案，在残缺不全的档案里数目最多的就是处分档案，份数达80余件，共计处分上百人，其中开除10多人，有张玉贤、王庆堂、丁熙平、裴灏、曹聚中、华竹海、史嘉麟、杨三保、张华荣、王世祯，而表彰先进的文件却极为少见。

技工学校于5月3日启用印章：石油工业部华北石油勘探处技工学校。6月1日，技工学校筹建委员会任命宋义祥为技工学校党支部书记，朱鹏飞任校长，免去其办公室主任职务。此时建校规模计划已提高到1500人，当年招生300人。宋义祥是胶东人，转业干部，一口一句脏话。6月27日，下发了学校经费开支试行标准，其中提到：一般学生的助学金待遇按国家标准每人每月12.2元，其中用于伙食10元。其后，32104队指导员王友田任副校长，转业干部刘学仁任副校长，前人事科科长尉松耀被重新起用任命为教务科科长，杨仁芳任总务科副科长，张之裕在教务科，徐经磐也调到技校工作。宁骏烈说："尉科长人很好，很老实，对教员很关心，我刚去，被子很薄，住在老乡家里，也没炉子，冬天非常冷，他弄了两斤棉花给我。杨仁芳是好人，很老实，但是手下的仓库保管员马云龙不老实，贪污粮票、倒腾东西。张之裕很聪明，有才，会唱俄文歌曲，也很活跃，跟学生关系很好。”宁骏烈是河南封丘人，在开封第三中学上初中，考到西安石油学院地形测量专业，毕业前，学校从毕业生里安排40人到西安石油学院学习半年，这是为石油工业部将要成立的一批技校准备的教师，一半学数学，一半学机械制图。他学数学。江燕梦本来是大地测量专业，改学机械制图，他是菏泽人。1960年9月他们分到禹城技校，这时候学生已经开课了。

原处办公室秘书李雪珊任团总支书记，但是党团办公室里的黄执瑞很牛，他有宋义祥当靠山，根本不把团委书记李雪珊看在眼里，他跟会计侯志山都是部队转业的，串通一气。

禹城技校还有一个人，令人心痛，她就是王惠如，王鑫庆的爱人，任总务科保管员。一个右派的老婆带着五个孩子，又在三年困难时期，其生活之苦不难想象。王惠如生于1925年，陕西略阳人，曾在西安任教师。我拜访过他最小的儿子，老五王同安，1956年生于西安，毕业于山东艺术学院作曲专业，2016年退休前在胜利油田电视台工作，是中石化系统有名的作曲家，出版有《黄河入海流》《儿童歌曲》等作曲集，曾多次获奖。他对于二老的经历所记不多，只知道母亲这一生真不容易，她本来生于县城的殷实之家，但是十岁时父亲因下河救人不幸溺亡，两年后母亲也去世了，留下她跟妹妹相依为命，上不起学，就靠在学校里旁听，竟然还考上了教师。他记得小时候在禹城、德州搬过好多次家，住过大庙，住在四处透风的破房子，冬天雪花都飘进屋里；夏天下大雨，房子漏雨，刮大风，窗户破了，塑料布被风吹跑，母亲只好顶着被子坐在窗户上，第二天醒了，还看见母亲在窗台上坐着。还有一次，觉得住的房子不好，刚搬走，房子就塌了。好在老大王同升安排在技校钻井班，班主任曲富勤记得他很调皮。

当时实际招了七个班：钻井、内燃机、试采、电工、焊工、车工、锻工，每班三四十人。学生主要是从德州地区招的，有高唐、平原、武城等县的，其中有一个姓谭，他父亲是高唐县副县长；也有一些华北处职工的子弟，如试油队技术员刘家祥的弟弟刘家成（钻井班）、本校教师张建安的妹妹、本校保管员王惠如的大儿子王同升（钻井班）、王铸钊的女儿王春兰等人。宁骏烈是钳工班主任，他记得班里还有一个家是山西阳泉的，好像他姨夫就是华北处的。刘家成说他是完小毕业，二哥给介绍来的，坐火车来到禹城体检，结果因为一路没喝水而致流鼻血没有体检上，回家后二哥又让他到当地滕县医院体检，拿上体检表来上的学。学生有高小毕业的，也有初中毕业的，年龄也参差不齐，刘家成比较小，当时17岁，还有不少结婚有小孩的。他记得他们班长是禹城的林英农，还有焦玉平、顾文友，跟他最要好的同学是禹城马庙的马吉美，还有一个同学光记得外号叫“迷糊”。王春兰说她正在老家上着小学五年级，父亲来信让她到禹城上学，在车工班，她当时16岁，班里大约有四十人，十五个女的，同学是高唐的，岁数都比她大，上学不要钱，还一个月给发1块钱、三张洗澡票。

学校地点是借用的原县政府大院，没有操场，有个小礼堂。

老师分成两个组：基础课组、专业组，基础课组组长是朱企贤，专业组组长是孙洞平。高忠贤记得自己是两个组的副组长，因为他是党员。孙洞平是1960年刚从北京石油学院钻井专业毕业的。教数学的有宁骏烈、姜慧娟、高圣文，姜慧娟是济南人，老高中，高圣文是淄博师专毕业的。教语文的是马维明，山大毕业的。教物理的是范学增、成世奎，化学是王衍之、杨学惠，王衍之也是淄博师专毕业的，杨学惠是石光赫的爱人。张春生教内燃机，刘学德教机械，郑庭德、李秀春两口子教机械制图。

尉松耀在其《回忆》中说：

虽然校舍简陋，生活很艰苦，但人们的精神面貌都很好。学生由老师带领通过几次教学实习，学习成绩均有很大提高。他们不怕苦、不怕累，尊师爱校。学校初在禹城时，附近农村发生了严重的虫灾，学生由各班的班主任老师带队，由我统领到灾情比较严重的农村参加灭虫。师生在这一次紧张的突击活动中都表现得积极主动，遵守群众纪律。在大炼钢铁的群众运动中，在勤俭办校的方针指导下，为培养学生的自强奋进精神，由我亲自带领学生搞土法炼焦，炼出的焦炭不仅部分地满足了校办工厂生产和教学的需要，而且还以部分焦炭与外单位进行协作关系。

高忠贤说在技校印象最深的就是吃不饱，生活太苦了，转过年，学生有三分之一没回来，教务长尉松耀对他说："给你辆自行车，找学生去。"当时学生大多是高唐的，他找了幅高唐地图，先到高唐县城招待所住下，吃了一顿饱饭，地瓜面窝头、萝卜条汤。到学生家里劝说回去上课，跑了40多天，找回20个人，还受到了尉科长的表扬。有个钻井班的，家里有爷爷、爹，儿子十五六岁，非留下在家吃饭，炠地瓜、熬小米稀饭，咸菜里还放了几滴香油，这辈子都记得这顿饭。

1961年1月27日，接石油工业部通知，同意将禹城技工学校迁往德州，并在德州开始建设校舍。宁骏烈记得是1962年初，学校正式搬到德州，但是技校自己的房子还没建好，就先临时借用德州农业专科学校的校舍，他们还去自己技校那里劳动过。技校在火车站南边不远，在楼上能清清楚楚看见火车站。宁骏烈说，在禹城最苦，定量一个月26斤半，还要节约两斤支援灾区，一个月就两斤面、二两油，刚毕业实习工资也低，才29.5元，他跟江燕梦都浮肿了。高忠贤说他跟石岩住一个宿舍。1962年德州石油技工技校撤销后，他跟陈维信、张建安，还有一个王什么，中专生，被派到禹城火车站卸车，从银川局调来一个钻井队和设备。同事里他最佩服马荫椿，说他真有文化、真有才能、真有知识。朱企贤说，当时买来麦子都是带皮的，吃野菜，老师轮流到食堂值班，怕食堂做手脚。王春兰说在禹城太苦了，冬天很冷，夏天大黑蚊子咬得她生疮，好在炊事员因为跟父亲关系好，偷着给她馒头吃，没饿着。

德州技工学校教师合影（曲富勤提供）

段凤麟是学校的老师，个头高大，方脸大嘴。他回忆道：“我是陕西蓝田人，就是陈忠实写的白鹿原。我生于1937年阴历十月。1960年8月毕业于西安石油学校矿机专业，我本来是学采油的，跟蒋月明是同学，学校说采油专业人太多了，两个班转到矿机专业，跟陈维信是同学。我毕业后先回家结婚，家里包办的，不办婚事不让走，结婚一星期后就报到去了。我跟王琦升一块儿分到华北处，8月28日到济南，分到了机修车间，跟工程师顾心怿对桌。开始我以为他结婚了，问他：‘你有几个孩子？’他伸出5个手指头，一本正经地说：‘5个……可惜都是我爸爸的。’我发现他挺幽默。顾心怿是老大，其实有六个弟弟妹妹。车间旁边粮店有个售货员很漂亮，顾心怿看上了追人家，就是现在的老婆李巧云。记得一次，泥浆泵活塞环断了，买不着，我跟顾心怿到济南炼铁厂找到一截铁棒子，球墨铸铁的，车床车出来，自己没法热处理，到处找地方，终于弄成了。顾心怿不打牌、不下棋，我喊他看电影，他也不去，给我说他褂子洗了没衣服穿，成天看书学习。本来是调孙振中到禹城石油技工学校教书，他是华北石油学校1961年初分来的，可是他死活不去当老师，领导就给我做工作，我就去了。技校还有我5个同级校友：曲富勤、陈维信、蒋月明、江燕梦、周官清，他们5个直接分到了禹城石油技校，周官清跟蒋月明是同学。在禹城市租借人家的院子，我亲眼见过禹城街上有个卖馒头的，一块钱一个，外面罩着，有个老头儿上去就抢了一个馒头往嘴里塞。我们几个同学要特别感谢蒋月明，她是南方人，回家扛来半袋子大米，熬粥给我们一块儿吃。1961年上半年，搬到了德州，是中国地质调查大队的一栋楼，三层，还没盖完，主体已经建起来了，还没装门窗，一楼还没回填。我们都住在楼里，学生住大间，老师住小间，一楼，我跟陈维信住一块儿。有一天晚上，我们的床爬上来一条蛇。技工学校招了3个班：内燃机、钻井、采油，每班50人左右，一共150人左右。从山东省各个县招生，德州、禹城的反而不多。我教内燃机。这帮学生很好，能学能干，但是1962年5月，刮下马风，技校整建制撤销，6~7月份，分批把学生遣散回家，都哭鼻子，眼睛都哭肿了，老师挨个儿做工作、安慰、送回家。刚撤销了，油田大发展，又缺人，太可惜了。这些学生后来又有零星招工招到油田的。把学生送走后，教师跟后勤发生了势不两立的斗争，后勤克扣学生伙食，还发现他们炸油条自己吃，老师、学生都吃不饱，吃地瓜蔓子，上锅蒸了，晒干了，再砸碎了，掺到地瓜面窝窝头里；吃胡绿豆，这东西蒸不熟、煮不烂、嚼不动，先泡到缸里，怕坏了天天换水，泡得软一点，再上锅蒸了吃。不但吃不饱，还拉不下屎，特别是女学生，真可怜，男生还能安慰两句。我都浮肿了，两条腿肿得明晃晃的。所以，学校解散以后，我们能饶了他们吗？老师联名给石油工业部写信，闹了有一个月，不解决问题不罢休，最后把管理员开除了。宁骏烈说提起技校这段往事感觉很辛酸，当时尽管生活困难，成天是地瓜干、地瓜面，但是老师们工作都很专心，结果最后解散了，学生们都哭着不走。”

周官清是陕西汉中人，是我大学毕业后的第一任领导。1990年，我从西南石油学院毕业后分配到胜利油田油气集输总厂，本来我分到孤岛大队实习，是他帮忙分到了滨南大队，他当时任大队长，人很老实，说话不太利索。

我还见到了曲富勤，一副精干瘦削的身材，一派知识分子的神采。他说：“1960年9月底学校开学，钻井两个班，我跟孙洞平两个人管。教材都是自己编的，编教材为我后来从事钻井配件供应打下了很好的基础。在禹城整天吃地瓜，吃得一天解好几次大便。技校解散后，我分配到供应济南转运站，在黄台，小清河边上，跟教语文的姜慧娟在一块儿，当时，好多材料从江苏、上海过来，先运到黄台火车站，汽车拉到黄台装船，由华东局的苏北大队开船经小清河运到石村码头，再装汽车运到东营。1963年，东营到南辛店的公路修好了，就不走船了。”

史上最困难的三年都度过了，却在黎明到来的时刻遭遇下马风。技工学校的解散，成为华北处令人心疼的一件事。

第三十六章

艰苦难忘那三年

1959年7月21日，华北处召开了第一次积极分子代表大会。大会主席团成员有：石油工业部王处长、孙竹、高文会、靳耀华、刘长沛、周华（因病缺席）、任英俊、钟辉生、王友田、张云、韩玉的、刘炳成、张景顺、张继堂、周传玉（女）。进行经验交流的有：刘晋元（李平安代）、王志孟（101队测量学徒工）、龚廷财（538队）、刘炳成（32120队）、尚毅（王友田代）、于庭栋（32120队）、张善敬（32120队）、张德顺（538队）、邓肇基（101队）、邵续良（102队）、刘有发（1006队）、蔡金如（车间）、赵柏青（32104队）、刘建涛（32104队）、申好如（车间）、李应时、王素民（103队）、杨文德（电测队）、王士平（材料科）、刘午时（1014队）、张继堂（1015队）、陈铁梅（105队）、韩玉的（车间）、李明善（安装班）、刘金海（1006队）、常彦吉（汽车队）、王栾（801队）、谢尚武（301队）、苑兰茂（1015队）、刘占英（201队）、申明文（办公室）、姜景顺（1014队）、刘永兴（车间）、曹景璋（201队）。曹景璋是北京石油地质学校野外地球物理5612班的学生。

王志孟是山东青州人，1958年从山东省农业厅林勘队调来。他在发言中说：“以前每月工资28元，加上野贴有40多元，来到处里当学徒工才20

元，开始不想来，但一想到自己到底是为了工作，还是为了嘛，自己是共青团员，想到自己的思想是个人主义，是资产阶级思想，在分配工作时，分配到地质队做测量工作，自己很满意。”王友田代表尚毅发言：“工作上做出了成绩，能踏踏实实地干，每天不离井场，星期日也没休息过，生活朴素，能苦干实干，和工人打成一片，一起劳动，提卡瓦、打钳子，没有不干的活，工人说他是技术员，也是工人。下套管30多小时不离开井场，遇到关键总是亲自指导、亲自干，制定合理钻具使用措施，防止钻具折断，从未发生钻具折断事故。改革方面，自力更生，节约成本，修改洋灰支墩尺寸，用废钻杆固定底座，打洋灰时用套管管线等。”来自馆陶的学徒工张善敬发言：“我热爱工作，当分配工作时，我比别人早上班学习操作，勤学苦练，短时间学会了从扣吊卡到拉猫头操作。在技术革新中，天车弹子盘坏，我提出不下天车，只将固定螺丝卸下而顺利地卸下弹子盘。还有一次帮助司钻刹车，下钻时水刹车牙嵌滑出，刹车失灵，我急忙摘挂了几下低速离合器刹住了车，避免了事故的发生。”张凤昌对张善敬很佩服，说这个人很能干，脑瓜灵，又会来事，还是团员，待人和气，跟他关系好，学徒工的时候经常受表扬。多年后，张凤昌还对这次差点溜钻记忆深刻：“当时司钻都慌了，他上去摘挂低速离合器，几下子就处理好了，结果稳稳地落下来，这时候他才上班一个来月。”

7月23日，地质局党委吕书记作报告，主要谈了目前经济情况、增产节约和党的领导三个方面问题。他说：“正确认识当前经济状况。从去年冬季起，山东（全国也有类似情况）出现市场供应紧张情况，首先是从副食品方面开始的，如蔬菜、鸡蛋、肉、豆芽紧张逐渐发展到日用品，如电池、胶鞋、肥皂等，入春以来又不同程度地出现粮食紧张，如辽宁、河北、山东等，有的群众吃树皮，这些是在1958年大丰收、‘大跃进’后出现的，因此引起一些人不同的看法，有些人看到这一情况后怀疑去年、否定‘大跃进’，大办钢铁是否对？怀疑1959年是不是‘大跃进’。有人看到表象，不了解本质而模糊难辨。为回答这些问题，有必要谈一下，看问题要看本质。1958年是否实现了大丰收、‘大跃进’呢？这个问题应该是肯定的。首先从工业战线来看，贯彻了‘以钢为纲、全面跃进’的方针，开展了群众性大办钢铁运动，全国产1100万吨钢，比1957年增加一倍以上，山东没有钢铁基础，可以说白手起家，从去年9月份开展了‘全民炼钢’运动，仅仅四个月共炼了99万吨铁，有49万吨坏铁，50万吨好铁，钢25万吨……再看一下农业，从山东来说，历史上产量，1955年269亿斤，1956年293亿斤，1957年244亿斤，1958年初步估算为800亿斤，这显然估得偏高，有些地区干部浮夸虚报，经过核实落实了400亿斤。有人会问为什么市场供应紧张，有些地区无粮吃？原因很多、很复杂，主要有以下几点：（1）大多数地区收得粗糙，丢失不少粮食，浪费得不少，有的地区受灾减产；（2）非农业人口增加过多，粮食的消耗量大大增加；（3）去年公社化后实行密植，有些教条，浪费不少；（4）浮夸虚报，‘大跃进’以来，有人头脑热，多报成绩，亩产估得高，放开肚皮吃，有的五个月吃了一年的粮，而且牲畜也吃粮，浪费很大……”

1960年元旦的《人民日报》社论《展望六十年代》里第一次在党报中向外界透露，农业生产遇到了“几十年未有的特大自然灾害”。

1960年10月22日，中共华北处党委下发《关于抓好职工生活的通知》，文中提到，山东今年遭到新中国成立以来前所未有的特大灾害，根据省委指示，从10月到明年6月，要求8个月的粮食匀到9个月吃；要大搞农副业生产，大搞代食品；注意劳逸结合。1960年11月14日，中共中央发出了《关于立即开展大规模采集和制造代食品运动的紧急指示》，要求各地抓紧秋收后的时机，大规模地动员组织群众，采集和制造代食品，以度过灾荒。中央根据中国科学院的建议，向各地推荐食用玉米根粉、小麦根粉、玉米秆麦粉、橡子面粉、叶蛋白人造肉精、小球藻等若干代食品。要求城乡大小食堂，自己动手，土法上马，自做自吃。

据1959年调到电测队的薛俊杰回忆：“1957年我毕业于北京石油地质学校地球物理专业5404班，开始留校当教师，被送到北京石油学院学习两年。1959年10月，学校给我们做工作，现场需要知识青年，实际上是国家经济困难，开始下放人员。当时在北京还感觉不明显，供应基本正常，离开北京时还给先分到华北处的同学王宗国、钟正夫买了盒北京特产‘八大件’，也不要粮票（注：北京是中国最后一个要粮票的地区，直到次年7月底北京市也宣布饮食业将实行凭票供应）。等到了济南，对比太明显了，吃的都是粗粮，市场上一片萧条，想到饭店吃饭不仅要粮票，还不敞开供应，定点开门，不到点早早地就排起长队，排后边都买不上。”薛俊杰是江苏江阴人，1951年到北京打工，1954年考入了北京石油地质学校。

顾心怿说：“在济南，有人抓住一只老鼠，孙铨洪说能吃，广东人吃老鼠，他会做，煮着吃了，还不难吃。在西营的时候，看见人家墙头上搭着一张羊皮，都干巴了，我问人家好几次，这东西能吃吗？那时候饿得慌，看什么都想吃。”帅德福、胡文增把手表都卖了买东西吃。

除了缺吃的，东西也缺。周自立说安培树买的烟不够抽，到处找烟头儿。查全衡在其回忆录《茫茫大地找油漫记》中有这样一段记录：

> 1960年寒冬季节，为了对华北和苏北地下的地层进行划分和对比，北京石油研究院派张启明、应凤祥、李应培和我等去山东惠民、商河、堂邑一带看岩芯。那时什么都缺，同行的人中有人出发忘了带筷子，我们在山东从东到西转悠了十多天，竟然就是买不到一双筷子，他只好一直用两根芦苇秆作为代用品。最难受的还是肚子老饿。当时我们每人每天粮食定量是一斤，一斤粮票能买五斤地瓜。在山东，天天顿顿都吃地瓜，吃得胃里直反酸水。更要命的是地瓜太容易消化了，抬两盒岩芯就饿了。经过总结经验，后来我们干脆早上把全天的地瓜一次全买出来，盛在饭盒里，饿了就去摸一块。我们真正体会到了“饥寒交迫”的滋味。

蔡庆龄说，天津钢丝绳厂的每月定量是36斤，吃不饱，谢丕茂都浮肿了。到1960年，生活很差，天津搞“增粮法”，把棒子面干着蒸熟了，泡了再蒸，二两面能蒸出1斤，看着很大，不顶饱。1961年往咸阳搬的时候，知道咸阳缺盐，拉了几十吨盐过去，到咸阳不挨饿了，48斤定量，还上陕北用3斤盐能换1斤麻籽油，陕西不缺粮食。仲崇伦说，天津的浮肿率达到百分之五六十，国家提倡“劳逸结合”，理发都得排队。

32104队管工张文法说：“我是1958年招远招的那批，师傅是袁华英。1960年10月，我不愿意继续在井队上，就自己晚上偷偷离开钻井队，第二天队上还派苑光长等人到聊城汽车站找我，我一晚上跑了60里地，跑到聊城，不敢上汽车站，在路边等着汽车，先到了禹城，在禹城石油技工学校找到了张克茂，住了一晚上，第二天到了济南，在华北处人事科要户口表示想走，薛科长不让走，给我安排到修配车间了。其实正中下怀，我就是想换个地方，不愿在井队待了，在队里我跟苑光长关系好，他给我出的主意，前面老乡王月会就是这样离开井队到车间的，他本来在32104队当电工。我在车间车工组学车工，师傅是陈林生。这正是最困难的时候，32斤定量，吃不饱，喝酱油水。王月会说屎都舍不得拉。”修配车间的刘永兴说：“我是沂南招工来的，做发电工，师傅是任敬文。一块儿招工的邱自严对我很好，经常给我买东西，他家里条件好，来前在村里小学当老师，父亲是校长，一个月挣五六十块钱，在这里挣二十块钱，他说钱太少了，老想回家。离开济南前那天晚上，他在外面坐了一晚上，也是恋恋不舍地。”

尽管三年困难时期职工的生活较苦，但是毕竟有粮食供应，有工资收入，比起当地的农民来说还是好了很多，虽然吃得较差，但是基本没有出现浮肿的情况，更没有饿死的，甚至1960年12月华北处还托汪建成买了一批烟酒等。汪建成是供应科采购员，北海舰队转业的，爱人家在青岛，本来是干部，因犯错误受到处分降为工人，曾几次到青岛给华北处解决一些工业材料，每次回来都给一些人捎回高级烟酒，他给李应时说：“我在青岛烟厂、酒厂关系很熟，这些厂的领导都是我的老上级，有的和我还是同学，现在这些人都当了青岛各厂的厂长或党委书记，我不想在华北干了，如果我回了青岛随便都比这里强。”李应时就说，你这零零星星地给人家带烟带酒，还不如统一搞一批给大家过年不更好吗？于是便托汪搞了白酒100瓶（每瓶

1.2元）、梨酒100瓶（每瓶1元）、黄酒100瓶（每瓶0.9元）、新青岛烟26条（每条5.2元）、锦鸡烟26条（每条4元）、海带100条（每条1.4元）、大酒瓶6个（共90元），总计779.2元。这些东西根据领导指示，按全处16个单位分了，除烟一次性分了外，酒分元旦、春节两次分售给驻济南的职工，其中黄酒卖给病号和女同志用，还留了一部分作为处勘探会议及书记会议用了。海带除按每人一斤给在家职工外，其余卖给处机关食堂。

周秀芳性格直爽，快人快语，她跟王体仁到十二马路卫校学习，带着四个孩子，她说她家没饿着，为了一家人吃饭，拿白面换地瓜干，1斤白面换5斤地瓜干。王栾回忆："1959年10月，我回到山东，在刚成立的201地震队做资料员。1960年在惠民、商河搞地震勘探，那时候她印象最深的就是吃不饱，我们野外勘探还算是照顾，一个月给2斤白面、3斤小米。休息的时候，指导员尚建斌就带我们出去挖野菜，回来洗了、砸扁、切碎，掺在地瓜面里做团子，掺在小米粥里，放点盐，她一顿能喝四五碗粥，好省点儿饭票。三年困难时期，国外掀起反华浪潮，对中国实行经济封锁，美国第七舰队虎视眈眈，蒋介石叫嚣反攻大陆，苏联背信弃义，撕毁合同，撤走全部援华专家。我们就组织学习，批判'华北无油论'，人家卡我们的脖子，我们要为东方无产阶级争气。"

李应时在其回忆录中写道：

> 春节过后，华8井即将开钻，为了保证钻井工程顺利进行，解决32120队职工生活困难已成当务之急。经研究派马永举同志设法在泰安地区以高价购买了一批地瓜干、胡萝卜等代食品，后由我带车送往东营，让井队职工填补肚皮，以鼓士气。

总体来说，32120队的生活最好，因为有从河南拉来的面粉、养的猪羊打底，但是来到东营这个重灾区，供应极差，伙食也渐渐变差了。钻工栾凤振说："我们在河南生活好，吃白面，到了山东不行了，在商河还给60%面粉，到了东营，一个月3斤面粉，主要吃地瓜干、地瓜面，吃玉米面都是改善生活了。”2011年，在华8井发现五十年后“老华北”的第一次聚会上，邢国启抱住管理员张朝福哭着说：“亏着你卖给我五斤饭票，要不然我就饿死了。”张朝福说：“人既要原则，也要灵活。当时队上有结余，请示魏振家就卖给他五斤饭票。”

据魏振家回忆：

在商河一带打华7井时，我队职工每月口粮定量是53斤，到东营地区打华8井时，定量减至30斤，而且供应的是地瓜干、地瓜面和玉米面，没有细粮。即便这样，我们还要勒紧裤腰带平均每人每月节省3斤定量救济东营村的老百姓，因为当地农民的生活更困难。定量不足，质量不好，营养不良，造成一部分职工出现浮肿。这种状况不仅影响了职工的身体健康，而且影响了生产进度。为改变这一状况，我们采取了一系列的措施，千方百计解决职工的生活问题。一是向当地政府求援，我们先后到当时的广饶县粮食局跑了3趟，要求增加定量、改善品种，但是由于粮食奇缺，30斤定量已是当地的最高标准，所以一直得不到解决。最后我们把他们的局长和有关人员请到队上来，让他们参观了施工现场和我们的伙食情况。我们石油工人勒紧裤腰带苦干实干的精神很令他们感动；看了我们的伙食情况，他们一再表示应该解决。他们回去后给我们解决了一部分棉籽饼、麦麸和一小部分黄豆面。大家吃了黄豆面后，基本上解决了浮肿病。二是每天派4个人到老乡的地里翻地找萝卜头和地瓜头。每天都能挖到20多斤，掺到面糊糊里充饥。三是我们鼓励职工买羊，由集体喂养，用以改善职工生活。我们喂养了100多只羊，还喂养了90头猪。我们定期宰杀猪羊，为职工改善生活。另外，我们还定期派车到外地购买蔬菜，保证职工每天吃上一顿青菜。这样就基本上满足了困难时期繁重体力劳动的需要。

1960年队里还有100多只羊？90头猪？我问王祥，还有张朝福，都说没有这么多，有三四十只。王祥说他在邸阁买过一只绵羊，羊最多的时候是在邸阁，个人掏钱买，统一放，很多工人都买了，可能有百十只。在1960年3月7~11日华北处召开的党支部书记会议总结中写道："关于副食品生产的问题……有的单位搞得比较好，如32120队现已养猪23头、羊11只、兔7只、鸡14只；32104队养猪11头（母猪2头）；技校养羊12只。"1960年4月华北处队长会议总结中写道："32120队在会期（注：指3月份党支部书记会）有猪27头，现在有猪40头，羊原有40只，现有62只，各单位都应向32120队学习，迅速发展副食品生产，解决粮食亏欠的问题。"32120队的猪羊由从山东省地质局下放的老郑管着，名叫郑治国，是1938年参加八路军的老革命，曾是鲁中一队队长，河北定县人，1939年入党，因与保姆私通而犯了生活作风错误，1959年11月被开除公职留厂察看两年。张朝福说："老郑干得挺好，会过日子。有一天，老郑喊我，我一看他抓了一窝大眼贼老鼠，炖了喊我吃，我说我不吃这行子。"1961年过年后，车进祯班副司钻任廷桐的儿子任建新来到队上，刚15岁，给队上放羊、喂猪。他算是华二代里面第二个参加工作的。

薛燕全回忆说："那时候生活紧张，有一次我跑益都，到街上转了转，看到有个点心铺，我就进去想买点，结果进去没看见点心，柜台上就有一样，叫'慢拿到口酥'，我就买了点儿，什么玩意儿啊！原来是豆秸磨碎了以后沉淀下来的东西，又苦又难吃，真是名副其实，得慢点拿，到口就酥了，根本不用嚼。"

1961年的整风运动中，对1018队用柴油600公斤（废柴油与好柴油）换地瓜、萝卜，违法乱纪、化公为私行为进行了通报批评。为了解决生活问题，经过合法办法，给处机关和几个井队共解决了62000斤菜，保证了职工生活。石油工业部也经粮食部拨给处里1235斤补助粮。

凭票供应的不够吃，人们只能从集市上买吃的。此时，所有吃的东西价格猛涨。1斤粮食要10~20元，一个鸡蛋5毛，1斤猪肉5元，1只老母鸡高达40~50块钱。原华说："六〇年苦啊！我是45斤定量，实际只给37斤，给带皮的红高粱，吃了拉不出屎来，我一个月的工资都拿来买黄豆、胡萝卜吃了。"

在困难时期，1958年招工的这批工人有很多人自己跑回家，跑回家最多的是家里有老婆的，像张善敬、李玉祥工作很好，都跑回家了。张凤昌说张善敬想跑回家，先请假探亲，偷着把铺盖卷藏到车上，张继堂过来，怕他看见铺盖卷，迎上去递了根儿烟，把这位老侦查员引开了。领导很喜欢他，他要是不回家，准能当个处级干部。来自莱阳的梁洪海说："1961年初，搬到华8井的时候，人心很散，说什么的都有，肚子吃不饱，油打不出来，不少走了的。"钻工栾凤振说："1961年，招远人跑回去不少，李玉祥、李树同两个一块儿跑，喊我跑，说在这里吃地瓜干，还吃不饱，在家里吃棒子面，能吃饱。我不跑，当年招工的时候上公社报名，家里不愿意让出来，我是在地里干农活儿干草鸡了，非要出来，现在不好意思跑回家。现在他们后悔了。"王金祥说："虎龙斗村的王学友喊我也一块儿跑回家，我不走，我不是亲生父母，劝他别走，他不听。"

袁思庆在笔记本里还抄录了一封跑回家的周云发写给老乡耿玉祥的信：

继学、长清、玉祥好！

你们来信收到了，内情尽知。咱们弟兄几个不要客气了，开门见山，有什么说什么吧，我见到你们信万分高兴。再者第一个问题，来信问我回去否，现在已决定不回去了，请你们做事千万注意，想尽一切办法办好，办漂亮。第二个问题关于叫你们还钱这问题，我也考虑了，不能这样办，我同意你们的意见，等你们回来再给他们邮去。第三个关于叫你们把我东西邮的问题，根据你们意见不能全邮来，我也同意，能邮多少算多少，不值钱的东西不要了，在邮的时候千万注意别漏消息，给你说明主要东西（被套、铺底、棉裤、脸盆，箱内有两本医书、选集、选民证、兵役证），以上这些东西尽你们一切力量弄回来，我那屋里东西能拿到你们屋里就往你们屋里拿，想一切办法办好（给领导来了一封信一块儿寄来）。

注意任何人不可说，你们千万千万记牢。最后，你们接到信以后不可对人当面读，你们看以后烧掉，光记地点。（袁注明：这是页头上写的）

页二写道：把箱子可以搬过去，弄开，如真沉不能拿的话，就光要那些主要东西就行了，以上我说得比较多，请你们几个弟兄商量办，怎样办好就怎样办，我是一定不回去了，我东西都决定给你们兄弟几个了，你们怎样办我没意见，情况是这样的。

第四个问题，叫我掏空说我有病，给领导去信延长时间，怕走漏消息，你们怕不能回来了，这问题我早就明白了，我早这样做，请你们放心吧。现在我马上要向领导去信了，

另外：是我给领导去了一封信，心中说有些挠头，看来你们几个都决定回家，希长清不要犹豫，你们几个一块儿回来就是了，祝你们回来头春就来，自留地什么都有，过春就怕不行了。现在我在家劳动，发给我购粮证了，我回来后很愉快。

五月一日那天我准备来这里拿东西，一想不对头我又回来了，怕到这里不能回来，我告诉你们吧，现决不回。

祝你们顺利

云发　1961年5月7日

笔记本边上特别写了一个地址：山东冠县魏僧寨大寺堡村人，这里是周云发的家。他是请假回家的，再没回来。他们村里当时一共招了四人，还有侯志成、侯宝成、侯书仁。

这封信是1961年5月15日抄下来的，信怎么落在他手里，他又为什么抄下来？后边的记录是：张继学、耿玉祥14日开小差跑回家时带了公家的东西有张带走雨鞋一双、雨衣一套、棉工作衣下身裤子一件，耿带走雨鞋一

双、雨衣长身单工作衣上下一套、棉工作鞋一双。

从这封信里，我读出了一个青年农民、一个小老百姓的小心翼翼、卑微辛酸和对安稳生活的期盼，他所挂念的不过是属于自己的被褥、衣物、书和证件，他的眼界使他不会想到若干年以后农民没有退休保障需要种一辈子地的问题。

第三十七章

艰难搬迁华八井

孙金亭回忆道："我从北京展览馆回来，在华北处招待所住着没事，马处长喊我，他带人到华8井找井位，叫我跟着去玩。到东营找了半天找不着，原来老百姓把橛子给拔了。找到井位吃饭也找不着饭店，马处长带我们到了广饶县公安局，说把你们局长喊过来，局长来了，他叫他小名，管了一顿饭。"

1960年11月，李仲田同技术员贾中惠来到东营寻找井位，从商河到东营不到200公里，全是坑坑洼洼的土路，他们用了八九个小时好不容易才找到辛店公社，天已经黑了。个子矮小的公社秘书李汝淮接待了他们，给他们一人两个高粱面窝头、一碗白菜汤，窝头很硬，这已经是老百姓最好的饭了，这样的窝头和白菜汤，引得孩子们久久张望。他们也饿了，狼吞虎咽地吃了下去。第二天赶到东营村，只见一片荒碱滩，看不见树，更看不见一块庄稼地，只有一片片枯黄的芦苇荡和黄须菜在风中摇曳着。

据《太阳河》杂志1991年第二期"庆祝胜利油田发现三十周年专号"中袁良泉所写文章《胜利油田第一井"华8井"》中写道：

当年打华8井的32120队二班司钻车进祯说：1960年底、阴历年前从商河搬来东营。当时井队搬家不像现在，给调度一个电话就解决了。当时我们32120队和兄弟队共用一套运输工具。我记得太拖拉3辆、解放车2辆、4吨吊车（苏联玛斯吊车）1辆。安装井架和机器设备都是我们队自己的人，不像现在有钻前安装队，更没有专门搬家队，只要是搬家，井队每班每人都有分工。队干部总体指挥，一个司钻负责一条腿（井架大腿）的拆和安，井架安好后再分工。比方：一班负责钻台钻机，二班负责泥浆泵，三班负责机房和5台300马力柴油机，四班负责井场的油水管线、油罐、水罐、泥浆大罐。当时是能盛80立方米泥浆的泥浆罐，由角铁和铁板用螺丝连接组合而成，拆卸开搬家，到新井场再安装起来，不像现在有16吨、20吨大吊车，一吊就走。当时用木头扎上三脚架，借用导链省力，吊起东西装车或卸车。把泥浆泵、空气包、泵头、皮带轮等卸开装，钻机很重也不能卸开，我们就用天车吊钻机。钻杆都是人抬人装人卸。有时几天几夜连续作战。安装华8井时正下雨，进不去车，钻杆、油桶等东西都是全队抬到井场的。73岁的老指导员拍着车进祯说：当时别说这贫穷的广饶东营，就连商河一带那出名的乐陵小枣也不见啦，人们连能吃的树叶树皮都吃光了。我们来到东营村，住进老乡家的土屋、羊圈、猪圈，亲眼看见每天都往外抬饿死的人。我和队长同党员、骨干及全队的同志商量，最后决定：从每月每人38斤粮食定量中抽出5斤分给东营村的老乡们吃。我就把惠民地区和广饶县粮食局的领导干部请来亲自看看。他们见到我就说，爬电线杆才算高空作业，你们不算。当他们来到井场跟着我和队长艰难地爬到二层平台就不敢往上爬了，我说才二十几米，还得上。他们连说是高空作业。我让几个钻工把他们搀下去。他们点头，批给了一些代食品，有麦皮、麦麸、豆饼、棉籽饼、黄豆面。后来发现豆面对浮肿很有效，吃下个黄豆面窝头浮肿就会消下去。

李福喜召集汽车队人员开会，给大家部署了从华7井所在的任家往广饶县东营村华8井搬迁的任务。此时，运输队有三十多人，仅有3辆载重十吨太拖拉，几辆载重4吨的进口吉斯150和国产解放牌卡车，一辆4吨的吊车。开会要求每辆车带上钢丝绳、铁锨、扁担、筐子、麻绳、水壶等，修理工随车，有毛病就地修理。

从商河往东营村有东西两条路，往东走惠民到北镇，从道旭渡口摆渡过黄河，走黄河大坝，这条东路近，有一百多公里，但是北镇道旭渡口水浅船小，大件过不了河，且大部分为土路，很少是砂石路；西路是走济南泺口渡口过黄河，走张店，这样路虽然好跑一些，但路程远了，十三四个小时才能赶到东营。就这样，大件走济南绕路，大部分走东路。

当年33岁的朱振山和助手马洪春开一台太拖拉，负责拉运一号柴油机等大件。常增新在《车辙作证》中以他做主角：

在战前动员会上，你表了态，略带火药味儿的发言很有几分诗意：开大车拉大件，理所当然该属咱，领导咋说就咋干，万无一失保前线。车进济南，柏油马路上赫然出现了你开的庞然大物，吸引着长长的围观人群，一双双惊异的眼睛扫描着、注视着。忽然，交通民警拦住了去路："你们是干什么的？市区禁止载重卡车通行，不知道吗？""知道"，你不慌不忙地跨出驾驶室，理直气壮地回答："我们是石油工业部的，拉的是钻井设备，去东营打石油。"表情严肃的民警点了点头，看了看车，叮嘱一声小心驾驶，注意电线，便一挥手，允许放行。那时候，国家急需石油，你打出石油工业部的招牌，就等于打出了绿色通行证，谁敢不放行？

车过济南，经周村、张店，再往北，便是人烟稀少的"北大荒"了。东营就在"北大荒"的北边。不知什么时候，柏油马路不见了，沙土公路消失了，光秃秃的原野，白一块，黄一块，偶尔掠过几片村舍，荒凉破败不见树木，萧条冷落不见行人。多年开车的经历告诉你，必须做好吃苦受累忍饥挨饿的准备。你吩咐身边的小马，两个白面馒头不到万不得已的时候不能动用。两个白面馒头现在算不了啥，可在那年那月，比金子还贵重。那时路经济南在勘探处机关停留时，上级机关亲自交代发给你们的，而且只发给开大车的司机。那时候，棒子面地瓜干胡萝卜是石油工人的口粮，若能发给两个白面馒头，则是对做出突出成绩职工的最高奖赏。艰难的岁月，艰难的石油勘探，培养了石油工人知难而进的大无畏精神。

在今天滨州黄河大桥南端西侧的大堤之下，曾有一个码头，这就是道旭渡口——当时黄河下游济南以下最大的码头。道旭村本名“道西”，因地处进京古驿道之西得名，该村也是明朝洪武二年由河北枣强迁来韩氏立村。光绪十八年（1892年）就辟为黄河码头。抗日战争时期日本鬼子在此设立据点时，其军事地图上误为“道旭”。这里是山东半岛通往京津的咽喉要道，1952年，依托道旭渡口的交通便利条件，惠民专区党政机关从惠民县城搬到道旭对岸的北镇，滨州市由此发展而来。1954年，道旭渡口土码头改建成石码头，根据《山东黄河航运志》记载：1955年，山东省航运管理局黄河办事处投入一艘“山东2号”木质拖轮带三只平摆，以及一艘60马力木质拖轮，两艘机动船对开，昼夜不停，日渡车辆达到340车次。

而在张志钦的《钻机运往华8井》中写道：

这里只有几条靠人摇橹划桨载重20多人过河的小木船。张朝福这位四野老炮兵，从东北入关打仗一直打到解放海南岛。他不知过了多少江河。他想起战争中我们部队过河把几个小木船捆绑在一起，运大炮汽车过河的办法，我们车上卸下来些钻杆，用钢丝绳固定到船上，就成了一个大板船，把两部汽车开上去摆渡。

在李仲田的回忆文章中也这样写：

民丰渡口小，我们怕搬家车不好过，走的是北镇渡口，可是到了北镇渡口一看，渡口也不大，船又小又少，搬家车又大又重，渡河的老百姓也为难，后来想了个办法，用钢丝把三条小船拴在一起，从车上抬下十来根钻杆铺在船上，车慢慢地开上去，十多吨重的货车在船上晃来晃去，把小船压得吱吱叫。当时靠人工划桨，十几个人拼命地划，好长时间前进不了几米，到了河心，湍急的水流冲得小船左摇右晃，我们的心都悬在了空中，不由自主地把孩子紧紧地抱在怀中。至今想起来都有些后怕。

到底是多大的渡船？我首先拜访了曾经驾驶解放卡车过河的薛燕全师傅，他记得是机动拖船，船先迎着黄河逆流而上，等到河心就顺流而下，到达码头。薛燕全说："我跟李志财师傅一个车，开解放牌卡车，拉一些钻塔角钢等零碎东西。下午装上车，晚上就连夜跑，司机都愿意跑夜车，能多给两个白面馒头，平时就吃地瓜面窝窝头，一个月才能吃一次馒头。道旭渡口船不大，车开上去前头光看见一片水，还指挥着往前走，吓得不行。"华北处机关干部这月供应的2斤白面都给了汽车队。

2020年十一期间，我前往道旭村实地探访，找到了生于1946年的韩关云，他父亲韩希有原来就在渡口卖票，他小时候经常去黄河边看船，记得1960年的时候有两条机动拖船，各拉着一艘木质单船，单船约有5米宽、20米长，能横排4部解放车，上不去拖挂。行人过河5分钱，自行车1毛5，小推车三毛，马车一块，汽车两三块，顶多三块钱。

除了32120队、运输队、安装队外，还有试油队、1006队、1061队等都参加了装车、搬迁任务。刘希尧带领一路人马在华7井拆，李仲田领一路人马在华8井装，边拆、边运、边立。一开始路不熟，想不到在广饶县城南边也有个东营村，归西营公社，外号叫"骡子"的罗会荣跑的第一车扫一车洋灰卸到了那里。

刘永兴说："1960年他跟师傅任敬文在华7井任家发电，往华8井搬的时候，钟广涛让他给看着材料库房，有装柴油、机油的油桶。一天半夜，任家东边村里的来偷东西，他赶紧爬起来，拿着棍子，小偷一吓唬就跑了。到了12月份，天都挺冷，都下雪了，最后一车拉的木箱子，劳保用品，工鞋、雨鞋什么的。还剩下一堆煤，锻工用的。他们就回济南车间了。"

李贵祥说："那时候没别的衣服，没有秋衣秋裤，也没有内裤，都是光身穿工服，当柴油机司机，浑身是油，工服油太多了，就泡到泥浆池里，泥浆里含碱，去油，晒干了，把泥巴拍打下来，就这样洗。招工这几年，不抽烟、不喝酒，不买衣裳，到食堂吃饭都是最后去，盼着能给点剩下的菜汤，还给家里寄过钱。还有理发花钱，在开封5分，到东营1毛5。往华8井搬家的时候，李仲田在东营，刘希尧在任家。我在华7井看管井上发电机等设备，跟刘希尧最后一趟车，拉着钻杆、发电机设备到东营的。侯封玉开车，我坐中间，刘希尧靠门。都是冬天了，下雪了，穿着棉衣棉裤。刘希尧没架子，整天笑呵呵的。魏振家严厉，他个子高，脸一拉老长，说话不看人，盘着腿，抠着脚丫子，话一句一句说得很重。"

此时的他们都还不知道，他们来到的这个小村，有朝一日会成为一座城市。

第三十八章

油城摇篮东营村

黄河三角洲是一片年轻的土地，1855年，黄河在河南铜瓦厢决口，夺大清河入海，在渤海湾淤积造就了一片滨海平原。在这片土地上有一条淄河，古称“淄水”，“淄”即黑色，发源于淄博原山，东北而下，经临淄、广饶流入莱州湾。据唐《括地志》记载，“俗传禹理水功毕，土石黑，数里之中波若漆，故谓之淄水也。”这大概是该地唯一石油的迹象。但是广饶人跟油倒是早有缘分，在解放前后，有大批广饶人在天津经营油行，解放初期，在天津卖油的，从开门市的到挑担沿街叫卖的十有八九是广饶人，当时的天津油业公会从主委、副主委到21名理事基本上都是广饶人，广饶人垄断了天津油业。当然他们经营的“油”多是花生油、香油等食用油，少数兼营矿物油。

这里也是革命老区，八路军清河军区驻地，华北处两位领导的老熟人都曾先期来到这里抗日。孙竹的同学刘其人于1940年任清河军区副政治委员，1944年1月任渤海军区副政治委员兼行署主任。副处长刘长沛的老乡王兆相曾在1943年任清河军区第四军分区司令员，驻地在当时的“八大组”（今东营市垦利区永安镇），他们的老家仅隔着几里地。

广饶县东营大队（今东营区文汇街道东营社区）是黄河三角洲上一个较

大的村落。1960年，东营大队共有613户2370人，是辛店公社最大的村。当时的广饶县地域广大，西北方向一直到黄河，与沾化县隔河相望，东北方向挨着1960年刚刚恢复的垦利县，东营村处于广饶县东北边缘，六户、辛镇、中荀、高盖、双河镇都属于垦利县，县城驻地在当时称的“孤岛”，即“老孤岛”，现在的黄河口镇。当时的黄河入海口在现在的河口区。东营村附近最大的单位是五一农场，南约10公里的六户是山东省公安厅下属的劳改农场“五一农场”总场场部所在地，下属有八个分场，从一分场到八分场，有监管人员、公安武装看守部队一个营包括犯人共有1万多人。牛庄是当时这一带最为繁华的地方，驻有渤海农垦局，也跟1960年6月刚从友林公社驻地搬来的垦利县委机关合署办公；史口次之，是这一带的商业中心，抗日战争时期曾为渤海根据地党政军机关驻地。但是此时市场萧条，集市冷落，离东营村最近的西营集、辛店集都到了濒临消失的边缘，即使“代食品”也很昂贵，草根、树皮做的小饼子都卖到1块钱1斤。

东营村里有东西向的两条街，南边的叫前街，北边的叫后街，还有南北向的两条胡同，即宽胡同和窄胡同，宽胡同北头正冲着王家家庙，平房三间，青砖灰瓦，是村里最好的房子。村西头有个大湾，是村民的主要水源，村里有四口水井，但都是苦水。人们宁可吃坑水，也不吃井水。村里主要有康、王两大姓，康姓主要在北边，王姓主要在南边。大队支书是成福才，大队长是康西照，会计是王树林。

东营村的地名据传说来自唐王东征。相传唐王东征高句丽，在此安营扎寨，留下了遗址叫东大营，后演化为东营。我跟这片土地的缘分由来已久，据王家家谱，洪武二年，有聪、明、睿三兄弟从我的老家河北省枣强县移民到此。东营村尚武，这一带流传有“神树坡的杆子西营村的拳，东营的红枪杀薛团”，说的是东营村的红枪会大战刘景良的部队薛汝华团而威名远扬那事，附近的各种杂牌军以及土匪一般不敢到东营骚扰收费。

但是，此时的东营村处于历史上最困难的时期，是山东省受灾最严重的地区之一。当时俗话是“一天三个鸡（饥）”，除了“食堂、磨户、村长、干部”外几乎家家出去要饭，困难时期到哪里要饭呢？家是潍坊市里的李克仁说：“1959年以前城里还有要饭的，以后就没有了，城里都不够吃的，谁给要饭的呢！”要饭主要到临朐、五莲一带的山区，还有地瓜吃。王月南父亲回忆说，最多的时候一天饿死十几个，只有村干部有劲抬尸体，尸体只剩皮包骨头，肚皮里的水扑腾扑腾的，小孩子饿得肚皮都透亮，能看见里边的肠子。广饶县在1961年1~10月，共死亡14272人，占总人口的3.4%，其中8~9月每月都在2000人以上。1961年10月，时年28岁因肺结核病面临绝境的广饶县公安局普通干警曹树立，目睹老百姓疯抢医院食堂、公路两边杨树树皮和叶子已被吃光的惨象，两月前他的父母因为长期食不果腹引发水肿病和干瘦病相继去世，在悲痛与绝望之中毅然拿起笔给中共中央、国务院写了一封信，诉说了当地群众的困苦生活和自己父母饿死的情景，信送到了周总理手中，轰动全省。

曹树立当时是广饶县公安局的一名干警，因晚期肺结核（当时肺结核被称为“痨病”，死亡率很高）面临绝境。

李平安在回忆录中写道：

> 东营地区向来土地荒凉，是山东省最偏僻、最落后、最穷的地方，周围环境十分恶劣，到处荒碱滩。春季白茫茫（盐碱连片），夏季水汪汪（水坑连片）。政府为了改造东营地区盐碱地，修了五干、六干两条干渠，准备灌水压碱改造土质使荒地变良田，放水后，只灌水，没排水系统，水排不出去，反倒使土地更加碱化，耕地更少。农民编了顺口溜：土地变碱了，好男走远了，好女不产了，农民更穷了，土地更少了，打的粮食根本不够吃，把粮食留给男劳力在家吃，妇女小孩一到秋后、春季到外边要饭。当地农民不把要饭看成丢人，而当作生活经营手段，有的户粮食够吃，也让家人外出要饭。如我的房东老王，会兽医，粮食够吃，也让老伴和孩子到外边要饭，吃不了，晒干了用小车推回来粉碎再吃。东营村农民生活十分贫苦。当时职工没有饭厅，都打回去蹲在院子

里吃饭，一到开饭时，农村小孩围上来，个个干瘦如柴、大肚子，把职工扔的坏地瓜干拾起来吃掉。

东营村有一段民谣叫作："走的宽宽道，听的鸭郎子叫，吃的草种子，喝的驴马尿。"所谓"宽宽道"，指的是根本没有路、却到处都能走的漫无边际的盐碱地。鸭郎子是一种与麻雀非常相似的鸟。但与麻雀不同的是，它个略小、尾巴略短、羽毛略卷。它大概是东营涝洼子的一种特产，其最大的特点是容易驯服，你抓住它以后，只要用心喂养它，它会乖乖跟在你的身边，不管它飞出多远，你一唤它，它都会立即飞回来。农村长大的我从小就知道，麻雀是人养不活的，我也养过，一两天就死了。

所谓"草种子"就是黄须菜，这是滨海盐碱地带的特有草种，叶儿呈针形，一生变三次颜色，春天是翠绿色，入夏后，枝茎和针叶交叉处开始长出淡黄色的小圆球，约有米粒大小，这就是它的籽，到了初秋，黄须菜的叶、籽全是金黄色的。等到深秋，浑身又变成了深红色。如今的黄河入海口自然保护区里专门有一块儿海滩长满了黄须菜，到了秋天像一大片火在燃烧，一片壮观、热闹的景象，这个景色被称为"红地毯"。可是在当地人眼里，不是简单的野草，而是老百姓的救命草、大功臣，一年四季的饭碗、食油、盐和柴草，当地人一说"种子"就是指黄须菜的果实，一到秋季，村庄就会安排专人住到荒洼里看护成片的黄须菜，防止有人在不熟的时候偷偷收割，引起哄抢。农历十月初一"开坡"，早已准备好的各家各户半夜就倾巢出动，直奔早已看好的地块，收割后放到大碱场里晾晒。这种植物含盐量高，晾晒需很长的时间，即使晒干了，遇到东北风仍返潮。黄须菜不能用碌碡压，只用木叉搅拍，拍下来的果实叫"黑银子"，过筛后放入水湾旁边的长方形坑内，往坑里挑满水，把盐分泡出来以后，再把种子晒干，用石碾子压后出风，把糠分离出去，剩下的种子比芝麻粒还小，也叫"盘子"。"盘子"和"黑银子"磨成面粉做成饼子就是这里的主食。"黑银子"可榨制食用油。黄须菜燃烧后的灰烬用水浸泡，渗出的水上锅熬就得到食盐。据说这种饼子并不难吃，还有一股特殊的香味儿，就是吃多了拉屎难。

王祥说："东营村有个俗话：吃草籽、喝坑水，歪边裤子，扎裤腿儿，我又给加了一句：后边挂个小棒槌。这里没结婚的女孩多是短发或梳辫子，结婚的妇女头发从后边扎起来，像个小棒槌。服装也很单调，上衣多是老式旁开襟褂子，下身穿抿腰肥腿裤子，裤腿儿都捆起来，夏天可能是为了防蚊子，冬天是为了暖和，上下装多穿那种花里胡哨的大花被面做袄裤面。我来到东营村打前站，主要是接待一下司机食宿加油什么的。还碰见了老朋友石振祥，他是过来号房子的。有一天，司机来了实在没地方住，我把炕让给司机，自己在草窝里睡了一晚上。没什么吃的，只有一堆胡萝卜，烤着吃、煮着吃、蒸着吃，烤着吃的时候多。大肚子曹荣秋真能吃，一顿能吃五六斤。崔德年开一辆太拖拉吊车，太拖拉是柴油车，上边装了一台吊车，汽油引擎，我跟梁景法两个人加汽油，加满了还没盖盖儿，突然着火了，可能是电瓶搭铁了，我赶紧脱下棉衣盖上去，旁边还有渗油着火，路过的一个工人没记住他名字，也脱下工服围在一边，我掀开一个角想看看，'嘭'地一个火球打出去了，赶紧又捂上，总算把火扑灭了，这时候才看见梁景法扛着铁锨、镐头、扫把过来，地都上冻了，刨都刨不动，找这个有什么用？"保卫科赵文善说他被派来给工人上户口，派出所在史口。他就住在东营村，没回济南。

王树林说："东营村在三年灾害中死亡73人，要不是石油工人，死人更多。刘文怀大夫给看病不用花钱，这是局长刘南要求的。钻井队还给放电影，片子有打鬼子的，唱戏的，有《三打白骨精》，六小龄童演的。食堂管理员张朝福会唱京剧，经常给大家唱一段。"王祥有一台收音机，南京产"红星"牌的，还是在南宫明化镇钻华1井的时候买的，花了一百多块钱，只要一开响，邻居大人孩子就都围过来听"戏匣子"。收音机有200伏和110伏两种供电，钻井队发的电压不稳，电压低了声音就听不到了，调到110伏，结果给烧了，冒了一股烟。王祥说："老乡把烟袋锅子抽上一口就递给我，我接过来就抽，不抽那就是瞧不起他；老乡把碗用黑黢黢的抹布一擦就给你倒茶，你嫌脏不喝，就处不好关系了。老乡没见过世面，没心眼，对人可真诚。我们处得关系很亲。”

材料员钟广涛说，打华8井他来得较早，来的时候，现场就一个木橛子，一个三脚架，还有两个铁坨子。领导说，这可不能丢了。他就睡在两个铁坨子中间，上头搭一块席子。过了一段时间就开始掉头发，后来才知道这是测井用的中子源，有放射性。后来住在东营村会计王树林家一个闲着的院子，开始就他一个人住，有一天半夜听见院子大门咣当咣当地响，把他吓坏了，第二天，一个老太太过来，说你真大胆，这房子里吊死过人，过后知道其实是一窝黄鼠狼子。有一天他饿坏了，看见一个老百姓拉着一车胡萝卜，他给人家说好话，要了几个，还带了缨子，擦吧擦吧就吃了。亏得村里有个代销点，售货员姓高，有地瓜面的饼干，黑黢黢、硬邦邦的。后来打井的时候，技术员贾中惠和路彦德两个商量着，把井位往东南挪了有30米。那时候经常到张店拉材料，住招待所，人家不让住，穿得太脏了，可能人家看着像劳改犯，他就把衣服反过来穿，再去登记。我读过1991年《太阳河》“庆祝胜利油田发现三十周年”增刊，其中袁良泉撰写的文章《胜利油田第一井“华8井”》中写到钟广涛。

队长李仲田介绍：

钟广涛也是好样的。1960年11月，华8井搬家刚上来一半人，让他带着（苏联150型）车去张店拉柴油。没有柴油，他就到张店洪山煤矿拉了一车煤回来了。当天夜里就下了一场好大好大的雪。第二天，我找到钟广涛说：钟广涛，你真有主人翁精神，咱全队人取暖烧饭一冬天没问题了。现在有的小青年，你让他去办件事，有就办，没有拉倒，决不动脑筋，想办法。说起这件事，他说当时不想让空车回去，就想到煤场拉煤，身上没带多少钱，把工会会员证押在那里，人家就让先拉走了，等下次来再还钱。那时候人都实在，没有私心杂念，光想着把工作做好，没一点怨言。

1960年12月1日，太拖拉卡车将32120队三班、四班共28名职工拉到了东营村，其中有王廷海，他说：“当时32120队有88人，到东营这里条件最差，一日三餐吃的是以高粱面、地瓜面为主。一天四个地瓜面高粱面窝窝头，再就是靠吃黄席菜、苦苦菜充饥。”

钻井队到来后，村里积极配合找地方住，让老乡腾房子。王树林说：“华8井来的人很多，大多住在老百姓家里。村领导让我给工人号房子。上级政府要求，有房献房，无房一家人住一间，腾出一间房子。队长李仲田住在王开南家，书记魏振家住在王培英家，我家东屋也住了一家子，两口子都是大夫，带两个孩子（注：刘文怀一家）。来的干部工人都非常客气，十分亲人。住在谁家，早晨起来先打扫院子、挑水，跟一家人一样。那时正是困难时期，他们吃食堂，打回饭来，先给孩子吃。”村里还给队上一头老黄牛，瘸了，不能干活儿了，张朝福把它杀了炖肉卖给职工。王祥说魏振家给他和侯封玉捎到龙桑寺每人5斤牛肉，应该算是给他买的那只小羊的补偿，他跟大伙儿一块炖了吃。周英才正在队上指导工作，晚上，魏振家看到他蹲在食堂一盆子牛骨头那里啃骨头，对张朝福说：“看看这素质！”

王廷海说：“记得我和我的一些工友就是住在一家老乡家里，而这家老乡就只好搬到附近的坡里，住在野外坡里挖的一个地窨里。后来我退休之后，还去我以前住的这家老百姓家里看望他们。东营村可以说是胜利油田的摇篮。”

华8井队部设在王家祠堂，这是东营村里最好的房子，有一个小院，三间砖瓦房。除了王家祠堂，村里房子都是土房子，就是用土坯垒的，顶上搭上厚厚的芦苇，抹上泥。这里人还有一种特殊的做土坯方法，用一种特制的方铁锨，选取草茂盛的地方，用锨切出四方的土块就是土坯。

安装班住在王树林家西边，食堂设在村东南角王安起家，总共住了40多户人家，晚上睡觉没有电，就靠点煤油灯照明，队上开大会就敲锣通知大伙儿。华8井井场到队部王家祠堂之间架起了一条直通电线，两部中天型磁石电话机直接通话。

何光义说："华8井，安装班来了8个人，我、何玉众、张文清、李锡顺、牛书乐、王继山、赵庭芳、杨维臣。"华8井差点要了他的命。他正在二层平台上干活儿，突然脚下一滑，好在系上保险带了，当时安全要求不严，有时候也不系安全带。华8井安装完就快过年了，让他们回济南过年，他心里不愿意回济南，得坐解放卡车回去，冬天太冷，在车槽子里，盖上棉被，等下车都冻得动不了了。

娄本真说："我招工后分到了开封32120队，做管工，跟王春祥一个班，他是锅炉工，烧火、添煤，夏天给水罐上水，王老头儿是个犟脾气，对我挺好。1960年3月，把我调到了201地震队，在炮班，先在盐山放炮，待了3个月，又到惠民放炮，待了8个月。华8井安装的时候，王老头儿点名叫我过来装水管线，干了一个月，就记得东营虱子太多了。"王金祥说："华8井安装的时候我来了，装泥浆罐，钢板用8mm螺丝装起来。在东营村，喝坑水，我水土不服，闹肚子，村里有大夫，给我扎汉针，针很长，把我吓坏了。听老百姓说，东营村西边已经打过一口试验井，我就过去看，还有破烂的岩芯盒子。那时候吃不饱，吃胡萝卜，我吃不惯那怪味儿，实在饿极了才吃。那时候说'八个月粮食吃九个月'，最怕来朋友，管不起饭。"

华北处领导对这口井十分关注，1960年底，华8井还没开钻，书记孙竹带着组织科的肖洪鼎，坐着张岳彬开的吉普车到东营村来过，肖洪鼎说现场就看见两堆沙子。高文会带着办公室主任李应时也在过年前到过井队，李应时在回忆录中写道：

> 农历腊月二十八，我随高文会同志冒着严重风雪乘上华北处唯一的美帝破吉普，从济南出发沿着冰雪泥泞的黄河大堤行进，道路溜滑，车子走起来摇摇晃晃，傍晚才算到达沾化1019队，次日，由沾化到达北镇1018队，再次稍加停留，当日下午经石村，当晚赶到东营32120队所在地，农历腊月三十赶回济南。虽然只有短短几天，但确实了解了井队职

工生活现状。

巴中一在《发现井的发现》中写道：

钻井队每月定量30斤，除3斤白面外，全是地瓜干、棉籽面，肚子整天咕咕叫。立井架子的时候，队长李仲田做了动员：今天改善生活，一人加一碗面条。吃了不能白吃，要使出双份力气，打起十分精神。井架一层一层地立起来。安装钻机设备就更难了。不是难在不会，还是难在身子虚。

在袁良泉的文章中写道：

车进祯老师傅说：那时咱肚子里没有油水，赶上改善生活吃白面包子，包子皮都透明，里面净是白菜帮和盐。很少吃肉，有时队上杀头猪，全队百多号人得吃上个把星期。平时吃白菜用水煮熟，放点盐就行。有时饿得大家到老乡种过的胡萝卜、地瓜地里去翻，到地里找野黄豆、野绿豆什么的，找来放在焊上底的钻杆护丝里煮煮就吃。黄须菜绿的时候我们就煮黄须菜吃。

李仲田回忆文章中写道：

一部井架45米高，40块大角铁、一块200多公斤，天车两吨多重，都是靠人拉肩扛搬上去，立起来的。上边的角铁要靠手摇绞车摇上去，可是饭吃不饱，绞车也摇不动，小件要4个人一起摇，大件要6至8个人一起摇，有的工人摇着摇着就晕倒了。一天，一辆拉着胡萝卜的毛驴车从井场经过，大家两眼瞪得大大的，劝我上前要几个填填肚子。看见大家又累又饿，我就硬着头皮上前拦住了老大爷的毛驴车。老大爷看我们工人饿得干不了活，也心疼，就一下子扒下了一小堆。大家接过来，在身上擦一擦就吃下去了，然后再接着干活。

到最后，柴油机、泥浆泵、车床、刨床等大件运到了华8井，卸车又成了问题，只能挖倒车坑才能卸下来。这样，我们一边立井架，一边挤时间挖倒车坑，挖的坑车能倒进去，车槽比地面略高一点，东西就好卸了。柴油机、车床、刨床卸下来，放到坑里，上边搭上钻杆，这样就成了简易机房。

由于吃不好，睡不好，活又重，不少人病倒了，我也得了痢疾，10多天一直不好。尽管这样，大家谁也不说自己病了，每天都坚持上班。就在这时，指导员捎信来，说我爱人在商河生了一个女孩，让我回去看看。我是1954年结婚的，已有两个孩子，大的只有4岁，小的才2岁。妻子跟我从西北到华北，今天在这里，明天到那里，受尽了苦。前两次坐月子，我没能照顾上，这次真想回去，可井上实在离不开。过了20多天后，工作有了头绪，我才搭车回到了商河。

当我怀着急迫的心情推开家门时，只见爱人和孩子躺在床上，家里乱七八糟，孩子又哭又叫。妻子看见我回来了，委屈地哭了起来。原来孩子已经出生一个多月了，老二也病了，妻子一边照看出生不久的婴儿和生病的孩子，一边还要做饭洗尿布。饭也是吃了上顿没下顿。我一看，忍不住流下了眼泪。晚上躺在床上，风呼呼地吹进来，冻得耳朵疼，我爬起来，点上煤油灯一看，门上边有五六厘米的大缝子，窗户上也是一条大缝子，我从铺底下抽出两把草，捆成草把子，塞到缝子里，这样才好一些了。

我人虽在家里，但心里一直惦记着井上的工作。怎么办呢？我心一横，想：干脆让家属和孩子与我一起东征吧。于是，我到华7井找到指导员，和他一起研究了一下工作，第三天，我就带着爱人和孩子返回东营。

路上，我们搭了一辆搬家车，驾驶室里坐不下，我和妻子及三个孩子就坐在后边车槽里，上面搭着钻杆。我们就坐在钻杆下边，还有队上养的十几只羊，车一开，羊就往前挤。我只好找出一床破棉被披在身上，挡住羊。

“当时的华8井用了20多天才安装起来。”李锡顺回忆。1960年，他和队友参与华8井井架安装，上千块部件需要人工一块块对接起来，由下往上安装，最上面的井架天车重约2吨，也需要人工用滚筒车摇上去。李锡顺说，安装工作虽然危险，但也有自己的乐趣。“悬在空中，一步一步地往上攀爬，登高望远，站在井架高处就像是俯瞰世界一样。”

华8井井架子竖起来极为雄伟壮观，东营村的王月南当时7岁，清楚地记得井架上写着标语：苦干六一年。据李平安《胜利油田会战回忆录》记载，华8井开钻时，当地农民看着40多米高的井架，感到非常神奇，周围几十里的农民有的步行，有的骑自行车，有的赶着毛驴车，有的推着小车，男女老幼赶集似的围着井场看稀罕，井队为了安全派工人维持井场秩序。农民听说这里找石油，有的农民不信，说：“胡说，这里地下怎么会有石油？”

1961年2月16日，当时未并入一普的河南石油队（队长李金生、技术负责人彭世福）在济源坳陷后邓构造上的沁3井（地质员徐秉琨）首先在济源群中发现含油砂岩。尽管这一发现后来未能取得突破出油，但它毕竟是华北地区发现油砂的第一口井，引起了各方面的重视。

把三个八十立方米的水罐储满水，是开钻前的重要工序。但是水却困扰了钻井队很长时间。1961年1月，过年前，201地震队的孔祥本跟一台钻井车来到华8井，来找水源，在华8井四周七八十米远，打了六七口几十米深的井，探地下水位。

这里是打渔张水利工程灌区，现在东营的四干、五干等引黄干渠都是当时的工程成果。打渔张水利工程是新中国成立后最早兴建的大型水利工程，是第一个五年计划重点项目，1956年4月破土动工，1957年即实现引黄灌溉。但是1958年“大跃进”，出现了生产上乱指挥风，到处破除迷信，灌区出现大引、大蓄、乱堵、乱截，原来设计的自然流势被打破，斗、农、毛渠受到严重的破坏，致使引黄灌区出现大面积盐碱化、粮食减产。

据李仲田回忆：

据调查，井位附近地下水位深4米左右，但为苦水，不适宜打井，工程用水需经打渔张灌溉渠引用黄河水。于是，指导员魏振家找到了黄河河务局商量从六干水渠引水。可是老百姓不愿放。大旱天，滴水贵如油！经过指导员耐心地做工作，老百姓才答应放水。这样，我们才顺着排水沟把水引到了华8井，灌了满满的一沟水，可是过了两天，沟里的水越来越少，都渗入地下，到最后竟没有了，看来，由水渠引水打井靠不住。

在华北处1960年工作总结中，对32120队提出了批评，由商河搬至东营打，为什么开钻拖延了三个多月？主要是水源情况，了解分析研究差，返工浪费很大，更严重影响了及时取得资料、安排下步工作。井队存在着单靠渠道用水的思想，对打水井缺乏积极性，开始打了一口井，打到4米深遇到流沙四周倒塌，打不下去。为了促进早日开钻，处里派工作组到井队进行了帮助，首先统一了井队领导必须打水井的思想，经过讨论，用水必须两条腿走路：一条靠黄河用水，一条打水井，但黄河用水放水日期不能确定，靠不住，一致认为打水井是最积极、最可靠的一条腿，非打不可，但打井打不下去，在这种情况下，暂停开会，立即参观了当地的砖窑水井（砖窑水井深6米，梯形办法打成），解决了打井问题，由于该队领导和工人积极努力，终于打成功了两口水井，解决了井下用水问题，加上从东营村西边大湾拉水解决了柴油机用水问题。

据李仲田《钻探华北平原第一口出油井》记载：

最后只有一个办法，就是打水井。这时已经是腊月底，天寒地冻，表层土冻结，下层是松软的泥沙，挖井谈何容易！于是，我们开了一个诸葛亮会。大家想了一个办法，就是先预制一个井筒，挖的时候，井口由5米、4米到3米分3个台阶往下挖。

决定之后，大家立即分头行动，有的去找钢丝，有的去找水泥，有的到老百姓的地里去买旧砖头，很快就预制出了2个直径3米、高3米的井盘，腊月二十九晚上，我和指导员把全体职工召集到一起，指导员动员大家大干年三十，过一个革命化的春节。我布置了任务，把全队分成两个班，每班挖一口井，互相竞赛，看哪个班挖得快、挖得好。安排定之后，我们就让大家回去休息。

可是，第二天一早，当我和指导员来到井场一看，两口井都已经挖得很深了。原来，任务布置后，大家并没有休息。二班司钻肖庭喜带一个班，当晚12点许就悄悄地来到井场干上了。一班司钻芦喜善带一个班第二天天没亮也来到了井场。他们看到人家已经抢先干了起来，觉得自己落后了，就把棉工衣一甩，抡起铁镐也干了起来。

那时正是数九寒天，西北风吼叫着，井场温度降到零下10摄氏度。地冻得像钢板一样硬，铁镐抡下去，震得手臂酸疼酸疼的，但大家干得热火朝天。寒风在不停地吹，身上却一直在冒汗。就这样，挖开了直径5米，深1米的第一层。挖第二层要向内收一米，直径是4米。原来以为这一层可能好挖一些。可是挖着挖着，流沙出来了，挖一点流一点，随挖随流。七八个人在下边要一刻不停地挖，挖下一点就赶紧用水泥砖头加固起来。风在井口上盘旋着，井下沙土飞扬，一阵大风吹来，眼睛都睁不开，大家仍不停地干。

最困难的还是挖第三层。先挖下一米多深，把预制的井盘放下去，用砖头砌起来，在井口上竖起三脚架，用滑轮把人吊进井筒里，人就在里边挖，井筒随挖随下。挖着挖着，水出来了，人只能站在水里挖。水冰冷刺骨，腿脚都在水里，一会儿就冻麻木了。泥沙混着水，装进帆布兜往上拉，水哗哗地往下流，一不小心就灌到脖子里，就像刀子划进肉里一样疼痛难忍。面对这样艰苦的工作，全队没有一个人畏畏缩缩，都争先恐后地抢着干。我和指导员每人把着一口井，五分钟换人轮流下井。可每次换人时硬是催不上来，都说："刚下来，不用换，再挖会儿吧!"就这样，经过一天多的紧张战斗，两个直径3米、深4米多的大水井挖成了，日供水120立方米，有效地保证了打井用水，为华8井早日开钻争取了时间。

李贵祥说："年前就做好准备工作了，就差水。在华8井西北二三十米，挖了一口水井，先用青砖做了两个井盘，下边3米直径，上边两米半，高七八米，上下穿上钢丝，铅丝拧紧，然后扎三脚架，穿上滑轮，进去开始挖土，进去还挺暖和，一会儿一身汗，得穿单衣，出来赶紧穿上棉衣。边挖井盘边往下下，直到跟地面平了。出水还挺多，用潜水泵把水罐灌满了，水面都没见下去，就是苦水，不好喝。后来他们还帮着韩家挖了一口水井，甜水，老乡可高兴了。顾心怿来过华8井，他戴着眼镜，很精神，热情，没架子，问问机器什么毛病。我说，自动压风机有时打气，有时不打气，他说后边有个气压调节阀。我看见过，不知道那是干啥的。打华8井的时候，在东营过年，没人回家，给分了猪肉白菜馅和面粉，几个人一块儿包饺子，都不会包，就乱包一气，端到食堂煮。还记得张朝福组织演节目，他当导演，让我演杜鲁门，不知道从哪里弄来的大礼帽、呢子大衣、大雨靴，我本来不抽烟，让抽着烟上去了，这时另一个人，是地质工，忘了叫什么名字，哈着腰跑过来说：总统，不好啦！有人反对你。我一挥手，把烟给扔出去了，弯腰想捡起来，他说停，你是总统，能捡烟吗？张朝福会唱京剧，还会说山东快书，还有家伙什，两块铜板儿。他有本山东快书戏本，没事就看，有好汉武二郎、孙二娘，主要是水浒故事。"

顾心怿说，他年前自己坐交通车找过华8井，先坐到北镇，再往东坐车到黄河北利津北边一带，到处打听找不到井架子，问老百姓都不知道，就回去了，天很冷了，穿着棉衣。那时候他经常一个人到井上，看看机器有什么毛病。虽然在开钻前他没有找到华8井，但是他后来在这口井上完成了自己一生中的第一项发明创造。

第三十九章

油砂发现在何时

1961年是牛年。牛年行大运，此话不虚。

1961年1月，石油工业部在北京华侨饭店召开了局厂领导干部会议，华北石油勘探处有孙竹、刘长沛、马在田三名代表参加。

1961年2月，马永举提为华北石油勘探处副处长。4月，张云任钻井科科长。

据李仲田《钻探华北平原第一口出油井》记载：

> 1961年2月26日，华8井开钻了。这天，红彤彤的太阳挂在天边，在这寒冷的冬天使人感到格外温暖。一早，全队职工整整齐齐地列队井场。指导员做了开钻动员。前不久，他到大庆油田开会，回来时装了一瓶原油。列车员不让带，指导员向她解释说:我们是找油的人，在华北打井，还没打出油来，带回去让大家瞧瞧。列车员听后，这才帮助指导员保管着，下车时还给了他。这时，他把油瓶子举了起来，激动地说:我国社会主义建设迫切需要油。大庆油田已经有越来越多的发现，华北平原能不能找到油就看我们的了！

开钻了！钻机的轰鸣声响彻茫茫荒原上空，震荡着黄河三角洲的大地，也震醒了在这片土地上沉默生活的人们，使得山东的“北大荒”呈现出勃勃生机。华8井周围十几里内的老百姓都跑来参观，他们对这庞然大物感到陌生和惊奇，同时和我们一样为华8井的开钻而欢呼。

开钻三四个小时后，意外情况发生了。由于快速钻进，泥浆循环急，加上天太冷，返上来的泥浆都成堆成块，堵塞了泥浆槽。泥浆不能正常循环，钻井就没法正常进行。这时，共产党员、钻工孙言祥第一个站了出来，他上去用两只手在泥浆槽里扒起了泥浆，不一会儿，双手就冻僵了，干脆趴在泥浆槽里，一边用手扒，一边用脚蹬。在他的带动下，刘安居、孙希悦、梁庆炎等同志一拥而上，都用手扒了起来，一个个冻得直打哆嗦，咬着牙坚持干。在大家共同奋战下，才保证了钻机一刻不停地钻进。这以后，华8井的钻进比较顺利，没有发生任何事故和意外。大家一心扑在打井上，许多人几天几夜不离开井场，困了找个地方眯一会儿，然后接着干。在快速钻进阶段，司炉工王春祥为了保证给设备供气取暖，大班司机陈福兴为了保证5台柴油机、2台压风机正常运转，机械工长周永祥为了保证泥浆泵不出问题，都是三天三夜没有离开自己的岗位。

张朝福说，华8井开钻时举办了开钻典礼，他坐帆布棚子的吉普车去广饶县给县上送的通知，县委书记参加了，这天队上杀了一头猪、两只羊，炒了几个盘子，来的客人很惊奇，你们生活儿这么好哪！

1961年5月2~6日，华北处党委开展整风运动，在《整风简报》中，检讨了对华8井情况调查研究不够细致，事先队搬家安装上的困难估计不足，因此，要求开钻时间过急，脱离实际，对水调查研究不够，想靠天（黄河水）吃饭，以致拖延了几月才开钻。整风运动中还批评了202队去年施工中轧毁农民的麦苗710亩，合710元；处机关在花园庄占用公社的土地7.987亩，进行了算账，补偿了1284.57元。

关于华8井最早发现油砂的时间及过程，有两种说法：

第一种是在牙轮钻头上发现的，这是帅德福的说法。2011年，记者采访帅德福："当年3月初，正在钻进的钻头将一块鸡蛋大小的褐黑色砂体带了上来。井队上的技术员如同发现珍宝一样，将这一消息汇报给了总部。当时，作为地质综合队队长，我正在济南驻队。听到发现油砂的消息后，领导即令我赶到现场。"帅德福坐着仅有的一辆美国吉普车，连夜颠簸来到了东营华8井现场。顾不得休息，将油砂用透明纸包好、蜡封，又连夜和司机赶回了济南。第二天，他和党委书记孙竹、主任地质师安培树一起把油砂送到了北京，向余秋里、康世恩汇报。"那是我第一次去北京，也是第一次见到余部长。他们看到油砂高兴极了，拿着放大镜不停地看。过后，余部长还请我们在食堂吃了两大盆肉，那叫一个香啊！这是我这辈子吃得最香的一顿饭。"

《余秋里回忆录》支持了这种说法：

3月5日，华北石油勘探处的帅德福、安培树两位地质师兴冲冲地来到部里，向我们报喜。他们拿来一个瓶子，系着一条红绸子，里面有一颗闪亮的油砂，说是华8井达到井深1194米时从井下起上来的牙轮钻头上发现的。我一边用放大镜仔细端详着油砂，一边激动地对周围的同志说："这个小宝贝可是比金子还要珍贵得多喽！"根据专家们介绍，东营新探区的沉积厚度大，生储盖条件好，只要见到油砂，就可能有大的来头。我高兴地让秘书赶快把这个油砂瓶传给其他领导和司局的同志看，并通知食堂，做上好饭、好菜，请他们二人一起吃了午饭，还向他们敬了酒。

第二种说法即主流说法就是取芯发现的，如时任32120队队长李仲田在胜利油田三十周年座谈会上发言材料《钻探华北平原第一口出油井》中写道：

3月5日，当我们取第二筒岩芯时，大家都焦急地等着。岩芯取出来了，进尺6米，取芯筒下了钻台，大家围了上去，一块0.45米长的岩芯被小心翼翼地挤了出来，红红地往外流油，就像红砂糖一样，并发现了一块油砂。大家高兴得手舞足蹈。地质技术员贾中惠找了一个瓶子，洗了又洗，小心谨慎地拣了一块砂样装了进去，又系上一条红绸子，郑重地写上了“华北探区华8井第一块油砂”的字样，连夜送到了济南。

据当时石油工业部华北石油勘探处主任地质师安培树的回忆《华北地区找油及第一口油井华8井的发现经过》，未提及具体时间，写道：

华8井发现油砂的当天，井队即电告华北处领导，并派地质技术员送油砂到济南。处党委书记孙竹派我和帅德福同志携带油砂连夜去北京石油部，立即向余秋里部长、康世恩副部长做了汇报。

据张志钦（原胜利油田运输总公司宣传科科长）所写《油砂恰似报春花》：

张岳斌当年在华北石油勘探处机关为领导开苏联造的69型嘎斯吉普小车。3月初，领导派他到东营32120钻井队前线执行任务。一天下午，他正在修车，一个工人跑来说：“好消息，井里取岩芯见到含油的油砂啦！”李仲田队长说：“张师傅你辛苦一趟，开车把贾技术员和赵文善技师送济南报喜吧。”贾技术员把油砂装进瓶里，系上红布条，写上“华北探区华8井第一块油砂”。3月5日下午4时，他们向济南进发。

在目前发现的各种回忆材料中，都写的是3月5日。我禁不住产生了疑问：为什么都认准了3月5日？即使以现在的交通条件，有高速公路和高铁，要想一天内从东营送到济南领导手里，再送到北京石油工业部都很困难，更甭提1961年了。那么，油砂到底是什么时间发现的呢？

而据管理员张朝福回忆："1961年3月初，估计十点以后，我都睡觉了，魏振家来敲门说开会，我没起来，我以为是他给我开玩笑。我是1960年在商河任家入的党，介绍人是保卫科赵文善、魏振家。一会儿车进祯又来喊我，我急忙赶到指导员所住的老乡家里。原来，四点班取芯发现了油砂。油砂摊在油纸上，有擀面杖粗细，一拃来长，油乎乎地直流淌，油味儿很浓。记得参加会议的有：魏振家、李仲田、刘炳成、肖庭喜、赵庆喜、何子范、孙言祥、孙希悦、贾中惠。会后，队里连夜派侯封玉开解放牌卡车送贾中惠到张店，再坐火车，把油砂送到济南。"

孙言祥当时在32120队当学徒钻工，肖庭喜班，副司钻王汉杰。他说："华8井的油砂是我们班发现的，记得是零点班，十二点以后，魏振家连夜通知全体人员到井场上开会，大家群情振奋。我不记得张朝福说的'党员开会'。记得队上有个地质技术员叫穆祥金，他很有远见，第二天就在值班房顶上写了一行大字，白粉笔写的：在华8井，建设未来的石油城。"

我拜访了贾中惠的爱人史淑芩，当时她在化验室介形虫组，他们是1960年春节结的婚。我想贾中惠好不容易回济南一趟，应该回家看看吧。"没有，对回去送油砂没印象。"史淑芩肯定地说。看来，是汽车送到济南，为了工作又随即返回，过家门而未入。

当时在汽车队开车的林锡光说："他曾听张岳斌说过，是他开车往济南送的油砂。"张岳斌是广东开平人，1956年4月，他们一块儿从广东招工到西安地质调查处，1957年7月，又一起分配到华北石油钻探大队汽车队。

2018年1月，我来到油田档案馆，终于查到一份原始档案——《报告东营参数井发现油气显示的情况》，华勘（60）字第78号文件，时间是1961年3月7日，签发人：刘长沛，拟稿人：地质科陈勤，核稿人：钟辉生（时任地质科科长），内容是：

我处东营参数井钻至井深1189.07米后开始取芯，第一筒岩芯井深是1189.07至1194.39米，取芯进尺为5.32米，取得岩芯1.40米，岩芯收获率是26%，岩性为棕红色的粉砂质泥岩和泥质粉砂岩，未见油气显示。第二筒岩芯井深是1194.39至1200.39米，取芯进尺为6米，3月4日14点取得岩芯0.45米，岩芯收获率是7.5%，岩性为灰绿色泥岩和灰色砂岩，砂岩断面上冒很多油珠，岩石能在火中燃烧，油珠为黑褐色，密度较小。

这里给出了最权威的记载，1961年3月4日14点，取芯发现的。

再让我们梳理一下往北京送油砂的过程：从华8井往济南送油砂的是贾中惠，这没有疑问，接下来的问题是，什么时候去送的？应该是当天下午立即出发的，谁开的车？张岳斌开的吉斯150卡车，送到了济南，3月5日上午，交到了济南处领导手里，当时华北处正在召开首届职工代表大会，会议3月3日开始，32120队有副队长董文彬等人参加了会议。孙竹派安培树和帅德福连夜坐火车送到北京，油砂送到余秋里手里的时间应该是3月6日。油砂也应该送给了山东省委一份。

按理说应该是气测最先发现石油的踪迹。在《胜利油田测井公司工程志》（1961~2008）中写道：1961年3月，于焕明带领气测组在华8井1207~1631米发现油气显示。

但是当时的气测工于焕明说："当时气测的有我、孙希贵、马振英，小马待的时间不长。那时候晚上经常有国民党特务发信号弹，红的蓝的，声音不大，挺吓人，小马晚上根本不敢出去。气测有两条曲线：轻烃、重烃，华8井气测的反应很弱，当时没有引起注意。是泥浆槽里发现了条带状油花，大家还在吵是怎么回事，有人说是机油，钻井上那个机油很正常的，钻杆那个丝扣油也是正常的，好像是李仲田先说这是原油，他是玉门来的，见过原油，队上好多人根本没见过原油。搞气测的有个荧光灯，荧光灯设了12个标准色，我拿荧光灯试试，一照发荧光，真是油砂！晚上在宿舍里，路彦德问我：'发现油砂了，你知道吗？'我顺口说了句我知道。这句话可惹麻烦了，魏振家本来就对我们气测工有看法，我们气测是双重领导，他老想让我们干活儿，他说我封锁消息。其实我是看油砂刚知道的，再返回头看气测曲线，是有一点显示，但是没到背景值的3倍，开始并没注意到。石油工业部下来的谢庆辉找我谈话，为什么没有反映？我们发的一个油印的讲义上有一句话：重烃可能没有显示。蒋学明打圆场，石油工业部管测井的，说你别说他了，还是十八九岁的孩子，重烃可能没有显示，这事才算完。邓礼让看我跟孙希贵很苦，24小时待在井上，没休息时间，困了就趴在那儿打个盹。后来调来宋梅臣、赵丽君，赵丽君是钟辉生老婆二姐的孩子，1960年刚招工的。在华8井表彰大会上，邓处长点名表扬了我，年底还给我了华东局先进。”邢国启则说，是他们班发现在泥浆里有油花。

3月11日，处职代会闭幕会上，书记孙竹在讲话里讲道：

> 我们的会议就要结束了，会议开了整九天。我们东营发现了好的苗头，形势是很好的。

李仲田爱人甘玉兰说：“华8井见到油砂后，他激动地用牛皮纸包了一小块，连声说：‘中了！我这辈子没有白活，可以留在这里了。’”从华1井到华7井都没见过油，华8井终于让华北石油勘探处扬眉吐气了。华8井发现油砂后，周自立跟安培树坐一个拉货的大车来东营取油砂样品，车里拉着货，他们坐在车顶上，给冻坏了。刘希尧给爱人说过：“打了好几口井了，这算是有希望了。”

据李平安的《胜利油田会战回忆录》记载：

> 1961年3月，钻井技师赵文善从东营华8井取回一包黑色很浓的油砂，向领导汇报后，认为这是一个好消息，让机关全体职工都来看，赵技师把油砂放在会议桌上，详细汇报了取油砂的经过。这时人人激动万分，机关一片欢腾，有的知识分子写诗祝贺，有的拍手高呼，记得有个地质技术员王仲芝（外号三毛），大论东营建设，说将来可在东营建立东

营市。1961年4月16日，华8井喷油了，人人面带笑容，党委书记孙竹整天乐呵呵的，走路也欢了，处长靳耀华，讲话叉着腰，嗓门也高了，副书记高文会、副处长刘长沛，整天笑眯眯的。

华8井发现油砂的消息轰动了华北处，顾心怿听说以后，主动请战带领一个机修小组来到东营。这时，取芯成了大问题，取出的岩芯很少。实际上，华北处的取芯率一直不高，但是也没当成大问题，只要有一点岩芯就能说明问题，但是现在发现油砂了，上上下下对取芯极为重视。井队队长对他说："你是搞机械的，能否帮我取岩芯？"顾心怿听见有个工人说了一句话："苏联的岩芯管太细，取出的岩芯跟个屎橛子似的。"他受到启发，可能是取芯管太细了，就自己设计了一套大直径取芯工具，断面面积增加了4倍，并成功地取出了完整的岩芯。他说这是他人生中第一项技术革新，他后来成为中国工程院院士、胜利油田首席专家、油田技术带头人的起点。

侯建军收藏有顾心怿的出差报销单写着：3月23~30日，乘自己的车到东营，出差6天，做取芯工具、修发电机。4月2日再次乘车去东营，做套管头、修柴油机，在东营5天，共补助1元；4月7~8日，从张店坐火车回济南，火车票1.88元，公共汽车票5分钱，补助2.2元。

第四十章

出油不负五年功

据《余秋里回忆录》记载：

（送来油砂）当天晚上，余秋里把勘探司钻井处处长邓礼让和主任地质师谢庆辉叫到办公室，对他们说："油砂你们也见到了，前景不错啊！你们明天就到现场去，一是加强领导，二是严密注意井下情况，每天都要向我汇报录井资料。"

据孙竹的《发现胜利油田的回顾》记载：

3月10日，石油工业部派勘探司钻井处副处长邓礼让、主任地质师谢庆辉来到华北石油勘探处。当时，华北处正在开职工代表、支书会贯彻全国石油会议精神，就派副处长兼钻井科长马永举陪同他们到东营现场协助指挥钻探。3月14日，又见到了多层油砂，并上报石油工业部。石油工业部党组非常重视，为了加快速度，早日找到油田，于3月28日召开了党组扩大会，并通知我与华东石油勘探局副局长刘南到会。会议开到深夜11时。部党组研究决定：（1）调青海石油管理局总地质师王尚文、华东石油勘探局副总工程师李光征到东营现场工作，加强技术力量。（2）调玉门石油管理局3部大钻机（原建制井队300人）给华北石油勘探处，4月底到达，经张店火车站转东营现场，争取“七一”向党的生日献油田。（3）确定刘南、我和邓礼让三人组成东营地区勘探临时领导小组，刘南同志任组长，我负责党政工作，刘南、邓礼让同志负责生产与后勤工作。

刘南时任华东石油勘探局副局长（正局长空缺），黄国斌是党委书记，但刘南更为强势，是华东局实质上的“一把手”。他是江苏镇江人，本名刘树林，生于1920年，父亲开一个做鞋的作坊，生活困难，他在其《自述——我的戎马生涯》中写道：“我深感自己家庭经济困难，生活拮据之苦，见到别的穷人家忍受贫病的煎熬，心里不好受。暗暗自勉：一旦有出头之日，干一番大事业，给穷人争气。”1938年加入中国共产党，次年毕业于抗大瓦窑堡一大队。刘南身体不好，患有十二指肠溃疡和肺结核等多种病，背微驼，虽然不过40来岁，看上去像个小老头儿，但是口才了得。康世恩评价他“性子太暴、太急，是块玻璃，里外是透明的”。邓礼让是湖北郧西人，个子中等，身强力壮，他1948年参军，原是石油师政治部组织科干事，曾荣立一等功，在淮海战役中右臂受伤被定为二等乙级残疾，后在石油工业部勘探司任钻井处处长。王尚文是河北临城人，跟康世恩是清华大学地质系校友，比康世恩高一届，1937年七七事变以后，康世恩参加了八路军，王尚文则随清华大学南迁长沙和昆明，1939年从西南联大毕业。

谢庆辉在东营闹了笑话。东营村到西营村中间有一条小水沟（当时叫广利干沟，就是现在的广利河，这条干沟本来是自然形成的，东营村的人叫它“大大沟”，1950年政府为解决排涝问题开挖了广利沟。1954年春，中国人民解放军农建二师对广利沟进一步开宽浚深）。沟上有座小桥，一个老钻工在桥边拿起一块东西给谢，问他这是什么岩石，谢庆辉看了看，说是什么什么岩石。老钻工说，这是什么主任地质师，就是一块砖头。王琦给我说，他听王秉海说，现在胜利油区大地构造里济阳坳陷、黄骅坳陷、临清坳陷等就是谢庆辉定名的，他曾在国民政府资源委员会工作。1958年，科学普及出版社刚出版了他写的书《怎样找石油矿》。书里最后一段写道："我国有着油气生成和聚集的优厚地质条件，只要全国人民一起来支援石油勘探工作，我相信石油工业在第一个五年计划中落后的局面，就会很快地扭转过来。"他的预言将很快成真。

华8井发现油砂以后，从32104队调来两个班，闫吉美班、王帮勋班，有孙从才、李继秀、冯若盈、朱凤鸣、谭永寿、龚庭才、杨秉录、肥保法、孙金亭、刘建涛、魏恕、孙树发、胡振刚、王忠学、潘文英、潘立彬、潘立奎、李朝永、赵谦禄、王占松、周孟贤等人。

王忠学说他是带着潘文英、刘建涛两个徒弟来东营的。华北处派车从堂邑拉上他们仨先到济南，出了洋相，一路上着了两把火。开始是崔德年带着徒弟马文杰，开解放车拉上他仨，才走到堂邑县城大街上，没油了，师傅就控油箱，结果翻了，电路打火使车头着火，赶紧打电报，处里又派张岳斌开嘎斯69吉普车来接，走到茌平，水箱又没水了，拿一个油桶去灌水，加进水箱里，想看看水加满没有，看不清就划火柴看，原来油桶里还有油，连水带油加进去了，水面上漂着一层油，火柴又给点着了，他赶紧拿手套捂上扑灭了火，傍晚总算赶到济南华北处，马永举给他们饭票，吃了赶紧坐火车去张店，再坐汽车到华8井，好像是孙学武开太拖拉，在张店招待所特地带上4块木板，不好走的地方就在车前垫上木板过，从早上走到天黑才到华8井。华8井泥浆池里的油花还是李仲田发现的，地质工都没看出来。他是后来开会时听李仲田说的。

这是32104队和32120队从明化镇分别以后再一次会师。他们像当年红军的两支队伍，红一方面军和红四方面军，先后进行了艰苦的长征后胜利会师东营。32120队先后打了华2井、华5井、华7井，32104队打了华3井、华4井、华6井。

王帮勋说："华8井见到油砂，石油工业部工作组来了，领导让我去华8井。记得是李师傅开解放牌，拉着我们先到济南吃了午饭，然后到张店，饭店都关门了，敲开饭店，吃的馒头稀饭，到东营都天亮了。刘南、邓礼让都在，刘南问我：'你是党员吗？'是！成立了临时党支部，成员有：刘南、邓礼让、魏振家，刘南跟我说：'你要保证井打下去，不能出事故，任务是取芯。'我发现华8井泥浆黏度太大，达到35~36，一般在22~25，闫吉美下钻，我打钻，往下打了6米，停泵，又干磨了三四寸，把岩芯压实，别让泥浆冲散了，成功取出了油砂。邓礼让说，这证明有油了，给孙竹汇报，又给石油工业部汇报，说不用再取芯了，开始打快速钻进。"

1061队的潘立奎也调到华8井，他说："1960年12月12日，我母亲去世，队上怕我回家不会来了，派胡志丕跟着我回家。天正下着大雪，没有车，我们就走着回家，经过临邑、禹城，管理员王恒锡给我说，到禹城转运站找一个姓商的，在那里住了一晚上。过年后，收到电报，让我到济南花园庄人事科报到，回到32104队。东营见到油砂后，支援1个班，坐着罗会荣开的车到了东营打华8井。"

1018队吴定宇也来到华8井，他回忆道："打华8井的时候，我编在车进祯班。当时感觉处里对这口井很重视，直接关乎着华北处的命运。32120队这一点好，下班休息的人上文化课，好多人文化程度不高，叫我给他们讲语文，贾中惠讲算术。在队上，我跟队长李仲田很熟，他常问我一些问题，比如：钢丝绳承受的拉力是多少？魏振家整天吊着个脸，我成分不好，不敢接触他。华8井打快速钻进，两个班合一个班，但是大家都吃不饱，干活儿赖赖乎乎地。发现油砂后，准备下油层套管，都没下过，我翻开书本，赶紧学习。下油层套管比表层套管、技术套管复杂多了，因为要固井，下面有旋流短节、套管鞋、回压凡尔等，井场东西堆了一大片，有四个国家的设备：苏联、日本、捷克、罗马尼亚，苏联的东西质量最差，生锈的东西刷漆又卖给我们，各国的标准也不一样，日本是按美国的标准。我们就查钢号，挑好的，把好的放在两头，最后总算搞完了。"

石油工业部决定不再取芯改快速钻进的时候，华8井已钻至1233.07米，累计取芯进尺达50.2米，岩芯长16.86米，多次见到油砂。从华1井到华7井这些基准井或者参数井，都采取全井取芯或部分取芯钻进，取芯钻进受取芯筒长度的限制，一次只有6米，加上起下钻时间，平均需要4到5天，一个月的取芯钻进进尺只有几十米，而不取芯钻进，一天即可钻进50~60米，钻井速度可以提高50倍。但是在高速钻进的情况下，如何准确地判断油层，给地质录井工作带来了困难。为了早日找到油田，地质人员知难而进。他们首先把录取岩屑的深度定准，采用计算法和实测法双管齐下把岩屑上返的迟到时间搞准，再将钻时记录准，摸索出了一套根据钻时快慢来判断钻遇地层岩性的方法。岩屑录井的时候，每钻进一米所上返的岩屑井深要定准，并要及时捞出，决不可漏失，用清水冲洗干净，待晒干后进行描述。要准确判断每一包岩屑中反映岩层的真实成分，同时要对钻时较快和气测有异常的井段重点查找油砂，要逐包地反复查找。华8井的岩屑颗粒疏松，不成块，需要一颗砂粒一颗砂粒地寻找，甚至将砂粒在四氯化碳中浸泡后在荧光灯下查找。

葛榕在文章《重大的发现与艰难的探索》中回忆这段工作时写道：

部里“不取芯，快速钻探、尽可能早日出油”的决定给我们现场地质人员提出了全新的课题。过去我们书本上学的、“老大哥”教的、多年来干的，都是通过取芯进行地质描述，既直观简便，又准确可靠。现在一反常规，困难和问题接踵而来：一是要求高，当时正值松辽平原大庆会战，石油工业部急于找到后备战场，急切盼望东营早日出油，命令我们天天汇报地质情况，并要保证资料齐全、准确；二是难度大，由整筒成块的岩芯录井改为上下混杂的岩屑录井，给我们地质工作带来了质的变化，原来的工作方法不相适应；三是人员少，原来取芯每天进尺只有十几米，完钻一口井需一年左右，而现在快速钻进每天几十米、上百米，几十天就要完钻，录井工作量成数倍增长。面对这些，我们没有任何畏惧和退却。大家想，转战数载，历尽艰辛，不就是为了现在出油吗?“十月怀胎”都挺住了，哪能让“一朝分娩”吓回去!再苦再难我们也要抢出“油娃娃”。任务重我们就一人当两人用，一天顶两天干，日夜加班，甚至24小时连轴转，有的同志在井场坚持了三天三夜。录井质量是现场地质工作的关键和核心，为此，我们从基础工作做起，狠抓“三准一精”:一是卡准钻具长度，每根钻杆反复测量4至5遍，那股认真劲儿竟到了既不相信别人、也不相信自己的地步，觉得多量几遍心里踏实，连一厘米的误差也不放过；二是测准岩屑从井底上返的时间，每班进行2至3次投放标志物试验，准确把握好井口岩屑所属的实际深度；三是选准砂样，由于油层较深和快速钻进，捞取的岩屑上下混杂、层次不一，对每天捞取的数十包甚至上百包砂样，我们铺在露天的水泥台上一包一包地挑，一粒一粒地选，站累了就弯下腰，眼花了就用放大镜，有时干脆跪着干。寒风吹来，冰凉刺骨，大家全然不顾，硬是通过严格挑选，保证了砂样准确无误。所谓精，就是对各种现场资料综合分析，精心研究，然后做出地质剖面按时上报。就这样，我们坚持严细求实的科学态度，战胜了从未有过的艰难困苦，创造了省时节资的岩屑录井新方法，建立了打不垮、推不倒的“五一致”现场录井“铁柱子”。所谓“五一致”，就是岩屑、钻时、泥浆、气测4种现场资料与最后的测井解释相一致。所谓“铁柱子”，就是根据现场岩屑录井做出的地层柱状剖面图与电测解释相符合，不漏掉任何油层和标准层，不漏掉任何油气显示和特殊岩性，3000米井深油层深度误差不超过两米，从而创出了地质录井工作全国领先水平。

多年后，潘瑾台听我说起“铁柱子”时说“有点吹”。她说当时在井上，只记得贾中惠整天在井上踏踏实实干活儿。许学康说葛榕是3月中旬来到华8井的。在“四清”运动档案《技术干部中一场兴无灭资歼灭战——地质指挥所开展大会批斗斗争的材料》中写道：王尚文吹嘘：“东营地区岩屑录井，可拿全国第一，松辽也赶不上。”朱念宗说，“铁柱子”主要是同学穆祥金在营1井、营2井搞的，他写的地质录井材料一点儿都挑不出毛病，受到了表扬。

李蕴珍说：“华8井发现油砂后，我被派到华8井，分析钻井岩屑，在荧光灯下挑油砂，油砂在荧光灯下发蓝光，是荧光反应，把油砂挑出来。东营村妇女可土了，上衣都是斜襟的，大宽裤腿儿，用带子扎着，三四十岁的年轻妇女还是小脚，小孩儿都是大肚子，饿的。”

3月，电测队自惠民县原县委机关大院迁至广饶县西营大队，调整为中队建制，王茂林任指导员，李有孚任队长。所属有2个测井队：测1队，队长钟正夫；测2队，队长王占锋。2个气测组，李兆醒、于焕明分别任组长。1个绘解组，潘瑾台任组长。1个仪修班，薛俊杰任班长，以及后勤等人员，共60余名职工。固定设备有2部仪器车、2部绞车、2套仿苏57－3型半自动气测仪。刘殿甲说王茂林和李有孚都是部队转业的连级干部，李有孚是平谷人，15岁就当兵了，参加过天津战役，跟毛主席合过影，性格直爽，不如王茂林会处理关系。王茂林是山东平原人。

从小生在北京的潘瑾台毕业后先到济南、再到郎阁公社、惠民县城，现在来到了农村，她说自己待的地方越来越小了，这里都找不着一棵树，草都很少，到处是坟头，老乡穿着花裤子。她到这里住下的头一天晚上，跟赵会计住一间房子，听到院子里人声嘈杂，打开门一看，院子里都是人，挤在窗户上往里瞧，把她给吓得够呛，老乡说“来看烫头发的和梳着大辫子的”。潘瑾台没见过炕，不知道直接在上边睡觉，她觉得地上太潮，就把铁床支在老乡的炕上，结果第二天老乡追到华8井上去告状，说床腿把他们家炕都戳坏了。

西营大队（今东营区辛店街道西营社区）比东营略小，也有两千多人，大多数户家姓王，也是来自河北枣强的移民。有人编了顺口溜来形容西营：春天白茫茫，夏天水汪汪，地里兔不多，庄里树少旺，种树树不活，种草草不长，春播一袋种，秋收一碗粮。运输队驻西营村东头，队部本来是小学，但是这时候都饿得上不了学了。相比东营村的尚武，西营的人更为崇文。历史上不少生员考取功名，连任六品、七品官衔。生活于同治光绪年间的乐北名讼王殿宇是当时乐安县（今广饶县）境内名震四方的讼师，行侠仗义，常帮穷人打官司且分文不取，深得民众的尊敬，史口街、万全湾曾为报答他而改名殿宇街、西营湾。老婆孩子还在村里的王明镜此时任大众日报社记者，1962年调到惠民专员公署任秘书，被称“公署一支笔”。西营人很好客，进门就请上炕吸烟。薛燕全说：“有一天我出车回来，房东叫喝水，我说我不渴，房东说，你喝吧，喝了就渴了。”

王明镜的儿子王徐洲对最早来到这里的石油人有清晰的记忆：

1960年，我8岁。我依稀记得，就是那一年的一个晚上，机器的轰鸣声由远而近。我从没有听到过那么大的声音，跑出家门，看到我们村唯一的一条街一片通亮，一辆汽车的大灯，从街东头一直照到街西头。

我第一次见到汽车就是在这个晚上。也是在这一天晚上，我见到了比煤油汽灯还亮的灯——电灯。第二天，大人们就说，我们村来了“石油队”，是找石油的。接着我就见到了石油队。那是一群衣衫破旧，面黄肌瘦的人，他们的衣服上沾满了油渍，从汽车上扛下各式各样的箱子和包裹。对门三奶奶对我说这是在“过八路”。我们这里是“老区”，当年几乎家家都住过八路，很多人家就曾是八路家属。八路经常经过我们村奔向前线。奶奶之所以给石油队叫八路是有根据的。因为石油队和大人说的过去的八路一样。非常客气地挨门挨户号房子。对村里的人不管男女，只要上点岁数都叫大娘、大爷。还帮助老乡扫院子挑水。这都是当年八路的样子。但他们不像当年过我们村奔向前线的八路。石油队在我们村留下了。

几天后，我们村家家户户都有了石油队。我家南屋住了四个叔叔，隔壁奶奶家住了两个阿姨。村里很快没有了闲房子。最后甚至南邻大娘家的磨屋里也打了地铺，住了两个“石油队”叔叔。

我们这里的磨屋一般是两间，靠门口一间是一盘磨，里面一间是牲口圈或是厕所，我们这里叫“茅子”。当时农村已是人民公社，各家已没有了牲口，也没有粮食上磨盘。但磨屋绝对不是一个住人的地方。这是我第一次见到在磨屋里住人。出于好奇我去看过。两个“石油队”叔叔是在磨道两侧打的地铺。说铺实际上就是在地上铺了一层麦秸和草席，上面放上铺盖。

3月31日，为了适应新的形势，加强东营地区的勘探工作，处党委成立东营领导小组，由刘长沛、邓礼让、马永举、篮玉玺、魏振家等5人组成，刘长沛任组长、邓礼让任副组长，下设政工组、地质组、工程技术组、供应运输组、行政组。政工组组长魏振家，副组长王泽普，负责党工团和人保工作；地质组组长谢庆辉，副组长葛榕，负责地质、电测、化验工作；工程技术组组长空缺，副组长赵文善，负责钻井工程、泥浆、机械动力、安全、试油、采油工作；供应运输组组长篮玉玺，副组长李福喜，负责器材供应和车辆调度、交通运输工作；行政组李应时，负责公文处理、行政事宜、生活管理等工作。4月份，来自华北处、华东局的大批干部被调到东营前线，集中力量打好华8井。

刘希尧保存下来一个笔记本，其中写有：

（4月）8日下午2点，刘局长指示，部工作组和华北领导，刘局长、邓处长、孙竹三位同志负责领导整个华北工作，成立一个指挥部，后勤有高书记、任英俊等三人，××（字迹不清）由靳耀华、篮玉玺负责，地质室由辉生、谢地质负责。

我们注意到，此时，靳处长仍未恢复职务，但是开始工作了。

据原华北石油勘探处地质科地质工程师葛榕所写《胜利油田是怎样发现的》：

1960年前后，正值三年困难时期，山东是全国的重灾区，东营既是山东的“北大荒”，又是重灾区的重点，当时的勘探工作者们遇到的困难真是难以形容。村不像村，路不像路，到处是盐碱荒滩，一片光秃秃。我们住的大多是土屋子、草房子、牛马圈，有的同志住在帆布帐篷、地窝子里，还有的同志甚至住在“秫秸檩子秫秸梁，秫秸顶子秫秸墙”的房子里，根本无法遮风避雨。当时我们吃得更不行，27斤定量还要抽出2斤支援灾区，剩下的25斤也主要是地瓜干、高粱面，极少吃到白面粉。有时我们饿得不得不到外边挖野菜充饥，吃黄须菜是常事。喝的是露天土坑里的水，人畜共饮，洗涮同用。人们都说东营人爱喝茶，其实不放点茶那水实在不好喝。有时我们去济南也顺便买点酱油带回来改改味。当时，我和许多同志都得了浮肿病，身上一按一个坑，好长时间起不来，两条腿整天像灌了铅似的，行走十分困难。当时虽然条件差，受了点罪，但大家心情舒畅，精神愉快，思想很充实。一些思想活跃的同志想象丰富地规划着美好的未来，把我们地质人员住的地方叫“地质胡同”，给指挥部住的地方起名“四合院”，把东营村的中心大路命名为“长安街”，满怀希望地憧憬着未来石油城的远景。

张朝福、王祥都对魏振家评价很高。张朝福说：“魏振家人很直爽，抗上，抗上的人都对老百姓好。记得钻华8井，起钻的时候，石油工业部勘探司司长唐克来到井上检查，看到平台上泥浆乱淌，十分脏乱，很不高兴，召集开职工大会，批评的时候骂娘。石油工业部的领导在余部长的影响下都好骂人。魏振家站起来说：‘唐司长，你是不是你娘生的？！是不是从你娘肚子里出来的？我有错，你可以处分我，我娘没得到我们的好处，反而挨你的骂！’在场的刘南局长赶紧拉魏振家坐下，弄得唐克下不来台，也不再讲话，会就散了。”

华8井的顺利钻进与魏振家关系很大，他做思想政治工作非常成功。他在《从华8井的成功看思想政治工作的威力》文章中总结了多条经验：

搞好思想教育鼓舞队伍士气

一个队伍不能没有士气，特别是艰苦的环境条件下，保持队伍士气的旺盛是重要的。就当时的情况来说，打华8井是我们这个队有史以来遇到的生活最困难、环境最苦、条件最差的一次施工。我们借住老乡的土房大都多年失修，只要一下雨，外面大下、屋里小下，满屋子是接水的盆子。这里的老乡常年喝湾里积攒的雨水、咸水、脏水，我们有些职工因水土不服，经常闹病。因为是首次在这个地区打井，又是孤军作战，各方面的条件差得叫人难以想象。面对这种环境，队伍不是一点怨气也没有的。所以，一到这里我们就首先针对职工的思想倾向，进行革命传统教育和形势任务教育，鼓舞大家的士气。

全队100多名职工都生在旧社会，每个人都有一本苦难的家史，对党、对社会主义有很深刻的感情。我本人也曾经给资本家当过童工，被日本人抓去当过劳工。1945年我参加了东北抗日联军，经历了抗日战争、解放战争和抗美援朝的磨炼，九死一生。我们队每个职工都是一本传统教育的活教材。联系职工的实际，我们组织职工进行新旧社会对比、个人与先烈对比。我结合自己亲身经历，反复向职工灌输一个道理：在旧社会我们中国人民受尽了三座大山的压迫，挣扎在死亡线上，先烈抛头颅，洒热血，死都不怕，与他们相比，我们遇到这点困难算什么？经过对比，大家感到，吃的苦再多，遇到的困难再大，与那些先烈们也是无法相比的。

当时，我们几乎每天都要开一次大会或班组会。在开展传统教育的同时，还结合形势任务进行教育，进一步激发大家的政治热情和强烈的事业心。从20世纪50年代中期到60年代初，我们这个队一直在河南、山东一带打井，没找到油。所以，在这之前队上很多职工讲述了国际国内形势，特别是严峻的经济形势。大家感到，花那么多钱，打不出油来，心里很不是滋味。通过一系列的教育活动，大家的情绪高涨起来了，大有找不到油不罢休的气势。当时为了抢在春节前把准备工作做好，保证一过节就能开钻，我们突击打水井，三天三夜没休息，最后大家累得支撑不住，有的职工往墙边一靠就睡过去了。我们强行把职工拉回来休息，几个队干部轮流值班，监督大家睡觉。就是这样还是有人偷偷地从后窗口跳出来到井上干活。这一年春节，全队没有一个职工要求回家过年。开钻那一天，没有一个职工在宿舍里休息，都跑到井上，没有活儿也要找点活儿干。

表扬先进带动后进

常言道："数子十过，不如奖子一长"，在思想政治工作上又何尝不是这样。"奖"或者"表扬"可以给人带来力量和信心。所以，我们抓住这种一般心理，把表扬成绩、鼓励先进作为一项重要工作方法，贯穿于华8井会战的全过程。采取的方法是每天晚上召开职工大会，讲评一天的工作，主要是表扬好人好事，当然对一些不良倾向也不放过。同时，还通过黑板报的形式，宣传报道突出的个人和班组。表扬先进的结果是，受表扬的班组或个人心里热乎乎的，没有得到表扬的班组或个人心里就不是滋味，所以很快就形成了一个不甘落后、你追我赶的局面。在华8井的前期准备工作中遇到了很多的麻烦，如要开钻搅拌泥浆却没有水，我们决定打水井，但由于土质松软，打井非常困难，我们就采取边挖边用砖及水泥固井的办法逐步延伸。方案确定后，我们当天晚上召开了动员大会，把4个班分成2个大班，每个班挖一口井，并要求第二天动工。但没想到夜里12点刚过，由司钻肖庭喜带领的一个班就破土动工了，另一个班是由司钻芦喜善带领的，第二天早晨，他本想抢先一步动手开工，可起床一看人家已经挖得很深了，他急眼了，把棉衣一甩，抡起大镐就干了起来。当挖到3米深时开始见水，大家就站在冰冷的水里干。虽是数九寒天，大家却干得汗流浃背。有的职工在井下一干就是一个多小时，每次轮换都是催好多次才上来。结果不到一天就把两口水井挖好了，这两口水井对华8井的钻探起到了很大的作用。

发挥支部战斗堡垒和党员先锋模范作用

在华8井施工中，我们队有20多名党员，在职工中就是20多个中流砥柱，在政治上起到了稳定军心的作用，在生产中发挥了排头兵作用。

要求群众做到的，我们干部首先要做到；要求党员带头的，我们党员干部首先要带头。我们干部特别重视表率行为，用自己的模范行动影响和促进了队伍的建设。我们队共有5名干部，其中3名行政干部、2名技术干部。我们5个人天天和工人吃住在一起，工作服天天不离身。工人在井上干8个小时，我们干部一天在井上不少于12小时。每次上井我都爬上二层平台和工人一样干。我到钻井队的时间虽然不长，但起挂吊卡的技术不亚于一个三级工。工人们说："指导员是他，书记是他，工人也是他。"事实上，我们几个干部都是这样。当时，带队干部每天晚上除了开会的时间外，都在井上，不到10点不回来休息，已成习惯。干部以身作则，激励了职工忘我大干。华8井开钻后，进度很快，返上来的泥浆成堆成块，堵塞了泥浆槽。共产党员孙言祥发现后，立即跑上去用手扒，最后手脚并用，千方百计地通泥浆通道，浑身沾满了泥浆也全然不顾。在他的带动下，其他同志也主动干了起来，保证了泥浆的正常循环。

4月5日，当钻至1755.88米时，已发现多层油层，石油工业部借鉴了大庆油田发现井松基3井的经验，决定提前完钻，投入试油。钻井工作结束后的第一项工作，就是测井。测井工作由队长李有孚负责，测井资料的解释是由潘瑾台负责完成的。据潘瑾台的回忆文章《我们解释华北平原第一口油井》（高树德整理）记载：

4月5日华8井完钻。我跟工人一块儿到井场测井、验收，回到办公室就整理资料，反复对图版、求参数，与地质录井资料、气测资料进行对比，与地质人员共同讨论。当时野外工作条件很差，仪器落后，劳动强度大。测一次井时间很长，做记号都要在井场上现做，几千米的电缆长度要一尺一尺地量，如尺子拉不直则丈量不准，因此人都得站在大油桶上扶着尺子，让尺子紧贴电缆。我跟着测井队验收资料也经常干这种活。有一天下大雪，我做完记号从油桶上爬下来，冻得脚都不会走路了，慢慢活动活动才缓过来。从井场回到办公室（农民的小土房子），里边黑洞洞的，绘图也没有桌子，只是用几本书或用砖支起玻璃板，把手电筒或灯泡放在下面画图，画起来很费劲。屋子里没有取暖设备，很冷，一会儿就把手冻僵了。我和同事们就在这样的条件下不停地工作，静静的房子里不时听到一阵阵在手上吹热气声、两手摩擦声和轻轻地跺脚声。

当时，石油工业部测井处蒋学明处长带领的工作组，在现场指导工作，和测井队的同志一起修仪器、校验仪器、拉电缆、做记号进行测井，并和我们绘解人员共同进行资料解释，有一天，我在东营农民土房子里向唐克等领导汇报资料解释情况后，返回西营宿舍时，车门没关死，在宿舍附近一拐弯，车门开了，把我从车上甩了下来，把我吓蒙了，幸好路边是个大高土台，我一屁股坐在土台上，没有伤着。第二天，我们又和工作组一起整理资料到深夜，走时天下起小雨，蒋处长扶着我上了测井车，等我们向西营方向走了一段路，还听他在后面大声喊："扶好了，慢点开，路滑，关好门，小心别再甩出来!"

那时仪器很落后，地面仪只有国产51型仪器，井下仪器也只有井径、井斜、中子伽马和自然伽马测井仪，主要是进行横向测井，没有微电极曲线，也没有任何孔隙度测井曲线，给解释工作带来了很大的困难。在这种情况下，我们做了过细的工作，在测每条曲线时，从刻度到测量至验收都十分认真，每条曲线测完后都进行读数，点点、对图版等步骤，发现点子不符合理论图版规律便认真分析，认为质量不合格便立即返工，由于这样严格要求，使所测曲线条条能反映地层的真实面貌。从3月5日到4月2日，在这口井深只有1750米的井内，共进行了四次测井，测井时地层浸泡影响小，加上当时地质录井、气测工作都很细致，因此各种资料对应都很好，这也给解释工作带来了有利条件。我带领的资料解释组对每个数据都反复校对，每一个不正常的点子都反复分析原因，因此，使所求出的参数都比较准确，综合解释的油水层与实际情况比较接近。每绘出一张图，我和同事们都激动不已。4月2日，当最后一张资料解释图绘制出来时，我和解释组的同志们再也忍不住激动的心情，高兴得一边跳，一边喊："油！油啊！"我拿着图纸，看着看着，激动得哭出声来。这时唐克走过来，问我："小潘，你这'千里眼'给我说说，华8井有没有油？"我心怦怦直跳，涨红着脸，眼眶里含着热泪，语气坚定地回答："报告首长，华8井有油！1100米以上地层中，油层17层，厚度31.8米；可疑油层18层，厚度32.8米；水层41层，138.4米；干层28层，38.2米。"我像炒爆豆似的一口气说出来，逗得首长们哈哈大笑，我也忍不住笑了。随后，我又去北京向部首长再次汇报了华8井的解释结果。

这口井是我负责解释的第一口出油井。1961年4月16日，按照我们解释的油层开始射孔，共发射炮弹198颗，在1207.8米至1613米之间，共射开8个油层，日初产原油8.1吨。这是胜利油田第一口见油井。当时没有油罐，油池是大家突击挖出来的。看到滚滚的油龙从油管中喷出时，我们激动的心情真是难以用语言描述。

潘瑾台说，当时也没有经验，实际上是摸索着干，有蒋处长指导着，经常开会讨论，干着非常带劲，觉得有油了，很高兴，不分白天黑夜的，直到干完为止。参加绘图的还有赵丽君、赵桂英。

刘殿甲回忆井壁取芯时说："说实在的，当时太费劲了，没干过，我就在学校去玉门实习的时候见过，队里共有十来套工具，都是旧的，据说以前取过，但是没成功过。我跟薛俊杰白天黑夜地研究，最后真取上来了，看到油砂的油滴答的，心里真高兴，比吃个白面馒头都高兴！"

3月21日，在地质科负责试油工作的许学康受勘探处主任地质师安培树委派到东营，开始准备华8井试油工作。许学康回忆说他从仓库坐车，坐在拉满东西的太拖拉车厢上头，整整一天，天黑了才到东营。许学康在回忆录《难忘在东营时期的艰苦岁月》中写道：

> 该井钻至井深1755.88米提前完钻，用原钻机试油，尽快了解油层产能和液性。3月27日完井电测，解释显示在馆陶组、东营组有油层13层厚24.2米，可疑油层17层厚31米。3月29日讨论了试油层位意见，并向在东营的部工作组汇报。我于3月底带着华8井资料进京向石油工业部汇报，先向地质勘探司地质处翟光明处长（现工程院院士）、邱中建主任地质师（现工程院院士）等领导汇报，晚上邱中建通知我："明天上午九点向余秋里部长汇报。"第二天（4月1日）一早，我们从六铺炕坐交通车到交道口，在×××大楼以北一条胡同内进入余部长家，经过三道门岗到会议室外，由秘书通报后进入会议室。那时室内已坐满了有关领导，有一位领导说："快来，快来，我们正等着你们报告好消息哪！"我们将一包包岩芯油砂、录井图和电测图放在桌上，邱地质师先汇报华8井钻遇油层情况和试油意见，我补充汇报油砂及油层情况，余部长对一包包油砂细致观察，并闻着油砂说："油香味很浓，不过从颜色看这油要比大庆油稠，而且油砂很疏松。"余部长还对照电测图一层一层看电性特征及油水层解释，并说："要研究本地区油层解释标准。"经过讨论，余部长最后对华8井试油作出决定："从1207.8~1630.8米井段射开油层8层厚度16.2米试油，了解油层产量和原油性质。"余部长对华8井试油工作提出六点要求：从新疆克拉玛依油田空运一套高压采油树到东营华8井；从玉门油矿调一名试油领导干部和一个试井班并带压力计等设备一套到东营报到（后调鸭儿峡试油区队陈区队长到东营，试井班先报到）；从重庆（重型机械厂）空运新的57−103型射孔枪及射孔子弹到东营，保证华8井射孔质量；大庆油田要做好高压物性（PVT）取样人员和取样器准备工作，由东营通知取样时间；华东石油勘探局东营工作组和华北石油勘探处要认真做好华8井下套管完井和试油工作，用半个月

时间做好准备，于4月15日开始射孔试油，取全取准资料；地质勘探司要派人去现场指导试油工作。汇报结束后回到石油工业部大楼，翟光明处长告诉我："明天王尚文总地质师和你一道回东营，王总从青海油田调华东石油勘探局任总地质师，刘南副局长已经到东营了，部领导十分重视华8井发现油层，派他们组成工作组到东营，领导该地区的石油勘探工作。你到一楼行政接待科去拿火车票，已帮你买好回张店的车票，你和王总在火车上见面吧！"此后我跟随王尚文总地质师一直工作到1965年，后来王总调华东石油学院当教授教书。4月5日完成了下套管完井工作。原钻机试油工作有序进行，成立了试油领导小组，下设工程、地质、安全、后勤小组。我们地质小组负责取全取准射孔试油资料。4月15日上午八点射孔正式开始，为确保射孔准确，我们采用笨办法，组织试油队、钻井队地质人员和电测队射孔人员一道，用长30米钢卷尺一次一次丈量射孔电缆长度，与绞车上的深度指示器对比，保证射孔质量一次成功。记得射第二炮时枪身就带上油花，射孔结束下油管提清水时就有井涌现象，抽汲诱喷几次就自喷了。从4月16日到5月4日，用6、8、9毫米油嘴求产测压，日产油8.5~11.4立方米，但还是射开了水层（或油水同层），日产水22.3~47.3立方米，原油相对密度0.9423，黏度（100℃）41毫帕秒，油比较稠。大庆油田派王法球工程师到东营取得高压物性（PVT）资料，我们还取了200公升原油样品送北京石油炼制研究所做原油评价分析。华8井在关井测地层压力取PVT样时，邱中建地质师到东营进行现场指导。

陈铁梅说："华8井发现油砂后，到石油工业部汇报，书记孙竹带队，有郭鸿铮、潘瑾台、许学康等人，余秋里请客吃烤鸭，才吃了几口，潘瑾台就说吃饱了，其他人都不愿意，刚开吃怎么就饱了？那时候是三年困难时期，大家缺油水缺得厉害。"

然后是固井，这是钻井工程的最后一道环节，如果固井失败，就会前功尽弃，造成难以挽回的损失。康世恩曾说：“一口油井相当于一个人民公社的财产，固坏了，别人打一颗子弹，你们固井得打两颗。”开水泥车的林锡光参加了固井工作。他回忆道：“为了华8井固井，跟地质部借了两台水泥车，华北处的两台水泥车坏了，我跟张敦义去开回来的，车都是崭新的，从黄骅仓库里开出来，地质部还跟来两个人当学徒。从大庆油田来了三个人帮忙，有固井技术员李葆青，山东潍坊人，还有王光辉，另一个没想起来，跟黄世孝一块儿指挥固井。”宋梅臣说：“华8井固井的时候，杀了两头猪，每人发了一张红烧肉票，用水泥袋子的纸做的，盖上红章。”李蕴珍说：“固完井那天，因为要等水泥凝固，给我们放假一天，还发了4个白面馒头，圆的，两只手拿着，印象可深了。”

从玉门油矿调来一支固井队伍，一行六人，有丁玉才、张志江、赵树红、张正涛、梁鹏岭，负责人是黄世选。黄世选、黄世孝听起来像是兄弟俩，其实不是。黄世孝是四川新都人，生于1936年，1957年毕业于重庆石油学校，分配到华北石油勘探处，此时在技术革新科。黄世选生于1939年，吉林舒兰人，1959年毕业于玉门石油学校钻井专业，分配在玉门油矿勘探公司技术作业大队固井队。黄世选回忆说：“1961年3月27日，在大雪中从玉门出发，坐火车，一路倒车，经过兰州、西安、郑州、徐州，车上人很多，都有站着的，好几天没怎么睡觉，4月5日才到达济南华北处，领导跟我们谈话后，连夜坐一辆解放卡车，还拉了一套封井器，司机张良清，外号‘张麻子’，6日早上6点从张店街上路过，下午4点才到东营。”他们到的时候固井已经结束了。

石油工业部“关于华8井射孔层位及试油问题讨论纪要”（61）油地地字第37号文件记录：4月8日，石油工业部勘探司司长唐克主持召开了华8井射孔层位及试油讨论会，确定了选择射孔层位的原则：只射开绝对有把握的层位，没有把握的可疑层不进行射孔。要求射孔前对射孔器材进行检查，射孔弹必须做地面试验；丈量电缆至少3次，误差不得超过10厘米。

固井以后是试油前的“临门一脚”——射孔，由电测队完成。电测队住在西营，垒了两个锅台，一锅煮胡萝卜，一锅蒸地瓜面窝头，一人一天5个窝头。这是华北处第一次射孔，射孔弹在老百姓房子里堆了一屋子。射孔主要由刘殿甲负责，他说第二天就要射孔了，头天晚上还在研究准备，晚上没有灯，李队长让把汽车开起来打灯。薛俊杰做操作员，下面有时一个枪身，有时两个，1米长，10个弹，按钮一通电起爆。档案记载：4月12日，李有孚带领电测队用测井绞车和CЛУ型射孔仪器面板及苏联的57-103射孔枪，对1207~1631米井段进行射孔，发射射孔弹198发，射开油层8层16.4米。

孟宪庆回忆道："1961年初东营村附近竖起高高的钻塔，好像大海里的灯塔一样醒目。当时我们住在西营村，接到上级指示，令我队为华8井试油挖储油池。我率领十几名职工奔赴华8井场，我把队伍集合在一起，讲了几句动员令：'同志们，这次任务，时间紧，任务重，意义重大，我们要发扬革命加拼命的精神，齐心协力，团结一致，为华8井试油工作做好准备，为全队争光。'一声令下，一个个生龙活虎，斗志昂扬，大干起来。我不时地向兄弟单位望去，看到他们干得很起劲，热火朝天。我意识到情况不妙，不能落在别人后面，我高声地喊道：'同志们，考验我们的时候到了，决不能落后，再加把油……'大家挥动着铁锨，加快了挖掘的速度，抬着满筐的土方，不是在走，而是快步小跑，你来我去，穿梭在工地上。同志之间，互相帮助，互相鼓励，加油声不断。紧张而又繁重的劳动，同志们手上磨出水泡，肩上压出一道道血印，累得满头大汗，气喘吁吁，上气不接下气……在大家的共同努力下，圆满地完成了任务。"孟宪庆说除了他们队挖了一个油池子，还有其他队也挖了池子。

时任试油队工程技术员的刘家祥回忆："1961年春天，华8井钻井见到了油层。我们试油队按照上级指示，昼夜兼程，立即赶到华8井试油。当时就住在西营、南庄子、义和三个村的农民家里，天天徒步上下班。试泊施工时，我干脆又从西营搬到了井场上的帐篷里。雨季，帐篷里特别潮湿，有时青蛙都跳到帆布床上，被子一两年没拆洗，有一股刺鼻的酒糟味。每天吃的是定量的地瓜干、黑豆面和潮得能捏出水来的谷子面、棉籽面，喝的是坑里的水，又苦又咸又涩。住在井上，实在干渴难耐时，只好闭着眼喝柴油机循环池里的水。池子是敞口的，夜里灯光下水面上浮着一层死蝼蛄、屎壳郎、瞎眼碰、螳螂、草老扁等各种各样的昆虫。大家开玩笑地说，我们喝的是营养丰富的肉汤呢。从1960年到1961年两年内，我没回过一次家，没给家里写过一封信，女儿出生快两年了，还没见过我的模样，全家人都不知道我到哪里去了。老婆至今说起此事来还耿耿于怀。”

1961年5月，1015队搬到南庄子为职工打水井。东营村附近的村庄只有南庄子有一口甜水井，传说此井通东海龙宫，故名龙泉井。当地老百姓流传着一个歌谣：

南庄水井真神奇，
清澈甘甜味美异；
有人喝上一口水，
健康长寿百病除。

这口井越传越神，据说治拉肚子、闹痢疾有特效，甚至传说人掉进去都不会下沉，漂浮在水面上。可惜的是，1968年，在“文化大革命”中破“四旧”、破除封建迷信，龙泉井被填平。

先在南庄子与西营村之间的水湾南边、现在的西四路西侧打了第一口水井，在八百米明化镇组试水，氯离子含量在1000毫克/升左右，能喝。

王琦回忆说：“当时整个东营地区，都是用机厂所发的380伏特的高压电，各处用电线路胡乱拉。在七八月间的一天晚上，打第一口井的时候，我们宿舍用电线路被拖拉机轧断，我和柴油机司机李怀凤去接，一人拿一头用钳子去掉外皮，不想我拿的是带电那头，一不小心电线碰着我的右食指，我‘呀’的一声摔倒在地，就什么都不知道了。事后听说，小李把电线拿开，我才苏醒过来。第二口探井钻探完后，在下套管过程中出了事故，报废完井。”

试油队地质技术员王士栋说：“1961年3月，华8井在钻进过程中见到油砂和油气显示。我被调到华8井，协助本地地质组的同志一起进行油气描述及地层描述工作，同时还进行取样。试油队其他同志也调到西营来住，我和刘家祥、董恩环（石油工业部工程师）一起住在华8井井场的帆布帐篷中，三月沙多风大，天气又冷，有一天晚上，董工程师冻得睡不着，把我叫醒问我，钻井架子如果被风吹倒了，是否会压在我们身上。我告诉他，白天我们用尺子量过了，没事，压不到我们这里。”

王士栋继续回忆道：“我参加了华8井试油过程，部里下来工作组，邓礼让处长、董恩环副总工程师，局长刘南都亲自干活儿，刘南、王尚文、许学康、潘瑾台等其他技术和工作人员，共10多人都站在一排大汽油桶上抬着电缆，把尺子平放在电缆上，量射孔电缆，先后下井1200米，丈量3次，误差不能超过5厘米才算合格。邓处长靠井口最近，把着尺子。等按下电钮，听见‘嘭！’的一声，射孔弹起爆，我看见电缆没往上蹦一下，我问别人也说没蹦，我说：‘不对，电缆打扭了。’我在四川实习时见过射孔的，邓处长还批评我。结果试油的时候，水比油多，含水85%。我认为是把一水层射开了。我说把南充的张其伟调来，他们带着封隔器进行找水工作，确定出水位置，下封卡死。后来邓处长专门开会，给我道歉，批评是错误的。我很感动，人家那么大领导，给我个小技术员道歉！”

据1991年《太阳河》“庆祝胜利油田发现三十周年”增刊中袁良臬撰写的文章《胜利油田第一井“华8井”》中两次写到王春祥。队长李仲田介绍：

王春祥这老头你该写写，现在86岁了。当时他在井队夏天打水、冬天烧锅炉。记得华8井要开钻时，从每个班里抽出一名钻工帮助他烧锅炉，以保证正常钻进，他对几个年轻人不放心，就三天三夜吃住在锅炉旁，一直把几个年轻人教会他才回到村里住。他脾气犟，但工作很认真。我和指导员有事就同他商量。指导员魏振家说：“32120钻井队的那班子人真好，去年（注：1990年）王春祥对我说：‘老领导，我从没犯错误。可那时打华8井，一次是我值夜班，分发的咸菜我没收钱。’我听他说完就笑啦，小袁你说，现在看来那还叫错误吗？”

王金秀说：“试油还是用的原钻机，32120队去准备打营1井，给他们试油队留下了两个副司钻任廷桐、赵树桥帮忙，用提捞筒往外提水。提捞筒在下边的时候上得很快，快出来的时候应该再放慢，尽管钢丝绳拴上猪鬃等做了好几个记号，晚上人困马乏，有几次还是顶到天车上了。试油放喷管线架在敞口油罐上，用油罐来计量出油出水量。开始出油的时候压力不稳，管线一扑棱，把站在罐沿儿上的陈连国给打下来了，好在罐高才两米，没事儿。”多年后，车进祯回忆说：“下上油管，细钢丝绳上接上油抽子放下去，油抽子上有槽，槽里安有胶皮，当上提时胶皮堵住下端，将原油提出。”

石油工业部勘探司测井处处长蒋学明参加了华8井测井、资料解释、射孔、试油全过程，对华8井的工作给予指导，他是四川人，曾亲自指挥过松基3井的射孔、测井和试油，可以说是大庆油田、胜利油田两大油田的“接生婆”，何其幸运！他在回忆文章《华8井出油揭开了华北石油之谜》中写道：

1961年的春天，是三年困难时期极其困难的一个春天。当时我刚从大庆回到石油工业部，部领导就指示我去华8井负责完井测井、判断油层、射孔、试油。部领导叮嘱说：“华北地区已打了7口井，苏联井队在南宫也打过井，未发现油层，因此有人曾发出华北无油的悲观论调。这次你去华8井蹲点不要漏掉一个油层，要像在大庆松基3井那样工作，仔细地分析油、气、水层，准确地射孔，把油试出来。”

3月下旬，我初次去山东省广饶县东营村，当时华东石油勘探局刘南副局长、王尚文总地质师、李光征副总工程师也来到了华8井井队驻地。我们4个人住进了祠庙，支起了行军床，现场指挥钻井、测井、射孔、试油及地质工作。井队是32120队，队长李仲田，指导员魏振家。华8井于1961年2月26日开钻，4月5日完钻，井深1755.88米，钻井过程中多次发现砂样中有油迹油斑，但岩屑有硫化氢味，滴水能够渗入。

气测工作从120米测到1755.8米，取气样密度随深度而加密，1189米以下1米采2~4个气样分析，气测值是低值，异常不明显。针对这一情况，我们认真分析每个渗透层，计算出各种参数，争取不漏掉一个油层。

华8井试油初喷的规律与松基3井极为相似，但油层厚，出油的信心比松基3井还要强。我们研究了各种可能出现的情况并采取了相应的措施，射孔时用低相对密度（1.17）、低黏度（25）、失水量小（6.5毫升）的泥浆压井射孔。14日4时22分替完清水后开始油管自溢，但流速不大，最初一桶（17升）装满要42~120秒，接着下降到200~270秒，最后停止自溢。14日22时抽汲诱喷。15日6时55分开始自喷，畅喷9小时40分钟。15日开始用9、8、7、6毫米油嘴短期测试疏通油层到井筒通道。4月28日用8毫米油嘴测试中停喷。29日抽喷用9毫米油嘴测试至5月4日。5月4日9时至5月5日9时关井24小时，套压从2.8兆帕上升至3.2兆帕，油压从0.37兆帕上升至1.88兆帕，以12毫米油嘴换2英寸油管畅喷，但喷势减弱，于17时20分停喷。从出油不正常情况分析：是否把管下深了？于是我们把油管鞋从1412.33米上提至1221米，从而了解1207~1263.8米井段5个油层产油能力，了解水层位置是在顶部还是在底部。5月8日起抽汲，到11日18时才恢复自喷，如抽汲一段时间后又自喷，短时喷后又抽汲，从4月15日16时34分到5月4日，共产油196.6立方米，产水1043.7立方米。试油期间我们规定每小时计一次产量，2~4小时分析一次含砂量、含气量。虽然日产油及水量不稳定，但不像松基3井固定捞水完后油井连续自喷，可求得日产量。此井水层较多，我们也做过井温找水层测量。

1961年5月华8井试油出油后，我们在济南用电话向康世恩副部长做了汇报，讲了油水同出的分析意见。康副部长反复询问了低饱和度油层出水的规律。随后我带着原油样品与潘瑾台同志一道回部，向部党组、余秋里部长汇报了华北第一口油井的测井分析与试油初步结果。

《华8井试油阶段小结》中记载：4月12日射孔，4月14日4点22分替完清水后开始由油管自溢，但流速不大，产水17公升后停止自溢，14日22点抽汲诱喷，15日6点55分开始自喷，开始畅喷9小时40分钟，4月15日开始用9毫米油嘴测试，至5月4日先后用9、8、7、6、8、9毫米油嘴短期测试。

杨常兰至今还保存着丈夫当年记录的工作日记本，尽管刘希尧已经调任处钻井科技师，但是一直还在队上，根据记录，4月14日4点22分，套管开始溢流清水，4:22~8:00，油0.5公升、水5343公升；到24点，共出油3公升、水12664公升。记录本里有两张纸，抬头儿上写着：华.1961年4月15日出油，下边记录着从15日到19日每天每班的出油、出水量。根据记录，15日出油6983公升、出水51292公升；16日出油1883.3公升、出水23851.7公升；17日出油10964公升、出水54825.1公升；18日出油12452.4公升、出水53271.6公升；19日出油10077.1公升、出水41494.7公升。

这是自1955年开始华北石油普查，从华1井开始，先后打了8口井才第一次见到工业油流。也许是上天的安排，从1956年4月15日华北石油钻探大队在明化镇成立，到1961年4月14日见到油花、15日喷出石油，时间整整过去了五年。

五年的时光，宋世宽由副处长变成副局长，孙竹由团政委变成书记，靳耀华由处长变成停职，高文会由组织部部长变成副书记，马永举由副团长变成副处长，魏振家由副科长变成党总支副书记，李福喜由科长变成队长，王廷海由农民变成工人，范惠英由初中生变成绘图员，魏恕由组长变成右派分子，汲瑞林由负责人变成材料员，裴宗诚由副队长变成劳改犯，黄文明由负责人变成犯人，张华荣由工人变成罪犯，尚毅由技术员变成安装工，章秀珍由女孩变成妈妈，史淑苓由大学生变成技术员，钱忠学由男人变成丈夫，赵文善变成赵毅，陈良鹤变成陈勤，苑兰茂由地上变成地下，高锡铎由活人变成死人……

相对于大庆油田的发现，华北油田的发现可以说是一波三折，从南打到北，又从西打到东，在近乎绝望的时候，又突然迎来转机，终于在绝望中找到希望，迎来了胜利的曙光！在1958年一个文件成立的五家勘探单位里，只有华北是勘探处，其他四家都是勘探局，此时，以松辽的发现最大，贵州石油局的发现最小，银川石油勘探局发现了宁夏灵武李庄子、马家滩具有工业油流的小油田，华东局发现了一些浅层天然气。对比他们，华北石油勘探处是不幸中的幸运。

试想如果华8井还没出油，这是极有可能的，因为这里是复杂断块油田，不像大庆油田是长垣整装油田，偏上几百米要么没油，要么油层很深。“老华北”们有的说：如果华8井没出油，就上江汉了，也有说调大庆会战的。晚年的时候，女儿安滨曾问父亲，华8井再不出油怎么办？安培树说：“华8井再不出油，不能再打了，国家太穷了，一打一个黑窟窿，一打一个黑窟窿，不打了。”当然，很大可能是接着打，到黄骅打，因为天津会议定了六个突击点，那样的话，胜利油田的发现无疑会推迟若干年。

华8井出油了！8岁的王月南到井上提了一罐子油回来，倒进铼里，学着大人炒黄须菜，还吃了一口，住在对门王兰田家保卫科的崔志仓看见他满嘴黑油，说他：“这能吃吗？！”华8井的油不但不好吃，还不好烧。于焕明说：“这油含水多，用火柴根本点不着，得先用木柴把火烧旺了，把油铲上去，就听得噼里啪啦的声音，潘瑾台说这是乳化油，含胶质多。华8井的油很稠，像糖稀一样，挑起来拉丝，沾到他工服上一块，洗不下来，一直跟着他到1970年江汉油田会战还沾着。”宋梅臣说：“这是第一次看到原油，搞石油的见到原油，很高兴！”李贵祥说：“一看，噢，这就是石油，那么黑，拿手摁摁，它不沾手，它那个油含蜡很高，当时很高兴，我们几个不抽烟的，叫师傅，快给我根烟抽，师傅给我口酒喝，我师傅说，你小毛孩子怎么抽烟喝酒，好！一个人一块钱，买好吃的去，下了班之后，师傅领着，去上食堂买几个菜，我们不用分开了，我们就在一起干了，谁说这里没有油啊！”魏振家说：“高兴到什么程度呢？敲洗脸盆子，没什么乐器啊！不光是石油工人，连东营的老百姓都欢天喜地的。”

王月南对油田有着很深的感情。他西边大娘家（王明第家）住的是人事科，有乔全顺等三四个人。王月南收藏有一叠从1953年到1956年10月的《玉门石油工人报》，打华8井的一位工程师送给他的，是从玉门带来的，他一直珍藏到现在，前面有几张被他老婆撕下来做鞋样，气得他好一顿训。我看到了他保存的这摞报纸，除了纸张发黄，基本完好无损，没有一点折痕和破损。我看了最后一期报纸都是1956年10月，这位工程师应该是1956年从玉门调到华北石油钻探大队（华北石油勘探处前身）的，王月南自己记得那位工程师姓顾，但我询问过顾心怿、尚毅等人均表示不知道，到底是谁还有待于研究。

葛榕曾兴奋地装一瓶石油、一盒油砂带到济南家中，还扎上红绸带，摆在桌上做纪念。他对爱人说："我们找石油的没有比这更高兴的事情了，这是梦寐以求的事。"

据时任华北石油勘探处办公室主任的李应时回忆：

4月18日，孙竹要我速到东营筹备华北石油勘探处前线指挥所，当时已是傍晚六时，我吃过晚饭带着简单行李乘吉斯150送料车沿着坑坑洼洼的济青公路颠颠簸簸来到东营，此时已是深夜。我背着行李来到东营村家庙32120队部，进门，队部一个人也没有，我只好又去找到管理员住处，他告诉我快开钻了，队上干部都到井上去了。我只好回到队部稍加休息，次晨我速去找到李仲田队长，因他一夜劳累急需休息，我简单说明来意，李队长对我说：我告诉管理员另找房子，将队部搬到后街，让处前线指挥所安在家庙。不几天，孙竹带领处机关前线工作组来到东营。

张凤昌至今还记得巴中一教给他们唱的一首歌：

铁钻头，入地壳
老钻工，云上飘
机器隆咚震天响

我们愉快地劳动

我们骄傲地歌唱

歌唱祖国发展石油工业

华8井是我们的骄傲

……

据蒋学明回忆：

当时部党组领导提出：华8井出了油打开了华北找油的局面，要往深处及其他构造甩开打探井，不要急于在井旁打油井。部署在几个构造上打架子井。华8井出油后，我们又打了辛1井（辛镇构造）、营5井（坨庄构造）等。

4月，从青海石油勘探局调来一支测井队及两台测井车辆，随带一套苏式AKC 51型测井设备。共10人，带队人徐贵德，有宋有道、江乃刚、彭鸿业等人。现年82岁的江乃刚回忆道："这个队是临时组建的，我跟彭鸿业原来就是一个队，本来已经宣布调大庆会战，又来山东了。我是因为出身不好，老家浙江嘉兴，家庭成分是地主兼工商业主，我本来1954年考上了北京军事油料学校，结果一调查，我姑姑江学珠在台湾，任台北第一女中校长，还曾当过国民政府国大代表，就给取消了，我当时觉得没有前途，很伤心，差点儿上吊。又自己复习一年，考上了北京石油地质学校，跟李维平是同学。来到山东工资低了很多，在青海81块钱，在东营42块钱，但比青海强的是能吃饱，在青海一天一斤白面，给能买3包烟的烟票，其他什么都没有，油一星点儿都没有，盐倒遍地都是，馒头里掺上树叶子，看起来很大，不顶饱，指甲盖都是凹进去的。在东营吃地瓜干、地瓜面、豆面、高粱面等杂面，定量42斤，能吃饱。别看我个子小，能吃。后来在辛1井，宋梅臣跟我打赌，我吃了一碗红烧肉、十个馒头，感觉还能吃。"

华8井从4月12日开始试油，到7月21日试油结束，前前后后持续了整整100天的时间。

白玉玺说："华8井喷了一个礼拜就停喷了，被出砂埋了，砂面都到800米了。射孔用的5965聚能弹，像鞭炮似的，以后都用射孔枪了。"试油队的张宗力说："华8井出油以后，我住在华8井看设备，住一个旧帐篷，里边都透亮，就自己挖了一个地窝子，一间房大小，搭上树枝子、高粱秆、烂草、破帆布，用草和泥抹上。还逮过一个黄鼠狼子，一轰它钻进钻杆里边了，当时还有两个机修车间的发电工，拿麻袋扣上一头，在这头拿细管子捅，钻进麻袋里，一个老大爷过来，说赶快放了，千年黑、万年白，这个半黑不白的，快成精了。他们不管这个，在地下摔，以为摔死了，放在地上，这东西见土还阳，一会儿又动了，继续摔。他们两个扒皮，炖了，给我留了半碗，我本来不爱吃肉，尝了一口，都是瘦肉，还不难吃。可是那个锅，过了半个月还腥气。"

5月，修配车间孟庆玺来到东营，他说："我们一块儿来了20人，有刘永兴、邢业升，坐太拖拉来到东营，住在西营村，到这里生活好点了，在济南饿得厉害，上台阶都感觉很累。这里能到野地里捉青蛙，到河沟里抓鱼，西营沟里有很多狗缸，头大身子小，这种鱼很傻，喜欢在水边上牛踩的窝窝里趴着不动，上去抓就行。一天，赵志义从济南来东营出差，我晚上十二点下班后，到沟里一会儿抓了2斤多，装在瓶子里，给他带回济南，他高兴得不得了。1961年8月，我调到食堂，生活更好了，都有点儿胖了。"车工张莉说："1961年，我跟王兰英一块儿来的东营，车床就放在工程车上，给井队车零件。有一天到半夜饿得睡不着，跑到老百姓地里偷萝卜，是水萝卜，辣得直流眼泪。那时候，一个月才挣24块钱，1斤小米5块，1个鸡蛋5毛，1个小南瓜，也就有2斤，5块钱，吃不起。老爹有病，打来电报，给队长请假，带了5个地瓜面的窝窝头，到了家，爹问这是什么东西？我不好意思说这是地瓜面，说是日本面粉，他还说日本怎么出这种面粉？"王兰英说她们是车间到华8井的最早的女工，王德元来得较早。那时候饿得厉害，从老乡那里买个萝卜，晚上饿了在被窝里用刀割一片儿吃。在修配车间内燃机修理组当修理工的张应桃说她来到西营村住的时候，住的房子漏雨，吃饭也吃不饱，车间主任张云给他们讲：“你们现在吃苦不算什么，你们将来有福享，楼上楼下、电灯电话”，她当时想“吹牛”。

1960年10月，毕业于长春地质学院物探专业的陈俊生跟同学汪廷璋一块儿分到华北石油勘探处801队。陈俊生老家是安徽灵璧，却生在河南开封，父亲是军人，属于被称为“老一师”的国民革命军第一军第一师，上过黄埔军校，参加过徐州会战和中条山战役，生他的时候驻防在开封。母亲是开封市政府一位官员的小姐。1948年，解放军围攻济南的时候，他父亲正任国民党守军上校军需长官，济南失守后，父亲装成马夫赶着大车带着一家人趁乱逃到徐州，他在徐州上的中学。汪廷璋是安徽和县乌江人，就是项羽乌江自刎的地方，紧挨着南京。在回忆马在田的文章《我和马在田院士的交往》中，陈俊生写道：马在田是我参加工作后的第一任领导，当时的801研究队办公室有一个书架，摆满了中文、俄文、英文、日文版的地球物理杂志，学术气氛很浓。在他的带动下，我一出校门便踏入阅读外文专业杂志的门槛。我有点英文基础，从那时起试着翻译英文专业资料，由于没有地球物理方面的工具书，我把所碰到的专业词汇定名后逐一记在本子上，这为我十多年后编纂《英汉地球物理专业词典》打下了基础。在工作方面，马在田以身作则，务实、严谨，要求大家不图虚名，多做实事。当他得知我喜欢古典文学后，闲时，他跟我说：“读读范仲淹的《岳阳楼记》，一生受益，多多品味‘先天下之忧而忧，后天下之乐而乐’的人生哲理，终生无悔。”1961年2月，刘颂威调到801队，他是无锡人，1960年9月从北京地质学院毕业后在北京地质科学研究院实习。范惠英说：“汪廷璋穿着破大衣来报到，棉花都露着。刘颂威穿得特别好，人也帅，有一米八高，好扎在女人堆里，是个花花公子。他们3个大学生来了以后，马队长很器重他们，我们感觉受到了冷落，气氛不如原来了。”

4月，地质部副部长旷伏兆主持在山东德州召开了第二次华北石油普查勘探会议，凡在华北地区进行石油勘探的地质和石油单位均派了代表参加。会议对惠民坳陷评价很高，旷部长在最后总结讲话中指出，“由一普在商河构造上一台乌德钻机”。

5月，华北石油勘探处编制了《东营专案计划草案》，计划投资1500万元，部署四部大型钻机、9部轻便钻机，钻进深井6口（分别是营1井、营2井、营3井、营4井、辛1井、河1井），地质浅井21口，全面了解东营坳陷含油情况。

5月22日，为了适应渤海地区的石油勘探，并为便利职工和来往人员的食宿接待，张店招待所成立，地址三马路107号（原地委招待所前院），曾九锡任所长。

32104队搬到垦利县（今垦利区）八分场（现属东营区），此时，魏振家调来做指导员，队长是李宗斌，张继堂当了32120队指导员。八分场是山东省公安厅所属五一农场（劳改农场）所属第八分场，是其最小的分场，主要就业人员从事畜牧生产，养着马牛羊等牲畜。这一带有“辛镇王家岗，犸猢（本地指狼）趴在炕头上”的传说。1961年5月24日，辛1井开钻，位于华8井东15公里处，属辛镇构造，设计井深3000米。所用钻机是一部新的乌德钻机，油罐、水罐等附件还是原来华6井那套设备的，从位于今垦利区城北边的复兴村附近的黄河一号码头卸船，1015队参加了卸船任务。当时在场的申金奎说，“他们随1015队从山东省商河县玉皇庙公社杨庄铺搬来的，副处长马永举、科长徐守发现场指挥，马处长也亲自抬设备，可把我累得够呛。李怀凤不小心从船上掉进河里，老半天才露出头来，我把他拉上来。”

袁思庆在其笔记本上还记录道：

1961年6月4日，华北处东营指挥所召开了处属各单位三级三结合会议。王指导员由东营回来，在1961年6月5日向党支部作传达东营会议的精神：在东营，处首长和职工共同劳动，吃苦带头干。东营出油井堵水今射孔，因现不出油，还有五层未射，堵水后射。6月份，整风运动列入6月重要工作任务之一，并在整风中发动群众，打掉职工的顾虑，使同志们能给领导提意见，使自己心里话敢在这次整风会议上说出来。高书记、任书记、孟科长说了，他们都同意，这次回家把跑的同志叫回来。

华8井的产油层为上第三系馆陶组和下第三系东营组，未能钻达下第三系沙河街组，为了了解东营构造沙河街组的含油情况，完成华8井未完成的地质任务，决定在东营构造再钻一口井——营1井，位于东营村南，广利沟南岸，距华8井1498米，设计井深3000米，由32120队施工。6月15日，营1井开钻。

范惠英说："我跟王承志是1961年5月31日结婚的，当时是王承志来郑州出差，马在田就说你们结婚吧，就这样结婚了。婚礼很简单，就在我们办公室，晚饭后，队里的人把办公桌围成一圈，我们买了几斤糖还有次糕，孙武城做主婚人，马在田做证婚人，热闹一下就把我们送到旅馆。结婚时队上给了二尺布票，够干啥的，做了个裤头儿。华8井出油以后，跟中原石油物探大队的关系就不好了，用资料也不肯借，还要打借条，以前什么都不用，就跟一家人一样，原来都在二楼一间大办公室，后来让我们搬到一楼一间小办公室，我们就离开郑州，搬到济南。从郑州往济南撤走前，中原石油物探大队给开了欢送会，马在田给了中原石油物探大队三四十斤粮票，人家给我们每人1斤馒头带在路上吃。马在田先带走一批，我们几个最后一批。陈俊生给我们说，'路过开封的时候咱们下来，我带你们去玩儿'，大家都很高兴。谁知道马队长让地质组的李国荣带队，他老实，直接到了济南，记得是1961年6月30日到济南的。"

7月7日下午，802队钴-60放射性标准源及铅罐在西营村东头汽车队场地被盗，事件立即上报了石油工业部、山东省、广饶县政府。

就在华北处上千干部职工精神振奋得大干快上的时候，一件意想不到的事情发生了，从此，改变了很多人的命运。

第四十一章
出油以后被合并

1961年7月8日，石油工业部下发（61）人劳周字第293号文件决定：为了加强山东地区石油勘探工作的领导，将华北石油勘探处的工作全部划归华东石油勘探局管理，并撤销原华北石油勘探处的组织建制。华东石油勘探局的主要领导力量应放在山东广饶地区，直接指挥山东广饶地区的石油勘探工作。

就在同一天，袁思庆在其笔记本上记录了1014队评选的先进：潘希全、张照辉为处红旗手，栾祥林、庞宪臣为队红旗手。给张照辉的评语是：卫生、团结、工作、算账和整风对班的领导，向队里主动提出修泵，工作很积极，学习对班很关心，司机不在他领导班学习，对全队同志们都很团结，一心一意想把工作搞好，能吃苦带头，对机械一些设修工作很主动。还写了对唐易之的评语：自己是个技术员，还能当钻工工作，领导叫干什么就干什么，没有技术员的架子，学习很好，团结群众工作不分你我，并把报表搞好，还帮助钻台工作。

档案记载：7月9日，放射性标准源及铅罐在西营村找到，原来是西营村一小孩子偷回家，把铅罐割开卖给了供销社，标准源被扔到房后，完好无损。2021年我到西营村寻访时了解到，这个孩子小名叫丑子，当时十来岁，父母都已经饿死了，跟哥哥相依为命。他后来名叫王梅村，参军复员后成为胜利油田的一名职工。

7月12日，华北处人事科发出了最后一份处分文件《对102队于茂香丢失地质资料的处分通报》，拟稿：钟庆，核稿：薛悦常，签发：刘长沛。事情是这样的：地质报告的印刷工作由地质科统一分配人员刻印，3月初，102队把1960年地质报告草稿交到地质科，穆祥金安排梅逵柱和于茂香进行刻印，由于处机关没有地方，就在处招待所工作。3月27日中午，于茂香带着自己负责刻印的"山西沁水盆地构造含油气"部分资料去招待所的路上丢失，"造成严重的失密事故，受到行政记大过处分"。

32104队打到1340米发生了卡钻事故。唐克在这口井上又训了人，王忠学说，唐克很高，看起来像个外国人，当时卡钻了，他训斥："你们一帮处长工程师的，连个卡钻都处理不了？！"7月23日，辛1井完钻，终孔井深2525.89米。该井在2058米到2461米井段发现油层18层，8月22日，开始对2290米到2370米井段油层22米进行试油，10毫米油嘴日产原油36~60.8立方米。辛1井于下第三系沙河街组发现油层，进一步扩大了油田面积。

薛俊杰跟我说："他差点儿死在辛1井，当时正用自然伽马射线测井，过程很慢，天气很热，他工鞋早坏了，穿着一双破球鞋，想靠着井场上的一个铁桶歇会儿，谁知铁桶上放着一只探照灯，灯泡坏了，前几天下过雨漏电，当场触电，立马休克倒地，面色变黑，正好被石油工业部的蒋学明处长看见，赶紧用胶皮水管打断了电线，经过刘殿甲等人人工呼吸半小时后才苏醒过来。"潘立奎回忆道："打辛1井，王占松救了我一命。我们两个抬4吋半的套管，走到水边，脚底下一滑，我摔倒在地，弄了满脸泥。他愣是没歪，他要是歪了，钻杆就得砸在我不是脑袋就是脖子上，得把我砸死。那时候上下班都带个小桶，有路不走，野地里转悠着走，找野菜。井上有锅，把野菜放到开水里烫一烫，捞出来挤成两个菜团儿，吃了填填肚子。人家劳改队的吃饭时故意举着白面馒头朝我们摇晃，我们吃地瓜面窝窝头。"

据蒋学明回忆：

辛1井钻开沙河街组电测结果发现，上部的油层与华8井的油层可以对比，但多为水层，下部又出现一组新的油层，岩性、介形虫与沙河街组相同，后分析为沙河街组上段，定名为沙一段，电测解释油层12层，有效厚度33.8米，3米以上的有6层占25.2米，油层电阻率9~49Ω·m，孔隙度在36%左右，说明砂岩分选好，渗透率4600~7000平方微米，地层水矿化度不高，泥浆电阻率0.3~1.5Ω·m。由于泥浆好打井时间快浸入区不明显。发现这一组好油层后，我即与潘瑾台同志一道回部向党组汇报。余秋里部长指示："要认真选最好油层射孔试油，要使产量稳稳当当的，选好油嘴争取半年之内产量不下降，我好下决心会战。"回东营后我向刘南副局长、王尚文总地质师等同志转达了部领导的指示精神。我们组织原钻机试油，选准最好的油层12层射开后，9毫米油嘴日产原油40吨达半年之久，为东营会战奠定了基础。

天津会议后，地质部一普3004队从林樊家搬往沾化县义和庄。何秉仁回忆："当时太困难了，就一辆汽车，我把人分成两拨，一拨在林家拆，一拨在义和庄卸，歇人不歇车，不管白天黑夜，车到了就干。"沾深1井于1961年5月4日开钻，7月初，就在岩屑中发现了油砂。钻至1388米提前完钻，综合解释油层总厚度58米，7月29日，用7.5毫米油嘴试油最高获得油流日产3立方米，这是地质部在华北地区获得的第一口出油井，是济阳坳陷继华8井之后的第二口出油井。何秉仁说："我们不会固井，所以，固井、射孔都是请华北石油勘探处的人来帮忙。"

地质部物探局石油测井队负责这口井的测井工作，当时任技术负责人的赵文兰在其回忆文章《我的测井生涯》中写道：

1961年夏天，测完这口井后，旷部长专门叫我们到北京汇报测井成果，我同石油局孟局长、李副局长（李奔）和总工关士聪一块儿到北京汇报，旷部长特意给我泡了一杯最好的茶，会上还邀请了石油工业部管测井的蒋学明，这个名字我早就听说过，都说他的业务技术水平非常高，说得都有些神，这次亲自见到此人确实不凡，他不但精通测井，对地质也非常精通，是位了不起的人物。我详细汇报了沾深1井测井情况和油水层解释成果，旷部长听后很高兴，说“在生产第一线的同志很辛苦，做了很多有成效的工作，让我回去转达部领导的问候”，还说，“义和庄见油的意义重大，加上河北羊三木也见了油，形势大好。”

赵文兰是吉林长春人，1954年毕业于北京地质学院，1955年在地质部物探局河南平顶山煤田勘探队做当时地质部唯一的一台苏联AK51型全自动测井仪的操作员，是这个特大型煤田的发现者之一，名字被镌刻在平顶山市开拓者纪念碑上。1992年，平顶山市为纪念开发和建设平顶山做出突出贡献的地质工作者建立了规模庞大的纪念碑群体建筑和纪念广场。

时任石油地质局副局长李奔的《义和庄试油》（《山野文学》1990年第2期）中写道：

1961年7月间，我刚从陕北回京，旷部长即告我，义和庄打到油层了，老关（关士聪）和王子源正在那里试油，你也去看看。我遵命赴济南，关总来迎。车沿北镇开去，过完北镇后，和想象相反，大地一望无际，白茫茫的一片，不见村落人家，地里没庄稼，屈指可数的几棵榆树或白杨稀稀拉拉，枝叶不茂，孤零零地在大地上挣扎着。车路坑坑洼洼凹凸不平，车身摇摇晃晃，东歪西倒，滚滚尘土，迎车扑来。再加之时逢酷暑，热浪袭人，使人顿生窒息之感。好容易挺到沾化县城附近，才看到稀疏的村落、人家和庄稼，原来这是百里盐碱地，不长庄稼，草也长不旺……

井队居住在离义和庄不远的一个小村里，该小村百十户人家，常年吃水困难，我们住房旁有一口水塘，面积仅十来平方米，水浑浊且发黄，后来得知是积存下来的雨水，供人畜饮用。其实，村里人早上洗漱晚上洗脚涮身也在塘边，洗完随手将脏水泼掉，由于池塘周围均是斜坡，脏水流回池中，水质的污染便不言而喻了。尤其令人作呕的，是塘的周围还有三四个厕所。

我到达驻地后和关总、王工同住在一个十来平方米的房间，然而我们一心扑在试油出油上，故对这样的环境也就不曾在意了！此间我曾被关老总捉弄了一次。当时由于我们固井和试油技术没有过关，结果不理想，摆弄六七天，无大进展，我只得回北京汇报。行前结算伙食账，我在井队就餐7天，共120余元。我吓了一大跳，以为管账的郭秀堃同志和我开玩笑，不相信。郭一本正经地说，不是开玩笑，有据可查。流水账摊开了，煎一个鸡蛋3元，一片西瓜10元，一个香瓜15元，1斤白薯3.5元，以上单价乘以数量，再加上20元一斤的北镇白干酒等，分毫不差，只好倾囊。我付钱时，关总、王工在一旁乐呵呵地笑，这时我才琢磨过味儿来，此前每当享用上述美味时，关总、王工说，东西少，是为你老李一个人准备的。他们酒不喝、瓜不沾，当时我还以为他们是谦让，现在才知道，原来他们比我先到多吃了几天，知道此地物价昂贵，只得忌嘴，但又故意瞒着我。我感到又好气又好笑，于是笑骂道："好你个关老总，你等着，总有一天我要报复你的！"

何秉仁回忆说："这口井还有个插曲一生难忘。见到石油大家都很高兴，人可累坏了。这时，石油局派来一位刘处长，说我们拼人力、拼设备，违反操作规程，损失很大，危害职工身体健康，等等，发动群众整我的材料，并将材料向一普党委汇报。这时我已经调到一普队部任办公室主任，让我也参会了，石油局杨局长也参会了，刘处长郑重其事地汇报完后，我听了非常气愤，当即要发言回敬他几句。"杨局长说："小何，等会儿再说。"他翻过脸对刘处长说："你对'大跃进'怎么看？不大干能见到石油吗？"刘处长慌忙说："算了，这个材料不存在了。"会后就将材料销毁了。

据时任地质部石油局副局长李奔所写《给毛主席写报告》(《山野文学》1990年第2期《再战华北》)：

> 1961年初在广饶坳陷打出了第一口井名为"华8井"，1961年中打出第二口井为"沾1井"，获得高产油流。消息传来，人心振奋。当即决定给毛主席写报告。报告初稿由李四光部长亲自执笔，内容因涉及地质科学理论及学派之争等问题，地质学名词术语又太多，专业性太强，不宜用。后来指定石油地质局起草，由关士聪、刘毅和我负责研究执笔。初稿写出后，部审查不满意，指出不足和要修改之处，我们三人根据部的意见，作了修改补充，但仍不能交卷。后旷副部长让我和关老总随他赴天津，摆脱日常事务，专心致志写。提纲商定后，花了三四天时间，逐字逐句琢磨，反复修改，每稿呈旷副部长亲自过目，一起商酌修改，草稿终于完成。回京后何副部长召集各副部长一起讨论研究通过，送李部长审阅，李部长表示同意。为了庄重严肃，报告用毛笔在宣纸上正楷缮写，校对后笔墨清晰醒目，迅即呈报党中央。当时毛主席在杭州，中央办公厅收到我们的报告后，即派专人到杭州，毛主席阅批了，原文我没看到，后来听何、旷两位副部长传达说，毛主席看到报告后，很高兴，批示同意地质部报告中所提到的1962年方针任务和安排。

华8井出油以后，中原石油物探大队迅速调集两个地震队在东营地区进行详查工作，及时向石油工业部提交了包括坨家庄、胜利村、东营西、东营、辛镇、现河庄、辛镇东等局部构造在内的整个东营构造群的构造图。

8月22日，地质部第一普查大队河北区队3007队在黄骅坳陷羊三木构造上钻进黄1井，刘殿甲说他参加了井壁取芯，终于在老第三系济阳群试获工业油流，每日1.7~2立方米，这是河北省首口出油井，唱响了黄骅坳陷找油的先声。8月16日，河北区队一分队施工的道1井，在大港重力勘探的高点上找到了多层油砂，进一步确立了黄骅坳陷的找油前景。

9月1日，华东石油勘探局设立东营办事处，开始负责山东石油勘探工作，这标志着华北石油勘探处完成了历史使命，正式撤销。

张凤昌回忆说："打营1井用的不是华8井那个钻机，而是在北京展览馆展览的那台国产乌德。队上在华8井南边种了几亩高粱、在王屋种了豆子，我们轮着看护，当时还有蚊子，我就把床搬到华8井钻台上去睡。"9月10日，营1井完钻，完钻井深2897.9米，该井在1789~2642米沙河街组井段中发现油层17层，有效厚度29米，10月17日固井完毕，11月2日召集有关人员进行了射孔试油专题研究，经用10毫米油嘴试油，日产原油4~7立方米。这口井本意是追踪华8井发现的东营组油藏，但在东营组没见到油，却在沙河街组见油，再次证实了沙河街组含油的设想。就是在营1井出油以后，刘南在会上说，不能再给地质部提供任何资料。石油工业部和地质部这对夫妻从此渐行渐远，从一家人逐渐成为竞争对手。

闫敦实在其采访回忆录《大国石油梦》中回忆道："华8井出油，产量不算高，很多人还持观望态度，现在三口井连续出油，在北京石油工业部引起了不同寻常的反响。余秋里和康世恩部长催得更紧了，我常常要跑北京向他们直接汇报。那时候，大庆油田的局面已经非常明朗，他们已经认识到在大庆周围不可能再有大的发现，急于决定下一步会战的方向。华北石油勘探处只有两支钻井队，显然不能胜任东营地区加快打勘探井的任务，余秋里部长做了决策，华东石油勘探局在江浙一带的石油勘探搞了好几年了，什么也没搞出来，干脆上东营吧！这样，从1961年下半年开始，华东石油勘探局的队伍调往山东东营，陆陆续续来了几千人，上了8台3200米的大型钻机。东营—辛镇—坨庄—永安镇构造上双十字剖面的探井全面开打。"

这年还开钻一口探井——河1井，位置在广饶县辛店人民公社皂户刘村东偏南1公里处（今胜利油田孚瑞特石油装备有限责任公司院内）现河庄构造，由从吐鲁番调来的32138队和从苏北调来的3205队组成联队承担任务。工人就住在皂户刘村，村民回忆说工人都饿得拔野菜吃，柴油机光响着，没人干活儿。曾随父母来到这里的司钻韩万义的儿子韩国银清楚地记得，他们是1961年6月6日随队下的张店火车站，他跟着母亲开始住在花冠农场，李兆麟当场长，后来搬到李佛院村（今前进村）。当时的韩国银没有想到，父亲所在的钻井队在随后的两年时间里就将发生三件记载到胜利油田历史中的大事。第一件就是在1962年元月4日，钻进到1700米深时发生了火灾事故，原因跟华6井相似，由于4号柴油机排气管结炭过多、排出结炭火星引起，烧坏3台柴油机、电动压风机和全部电路系统等，造成直接经济损失4万元左右；第二件就是1962年钻进的营2井在钻进过程中发生了井喷，并在9月23日试出555吨的当时中国最高日产油流；第三件则又是一起事故，1963年1月，韩万义在工伤事故中不幸遇难，成为在东营地区石油勘探中第一个工伤牺牲的人员。

1961年11月，刘南代表石油工业部向原华北石油勘探处和华东石油勘探局机关在东营工作人员正式传达了石油工业部的决定：华东石油勘探局的队伍全部调到山东地区与华北石油勘探处合并组成新的华东石油勘探局，并同时组成东营会战指挥部，下设政治处、生产办公室、生活办公室。书记：职若愚，局长：刘南，并同时组成第一勘探大队、地质调查大队（驻石村），原华北石油勘探处处长靳耀华任地质调查大队大队长，刘长沛任第一勘探大队副大队长。

华北石油勘探处的机关干部大部分分到第一勘探大队，还有的分到专业对口的工作单位。电测队隶属华东石油勘探局钻井一大队。

孙竹于1961年底调到山东省地质矿产厅任办公室主任。

高文会、张景顺、炼金荣、王伯锐等邢台来的政工干部除李平安外都在1962年调回邢台工作。

石振祥、薛悦常、李大明、李桂芬、王茂林、李惠等人陆续调济南市工作。

1962年，1015队整队作为华东局先进队被刘南派到坨庄种地。

第四十二章

尾声

跟大庆油田的发现历程相比，华北地区的找油更为艰难曲折，他们是不幸的，却又是幸运的。到1962年，跟华北石油勘探处同时成立的石油工业部五家勘探单位中，松辽石油勘探局被大庆石油会战指挥部取代，贵州石油勘探局降为云贵石油勘探大队，合并到四川石油管理局，银川石油勘探局降为银川石油勘探处。华东石油勘探局的队伍奉命陆续调往山东省东营地区，1963年7月，华东石油勘探局机关由上海迁入东营，直到1965年10月全部撤离上海。至此，勘探“五兄弟”只剩下了“老华东”。

在1964年开展的“四清”运动中，“老华北”和“老华东”都成为斗争的重要对象，“老华北”有马永举、安培树、帅德福、陈勤、李应时、张云、查秉禄、于茂香、李玉芳、李信春、张朝福、赵权、崔德年、强积民等人受到冲击，马永举差点儿被判刑，安培树被下放到油建工程队当管理员，已到九二三厂机厂的张云由17级干部降为19级，他气愤之极，把自己手指头剁了一个下来，技术员查秉禄被下放到钻井图书资料室当资料员，于茂香也想要自杀，用菜刀把自己右手食指剁下来，当场昏过去。1962年12月从潍坊招工到九二三厂供应处的李克仁对这批“老华北”记忆犹新，说“老华北灰溜溜的”。据说，康世恩曾说过“老华北坏透了”。

地质部承担华北地区石油普查任务的华北普查大队及后来的第一石油普查大队，1967年调到青海、1979年调往乌鲁木齐，先后开展柴达木盆地、塔里木盆地石油勘探任务，终于1984年在塔里木盆地发现塔河油田，在新疆站住脚跟，成为地质矿产部西北石油地质局，2000年随中国新星石油公司转为中国石化西北分公司，虽然队伍经历多次调整变更，但基本骨架始终不变，存世至今。曾承担华北地区地球物理勘探任务的队伍——中原石油物探大队，在1968年邢台地震后，迁往北京从事北京地区地震科学研究工作，1969年渤海7.4级地震后，划归刚成立的中央地震工作领导小组，后为国家地震局地球物理勘探中心，地点仍在郑州，孙武城成为中心主任。

从1956年4月华北石油钻探大队在明化镇成立到此时华北石油勘探处并入华东石油勘探局，其间共有5年半的历史。回首华北地区的勘探历程，不由得想起王国维先生有关治学有名的“三境界”之说：“古今之成大事业、大学问者，必经过三种之境界：昨夜西风凋碧树。独上高楼，望尽天涯路。此第一境也。衣带渐宽终不悔，为伊消得人憔悴。此第二境也。众里寻他千百度，蓦然回首，那人却在，灯火阑珊处。此第三境也。”这与华北石油勘探过程多么相似，他们开始打隆起寻找石油，四处求索；他们经历了三年困难时期，有上百人因饥饿浮肿，还坚持重体力的钻井作业；最后他们在起初不看好的地方终于取得突破。他们有迷茫，却一直满怀希望；他们忍饥饿，却坚持钻井勘探；他们有委屈，却从来无怨无悔；他们是平凡世界上的平凡一员，却不屈不挠，锲而不舍，最终在渤海湾黄河入海口发现了大油田，成就了不平凡的事业。他们都是平凡的英雄，我们会永远记住他们！

1974年9月29日，新华社首次对外公开报道：在中国渤海湾地区建起又一个大油田——胜利油田。30日，《人民日报》头版头条以《我国建起又一大油田——胜利油田》为题，介绍了发现、开发胜利油田的过程与重要意义。文中指出：胜利油田幅员辽阔，资源丰富。它的开发、建设，对于高速发展我国的石油工业，改变我国国民经济的发展，具有重要的意义。

经过六十年来的研究与探勘，胜利油田被称为“地质大观园”，含油层系分布广泛，从新生界的上第三系馆陶组、下第三系东营组、沙河街组到中生界、古生界、太古界的前震旦系等均有发育。胜利油田属于断陷湖盆地沉积，地质构造复杂，许多油藏被断层切割得十分破碎，最小的断块油藏的面积只有0.01平方公里，如同一个足球场那么大；储集层沉积类型多，非均质严重；原油以中质油为主，还有稠油和超稠油，这些特点构成了复杂多样的油藏类型，明显不同于大庆油田的长垣构造。与大庆油田的整装构造相比，胜利油田的地质结构复杂，断块多，经常被人形容为“像一个盘子被摔得粉碎，还被踢了一脚”。在长期的勘探过程中所形成的渤海湾复式油气区地质理论，获得1985年度国家科技进步特等奖。

弹指一挥间，胜利油田从发现到大规模开发建设已有六十多年的历程，经历了“艰苦创业、快速发展、稳定发展、整体提升、科学和谐发展”等五个大的阶段，实现了从陆地到海洋，从东部到西部，从国内到国外的三大跨越。2023年，胜利油田生产原油达到2345.12万吨，累计生产原油超过13亿吨，为促进国民经济建设、石油石化工业和区域经济社会发展作出了重要贡献。

而在“老华北”们当年奋战过的华北大地上，又先后发现了大港油田、南阳油田、中原油田、华北油田、渤海油田、冀东油田等一系列油田，石油地质储量超过一百亿吨。其中现属中海油的渤海油田，在2010年产量已经超过3000万吨，超过中海油海上石油产量的一半，是我国最大的海上油田，我国第一大原油生产基地，国内第二大油气田。在过去5年间连续发现渤中19-6、垦利10-2、渤中26-6等5个亿吨级油田，年平均探明地质储量2亿吨，为渤海油田实现2025年上产4000万吨的目标提供了有力的支撑。如果我们给这些油田排一个辈分，我们会发现，当年“五兄弟”中，松辽局生下大庆油田；华北石油勘探处生出胜利油田、大港油田、江汉油田、辽河油田，华东局算是胜利油田的继母；中原油田又从胜利油田脱胎而出；华北油田、渤海油田、冀东油田是从大港油田而来，银川局逐渐发展成为长庆油田，现在已经取代大庆油田成为我国第一大油田。也就是说，西安地质调查处应该是祖奶奶了，她如果知道今天不仅子孙满堂，甚至成为中国油田中的“老大”“老二”和“老三”，她一定会骄傲万分、感慨万千。

当年令找油人倍感亲切的名字“华北”也没有消失，被两个石油勘探单位所继承，一个是来自石油工业部系统的华北油田，即今天的中国石油股份有限公司华北油田分公司，另一个是地质部系统的华北石油地质局，即今天的中国石化股份有限公司华北分公司。原华北石油勘探处的那些人们还在自豪地称自己为“老华北”。

据葛榕回忆，1964年4月，石油工业部部长余秋里同志在东营地区石油勘探干部大会上的讲话，对这一阶段的勘探工作做了高度的评价和生动的概括，他说：“前几年这里是重灾区，我们在勘探工作上、生活上都遇到了很多困难，那时候这里没有公路，同志们就自己动手修；没有吊车和运输工具，就人拉肩扛，把钻机安装上去；没有水，就自己挖井，积雨水，喝坑洼里的咸水；没有现成房子，就搭帐篷、挖地窝子住；口粮不足，就到野地里摘黄须菜、草籽、吃棉籽饼。就是这样，我们的勘探队伍同东营人民一道，度过了灾荒，取得了重大的勘探成果，在最困难的时候，打出了全国日产量最高的油井，发现了有工业价值的油流，发现了大油田，这是东营地区勘探同志们的光荣。”据段凤麟回忆，余秋里说过一句话：“在这个地方，度过三年困难时期，能坚持下来的，都是英雄！”

“老华北”终将远去，但是他们给我们留下一种精神，一种“老华北”精神。胜利油田的发现，靠的就是这样一种精神。

所谓“老华北”精神，就是一种心无旁骛、一心找油的精神。从1956年进入华北平原开展石油勘探，到1961年发现油田，整整五年的时间，一千人的队伍，先后钻进了数百口探井，辽阔的华北平原到处留下了找油人的足迹，洒下了心血和汗水，甚至付出了生命的代价，可勘探进行得很不顺利，空井一口接着一口，但是他们初心不改、永不言弃，终于在华北大地发现了油田。

所谓“老华北”精神，就是一种竭尽全力、百折不挠的精神。在华八井之前，已经打的7口深探井，7口卡钻，23次井漏，1口喷水，还有40多口千米以内的浅井，都没有发现石油，屡战屡败，屡败屡战。为了找油，他们殚精竭虑、咬牙坚持，钻井工人每天的工作时间都在十四五个小时以上，经常吃住在井场，队长刘希尧甚至曾经连续三天没合眼昏倒过去。他们与地质部一道团结奋战，还争取各级政府等社会力量的支持，四处求援，齐心协力。

所谓“老华北”精神，就是一种不怕困难、艰苦奋斗的精神。他们都是些普通人，缺乏技术和经验，缺少设备等条件，经过了1960年前后的苦难岁月，承受了多次政治运动的干扰，很多人受到了不白之冤，甚至劳教、判刑，但是他们锲而不舍，为油而战，最终取得了胜利。

“老华北”精神是胜利精神的源头，已经融入胜利人的灵魂和血脉，成为胜利人生生不息、砥砺前行的不竭动力。现在，胜利油田又发展到了新的历史时期，遇到了油价低迷、人员富余、队伍老化、后备储量不足等新的困难和问题。胜利油田已经开发了六十年，还能再开发六十年吗？胜利油区的石油开采完了，我们的后代将怎么生存和发展？胜利石油人的路将在何方？

我想我们只要有了“老华北”精神，胜利人就能永远立于不败之地，就一定能从胜利走向新的胜利，永远是胜利之师。

常贵宁

2023年12月于油城东营

附录

“老华北”后续

华北石油勘探处的故事讲完了，但是“老华北”的故事没有结束。今天，他们中的大部分已经离去，据不完全统计，截至2023年，仍健在的“老华北”不到200位，其中年龄最大的99岁（李玉芳），最小的81岁（赵昌友）。总有一天，他们都将离去，但是作为胜利油田的发现者、创业者，他们的故事将会永远流传，不会消逝。杈银桃老人说过一句话：“人没了，魂还在。”

刘家祥（1933—2012）

跟华东局合并后，华北处试油队改为试油三队，刘家祥很不满意：“他们欺负咱，应该咱们排一队。”刘家祥以其实干精神被九二三厂副指挥刘佩荣看重，1966年9月提为井下作业指挥部调度长，1973~1983年先后任井下作业处副处长、处长；1985~1990年担任胜利油田生产办主任兼总调度长，1990年3月当选为东营市人大常委会副主任。作为油田技术专家和生产组织者之一参加了胜坨、孤岛、商河、桩西、孤东、河口和海上埕岛等胜利油田的几乎所有重大会战和井喷抢险，先后成功地制服了60多次井喷，功勋卓著，被誉为石油战线的“制服井喷专家”“压裂司令”。他曾说自己一生拼命工作的动力来自四个字：“报效国家。”刘家祥极重情义，20世纪80年代，张志范找到胜利油田，刘家祥帮助他报销药费，还申请补助了三千块钱。2012年，在北京301医院做了胆管癌手术，回到东营就去世了。

曾在德州技工学校学钻井的弟弟刘家成在学校解散后回到老家种地，也来到东营，靠磨豆腐、炸油条等谋生。令人欣慰的是，他的两个儿子都在胜利油田工作。

顾心怿（1937—2024）

1965年，顾心怿成为九二三厂试采指挥部攻关队队长，1982年被任命为胜利油田钻井研究院副院长，后来他主动辞去副院长职务担任总工程师，1995年被评为中国工程院院士，任胜利油田资深首席专家，2023年仍然工作在科研生产一线，奔赴新疆进行研究试验。他是院士里唯一一位没有出过书的，他跟我说，好多书都是东拼西凑，没有价值（注：听到这里，我不禁脸红，2001年中国石化出版社出版的拙作《工业泄漏与治理》正是如此）。他现在还没有时间，也没有心思，等退休有时间了，就写一本真正有价值、对后人有用的书。

我在1995年左右就认识顾总，曾到钻井院他的办公室请教问题，很惊讶于他的敏捷思维，请教他关于气井分离器排水排砂闸门、油罐中央排水管等问题，他能很快地提出解决方法，思路常常是新颖的、跳跃式的，令我耳目一新。我曾经在东营发北京夕发朝至的卧铺客车里碰到过他，说这样最省时间，也曾见他自己整理一堆到临朐等地出差的车票。我和女儿都听过他做过的关于创新和发明的讲座。他完成了“四大发明”：链条抽油机、步行式钻井平台、液压蓄能修井机、齿条抽油机，可以看出其跨度之大，把一个冷门搞成了热门，自然涌来很多人来争名夺利，他极为不屑，曾对我说过：“世界那么大，干嘛非挤到一起呢？”他又踏上了一条人迹稀少的新路。由于20世纪80年代初中国没有专利保护，链条抽油机被美国公司无偿使用，甚至还跟胜利油田成立了合资公司胜利高原公司大批推广应用，只是改名“皮带式抽油机”，其实关键技术创新还是链条，只是悬挂抽油杆的地方从钢丝绳改成皮带，确实寿命是比钢丝绳延长了一点，但是维护更换麻烦了，它是专用的，不像钢丝绳到处有。顾心怿开玩笑地说改成麻绳还可以叫“麻绳抽油机”、改成“上吊绳”还叫“上吊绳”抽油机呢。近年来，他针对新疆油田超深井又发明了齿条式抽油机。2013年，他研制成功世界最大抽油机在塔里木油田投用，悬点载荷28吨，泵抽深度5008米，9米冲程为国内目前最长的冲程。

马在田（1930—2011）

1964年，东营油区开始了盛大的华北石油会战，从大庆调来地震勘探队伍，加上原华东局的地震队，共有32个地震队，占全国的一半以上。但是地震队伍沿用大庆的“两高两低”方法（高信噪比、高分辨率和低药量、低振幅）不能适应东营油区断层多、断距大的地质构造特征，使得断层两边同一地质层位的反射波无从辨认，他提出应用“解放波形，炸药量不宜太小，能量相对强化，滤波挡合适，特别是自动增益控制量优化选择”等系列技术，使地震记录质量得到提高，成为渤海湾地区地震工作公认的、有贡献的标志性成果。在物探局工作时，因为跟局长刘颂威关系很差，1985年调到同济大学，1987年提升为教授。他在地震波偏移成像领域创立的“马氏方法”，实现了普适性（0~90°）单程波方程的地震偏移成像方法，得到了世界地球物理学界的高度认可和应用，1991年当选为中国科学院学部委员。2011年因癌症去世。

张昌平（1929—　）

张昌平堪称“老华北”里面的“能工巧匠+雷锋”，是一个全心全意为人民服务、不计报酬的好人，曾被评为胜利油田2010年“感动胜利”十大人物。1964年，他所在总机械厂生产出胜利油田第一台磕头机，但是装到井上，抽不出油来，领导让他想办法。他打开“肚子”研究，发现主要是密封、加工精度问题，设计上也有问题，同心度、垂直度、表面粗糙度三个不对，工艺上密封不够。他连续奋战，加班加点，开动脑筋，十来天没怎么好好休息，终于改完了，拉到小宁海井上一试，油乎乎地喷出来。领导让他传经送宝，他说靠“五个一”：一靠领导的支持；二靠学习毛泽东思想；三靠他们的设计；四靠大家帮助；五靠自己一份努力，多学习，多研究。张昌平说：“做成一件事，需要‘三心’，耐心、细心、研究心。”张昌平老人退休以后也闲不住，到企业兼职、义务修路、修缝纫机、种菜送给他人。20多年来，他已免费为他人修缝纫机和锁边机2000余台，每次都是骑自行车来回，每到一家，都是立即投入工作，从不歇息，修理完毕，也从不要人家一分钱，自己每年仅花在配件上的钱就是几百元。2016年，年已86岁的他在给人修缝纫机的路上骑车摔倒，造成腿部骨折，过了几个月，还没好利索，又有人找他修缝纫机，结果回来路上又摔倒了，再次骨折，到现在还没好利索。他退休后曾在南里集团继续发挥余热，在那里管产品质量。老板李永虎的哥哥李永龙问他：“您什么时候最高兴？”他说：“把事情做好，得到领导满意、自己满意、大家看了满意，这个时候心里最高兴！”用他自己的话说：“能帮助他人、服务他人是我最快乐的事，我愿意一辈子做好事，为别人做了好事，我还要谢谢他，因为他使我快乐。”但是他心里有一生中最大的痛，就是前妻李佩琦，1961年车间搬到东营，她受不了苦，想走，张昌平不回去，后来她一个人走了，张昌平后悔莫及，她离开东营的时候都没有送送她。

魏振家（1919—2006）

1962年下半年，华东局东营办事处成立试油区队，魏振家任教导员。在“四清”运动中，他曾因为说过“牛拉的江山驴坐殿”而受到批判。后调到九二三厂采油指挥部，1981年离休。他称自己是“四十年的科级干部”。

潘瑾台（1937— ） 区金焕（1937—2008）

潘瑾台与区金焕于1966年初结婚。“文化大革命”一开始，潘瑾台被迫自己把大辫子剪掉了，曾任胜利油田测井公司总工程师，中国石油天然气总公司授予“石油工业有突出贡献专家”称号，教授级高工，享受国务院政府特殊津贴。区金焕在胜利油田测井公司，有跟踪式射孔仪等多项发明，在20世纪70年代末曾自己做过一台9吋的黑白电视，还做过一台电冰箱。

潘瑾台对自己的一生感到满意：“我对交给我的工作认认真真地尽力干了，从不随随便便定油层水层，工作受到大家和上级的认可，也给了我荣誉和待遇。”晚年的她开始练习书画，看到她家墙上挂着她自己画的工笔画、写的《兰亭集序》，一如她工作时的细致认真。

帅德福（1934—2012）

帅德福曾先后担任胜利油田地质研究院副院长、胜利油田总地质师。获得国家科技进步特等奖的“渤海湾盆地复式油气聚集（区）勘探理论及实践”，由于复杂的原因，作为勘探理论研究者之一的帅德福并没有出现在49名获奖名单之内，“老华北”一个也没有，这不能不说是一个遗憾。他退休后组织人员编写了《济阳坳陷油气勘探》，回顾了胜利油田的勘探历程，在谈到华北平原石油普查勘探的体会时写道：在华北平原石油普查勘探中，不断自觉地克服主观认识上的一些障碍，例如“海相找油”“古生界找油”“中生界找油”“华北平原西部临清坳陷及开封坳陷找油”“东部济阳坳陷为无棣火山活动带”等，要敢于向所谓的“不利”地区进军，坚持实践，坚持“实践是检验真理的唯一标准”的观点，才能取得成功。

“帅总这一生没有什么爱好，最大的爱好就是工作，此外就是养花。”2012年4月，时任胜利石油管理局总地质师潘元林对《中国石油石化》杂志记者侯瑞宁说。

靳耀华（1912.1—2010.12）　雍进（1922—1985）

1964年5月至1965年5月靳耀华任石油工业部646厂副指挥，然后任641厂驻天津办事处副主任，1971年任大港油田采油指挥部最后一名管生活的副指挥，1982年离休。他曾专程到济南找孙竹，孙竹到威海疗养去了，他又追到威海，两位领导终于摒弃前嫌，握手言和。靳耀华的百岁人生经历了满清、辛亥革命、北洋政府、中华民国一直到新中国走上现代化之路的近百年历史。他长寿的原因，除了豁达的思想、开朗的性格、淡泊的情怀、乐观的心态、规律的生活、合理的饮食外，还与他热爱学习有很大的关系。他在笔记中写道："无论什么时候，不要忘记学习。学习不仅会使人知识丰富，懂的道理更深、更透，还会催人奋进，强化细胞新陈代谢，使人延缓衰老、延年益寿。"他自从新疆出来，不但一级未提，反而从正处级变成了副处。他曾经对女儿说："我一生不是委曲求全，而是忍辱负重啊！我这辈子最愉快的时期就是打仗的时候。""爸爸在我心里就是一个完美的人，是英雄"，靳震萍说。

王祥（1935—　）

作为胜利油田药学事业的奠基人，经历了油田多次重大食物中毒、传染病等医疗事件，从来没有因为缺药耽误救治。1962年，王祥来到北京出差，他正要上公交车，突然看到徐经磐在下车，两人擦肩而过，都没说话，从此再无音信。1964年5月，九二三厂机厂、电测站等单位上百人因食用变质猪头肉拌黄瓜引起急性中毒，他三天三夜没有合眼准备分发各种药品，最后无一人死亡。他说抢救药品就是过期了也不能扔，留着备用。回顾自己的一生，他说最感欣慰的是工作没有出过纰漏，既没有因药出过事儿，也没犯过事儿，没有遗憾。

陈勤（1930.3—2011.3）

华北处合并到华东局以后，陈勤在职若愚、刘南、王尚文领导的东营指挥部工作，撤销了"白旗"处分，但是在"四清"运动中又被打成"只专不红的华北资产阶级权威"，将工资95元降成62元，叫他下厨房烧火，当时烧火都是用原油，弄得一身油污就拉到批斗会上，问他身上是什么。坨11井万人大会上也特地把他带到现场，遭受了种种侮辱，后发配到3261钻井队劳动改造，长达六年之久。直到1972年，胜利油田开四级干部会议时，康世恩部长亲自过问才被解放，调到孤岛采油指挥部科研大队从事地质技术工作，1974年开始在孤岛以教书为业。他先后在孤岛采油指挥部中学（现东营市胜利55中学）、七二一大学、电视大学、培训学校担任教师，教过中学生、工人、指导员、队长、教导员、大队长，在科目上，教过英语、钻井、作业、采油、地震、地质。其间，上级曾数次调他到东营工作，被他拒绝。1984年9月至1990年3月，兼任第一届、第二届河口区政协副主席。1988年加入中国共产党，同年晋升高级工程师，1990年退休。陈勤生于长江入海口，然后逆江而上，他的一生被时代的巨流所裹挟，蜿蜒曲折，跌宕起伏，历经磨难，最后归于黄河入海口，迎来平静安详的晚年。退休以后，他常常以“心理卫生与健康”为题目给别人讲课。他爱人马桂莲是孤岛滨海医院的名医，两人都是孤岛镇名人。他受家庭的影响特别喜欢手表，到表店观察各种手表成为他的一个爱好。

我很反感所谓“华北无油论”的提法。虽然反右、拔白旗、反右倾、“四清”乃至“文化大革命”等政治运动已经平反，但其阴魂一直不散，至今依然盘踞在很多人的脑子里，很多文章里还是经常出现“打破了中国贫油论、华北无油论”说法，作为一名地质人员，在地质资料掌握有限的情况下来推断哪个地区有油还是无油是其正常的技术工作，就不能说哪个地方无油了？！说中国无油就是歧视中国人了？实质上这还是缺乏民族自信的一种表现。

1992年左右的一天，儿子陈琳跟他返回孤岛的路上经过华8井时，他特意要求停车后说：“我要看看我的华8井。”2023年陈琳对我说：“当年父亲说看他的华8井时，流露出来的那种神情，不亚于对待他的孩子一样，是那么地充满感情和向往，在我们印象当中，父亲是严厉的，很少有慈祥的时候，只有在对待他的华8井和他的孙子辈的孩子时才流露出来这样的表情，可见这口井在他心中的地位。”陈琳接着说，“每当我在听到‘华北无油论’的提法时，总会想到父亲受到的那些不公平的待遇。他带着哭声说过：‘难道让我把这顶帽子戴到坟墓里吗？’每次去扫墓，我们都觉得很难面对他，没有在他有生之年摘掉这顶帽子。他也曾经和我说，工人们对他很好，每当将要批斗他时，会有人悄悄地告诉他：今天开会批斗，可能要打他几下，让他不要往心里去，为了应付。”

他去世后，爱人马桂莲写道：“如今逝者已去，他是背着‘无油论’的沉重包袱而去的。今天的人们又有几个知道和记得他的艰辛和痛苦。他的一生就是为了找油而奔波劳碌，他所做的一切恰恰是对‘无油论’者最好的回答和最有力的批判。他的前半生是为找油而忙碌，他的后半生无论是喂猪还是教书，都是勤勤恳恳，一心为工作，他对油田、对国家是有贡献的，不枉此生。”

安培树（1920—1998）

1965年8月，安培树被石油工业部东营地区“四清”工作队撤销主任地质师职务，发到油建预制厂做了一个钢筋工。安滨说：“一天他回到家，还给我用手比画着拧钢筋的动作一边说，不管干啥，都要认认真真地，这个干好也不容易。”“文化大革命”中被迫多次写过交代材料，但是从不胡写，安滨说：“审查他的人都很佩服他，写过那么多次交代材料，都是一样的，天衣无缝，找不出破绽，他正直、严谨、老实、踏实，又带点陕北人的‘硬’，他自己说人就要有点钢骨劲儿，不能软塌塌的。父亲一家人都是本本分分、踏踏实实，姊妹中大多是工程师、教师，不像我妈家净是当官的。”1978年底他调回胜利油田地质院，1980年落实政策后任情报室主任，直到1985年4月退休连高工都没评上。其实安培树家族里有多人做省部级大官，他家跟原中共中央组织部部长安子文是远房亲戚，妻子大哥白家驹跟安子文是同学，他跟安子文弟弟安志文关系很好。山东省委书记白如冰就是岳父的学生，跟白家关系很好。岳父白雍熙是清涧县名人，16岁进秀才，辛亥革命时在西安国立师范就学，1917年回乡创办了清涧县第二高小，由于教学水平全县优异，吸引了远近一批学生前来就读，其中一批人走上革命的道路，后来成为共产党的重要领导干部。安滨跟我说："老家那里一会儿来白军，一会儿来红军，有人问姥爷：'你看哪边能赢啊？'姥爷说：'红军能赢，你看红军破衣烂衫的，能吃那么大的苦，还不赢？'"安培树极其瞧不起拉关系、走后门，他常跟孩子说，要靠自己的本事嘛。他崇拜科学家，常给孩子讲牛顿、居里夫人的故事，安滨还记得他讲居里夫人把诺贝尔奖牌给女儿当玩具。拜伦曾说："真有血性的人，绝不乞求别人的重视，也不怕被人忽视。"我想这也是安培树的真实写照。晚年的他热心养花，种月季、仙人掌上嫁接蟹爪兰等，还从五一农场引种过一棵巨峰葡萄，养啥都养得很好。退休后，一次同学、时任石油工业部塔里木会战总指挥的邱中建在胜利油田开会时来看望他，壮志未酬的他还想到塔里木参加会战。

周自立（1930— ）

周自立后在胜利油田地质院化验室任岩矿组组长，1981年被评为改革开放后第一批高工，1983年至1993年担任了两届东营市政协副主席。他说他这辈子最大的贡献还是1958年良山铁矿勘探。

许景禄（1936— ） 王素民（1935— ）

许景禄任胜利油田地质勘探处副主任地质师，参加编写了《胜利油田发展简史》。他对康世恩印象很好，说他俨然是个行家里手，跟他们一起观察岩芯、讨论问题，相互切磋，充分发扬民主，广泛听取不同意见，集思广益制定勘探部署、开发方案。而张文彬情况不同，其不善于听取群众意见，唯我独尊。在一次地质技术座谈会上，讨论东营坳陷南斜坡地震勘探部署时，张提出要采取"梳篦战术"，一位多年从事地震勘探的同志发表了不同意见，认为"南斜坡构造比较简单，基本上是三线（断层线、构造线和地层尖灭线）平行，没有必要再像东辛复杂构造断裂带一样采用密集的地震勘探测网，而且随着新型地震勘探仪的使用，以较稀的测线就可……"没等这位资深工程师说完，张就粗暴地制止说："'梳篦战术'是成功的经验，应继续使用，你偏要反对……”训斥一番。在另一次会上，讨论梁家楼构造梁6井的完钻问题，因为想把井队调出帮助朝鲜打井，张首先指定一人发言，提出这口井应提前完钻，许景禄表示不同意提前完钻，而应继续钻进，因为虽然该井未在沙二段钻遇油砂，但再往下钻，很快在沙三段就可能有较好的砂体储集层，很可能钻遇油层……张突然打断许的发言，不屑地问："你是哪个学校毕业的？"许回答北京地质学院，"还地质学院哩？你懂地质吗？""略懂一点。"一问一答，气氛越来越紧张，同事急忙把他拉下台。后来，这口本不该报废的井旁又打井钻遇油层，从而发现了油田，时间已是十年以后。

王素民在胜利油田地质研究院地层室工作到退休。她在回忆录中写道："回想工作情况，地层工作倾注了我的主要精力。我退休后，还继续把济阳坳陷探井的第三系地层划分进行完，编写出《济阳坳陷探井地层划分数据表》，直到1994年离开。1999年，又用半年时间，划分对比了惠民坳陷西部沙三段地层，写出了划分对比报告。多年和地层打交道，所以对录井图情有独钟。我熟悉它们就像熟悉自己的孩子。各剖面在平面上的位置、纵横向变化都在掌握之中：各地区标准碰面的类型，向周围的变化，该剖面的完整情况，穿越断层后缺失哪些地层，纵向上的生、储、盖组合，可能含油气情况……总之，三十多年的工作，耗费了我的青春年华和毕生精力，每次任务我都能克服种种困难，高水平圆满地完成。我已经尽力了，一想到今生为石油而战，已获得巨大的成果，都会从心里发出满意的微笑，我们无愧于今生。"

王琦（1936—　）

王琦一直在胜利油田工作，自1963年春离开在坨庄种地的1015队后，先后在32138钻井队、3260队、钻井指挥部地质队、32106队、电测站、地质院、会战指挥部地质室、地质处、地质勘探处工作，1990年任胜利油田地质勘探处副主任地质师。他在回忆自己一生中印象最深的是1965年随3260队在永安镇构造上钻探的第一口井——永2井负责岩屑岩性描述工作，当时沙二段油层电测并不好，主要是岩屑录井和描述好，才敢对其试油，从而发现日产300多吨的高产油流，对发现永安镇油田起到了重要作用。他说回忆自己的一生，一大遗憾是未能入党。尽管他一生中积极靠拢党组织，在各种政治运动中是党的依靠对象，始终把对党对人民的无限忠诚融于努力的工作之中，却四次机会都擦肩而过，未能如愿。

王仲芝（1933— ）

王仲芝在其《暮年随笔》中写道："在石油系统中有一句格言：'工作岗位在地下，斗争对象是油层。'刚参加工作时，工作热情很高，看见什么事都觉得新鲜，但就是不知道自己'吃几碗饭'。有一次在井场捞岩屑，把岩屑洗得特别纯净，可就把主要工作任务——寻找油砂给疏忽了，结果在生产会上挨了一顿批。自己回想也确实是问题，连工作岗位、对象都不知道，还能干好什么工作？此后我就明确了，不论干什么工作，'岗位''对象'一定要清楚，总结了这个教训以后在工作中出的问题就少了许多。"这是1963年他在营4井上发生的故事。王仲芝先后转战华北、江汉、大港、任丘等油田，一生中参加多次石油会战，曾任华北油田勘探公司主任地质师。

姚铣（1937— ）

姚铣曾任胜利油田勘探处主任地质师。在《李敬日记——1985~1987年在胜利油田》中曾提到他。

1986年8月6日那天记道：出门碰到一位陌生同志给我一封亲启信和一包材料。留坐，不肯即去。打开8页的信，读之。是对地质讨论会的不同意见。信开头"可能打扰了，但希望你不这么想。坦率地说我对你还没有产生信任危机才写几页纸的……"说有油的打不到油，没事；说没油的打出了油就了不得了。这是不少人员的心理状态。信的结尾："即此，因如果由于这几张纸而获得各种式样的'小鞋'，那也是历史的必然，也算我有眼无珠了，恕我放肆了，犯上了，对不起。"这引起了我的深思。中国几千年的封建思想仍然相当严重地影响众多的官和民。当官可以在大会上大声斥责，严厉批评下属。但是哪见过下属及百姓在大庭广众之下大胆批评上司呢？尤其是对那些掌握生杀大权的官，百姓怕官，尤其更怕厉害的官……我们共产党执政的国家，官是全心全意为人民服务的，就应听各种意见。“世不绝圣，国不乏贤。”只要为了工作，允许不同意见，听取不同意见，保护持不同意见者。8月7日，记道：邀请姚铣同志面谈，倾听他的意见，并将信、资料和我的意见一并给他，免得他后悔、后怕。

葛榕（1930—1993） 陈淑珠（1934—2003）

现在的华8井纪念碑就是由葛榕提议1991年建设的。他在“文化大革命”中隔离审查两年，怀疑他是国民党特务。他从20世纪50年代初就一直申请入党，终于在1989年成为共产党员。他常说：我这辈子最高兴的有三件事：一是组织上让我上调干补习班，报考大学；二是东营找到石油；三是组织上接受我入党。他酷爱绿色！说绿色代表青春，有朝气，选购任何东西都要绿色的，家里地板革是绿色的，沙发、花瓶也是绿色的，就连肥皂盒、牙刷也是绿色的。曾任地质科学研究院副主任工程师，1993年因肺气肿去世。

袁思庆（1928—1995）

袁思庆任胜利油田中心医院理疗科主任。他大儿媳妇孙维萍说，公公爱看书、爱写东西，白天上班回来晚上就写，人太正统，不占公家的便宜，四个孩子找工作他都不管，说“你们有本事自己弄去”。四个孩子都是在老家上学，后来才搬到油田，老四袁秀英本来能接班的，还是在中心医院的大集体泰恒公司上班。

孙竹（1909—1997） 于宪惠（1918—2002）

1962年12月，孙竹任山东省地质局办公室主任。1965年2月，因病离休，享受局级待遇。于宪惠在山东省地质局政治部干部处工作，行政21级。孙竹的外孙刘保东说：“爷爷曾经让我看电影《创业》，还说多看两遍，他都看了八遍了。我都是喊他爷爷，他把我当孙子养的。”

高文会（1924—2018）

调回邢台任柏乡县委副书记，1979年任邢台地区人事局局长、书记，1986年离休。

刘长沛（1919—200？） 柴春芳

1964年4月，刘长沛任华北石油勘探会战总指挥部钻井工程处代理副处长，同年底调回榆林地区工作，1970年在黄河天桥电站工程指挥部任副总指挥，1978年任榆林地区轻工局局长，副厅级。

柴春芳调到榆林公路总段做资料员、会计。

马永举（1923—1981）

马永举在1965年“四清”运动中受到批判，被定为“贪污盗窃、投机倒把集团头子”，开除党籍，撤销行政职务，被下放到九二三厂油建指挥部交群众监督劳动。后任胜利油田设计院副院长，主管农副业。

马永举儿子马玉成住在胜利设计院家属区。2019年我找到他家，他七十来岁，身体很好，高一米七，我问：“传说你不是亲生的？”他说这是谣传，他1922年12月生在涟水老家，红星大队，1964年跟母亲陈秀兰来到东营。父亲1981年2月去世，58岁，去世后葬在老家，他的东西、照片都烧了，父亲很开通，去世前交代的。他死于胃癌，吐血。他这个人不计较得失，过去的事情也不愿跟他讲，当过骑兵，从马上摔下来好多次。马玉成爱人很和气，在一边说他可没少遭罪，运动没落下过，好不容易好了，他也去世了。最后，马玉成说：“你搞历史，没用。”

刘希尧（1925—2000）

2019年3月，刘希尧家属杨常兰回忆道：“1962年春天，这是最困难的日子。家里用玉米面掺上野菜养活三个儿子。丈夫回家吃完午饭去上班，我知道他没吃饱，刚才两人还为一只虾你推我让，结果谁也没吃留给了孩子，看到丈夫脸色焦黄，我就悄悄地在后边跟着丈夫，看到他出门后又把裤腰带使劲地勒了一下身体晃着走了，心如刀绞，心想自己虽然也是吃不饱，但好赖待在家里啊，不上班，他吃不饱，勒着裤腰带还要去带领工人打井，干重活儿。”这年在去往营2井安装的卡车上，由于车厢板脱开从车上摔下来，摔断了好几根肋骨，从此离开了钻井。1979年，刘希尧调到中原油田任修保大队大队长，1981年任中原油田运输公司物装部部长。他们共生有5个儿子，老大刘勋章总结父亲一生是：“苦水中出生，战斗中成长，工作中奉献。”我觉得还可以加上一句：“郁闷中去世。”他退休后多次写材料申诉：“多年来在政治上、组织上、人格上、生活上屡遭打击，是何原因？错误何在？工伤问题未解决，二十年工资不但未升反而降低15.5元等问题。”曾经在胜利油田供应处缝补厂工作18年的杨常兰至今也没有任何社会保险，她既没有像胜利油田的家属那样2010年全部办理了城镇养老保险，也因为刘希尧得罪任姓领导而没有得到中原油田家属算大集体职工享受退休，每月仅有抚恤金300元，这是我在油田见到的待遇最差的家属了。

王友田（1924—2000）

1975年调到刚成立的徐州管道局，曾任职工子弟学校副校长。

李仲田（1924—2000）

李仲田后在胜利油田安全处工业科任科长，管工业动火，他自称“火神爷”，只要他在就没事儿。2000年，在他去世前一个月，女儿李晓红陪父亲去医院，路过正在建设中的胜利广场，他感慨地说：“你看我们油田越来越好了，这广场也快建好了，可惜我是看不到了。”李晓红说：“父亲临咽气时，吃力地对我说：‘晓红，你把我的小本本拿来，那里有我的党费，你去替我交上吧。’”

张继堂（1925—2017）

“文化大革命”时期因为抗日战争中曾被捕六小时，说他是叛徒，受到批斗。他当时在胜利油田接待处担任第一招待所（简称一所）所长，住满了红卫兵。在济南柴油机厂招待所出差时，住在2楼，一天中午，他当时感觉脑子里就是一团火球，从窗户里跳出去了，腿给摔断了，消息传回来，说他畏罪自杀，当天晚上就抄了家。1985年4月离休，享受处级待遇，退休金9000多元。退休后，他的爱好是看《亮剑》《挺进大别山》等战争片，没事就在街上转，回来就用在胜利油田设计院的老二张东海拿回来的绘图纸上画地图，干起侦查员的老本行。

孟长寿（1917—1983）

孟平安说：“家里孩子多，母亲是家属，生活困难，父亲一辈子没享福，从他记事起，没见过父亲吃过肉、吃过鱼，最好的是炒鸡蛋，最喜欢吃母亲做的拆面，拌上辣子、酱油、醋。他眼睛不好，青光眼，手哆嗦，‘文化大革命’前就不能工作了。”孟长寿在胜利油田机关工作处任科长，行政14级，1982年12月离休，1983年去世，发来唁电的有：耿飚、宋任穷、张达志、余秋里、王震等老革命。去世后骨灰放在济南英雄山烈士陵园第一室。

赵文善（1921—2009）

赵文善在钻井指挥部总调度室工作，1970年参加了长庆石油会战，后任石油工业部咸阳转运站办公室主任。

李福喜（1921—2007）

1962年8月，李福喜任华东局运输大队副大队长，1964年1月调九二三厂行政办公室农副业科任副科长，1979年12月在胜利油田机关家属管理站工作，1981年2月离休。李福喜的儿子李湘兵后进入胜利油田公安局工作，后任东营市东营区公安局政委，正直善良，为人仗义，乐于助人，对“老华北”和明化镇感情极深。

王士栋（1934—　）

1965年，华北石油会战指挥部提出“撒大网、钓大鱼”，开展大战“通王惠”（通滨镇、王家岗、惠民地区）大会战，这也是胜利油田第一次大会战。王士栋参加了会战的领导小组，他回忆说自己和齐雍生整天骑自行车到现场查看，指导取资料，每天要从基地经现河、王家岗、永安、坨一区，晚上再回到基地，大约100公里，也不知哪里来的这么大劲。经过这次大会战，发现了滨南、纯化、临盘、商河、王家岗、永安、现河、郝家等油田，胜坨、东辛油田也扩大了不少，连济阳坳陷最低点牛1井沙三段也发现了日产10吨的产油层。当时康世恩副部长在千人大会上大声讲，全济阳坳陷到处都是油。20世纪80年代，为早日建成第二个大庆，油田大会战一个接一个，先后参加过胜坨、东辛、永安、埕东、义和庄、渤南油区、滨南、临南油田、浅海等大会战，成了一个“会战专业户”。后任胜利油田油藏工程处副主任工程师，退休后还在大明集团等单位继续工作，一直到72岁才真正退休。

张兆林

做过胜利油田胜利医院院长，后调华北油田任党委委员兼公安局局长。

许学康（1935—　）

许学康亲历了胜坨、东辛、郝现、孤岛、临盘、商河等十一个油田的勘探开发。当1977年7月调离胜利油田去参加河南油田的开发建设会战时，胜利油田年产量已达1700多万吨，1978年达到了1946万吨，成为中国第二大油田。在南阳油田，他历任地质研究院开发室副主任、副总工程师兼科技办公室主任、院总工程师、副院长兼总工程师等职。

董文彬（1933—1991）

曾在胜利油田钻井公司钻前大队任队长，后调中原油田井下作业处任安全科科长。他的中医在当地很有名气，连周围农村的都来找他。作者爱人的大姐夫曾有一次下巴掉了，找了卫生所大夫都不行，他上去就给弄好了。

王忠学（1939—2023）

王忠学回忆说："那些小钻井队的人很惨，1962年精简下放，大部分被赶走了。姚福林当钻井大队长，陈建兴是1006队队长，他母亲想他都成了精神病，想请假回家看他娘，结果，姚福林说：'你回家就照顾你母亲吧！'就这样下放回到老家。陈建兴水平比姚福林高，他们都是沙河县老乡。我也去跟他请假，奶奶病了，连续请了三次假，第一次去请假，不准；第二次又去请，我说：'都有父母，我想回去看看'，他头也不抬：'我是从土坷垃里蹦出来的，你说的我不懂'；第三次，我又去了，也不想干了，填了申请辞职的报告，他说，'只要我在这里，你就甭想回去'，这才给了18天假，光路上就用十来天，在家里收麦子，打了七八百斤，待了两个月，我不想回来了，奶奶说，家里缺钱，还是上班吧。回来路费都没有，就写信让队上把工资寄来，这样又回到油田。1978年提技术员，当机动组组长，管着七八个人、28个钻井队，每天晚上就把第二天大家的工作盘算好了，早上上班开会，谁该干啥，该找谁，该带什么工具材料，都安排得清清楚楚，不用领导操心。"1985年，卡了他两次，没提成副科级，有人给他出主意，给领导送礼表示表示，他说，就是给猪吃，也坚决不送礼。

李平安（1928—2017.3）

邢台派往华北钻探大队政工干部中唯一留在胜利油田的他，也于1980年在父亲强烈要求下带领全家五口恋恋不舍地调回邢台，任邢台市外贸公司工业品公司经理。王祥说他人品很好。

何子范（1933—2016）

何子范后在九二三厂采油指挥部财务科任科长，1975年2月，调徐州管道局任财务处处长。

巴中一（1930—2017）

东营市成立后，巴中一任东营市人大副秘书长，回到油田后任胜利油田文联主席，成为油田知名的散文家和书法家，出版有《巴中一书法集》《巴中一散文集》。

李应时（1924—2018） 林桂英（1926— ）

李应时在其回忆录中写道："1961年7月划归华东石油勘探局工作上经常遇到困难和挫折而忍辱负重。1964年10月'四清'遭受了毁灭性打击。人生像一条河，悠悠岁月酿就了这凝重滞涩，但经过'四清'运动的惊涛骇浪却也证实了我是一个纯正的人。1966年调到水电厂，历时18年始终处在坎坷不平的政治气候里含冤受屈。我虽然屡陷逆境，却使我明白了一个道理。这世界是残缺的，人世间没有绝对的公平可言。我经常勉励自己能像苍松翠柏一样，无论在什么样的逆境里，意志坚强，对革命事业仍要充满信心和乐观主义精神。我前半生无怨无悔，后半生更应珍惜自己。"李应时于2018年4月去世，享年94岁。

朱企贤 邹思明

朱企贤1966年8月调到江汉油田会战，任作业7队指导员，后任江汉油田石油机械研究所二室主任，创办了《石油机械》杂志，1990~1998年当副主编、主编。他对自己的一生并不满意："小时候家里没人教，年轻不懂事，不知道尊敬领导，一生庸庸碌碌。"

1968年，邹思明也调到江汉油田参加会战，后调江汉油田总机械厂财务科工作。

汪廷璋　刘桂珍

汪廷璋曾任物探局地质研究院副总工程师，《石油地球物理勘探》常务副主编。

王承志（1929—2011）　范惠英（1938—　）

1968年初，因为邢台地震，应周总理关于“密切注意京津地区地震动向”的指示，石油工业部和地质部抽调物探人员转向地震预报的研究工作。王承志调任第一个地震分析组组长，范惠英任分析员。1971年两人调到河北省地震局，一直从事地磁地震分析预报工作。

陈俊生（1937—　）

先后在石油工业部地球物理勘探局、地质矿产部北京计算中心历任室主任、工程师、处长、地球物理教授级高级工程师、副总工程师；在中国人民警官大学经济开发中心任副主任，曾担任《石油地球物理勘探》杂志首任主编。

刘颂威（1938—2000）

1990.11—1992.11任石油工业部物探局局长，1992年后任国际合作局局长、石油勘探开发科学研究院副院长。

孟宪庆（1940—2020）　刘淑兰（1942—　）

1964年，孟宪庆随206地震队调到徐水646厂，1974年调回九二三厂采油指挥部采油一大队采油5队做技术员，1976年调采油一大队地质组。1985年调到胜利石油开发技工学校（俗称“采油技校”），编写有《采油生产实践指导书》《采油基本操作训练指导书》，由石油工业出版社出版。

刘淑兰于1964年调到九二三厂101油库做炊事员，后调到采油指挥部做广播员，“文化大革命”后调到采油指挥部采油6队任采油排长、副指导员，1974年调采油一大队政工组，1986年调到采油技校做工会干事。

王鑫庆（1918.5—1985） 王惠如（1925.7— ）

王鑫庆在胜利油田物探公司看大门，“文化大革命”后平反，补偿了1万块钱。儿子王同安说：“这能补偿父母一辈子的辛苦吗？能补偿一家人所受的精神折磨和歧视吗？”两位老人去世后，孩子给父母买了墓地，祭文如下：呜呼吾父，光明磊落，刚正不阿，一生清白；呜呼吾母，平凡伟大，温柔善良，秀外慧中，意志坚强，历经沧桑，吃尽万苦，微薄收入，养育五子，艰苦岁月，凄风苦雨，东搬西迁，风雨飘摇，冬日寒窗，为儿遮风，秋雨寒夜，为儿挡雨，勤俭持家，坚韧不拔，终将五子，抚养成人。父母大恩，恩重如山，父母大爱，情深似海，积德行善，苍天可鉴，音容笑貌，永记心间，父母大德，天地共存，日月同辉。不孝儿女，未有作为，父母生前，未能骄傲，惭愧之极，叩首跪拜，天堂父母，永世安息，万古流芳，在天之灵，护佑子孙，平安吉祥。

魏恕（1932— ）

2021年6月，我几经努力，终于找到了魏恕。他身体很好，对我说：“1962年麦子刚收完的时候，我主动要求下放回到老家。1961年我虽然右派平反了，实际上还是受到歧视，工资按二级工，42块钱，工作也不满意，让我管材料，我不愿意干，我是独子，父母都五十多岁了，在这里也根本不可能成家，不能尽忠就尽孝吧。”就这样，他回家当了15年农民，1977年右派平反后调到户县一中当英语老师。

钱兆祯（1921—1969） 李玉芳（1924— ）

钱兆祯在九二三厂油建指挥部八大队打扫厕所，于1969年含冤去世。李玉芳在胜利油田中心医院后勤科工作。他们育有四个儿子，因为父亲问题备受歧视和牵连，老大钱立民曾考上大学未被录取。

2021年4月26日下午，潇潇细雨。我陪同顾心怿、王祥两位前辈在胜利油田发现60周年之际看望了李玉芳，她除了耳聋，身体很好。她说："我很高兴，老钱平反了，四个孩子都入了党，三个是科级干部，我热爱石油事业，感谢党，实事求是，现在我退休金七千多块，知足了。"

张葆芳（1927—2019） 张美娉（1930—2018）

张葆芳在胜利油田职工大学任教，张美娉在胜利油田设计院工作。2019年，我拜访张葆芳时，看到他家里存有前几年到北京领回的"影响中国·2016年度行业最具影响力人物榜"、"华夏民族艺术院终身副院长"、中国传统艺术学会授予"全国十大军民艺术家"等奖杯、奖状、证书等一堆，应该花费不菲。张葆芳写过一份报告，希望在油田建设的高档小区胜利花苑给老石油留出房子，想让顾心怿签字，被拒绝。"离休还分红军时期、抗日战争时期、解放时期的呢！"他不满地说。老人的希望落空了，房子采取抓阄的方式分配，老两口没抓上，就自己在胜利花苑租了一套房子住。2010年，大庆油田在油田单位集中的让胡路区为"老会战"（注：大庆油田习惯上称1964年以前参加过会战的3万名职工为"老会战"，以示尊敬）们建设了规模宏大的"创业城"，分18个小区，建有住宅楼549栋，总建筑面积439.5万平方米，楼盘错落有致、房型宽敞、南北通透、采光很好，即使五层房子也有电梯，"老会战"购买这样一套商品房每平方米只需3000元，大概市价的一半。

尉松耀（1926—2006）

对于在"拔白旗、插红旗"运动中所受处分，尉松耀一直不服，多次要求上级部门（石油工业部干部司、山东省地质厅党委）重新调查处理，终于在1961年底得到甄别处理，恢复了原来的行政职务和工资级别，撤销了党内严重警告的错误处分，在刚成立的华东石油勘探局东营办事处人事科任副科长，后调九二三厂基建处任外包工程管理科科长。1975年4月，调江苏油田，先后在工农处、基建处、行管处担任科长，1987年退休。他在职若愚去世后写道：“若愚同志，您的形象经常出现在我的记忆里，虽说我的记忆并不好，可我却牢牢地记挂着您，当我听说您去世后，我更感到悲痛。我知道您是‘三八’老干部、老党员，一名老钳工，您曾在抗日、解放战争中出生入死，您对革命真诚坚定。您使用干部大胆放手，又严格要求，处处以身作则，坚持任人唯贤，苦心钻研，深入实际，联系群众。但是您在‘四清’中受到无情的批斗，在‘文化大革命’中遭到摧残。您若有知，现在情况跟以前大不相同了，‘四人帮’被粉碎了，现在国家在充分发扬民主、加强法治建设的同时，为实现四个现代化而奋斗。”

周光启（1924—2022） 李雪珊（1929— ）

1961年甄别右派时，周光启及李雪珊多次写信申冤，但是华东局党委组织部在回复中写道：“根据上海市委甄别办公室5月30日会议精神：①反右倾运动中批判处理的不甄别；②现行反革命分子不甄别；③审干肃反不甄别，周属于第三种情况，不予甄别。”他们后来调到石油物探局技校，周光启在地质教研组担任教师，李雪珊在教务科。

我发现挨过整的“老华北”很多都长寿，如张葆芳、魏恕、陈勤、裴宗诚、周光启。周光启的小儿子说：“这些人往往两个极端，要么被打败了，颓废了；要么看破了，获得内心的平静。”此言极是。

黄文明

1962年回到老家洋县贯溪务农，他学啥会啥，在村里开拖拉机、轧棉花机，还会修机器，农闲时就串乡给人修缝纫机、拖拉机等机器，还做小生意，卖姜卖蒜。1980年，他来到胜利油田找到党委书记陈宾，开始给他安排在胜利医院看护病人，后进入油田，在测井公司锅炉房烧锅炉，三级工，1989年退休后，多次上访要求恢复干部身份未果。2015年86岁的黄文明去世，爱人张青珍健在，养大的5个孩子都在油田工作。

贾中惠（1933—1965） 史淑苓（1934— ）

1965年7月23日下午6点半，这天风雨交加，贾中惠从郝家构造河7井赤脚跑回芦席简易房，浑身湿透，他左手拿毛巾，右手抓住铁丝，谁知铁丝带电不幸触电身亡，原来隔壁房间的电灯灯口因为风吹搭在铁丝上了。此时的史淑苓尚在湖南，茂名石油公司湘西勘探大队化验室协助筹建介形虫组，还有一个刚刚两岁半的男孩。

史淑苓后在中海油渤海油田研究院工作，退休后与儿子一起生活，安度晚年。

周兆龙

1972年，周兆龙跟王承志、范惠英、姚法章、任丽君等人一起调到河北省地震局，他爱人在北京开关厂工作，后调入北京中国科学院地球物理研究所九室。1991年左右，为了根治羊痫风，在心脏手术中大出血死在手术台上。

孙秉伦（1932—2012）

作为胜利油田唯一一名确诊的放射病患者，一直受到放射性病痛的折磨，从1962年起即在天津看病休养，一生未婚。2012年5月2日去世，享年80岁。

马荫椿（1929.5—1981.7） 李蕴珍（1932.12— ）

马荫椿在胜利油田管子站任调度，不幸在单位院里被卡车撞死。爱人李蕴珍在胜利油田地质院化验室工作。

张昇 魏支青

1962年，两人终因文化差异大等原因离婚。张昇在胜利油田供应处任职，魏支青调往646厂。张大红回忆说："母亲管我很严，一直教育我规规矩矩做人，她谁都敢训，看到有人在自家鸡窝里装电灯，她站在人家家门口骂，还站在街上骂谁谁拿了公家东西。"魏支青退休后回到东营，跟女儿一起生活。

谈文正（1931—2018）

1988年，终于有个招工机会，谈文正赶紧给父亲去信，可以来一个人，是让侄女来，还是侄子来家里定，家里让侄女来了，在油田机关服务公司招了工，后来调到大明集团。他这才算把半辈子的账还清，心里终于踏实了。谈文正曾任胜利油田运输处调度室主任。

钱忠学（1931—　）

1969年，钱忠学随32120队来到湖北参加了江汉石油会战。1972年，整个团调回山东开展了临盘油田会战，他在供应站工作直到退休。如今，他们又跟着孩子回到东营，在运兴小区安家落户，过着平静幸福的晚年。

王廷海（1940—　）

王廷海在1964年开始的华北石油会战中崭露头角，外号从"小麻子"变成"王大胆儿"。他胆大心细、勤于钻研，善于总结，钻井技术水平不断提高。1965年11月19日，时任石油工业部党委书记、主持石油工业部工作的康世恩在胜利油田主持召开了"打快打直"钻井技术座谈会，会上，王廷海向大家介绍了他的"打快打直"经验，康世恩部长听后激动地站起来，举手三呼："向王廷海司钻学习！""破除恐斜病，勇敢打直井！"容纳200多人的会场内全体起立，高呼口号，群情激昂，成为胜利油田历史上一段佳话。

张凤昌（1942—　）

《胜利日报》曾登过一篇文章《四个第一让我一生荣耀》记录了他回

顾自己一生中难忘的四件事：石油工业部在克拉玛依召开的誓师大会上，32120队夺得的“上游”红旗；打了胜利油田第一口发现井——华8井；打出中国石油工业史上第一口千吨井——坨11井；1965年，成为第一个年进尺过万米的钻井队。但是他谦虚地说：“我是小人物，没做出什么大事，就是幸运地待在了一个光荣的集体里，我是幸运的。”

书法家陈左黄为他写有书法“孺子牛”。

王金秀（1941— ）

1966年，王金秀成为九二三厂采油指挥部第一批注水工人，在胜一注做泵工，1975年做胜三注水站站长，1989年，成为胜采三矿注水队队长。他说一定要熟悉业务，才能避免事故。

姚长新（1936— ）

华8井出油后，32120队机修组就跟机修车间合并了。有一天，邸阁的钟秀梅找到他，已是晚上，来找老公的，他就把她带到后边的钟秀梅屋子里住，这个钟秀梅是1019钻井队管理员贺友文的老婆，两个钟秀梅一起住了一晚上。1962年，已调到惠北区队的姚长新想退职回家，感到太苦了，不是一般的苦，喝坑水，吃不饱，吃豆饼窝窝头得用双手捧着，喝高粱面糊糊，里边还有蝌蚪，就给父亲写信，表达了回家的意思。一天，大队长姚福林找他，拿出一封信，原来是父亲写的，写的区队长收，父亲在信里说：“革命工作不是一帆风顺的，先吃苦才能有福，哪有不吃苦光享福的，要坚持到底。”姚福林说：“你父亲对你有这么高的期望，你还……”看到父亲都这样说了，就表示要安心工作，这样才坚持下来了。

栾凤振

2017年，我拜访他时，他说：“1962年前后，大家吃不饱，常常饿得发慌，眼冒金星。每个月的定量必须算计，一顿饭该几两就几两，地瓜干吃不饱就吃棉籽饼，棉籽饼还不饱，白开水兑酱油。吴成贵一天的口粮一顿就吃了，不到半个月就把一个月的定量吃完了，他不去上班，躺在铺上光叫唤‘我饿啊！我饿啊！’谁不饿呢！还有半个月怎么办？全班职工每人匀给他二两粮食。领导信任我，他的饭票让我拿着，不让他自己拿，我打饭，给他也打一份，别让他一股脑儿都吃了。”栾凤振浑身是伤，头被打成脑震荡，现在老忘事，右手中指掉了一截，左胳膊断过，右腿断过，右脚大拇指挤断过。我问他这是什么时候搞的？他说都是在女子钻井队。我吃了一惊，你怎么在女子钻井队？他说：“1978年，油田成立女子钻井队，我们是顾问，其实活儿都是我们男的干，她们哪里干得了，就是打个下手，不会干，干活儿还毛糙，可把我害苦了！”

苑希恒（1941—　）

1974年，苑希恒调到胜利油田钻井公司工会当文体干事，有人找他，原来是苑兰茂的父亲带着孙女苑金花来了，她是遗腹女，娘改嫁了，她跟着爷爷奶奶长大，他安排他们住进钻井招待所，一住一两个月，要求招工，那时候，钻井每年都死好几个，摔死的，砸死的，没有政策解决子女问题。解决不了，他们年年来，一住个把月，他很发愁。这一天，明指挥找他，他本来是驻油田军代表，后来转业又回到油田了，他早就知道这事。他悄悄地说：“有个招工名额。他赶紧给家里拍电报，苑金花就这样招工了，在钻井队当柴油机司机，后来调到钻井机修厂当修理工。”

宁骏烈（1937—　）

1962年德州技工学校撤销以后，他调到位于石村的华东局地调大队电法704队，队长是张洪祥，这个队是从青海刚调来的，还在放假休息中。在这里还碰上了同学荔国杰，他分到盐城技校教制图，也下马分过来的。到东营可高兴了，定量提高到45斤，工资也涨了，37.4元，再加上15块钱野外津贴。1965年5月，调到徐水646一大队，又叫海洋大队，1970年，海洋大队划归塘沽的渤海大队，待了将近20年，1984年下半年，到东营开会时见到同学马树先，他是分到了大庆，此时任胜利油田井下指挥部指挥。为了解决家属问题，1985年调到井下，两年后任基建科科长。

蒋月明（1936— ）

2018年，我电话联系上蒋月明老师，她因夫妻两地分居调往西安，她激动地说："1972年，因为没有干部名额，我按工人从胜利油田调到爱人单位西安西北电建四公司做了白铁工。1978年恢复高考，很多工地上的孩子要考学，没人管理，公司领导考虑到我当过老师，管理他们，也辅导他们，后来公司办了二民建中专班，我又当中专班的班主任，到退休干了15年教育工作。我要感谢当初华北石油勘探处让我做教师。我的四个姑娘都是大学生，老大现在是陕西师范大学博士生导师，西北大学硕士毕业，西北工业大学博士毕业，老三是硕士。第三代也是四个大学生。总而言之，我们家已经过上小康日子了，我很爱油田，我把山东当成我的第二故乡，因为我的青春就献给了山东石油事业。"知道她背景的人肯定很惊讶她对油田的感情。1965年，她因为受到同为试油三队技术员的杨碧君牵连而被批判。杨碧君是四川资中人，父亲因地主成分被镇压，她在日记中写道：目前的中国就像东西营的上空一片乌烟……还写到她在东营找到了好朋友，就是蒋月明。她这本日记被夏队长发现，杨碧君在"四清"运动中受到批判，改当工人。

林锡光（1935— ）

1965年11月15日，林锡光永远记得这一天。张敦义在教一批部队转业的学开车，一位学员倒车时把他给挤死了，年仅35岁。他老婆当时还在老家安徽农村，有四个孩子，老三养不了送给别人了。几年后，林锡光去安徽蚌埠买压风机配件，特意去看了他们，生活太苦了。后来他听到油田招工的消息，赶紧坐火车到安徽，办手续，把大闺女带到油田招了工。林老的爱人陈玉叶说："那时候太苦了，后来他就想方设法让张敦义的四个孩子都到油田参加了工作，连送人的那个老三也要回来招工了。”张敦义的家属临去世前对孩子们说：“不能忘了你林叔叔，他们就是你们的再生父母！”

其实他自己一家生活也很困难，老婆是家属，林老一个月挣50块钱，要给老家父母寄15块钱，交给她25块钱作为全家的生活费，他们自己有三个小孩，张敦义大女儿来了住在他家，她带着孩子到老百姓地里捡地瓜，一天也能捡一大盆，可高兴了！她就一身衣服，为了挣钱，她干几份工作，抄电表、扫马路，有时一扫扫到凌晨两点钟才干完。就这样，供出两个大学生。一家人理发都是她给理的。二儿子的同学看他穿得太烂了，送给他一条牛仔裤，但是太瘦，她剪开，把裆部补了一条布，但是找不到同色的布，只好用了一块深颜色的，没办法，就这么对付着穿。一天，她看到床底下有几个酒瓶子，就卖了破烂，结果老三回来哭了起来，是她从外面捡的几个酒瓶子想攒钱的。

王春祥（1913—2001）

1964年，王春祥调到黄河边上一号水站工作，1966年调到地质院岩芯库管理岩芯，这里保存着自华5井以来的钻井岩芯。他对工作认真负责，一丝不苟，自觉加班加点，为油田各单位提供了及时周到的服务，得到院内外各单位的好评。

王春祥一生最大的遗憾就是孙子都没有招工到油田工作，孙子从小就跟着他长大，在东营上小学、采油中学上初中，长到20岁还招不了工无奈回老家了。值得欣慰的是，如今重孙子王卫杰又在油城扎下了根，自己创业，在地质院大门对面、胜利广场西南角开了一家饺子馆——“王家老厨”，这个房子就是王春祥当年住的50型房子。我去吃过三鲜馅饺子，皮薄馅大，好吃实惠。王卫杰跟我说，他挨过老爷爷两柳条子。怎么回事呢？那是他七八岁的时候，正好老爷爷在老家，那是春天，村边公路上有一辆拉白菜的汽车翻了，好多人都在抢，他也抱了三棵白菜回家，心里美滋滋的，心想能得到大人夸奖两句呢！谁知老爷爷看见了，上去给了两柳条子，让他赶紧送回去，人家翻了车还不够难受的呢，你还拿人家白菜！他感到很委屈，哭着给送回去了。他可是受毛主席教导得好！直到71岁才退休，就是因为“文化大革命”的时候给他扣上了“国民党特务”的帽子，他要说法。王卫杰媳妇在一旁说：“公家的东西一点不占，连给老家写信都不用公家信封，都是自己用白纸糊。”

王栾（1938— ）

1961年过年的时候，她们地震队住到牛庄，指导员尚建斌还带她们来华8井慰问，她当时是团支部书记，组织编演节目，用《夸新郎》的曲调唱夸司钻、司机的词。华8井出油后，她们更忙了，没白没黑地干活儿，每天顶着星星出工，戴着月亮回来，白天野外放炮拿回资料，晚上加班整理、计算、画构造图，地质、钻井都急等着要井位。由于她表现突出，连年获得先进工作者称号，1964年，在地质指挥所牛庄攻关队当了指导员。“文化大革命”的时候，造反派把胜利油田的仪器厂调到西安仪器厂，生产国产的磁带地震仪，1973年10月调回胜利油田，后在钻井工艺研究院技术监督室任书记。

王栾这一生，自己总结下来有“三个第一”，参加了中国第一台磁带地震仪的研制；亲手整理出我国第一口千吨井的地震资料，地质人员根据这些资料定的井位；胜利油田第一个女指导员。这是她一生的光荣与骄傲。她育有三个儿子，三个儿子又生了三个孙子，都在油田工作。2014年，胜利油田会战40周年的时候，油田给参加过会战的老职工每人发了五千块钱，他们夫妻俩一共发了一万块，他们又拿出两万块，给三个儿媳妇各买了一个金镯子，以作纪念。他们传承给后代的不仅仅是金镯子，更是他们一家人对油田金子般的心。

陈恩福（1909—1982）

后在胜利油田生活处行政科工作，1982年离休，当年去世。

刘占林

他被劳教后离婚。20世纪60年代后期，经过多次上访后来到胜利油田，在胜利医院做电工。1970年左右，女儿来到东营找他，在胜利油田招工。中原油田会战时，全家调到中原油田。

王启庚　杨秀珍

王启庚、杨秀珍两人不知所终。据说20世纪60年代调到大港油田，但是靳处长等大港“老华北”都不知道他们在哪里。2019年6月，我到大港油田离退休中心，从在世离退休人员及去世人员中均未检索到他们的名字。也有说“文化大革命”的时候两口子调到辽河了。

何秉仁

何秉仁任河南省第一地质调查院党委书记。

2019年11月，我几经周折终于找到了已92岁高龄的何秉仁，住在河南省第一地质调查院家属楼，身体良好，他说自己“全身是病，没有大病，晃晃悠悠，又是一年”。

令人痛心的是，张之裕、孙琳、鞠灵华、芦喜善、陈洪升因为各种原因自杀离世。

致 谢

本书的完成得到了“老华北”、华二代、老石油、胜利油田多个部门和单位、原地质部工作人员、地方老百姓等多人的热情支持和帮助。在寻访过程中，遇到了很多热心人，有的主动打电话提供线索，有的跑来给我提供资料，有的拜访完后还对我说谢谢。在此，我列出部分给予我帮助的人的名字，一并向他们表示感谢！感谢他们的信任与支持！

寻访到华北石油勘探处有近200人，他们是：王廷海、赵毅、张朝福、张长锁、谈文正、王素民、许景禄、巴中一、王祥、陈桂庸、石光赫、杨学惠、尚毅、章秀珍、李蕴珍、李寿松、苑希恒、孙从才、李应时、林桂英、原华、潘立滨、潘立奎、王金秀、陈铁梅、栾凤振、王士栋、杨积增、原乐堂、孟宪庆、刘淑兰、梁流芳、罗国彦、顾心怿、赵谦禄、张书俊、张葆芳、张美婷、王志孟、孙星友、李贵祥、王书敏、肖洪鼎、杨利道、孙言祥、林锡光、曲富勤、王振厚、张凤昌、张永才、梁洪海、张昌平、段凤麟、王淮溪、吴定宇、陈化祝、李文刚、王体仁、王金祥、申金奎、娄本真、杨承忠、倪清保、马良、张怀福、蔡昌复、宋梅臣、于焕明、谭永寿、朱宝禄、孟庆玺、朱祖定、李锡顺、张文清、高中贤、王士孝、林蓬辉、朱企贤、邹思明、许学康、常吉元、何光义、刘桂兰、樊志富、宫德照、杨玉桂、王仁卿、乔全顺、邢国启、王忠学、李明善、金健、陈振儒、乔廷先、骆体凤、王兰英、张莉、赵昌友、张繁廷、钟广涛、庞玉景、孙九科、姚长新、杨宝民、姜作星、白玉玺、蔡国祥、王栾、白广彬、考成、周孟贤、孔祥本、陈庆斌、钱忠学、李虎臣、白德安、杨秉录、陈美川、陈连国、王仲芝、于钤、张永滋、张应桃、彭文玉、王成合、仲崇伦、刘洪吉、张文法、薛燕全、黄家轩、刘永兴、李孟姜、于维书、钟正夫、王宗国、徐户厚、孙金亭、程远香、刘德顺、栾全芬、刘福和、李桂荣、王海金、袁聿勋、崔永发、薛俊杰、周自立、张顺福、何立琨、郎兴第、李雪珊、汪廷璋、范惠英、张麟祥、谢尚武、裴宗诚、石国世、初铭海、朱荣基、王清朝、李怀奇、陈俊生、赵庆喜、刘道阳、林银桃、王帮勋、梅炳夫、石振祥、王琦、王淑华、张宗力、王作才、李大明、陈东岭、刘建涛、蒋月明、刘长明、国庆荣、李维平、李继秀、原忠芳、江乃刚、宁骏烈、黄世选、潘瑾台、炳金荣、蒋馥英、李艳芳、张洪春、闫吉美、蔡庆龄、任丽君、于茂香、李玉芳、李振彦、刘殿甲、魏恕等人。

“老华北”家属及华二代有上百人，特别感谢李湘兵、李爱娜、陈琳、刘勋章、靳震萍、钟勤、张大红、李金堂、刘保东、尉秦芳、钱立平、钱立群、王同安、安滨、郎华、郎银华、周湧涛等人的热情帮助，以及老石油李克仁、朱念宗、吕盛乐、夏芳芬等人。

感谢原地质部华北石油普查大队人员贾润胥、蔡乾忠、张玉树、李荣生、孙书真、许继红、何秉仁、毕占海、袁金声、赵尊秀、曹济民、陈克洲、杨进堂等人。

感谢刘铁、潘为英、翟晓晨、王晓英、张宏德、耿庆昌、孙劲松、葛昕、刘海鹏、马献忠、王伟、李明明、胡存立、徐茂晋、徐慧娟、陈素英、赵福丹、石仁委、滕风华、侯建军、刘达明、石立新、王仕昌、解宝英、杨哲、韩云、芦静、杨坤、张立宪、刘杰、王树林、王月南、王占一、宋云龙、潘殿文、孔祥京、刘风亮、韩关云、王茂友等人。

感谢中国石化出版社白桦、潘向阳等人为本书出版所做的大量工作。

我还要特别感谢女儿常嘉意，她是本书的第一个读者，提出了很多修改建议。更要感谢爱人刘素群，她除了支持我花费大量时间和金钱用于寻访和购书，还多次开车陪我到外地寻访，并帮我联系寻访对象。感谢弟弟常桂林、常青为我寻访和写作提供建议和帮助。

最后，我要感谢老前辈、“老华北”潘瑾台为本书题写书名。

后 记

在本书交稿之前，我又一次来到华8井。

纪念碑依然静静地矗立着。此时，我收集到“老华北”的名字已经超过一千个，书中也尽可能多地记载了当年在华北石油勘探处工作的前辈的名字，我想我可以告慰那些在华北地区发现石油的前辈了！

作为一名理工科专业的石油工程师，写作一本关于油田创业史的书，既缺乏文学素养，又没有专业训练，在隔行如隔山的今天，确有自不量力之感。但是一日读到明初宋濂的一句话，又给了我莫大的鼓励。他说：

文不贵乎能言，而贵于不能不言。

这本书正出于不能不言。对华北石油勘探早期的一段历史由于经历特殊、年代久远等种种原因记载不详、文献较少，一些史料文章记载也有错误疏漏之处。但是，这一代人的功劳之大、过程之曲折，不应该被忘记。在写作过程中，我从三条线进行，一是从尚在的原华北石油勘探处工作人员入手，以其为重点；二是追踪他们当年工作地点，寻访当地人；三是寻访同在华北地区勘探石油的地质部等单位人员。除了记录其找油工作以外，也试图记录其衣食住行、喜怒哀乐、纠葛离合，力图全方位、立体地展现这一气势恢宏的历史画卷。

对华北石油勘探历史的追寻历时7年，头两年算是普查，重在找人，找到所有能联系到的“老华北”，了解他们的经历，倾听他们的故事；再两年是详查，对其中的重点人物进行反复探访，深入挖掘他们的故事，寻找老照片，并开始进入油田档案馆、油田图书馆、科技展览中心、山东省国土资源资料档案馆等单位查找资料；第五年寻访已去世重点人物的“华二代”，开始写作，并寻访外地的“老华北”，不断补充完善；在新型冠状病毒防疫期间进入写作阶段；2023年继续寻访外地的“老华北”。整个过程中，寻访“老华北”近200人，寻访“华二代”100多人，寻访油田及社会有关人员数十人。他们的故事正像后来地质人员形容胜利油田的地质结构一样“一个瓷盘子摔碎了又被踢了一脚”，我的工作是努力打捞掉落在历史长河里的时光碎片。

寻访“老华北”的过程，就是复原那件庞大绚丽的瓷盘子。随着寻访的进展，对他们的认识也越来越深入，瓷盘子上的图像越来越清晰，眼前逐渐浮现出一幅华北找油的画面：最北他们到过河北省栾城县打井，最南到过大别山佛子岭水库，最西到过山西，最东到过荣成天尽头，最深打过2908.5米的深井，最浅打过十来米的浅井，他们动用飞机在天上航测重力寻找构造，他们动用坦克装卸钻井设备，他们动用海军到波涛汹涌的海上寻找油苗，他们有打眼放炮的地震队，有电法、重力测量队，成立了用放射性设备的直接找油队，他们爬过华北及其周边的山脉，他们下过华北地区所有的煤矿矿井，他们到临朐山区挖油页岩炼油……我只能说，他们找油已经找“疯”了。

华北找油史是一部史诗，这是用血汗和生命谱写的史诗，这是希望和失望交织的史诗，这是从失败到胜利的史诗。华北找油过程的艰难曲折、跌宕起伏，它的辉煌成就，所经历的特殊年代，它所体现出来的艰苦奋斗的精神，在中国石油勘探史上是空前的，也很大可能上是绝后的。

本书所作访谈主要是原华北石油勘探处的人员，采访中有多次很感动，如徐守发的儿子徐广亭讲到他娘1946年入党时组织就问她两件事，你入党为了什么？怕不怕死？她说入党是为了穷人得解放，不怕死；苑希恒讲述他的同乡因事故不幸殉职，一六七年以后，爷爷带着遗腹女来到油田，希望把孩子招工；采访陈桂庸时，看到他的一本相册里，他爱人的一张老照片有“华北石油勘探处”的牌子；张昌平脚指甲几乎被砸掉，还坚持工作，下班只能脚后跟着地一步步挪回宿舍，鞋里都是血；钟广涛说到他从家里出门回单位，娘在前边挡着，媳妇在后边抹着眼泪，小孩拽着裤脚，他还是头也不敢回地走了……

在采访中，有热情如火的王祥、王琦、王忠学、王仲芝、王士栋、宋梅臣、王金秀、张宗力、王士孝、王清朝、许继红等人，也遇到一些人以身体不好、需要单位开介绍信等理由不接受拜访，我表示理解，这很正常，以个人身份确实有其弱点和难度，也带来了遗憾，请读者谅解，但我还是愿意业余自费行动，不给单位添麻烦。

当年亲身经历胜利油田发现史的老人，如今都已经八十岁以上，本书的写作是在抢救历史。就在寻访、写作的过程中，就有巴中一、谈文正、孙从才、李应时、陈铁梅、张葆芳等四十多人去世。我希望为历史留下更多第一手的资料，为了最大可能地保留历史，我大量地直接引用了老人的原话，也大量引用了很多档案、回忆录等资料，较少为了增加可读性而进行文学加工。写作本书的目的是忠实地记录历史，所以写作的原则是“言必有据”，不捏造，不虚夸，追求无一字无来历。我带着一颗真诚的心，带着感情来记录他们的历史。这历史里有光荣，有耻辱；有成功，有失败；有顺利，有无奈。我认为失败和错误并不可怕，人非圣贤，孰能无过？可怕的是遗忘。所以，我尽可能地记录了“老华北”们的姓名，而不顾虑以处分的名义，何况很多处分不过是政治运动需要，无中生有。

尊重历史，记录历史，流传他们催人奋进的故事，传承他们艰苦奋斗的精神，是我们这一代人不可推卸的责任。我们不会忘记这一段艰苦奋斗、激情燃烧的岁月，不会忘记这些淳朴善良、历经磨难的人民。我们今天的幸福生活，要感谢那一代人的奉献和付出，那特殊年代形成的精神财富也应该一代一代传下去。作者力单势薄，才能浅陋，拙笔难以写出他们全部的画像和精神，只能挂一漏万，勾勒出一些轮廓，为后人留下一点儿资料，留下一点儿记录，希望能够抛砖引玉，这段历史需要有更多的人一起努力来填补空白。

由于个人能力所限，难以做到一一调查核实，错误疏漏之处肯定很多，恳请读者指出。本书是个人民间写作，所有问题和责任由个人负责。

向在华北发现大油田的前辈们致敬！

向为胜利油田和东营市奠基的创业者们致敬！

2024年1月写于胜利油田　山东东营